TAX AFFAIRS

2024년
최신판

지방세실무

박성욱 · 최용원 공저

SAMIL | 삼일인포마인

차례

차례

제 **1** 장

지방세기본법

I 지방세의 개요

1. 지방세의 의의

지방세는 특별시세, 광역시세, 특별자치시세, 도세, 특별자치도세 또는 시·군세, 구세를 말한다.[1] 「지방세기본법」상 지방자치단체는 자치구만을 의미한다. 따라서 구세는 자치구의 구세를 말한다.

조세는 국가 또는 지방자치단체가 재정수입을 조달할 목적으로 법률에 규정된 과세요건을 충족한 모든 자에게 직접적인 반대급부 없이 부과·징수하는 금전급부이다. 국세는 국가가 과세주체가 되어 부과·징수하는 조세이며, 이와 반대로 지방자치단체가 과세주체가 되어 부과·징수하는 조세는 지방세라 한다. 현행 국세는 14개의 세목으로 구성되어 있으며, 지방세는 11개의 세목으로 이루어져 있다.

2. 지방자치단체의 종류

지방자치단체는 다음의 두 가지 종류로 구분한다.

① 특별시, 광역시, 특별자치시, 도, 특별자치도
② 시, 군, 구

지방자치단체인 자치구는 특별시와 광역시 관할 구역의 구만을 말하며, 자치구의 자치권의 범위는 법령으로 정하는 바에 따라 시·군과 다르게 할 수 있다. 지방자치단체 외에 특정한 목적을 수행하기 위하여 필요하면 따로 특별지방자치단체를 설치할 수 있다.[2]

---

1) 「지방세기본법」 제2조 ①
2) 「지방자치법」 제2조

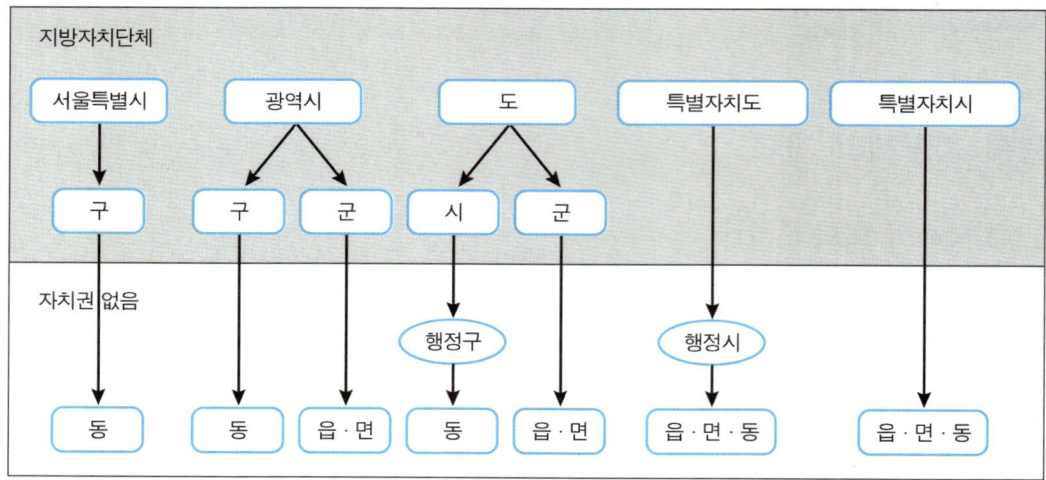

〈그림〉 지방자치단체의 종류

인구 50만 이상의 시에 설치된 구는 자치구가 아닌 행정구에 해당한다. 또한 제주특별자치시의 제주시와 서귀포시는 자치시가 아닌 행정시에 해당한다.

3. 국세와 지방세의 비교

국세와 지방세의 과세권자 및 성격 등 차이점을 요약하면 다음 표와 같다.

| 국세와 지방세의 비교 |

구 분	국 세	지방세
과세권자	국가 (일원화)	지방자치단체 (광역과 기초로 이원화)
세목성격	소득, 소비 중심	부동산세 중심
징수방법	주로 신고납부방식, 원천징수	신고납부와 부과고지 병행
중앙부처	기획재정부	행정안전부
세목	14개 세목	11개 세목

4. 「지방세기본법」의 목적[3]

「지방세기본법」은 지방세에 관한 기본적이고 공통적인 사항과 납세자의 권리 · 의무 및

---

3) 「지방세기본법」 제1조

권리구제에 관한 사항 등을 규정함으로써 지방세에 관한 법률관계를 명확하게 하고, 공정한 과세를 추구하며, 지방자치단체 주민이 납세의무를 원활히 이행하도록 함을 목적으로 한다.

5. 지방세 관계법

지방세 관계법은 「지방세기본법」, 「지방세징수법」, 「지방세법」, 「지방세특례제한법」, 「조세특례제한법」 및 「제주특별자치도 설치 및 국제자유도시 조성을 위한 특별법」이 있다.[4) 지방세에 관한 사항은 2010년까지는 단일세법인 「지방세법」에서 규정하였다. 2011년 「지방세법」을 「지방세기본법」, 「지방세법」, 「지방세특례제한법」으로 분법하였다. 2016년 지방세 징수에 필요한 사항을 규정하기 위하여 「지방세징수법」이 제정되었다.

「지방세기본법」은 지방세에 관한 기본적이고 공통적인 사항과 납세자의 권리·의무 및 권리구제에 관한 사항 등을 규정한다. 따라서 지방세에 관하여 지방세관계법에 별도의 규정이 있는 경우를 제외하고는 이 법에서 정하는 바에 따른다. 「지방세법」은 지방자치단체가 과세하는 지방세 각 세목의 과세요건 및 부과·징수, 그 밖에 필요한 사항을 규정한다. 「지방세특례제한법」은 지방세 감면 및 특례에 관한 사항과 이의 제한에 관한 사항을 규정하고 있다. 또한 「지방세징수법」은 지방세 징수에 필요한 사항을 규정하고 있다.

6. 지방세의 부과·징수에 관한 조례

지방자치단체는 지방세의 세목(稅目), 과세대상, 과세표준, 세율, 그 밖에 지방세의 부과·징수에 필요한 사항을 정할 때에는 「지방세기본법」 또는 지방세관계법에서 정하는 범위에서 조례로 정하여야 한다. 지방자치단체의 장은 조례 시행에 따르는 절차와 그 밖에 조례 시행에 필요한 사항을 규칙으로 정할 수 있다.

Ⅱ 과세권 등

1. 지방세의 세목

지방세는 보통세와 목적세로 구분한다. 특정한 사용목적에 충당하기 위하여 부과하는 조세를 목적세(目的稅)라 하며, 이러한 목적 없이 일반적인 경비에 충당하기 위하여 설정된

---

4) 「지방세기본법」 제2조 ①

조세를 일반세(一般稅) 또는 보통세(普通稅)라고 한다. 지방세는 11개의 세목으로 구성되어 있다. 이들 세목을 보통세와 목적세로 구분하면 〈표〉과 같다.[5]

| 지방세의 구분 |

보통세	목적세
취득세, 등록면허세, 레저세, 담배소비세, 지방소비세, 주민세, 지방소득세, 재산세, 자동차세	지역자원시설세, 지방교육세

지방세의 세목은 주로 부동산에 대한 과세에 집중되어 있다. 지방세 중 레저세, 지방소비세, 담배소비세 및 자동차세 중 주행분은 소비세로 분류된다.

2. 지방자치단체의 세목[6]

(1) 지방자치단체의 세목 구분

지방세는 과세주체가 하나인 국세와는 달리 각 지방자치단체가 독립된 별개의 과세권을 갖고 관할 구역 내에 과세객체(과세대상)를 소유한 자 또는 주소지를 둔 주민에게 부과하는 조세이다. 그리고 각 세목별로 과세주체인 지방자치단체가 각각 규정되어 있다. 지방세를 부과·징수하는 지방자치단체는 지방자치단체의 세목구분에 따라 해당 지방세의 과세주체가 된다.[7]

① 특별시세와 광역시세

특별시세와 광역시세에는 보통세로서 취득세, 레저세, 담배소비세, 지방소비세, 주민세, 지방소득세, 자동차세와 목적세인 지역자원시설세, 지방교육세가 과세된다. 다만, 광역시의 군(郡) 지역에서는 도세를 광역시세로 한다.

② 도세

도세는 보통세인 취득세, 등록면허세, 레저세, 지방소비세와 목적세인 지역자원시설세, 지방교육세가 있다.

③ 구세

구세는 등록면허세와 재산세가 있다.

---

5) 「지방세기본법」 제7조
6) 「지방세기본법」 제8조
7) 「지방세법」 제3조

④ 시·군세

　시·군세는 담배소비세, 주민세, 지방소득세, 재산세, 자동차세가 있다.

⑤ 특별자치시세와 특별자치도세

　특별자치시세와 특별자치도세는 지방세의 11개 세목이 모두 포함된다. 다만, 특별자치도의 관할 구역 안에 지방자치단체인 시·군이 있는 경우에는 도세를 해당 특별자치도의 특별자치도세로, 시·군세를 해당 시·군의 시·군세로 한다.

〈그림〉 지방세의 구조[8]

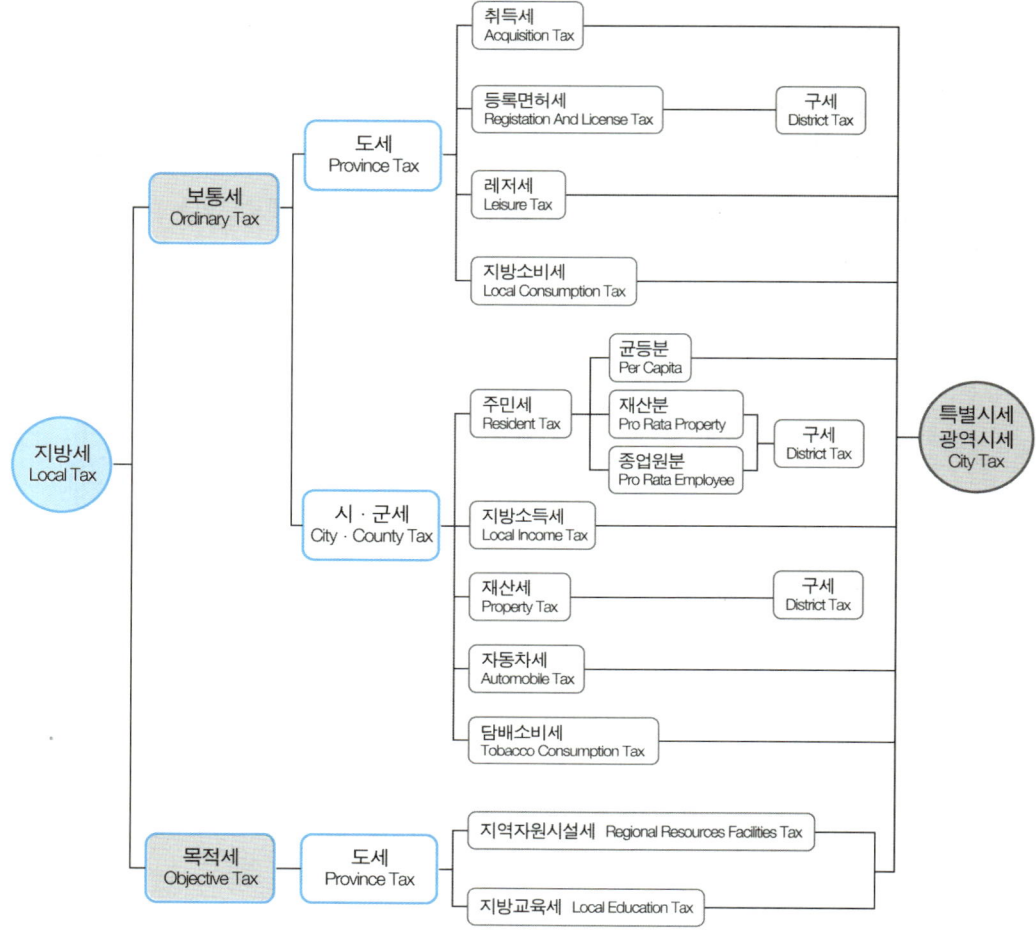

※ 광역시의 군지역은 도세와 시·군세로 세목 구분
※ 광역시의 구세는 주민세 재산분과 종업원분을 포함
※ 지방교육세가 부과되는 세목은 취득세, 등록면허세(등록분), 레저세, 주민세(균등분), 재산세,
　자동차세, 담배소비세임.
※ 농어촌특별세가 부과되는 세목은 취득세, 등록면허세(감면세액), 레저세임.

(2) 특별시의 관할구역 재산세의 공동과세

특별시 관할구역에 있는 구의 경우에 재산세(선박 및 항공기에 대한 재산세와 재산세 도
시지역분 제외)는 특별시세 및 구세인 재산세로 한다. 특별시세 및 구세인 재산세 중 특별

---

8) 2021년 지방세통계연감

시분 재산세와 구(區)분 재산세는 각각 산출된 재산세액의 100분의 50을 그 세액으로 한다. 재산세 도시지역분은 특별시세로 한다.[9]

〈그림〉 특별시의 관할구역 재산세의 공동과세

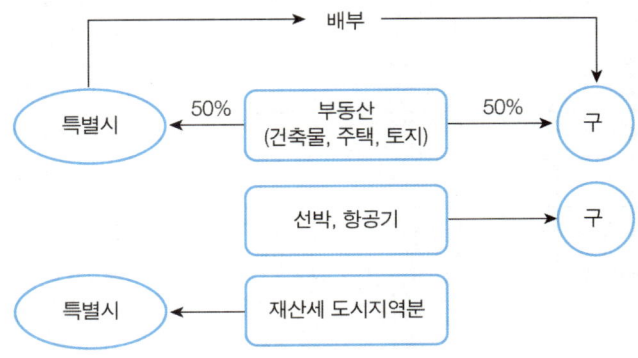

특별시장은 부동산관련 특별시분 재산세 전액을 관할구역의 구에 교부하여야 한다. 특별시분 재산세의 교부기준 및 교부방법 등 필요한 사항은 구의 지방세수(地方稅收) 등을 고려하여 특별시의 조례로 정한다. 다만, 교부기준을 정하지 아니한 경우에는 구에 균등 배분하여야 한다. 특별시로부터 교부받은 재산세는 해당 구의 재산세 세입으로 본다.[10]

3. 과세주체

지방세를 부과·징수하는 지방자치단체는 「지방세기본법」 제8조 및 제9조의 지방자치단체의 세목 구분에 따라 해당 지방세의 과세 주체가 된다.

4. 지방세 세목별 과세개요

현행 지방세의 세목과 세목별 과세대상 및 세율을 요약하면 다음 표와 같다.

세목	과세대상	세 율
취득세	부동산, 차량 등 취득	일반세율 : 2.8%, 3.5%, 4% 등
		유상취득(주택) : 1%~3%
		중과세율 : 2.8%, 4.4%, 8%, 8.4% 등

---

9) 「지방세기본법」 제9조
10) 「지방세기본법」 제10조

세목	과세대상		세 율
지방소비세	부가가치세(국세)		부가가치세액의 25.3%
지방소득세	종합소득, 퇴직소득		1천분의 6~1천분의 45
	양도소득		1천분의 6~1천분의 45 1천분의 10~1천분의 70
	법인소득		1천분의 9~1천분의 24
	특별징수		법인·소득세액의 1백분의 10
주민세	균등분	개인·법인	개인(10,000원), 법인(5만원~20만원)
	재산분	사업소 연면적(330㎡ 초과)	1㎡당 250원
	종업원분	급여액(135백만원 초과)	급여총액의 0.5%
자동차세	소유분	승용자동차	1cc당 18원~200원
		승합자동차	25천원~115천원
		화물자동차	6,600원~157.5천원
	주행분	교통·에너지·환경세(국세)	교통세액의 36%
담배소비세	담배 제조 및 수입업자		20개비(1갑)당 1,007원
레저세	승마(승자) 투표권 발매액		발매액의 10%
지역자원 시설세	특정시설분	선박 발전시설 등	발전량 킬로와트시(kWh)당 1원 등
	특정자원분	발전용수 등	발전용수 10세제곱미터당 2원 등
	소방분	건축물, 선박	4/10,000~12/10,000
지방교육세	취득세액, 등록면허세(등록분), 레저세액, 균등할주민세액, 재산세액, 자동차세액, 담배소비세액		10%, 20%, 30%, 40%, 43.99%
재산세	재산세	건축물, 주택, 토지, 선박, 항공기	종합합산토지 : 0.2%~0.5% 별도합산토지 : 0.2%~0.4% 분리과세대상토지 : 0.07%, 0.2%, 4% 건물 : 0.25%, 0.5%, 4% 주택 : 0.1%~0.4% 선박, 항공기 : 0.3%, 5%
	재산세 도시지역분	토지, 건축물, 주택	표준세율 0.14%

세목	과세대상		세 율
등록면허세	등록	부동산 등기	보존(0.8), 이전(1.5, 2), 설정(0.2)
		선박 등기	보존(0.02), 기타(건당 15천원)
		차량의 등록	소유권 등록(비영업용 5%, 경차 2%)
		기계장비	소유권 등록(1), 설정(0.2), 기타(1만원)
		법인등기	영리법인 : 설립(0.4), 자본증가(0.4), 비영리법인 : 설립(0.2), 출자증가(0.2)
	면허	각종 인·허가 등 면허	4,500원~67,500원

 ## 「지방세기본법」상의 용어의 정의[11]

「지방세기본법」에서 사용하는 용어의 뜻은 다음과 같다.

| 용어의 정의 |

지방자치단체	특별시·광역시·특별자치시·도·특별자치도·시·군·구(자치구를 말한다)를 말한다.
지방자치단체의 장	특별시장·광역시장·특별자치시장·도지사·특별자치도지사·시장·군수·구청장(자치구의 구청장을 말한다. 이하 같다)을 말한다.
지방세	특별시세, 광역시세, 특별자치시세, 도세, 특별자치도세 또는 시·군세, 구세(자치구의 구세를 말한다. 이하 같다)를 말한다.
지방세관계법	「지방세징수법」, 「지방세법」, 「지방세특례제한법」, 「조세특례제한법」 및 「제주특별자치도 설치 및 국제자유도시 조성을 위한 특별법」을 말한다.
과세표준	「지방세법」에 따라 직접적으로 세액산출의 기초가 되는 과세물건의 수량·면적 또는 가액(價額) 등을 말한다.
표준세율	지방자치단체가 지방세를 부과할 경우에 통상 적용하여야 할 세율로서 재정상의 사유 또는 그 밖의 특별한 사유가 있는 경우에는 이에 따르지 아니할 수 있는 세율을 말한다.
과세표준신고서	지방세의 과세표준·세율·납부세액 등 지방세의 납부 또는 환급을 위하여 필요한 사항을 기재한 신고서를 말한다.
과세표준 수정신고서	처음 제출한 과세표준신고서의 기재사항을 수정하는 신고서를 말한다.

---

11) 「지방세기본법」 제2조

법정신고기한	이 법 또는 지방세관계법에 따라 과세표준신고서를 제출할 기한을 말한다.
세무공무원	지방자치단체의 장 또는 지방세의 부과·징수 등에 관한 사무를 위임받은 공무원을 말한다.
납세의무자	「지방세법」에 따라 지방세를 납부할 의무(지방세를 특별징수하여 납부할 의무는 제외한다)가 있는 자를 말한다.
납세자	납세의무자(연대납세의무자와 제2차 납세의무자 및 보증인을 포함한다)와 특별징수의무자를 말한다.
제2차 납세의무자	납세자가 납세의무를 이행할 수 없는 경우에 납세자를 갈음하여 납세의무를 지는 자를 말한다.
보증인	납세자의 지방세 또는 체납처분비의 납부를 보증한 자를 말한다.
납세고지서	납세자가 납부할 지방세의 부과 근거가 되는 법률 및 해당 지방자치단체의 조례 규정, 납세자의 주소·성명, 과세표준, 세율, 세액, 납부기한, 납부장소, 납부기한까지 납부하지 아니한 경우에 이행될 조치 및 지방세 부과가 법령에 어긋나거나 착오가 있는 경우의 구제방법 등을 기재한 문서로서 세무공무원이 작성한 것을 말한다.
신고납부	납세의무자가 그 납부할 지방세의 과세표준과 세액을 신고하고, 신고한 세금을 납부하는 것을 말한다.
부과	지방자치단체의 장이 이 법 또는 지방세관계법에 따라 납세의무자에게 지방세를 부담하게 하는 것을 말한다.
징수	지방자치단체의 장이 이 법 또는 지방세관계법에 따라 납세자로부터 지방자치단체의 징수금을 거두어들이는 것을 말한다.
보통징수	세무공무원이 납세고지서를 납세자에게 발급하여 지방세를 징수하는 것을 말한다.
특별징수	지방세를 징수할 때 편의상 징수할 여건이 좋은 자로 하여금 징수하게 하고 그 징수한 세금을 납부하게 하는 것을 말한다.
특별징수의무자	특별징수에 의하여 지방세를 징수하고 이를 납부할 의무가 있는 자를 말한다.
지방자치단체의 징수금	지방세 및 체납처분비를 말한다.
가산세	이 법 또는 지방세관계법에서 규정하는 의무를 성실하게 이행하도록 하기 위하여 의무를 이행하지 아니할 경우에 이 법 또는 지방세관계법에 따라 산출한 세액에 가산하여 징수하는 금액을 말한다.
체납처분비	「지방세징수법」 제3장의 체납처분에 관한 규정에 따른 재산의 압류·보관·운반과 매각에 드는 비용(매각을 대행시키는 경우 그 수수료를 포함한다)을 말한다.

공과금	「지방세징수법」 또는 「국세징수법」에서 규정하는 체납처분의 예에 따라 징수할 수 있는 채권 중 국세·관세·임시수입부가세 및 지방세와 이에 관계되는 체납처분비를 제외한 것을 말한다.
지방자치단체조합	「지방자치법」 제176조 제1항에 따른 지방자치단체조합을 말한다.
지방세통합정보통신망	「전자정부법」 제2조 제10호에 따른 정보통신망으로서 행정안전부령으로 정하는 기준에 따라 행정안전부장관이 고시하는 지방세에 관한 정보통신망을 말한다.
연계정보통신망	"연계정보통신망"이란 「정보통신망 이용촉진 및 정보보호 등에 관한 법률」 제2조 제1항 제1호의 정보통신망으로서 이 법이나 지방세관계법에 따른 신고 또는 송달을 위하여 지방세통합정보통신망과 연계하여 사용하는 정보통신망을 말한다.
전자신고	과세표준신고서 등 이 법이나 지방세관계법에 따른 신고 관련 서류를 지방세정보통신망 또는 연계정보통신망을 통하여 신고하는 것을 말한다.
전자납부	지방자치단체의 징수금을 지방세통합정보통신망 또는 제136조 제1항 제1호에 따라 지방세통합정보통신망과 지방세수납대행기관 정보통신망을 연계한 인터넷, 전화통신장치, 자동입출금기 등의 전자매체를 이용하여 납부하는 것을 말한다.
전자송달	이 법이나 지방세관계법에 따라 지방세통합정보통신망 또는 연계정보통신망을 이용하여 송달을 하는 것을 말한다.
체납자	지방세를 납부기한까지 납부하지 아니한 납세자를 말한다.
체납액	체납된 지방세와 체납처분비를 말한다.
특수관계인	본인과 특정한 관계에 있는 자(특수관계인 참조)를 말한다.
과세자료	과세자료제출기관이 직무상 작성하거나 취득하여 관리하는 자료로서 지방세의 부과·징수와 납세의 관리에 필요한 자료를 말한다.
세무조사	지방세의 부과·징수를 위하여 질문을 하거나 해당 장부·서류 또는 그 밖의 물건(이하 "장부등"이라 한다)을 검사·조사하거나 그 제출을 명하는 활동을 말한다.

이 법 또는 지방세관계법에 별도의 규정이 있는 경우를 제외하고는 특별시와 광역시에 관하여는 도(道)에 관한 규정을, 특별자치시와 특별자치도에 관하여는 도와 시·군에 관한 규정을, 구(區)에 관하여는 시·군에 관한 규정을 각각 준용한다. 이 경우 "도", "도세", "도지사" 또는 "도 공무원"은 각각 "특별시, 광역시, 특별자치시 또는 특별자치도", "특별시세, 광역시세, 특별자치시세 또는 특별자치도세", "특별시장, 광역시장, 특별자치시장 또는 특별자치도지사" 또는 "특별시 공무원, 광역시 공무원, 특별자치시 공무원 또는 특별자

치도 공무원"으로, "시·군", "시·군세", "시장·군수" 또는 "시·군 공무원"은 각각 "특별자치시, 특별자치도 또는 구", "특별자치시세, 특별자치도세 또는 구세", "특별자치시장, 특별자치도지사 또는 구청장" 또는 "특별자치시 공무원, 특별자치도 공무원 또는 구 공무원"으로 본다.[12]

 ## Ⅳ 특수관계인

1. 특수관계인의 범위

특수관계인이란 본인과 다음의 어느 하나에 해당하는 관계에 있는 자를 말한다. 이 경우 「지방세기본법」 및 지방세관계법을 적용할 때 본인도 그 특수관계인의 특수관계인으로 본다.[13]

① 혈족·인척 등 친족관계
② 임원·사용인 등 경제적 연관관계
③ 주주·출자자 등 경영지배관계

> 「지방세기본법 시행령」 제2조 【특수관계인의 범위】
> ① 「지방세기본법」(이하 "법"이라 한다) 제2조 제1항 제34호 가목에서 "혈족·인척 등 대통령령으로 정하는 친족관계"란 다음 각 호의 어느 하나에 해당하는 관계(이하 "친족관계"라 한다)를 말한다.
> 1. 6촌 이내의 혈족
> 2. 4촌 이내의 인척
> 3. 배우자(사실상의 혼인관계에 있는 사람을 포함한다)
> 4. 친생자로서 다른 사람에게 친양자로 입양된 사람 및 그 배우자·직계비속
> ② 법 제2조 제1항 제34호 나목에서 "임원·사용인 등 대통령령으로 정하는 경제적 연관관계"란 다음 각 호의 어느 하나에 해당하는 관계(이하 "경제적 연관관계"라 한다)를 말한다.
> 1. 임원과 그 밖의 사용인
> 2. 본인의 금전이나 그 밖의 재산으로 생계를 유지하는 사람
> 3. 제1호 또는 제2호의 사람과 생계를 함께하는 친족
> ③ 법 제2조 제1항 제34호 다목에서 "주주·출자자 등 대통령령으로 정하는 경영지배관계"란 다음 각 호의 구분에 따른 관계(이하 "경영지배관계"라 한다)를 말한다.
> 1. 본인이 개인인 경우

---

12) 「지방세기본법」 제2조 ②
13) 「지방세기본법」 제2조 ① 제34호

가. 본인이 직접 또는 그와 친족관계 또는 경제적 연관관계에 있는 자를 통하여 법인의 경영에 대하여 지배적인 영향력을 행사하고 있는 경우 그 법인

나. 본인이 직접 또는 그와 친족관계, 경제적 연관관계 또는 가목의 관계에 있는 자를 통하여 법인의 경영에 대하여 지배적인 영향력을 행사하고 있는 경우 그 법인

2. 본인이 법인인 경우

가. 개인 또는 법인이 직접 또는 그와 친족관계 또는 경제적 연관관계에 있는 자를 통하여 본인인 법인의 경영에 대하여 지배적인 영향력을 행사하고 있는 경우 그 개인 또는 법인

나. 본인이 직접 또는 그와 경제적 연관관계 또는 가목의 관계에 있는 자를 통하여 어느 법인의 경영에 대하여 지배적인 영향력을 행사하고 있는 경우 그 법인

다. 본인이 직접 또는 그와 경제적 연관관계, 가목 또는 나목의 관계에 있는 자를 통하여 어느 법인의 경영에 대하여 지배적인 영향력을 행사하고 있는 경우 그 법인

라. 본인이 「독점규제 및 공정거래에 관한 법률」에 따른 기업집단에 속하는 경우 그 기업집단에 속하는 다른 계열회사 및 그 임원

④ 제3항 제1호 각 목, 같은 항 제2호 가목부터 다목까지의 규정을 적용할 때 다음 각 호의 구분에 따른 요건에 해당하는 경우 해당 법인의 경영에 대하여 지배적인 영향력을 행사하고 있는 것으로 본다.

1. 영리법인인 경우

가. 법인의 발행주식 총수 또는 출자총액의 100분의 30 이상을 출자한 경우

나. 임원의 임면권의 행사, 사업방침의 결정 등 법인의 경영에 대하여 사실상 영향력을 행사하고 있다고 인정되는 경우

2. 비영리법인인 경우

가. 법인의 이사의 과반수를 차지하는 경우

나. 법인의 출연재산(설립을 위한 출연재산만 해당한다)의 100분의 30 이상을 출연하고 그 중 1명이 설립자인 경우

　

2013년 1월 1일 「지방세기본법」 개정 시 법에 특수관계인의 정의를 신설하여 특수관계인의 유형을 국세와 같이 친족관계, 경제적 연관관계, 경영지배관계로 체계화하되 친족의 범위를 확대하고 경영지배관계의 출자요건을 조정하는 등 특수관계인의 범위를 경제 현실에 맞게 규정하였다. 특수관계인에 해당하는 친족관계의 범위를 6촌 이내의 혈족 및 4촌 이내의 인척으로 통일하고, 경제적 연관관계의 범위를 임원과 그 밖의 사용인, 본인의 금전이나 그 밖의 재산으로 생계를 유지하는 자 및 이들과 생계를 함께하는 친족으로 하였다. 경영지배관계의 기준은 원칙적으로 영리법인은 해당 법인에 100분의 50 이상 출자하거나 해당 법인을 사실상 지배하는 경우로 통일하는 등 특수관계인의 범위를 경제현실에 맞게 규정하였다. 그 후 2023년 3월 14일 「지방세기본법 시행령」 개정 시 지배적 영향력 판단기준이 되는 지분율을 30%로 하여 범위를 확대하였다. 또한, 경영지배관계 대상에 2차적 지배관계와 기업집단을 추가하였다.

2. 친족관계

친족관계란 본인과 다음의 어느 하나에 해당하는 관계에 있는 자를 말한다. 과점주주인 특수관계인을 판단함에 있어 친족관계에 있는지 여부는 일방을 기준으로 하면 친족관계가 성립되지 않는다 하더라도 타방을 기준으로 하면 친족관계가 성립하는 경우에는 이들 모두가 특수관계인에 해당한다고 본다.[14)]

① 6촌 이내의 혈족
② 4촌 이내의 인척
③ 배우자(사실상의 혼인관계에 있는 사람을 포함)
④ 친생자로서 다른 사람에게 친양자로 입양된 사람 및 그 배우자·직계비속

「국세기본법」에서는 혈족의 경우 4촌 이내, 인척의 경우 3촌 이내로 특수관계인의 범위를 축소하였다.[15)] 국세는 소득이나 소비를 주 과세대상으로 하고 있는데 반해 지방세의 경우 부동산을 주 과세대상으로 하기 때문에 이러한 특성의 차이를 반영하여 친족의 범위를 달리 규정하고 있는 것으로 판단된다.

「민법」상 배우자, 혈족 및 인척을 친족이라 한다. 혈족(血族, consanguine)은 부모와 자식 간의 관계와 형제자매의 관계를 포함하여 혈연관계를 맺고 있는 사람을 가리킨다. 자기의 직계존속과 직계비속을 직계혈족이라 하고 자기의 형제자매와 형제자매의 직계비속, 직계존속의 형제자매 및 그 형제자매의 직계비속을 방계혈족이라 한다. 인척(姻戚, affine)이란 혼인에 의하여 관련된 사람을 말한다. 민법상 혈족의 배우자, 배우자의 혈족, 배우자의 혈족의 배우자를 인척이라 한다.

직계혈족은 자기로부터 직계존속에 이르고 자기로부터 직계비속에 이르러 그 세수를 정한다. 방계혈족은 자기로부터 동원의 직계존속에 이르는 세수와 그 동원의 직계존속으로부터 그 직계비속에 이르는 세수를 통산하여 그 촌수를 정한다. 인척은 배우자의 혈족에 대하여는 배우자의 그 혈족에 대한 촌수에 따르고, 혈족의 배우자에 대하여는 그 혈족에 대한 촌수에 따른다.

양자와 양부모 및 그 혈족, 인척사이의 친계와 촌수는 입양한 때로부터 혼인 중의 출생자와 동일한 것으로 본다. 또한, 양자의 배우자, 직계비속과 그 배우자는 양자의 친계를 기준으로 하여 촌수를 정한다.

---

14) 「지방세기본법 시행령」 제2조 ①
15) 2023년 3월 1일부터 시행

인척관계는 혼인의 취소 또는 이혼으로 인하여 종료한다. 부부의 일방이 사망한 경우 생존 배우자가 재혼한 때에도 인척관계는 종료한다. 입양으로 인한 친족관계는 입양의 취소 또는 파양으로 인하여 종료한다. 출양(出養)을 하더라도 그 관계는 변함이 없어 사망에 의하지 않는 한 소멸되지 아니한다.

3. 경제적 연관관계

임원, 사용인 등 경제적 연관관계에 있는 다음의 자는 특수관계인에 포함된다.[16]

① 임원과 그 밖의 사용인
② 본인의 금전이나 그 밖의 재산으로 생계를 유지하는 사람
③ 위의 ①, ②의 사람과 생계를 함께하는 친족

임원과 그 밖의 사용인이란 특정주주 1인과 임원과 그 밖의 사용인 등 고용관계에 있어야 하는 것이지 그 주식의 발행회사의 임원 또는 기타 고용관계에 있어야 하는 것은 아니다. 또한, 개인이나 법인사업자로서의 특정주주가 그 주식의 발행회사의 주주인 경우에 있어서 그 특정주주와 고용관계에 있는 자들이 특수관계인에 포함되는 것이지, 고용주인 개인이나 법인이 주주가 아닌 상태에서 그의 임원이나 그 밖의 사용인의 사이에서는 특수관계인이 성립하지 않는다.

〈그림〉 경제적 연관관계

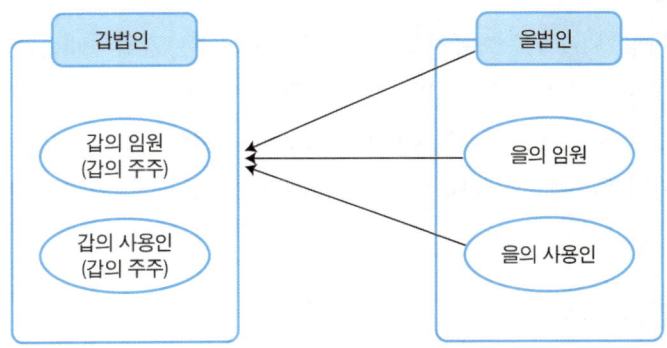

그림에서 특수관계인을 판단하면 다음과 같다. 갑법인이 주식 발행법인인 경우 갑법인의 주주인 을법인과 을법인의 임원 및 사용인은 특수관계인에 포함되는 것이나, 갑의 임원 또

---

16) 「지방세기본법 시행령」 제2조 ②

는 사용인은 을법인과의 관계에서 특수관계인에 포함되지 아니한다.

4. 경영지배관계

(1) 본인이 개인인 경우

본인이 직접 또는 그와 친족관계 또는 경제적 연관관계에 있는 자를 통하여 법인의 경영에 대하여 지배적인 영향력을 행사하고 있는 경우 그 법인은 특수관계인에 포함된다.[17]

또한, 본인이 직접 또는 그와 친족관계, 경제적 연관관계 또는 경영지배관계에 있는 법인을 통하여 법인의 경영에 대하여 지배적인 영향력을 행사하고 있는 경우 그 법인은 특수관계인에 해당한다.

〈그림〉 특수관계인의 범위 : 본인이 개인인 경우

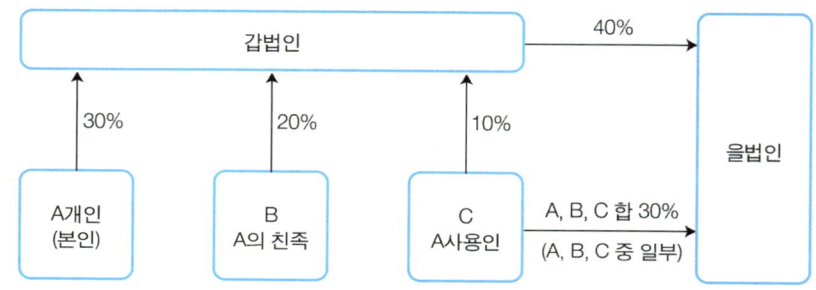

위의 그림에서와 같이 개인 A와 친족관계 B 및 경제적 연관관계 C에 있는 자들이 갑법인의 지분 30% 이상인 60%를 소유하고 있으므로 갑법인은 경영지배관계의 법인으로서 특수관계인에 해당하며, 이들이 을법인의 주식을 50%를 초과하여 보유하는 경우 을법인의 과점주주가 된다. 물론 A, B, C는 특수관계인으로서 갑법인에 대한 지분이 50%를 초과하므로 갑법인의 과점주주에 해당한다. 또한, A개인, B, C, 갑법인, 을법인은 특수관계인에 해당한다.

(2) 본인이 법인인 경우

① 법인인 본인에 대하여 지배적 영향력을 행사하고 있는 주주 등 : 개인 또는 법인이 직접 또는 그와 친족관계 또는 경제적 연관관계에 있는 자를 통하여 본인인 법인의 경영에 대하여 지배적인 영향력을 행사하고 있는 경우 그 개인 또는 법인은 특수관계인

---

17) 「지방세기본법 시행령」 제2조 ③

에 포함된다.[18)]

앞의 그림(본인이 개인인 경우)에 있어서 본인이 갑법인인 경우에 개인 A 또는 법인이 직접 또는 그와 친족관계 B 또는 경제적 연관관계 C에 있는 자를 통하여 본인인 법인(갑법인)의 경영에 지배적 영향력을 행사(지분율 합이 30% 이상인 60%)하고 있으므로, 이들 A, B, C는 갑법인에 있어서의 특수관계인에 해당한다. 따라서 이들이 그림과 같이 을법인에 50%를 초과하여 보유하는 경우에는 을법인의 과점주주에 해당하는 것이다.

② 법인인 본인이 지배적 영향력을 행사하고 있는 자회사 등 : 본인이 직접 또는 그와 경제적 연관관계 또는 위의 '법인인 본인에 대하여 지배적 영향력을 행사하고 있는 주주 등'의 관계에 있는 자를 통하여 어느 법인의 경영에 대하여 지배적인 영향력을 행사하고 있는 경우 그 법인은 특수관계인에 포함된다.[19)]

③ 피지배법인 : 본인이 직접 또는 그와 경제적 연관관계, ① 또는 ②의 관계에 있는 자를 통하여 어느 법인의 경영에 대하여 지배적인 영향력을 행사하고 있는 경우 그 법인

④ 기업집단 : 본인이 「독점규제 및 공정거래에 관한 법률」에 따른 기업집단에 속하는 경우 그 기업집단에 속하는 다른 계열회사 및 그 임원[20)]

〈그림〉 특수관계인의 범위 : 본인이 법인인 경우

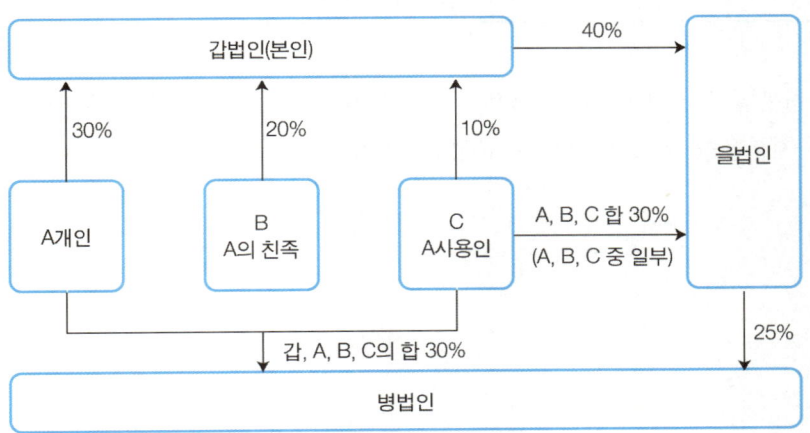

<hr>

18) 「지방세기본법 시행령」 제2조 ③
19) 「지방세기본법 시행령」 제2조 ③
20) 2023년 3월 14일 「지방세기본법 시행령」 개정 시 본인과 특수관계인의 지위에 있는 것으로 보는 경영지배관계의 유형에 법인인 본인이 「독점규제 및 공정거래에 관한 법률」에 따른 기업집단에 속하는 경우 본인과 그 기업집단에 속하는 다른 계열회사 및 임원과의 관계 등을 추가하였다.

그림과 같이 본인(갑법인)이 직접 또는 그와 경제적 연관관계(갑의 임원 또는 사용인 등) 또는 ①의 관계(A, B, C)에 있는 자를 통하여 어느 법인(을)의 경영에 대하여 지배적인 영향력을 행사(70%)하고 있는 경우 그 법인(을)은 특수관계인에 포함된다. 따라서 이들이 50%를 초과하여 특정법인(병법인)을 소유하는 경우 이들은 병법인에 대하여 과점주주에 해당한다.

5. 지배적 영향력

다음의 구분에 따른 요건에 해당하는 경우 해당 법인의 경영에 대하여 지배적인 영향력을 행사하고 있는 것으로 본다.[21]

| 지배적인 영향력 |

구 분	요 건
영리법인	㉮ 법인의 발행주식총수 또는 출자총액의 100분의 30 이상을 출자한 경우 ㉯ 임원의 임면권의 행사, 사업방침의 결정 등 법인의 경영에 대하여 사실상 영향력을 행사하고 있다고 인정되는 경우
비영리법인	㉮ 법인의 이사의 과반수를 차지하는 경우 ㉯ 법인의 출연재산(설립을 위한 출연재산만 해당한다)의 100분의 30 이상을 출연하고 그 중 1명이 설립자인 경우

「지방세기본법 시행령」에서도 「국세기본법 시행령」과 동일하게 지배적 영향력의 판단기준이 되는 지분율을 30% 이상으로 규정고 있다.[22]

---

21) 「지방세기본법 시행령」 제2조 ④
22) 2023년 3월 14일 50%에서 30%로 개정

I 실질과세[23)]

실질과세의 원칙은 헌법상의 기본이념인 평등의 원칙을 조세법률관계에 구현하기 위한 실천적 원리로서, 조세의 부담을 회피할 목적으로 과세요건사실에 관하여 실질과 괴리되는 비합리적인 형식이나 외관을 취하는 경우에 그 형식이나 외관에 불구하고 실질에 따라 담세력이 있는 곳에 과세함으로써 부당한 조세회피행위를 규제하고 과세의 형평을 제고하여 조세정의를 실현하고자 하는 데 주된 목적이 있다.

이는 조세법의 기본원리인 조세법률주의와 대립관계에 있는 것이 아니라 조세법규를 다양하게 변화하는 경제생활관계에 적용함에 있어 예측가능성과 법적 안정성이 훼손되지 않는 범위 내에서 합목적적이고 탄력적으로 해석함으로써 조세법률주의의 형해화를 막고 실효성을 확보한다는 점에서 조세법률주의와 상호보완적이고 불가분적인 관계에 있다고 할 수 있다.

실질과세의 원칙은 소득 등의 귀속의 실질과 소득 등의 거래내용의 실질로 구분된다.

① 소득 등의 귀속의 실질

과세의 대상이 되는 소득·수익·재산·행위 또는 거래가 서류상 귀속되는 자는 명의(名義)만 있을 뿐 사실상 귀속되는 자가 따로 있을 때에는 사실상 귀속되는 자를 납세의무자로 하여 「지방세기본법」 또는 지방세관계법을 적용한다.[24)]

② 소득 등의 거래내용의 실질

「지방세기본법」 또는 지방세관계법 중 과세표준 또는 세액의 계산에 관한 규정은 소득·수익·재산·행위 또는 거래의 명칭이나 형식에 관계없이 그 실질내용에 따라 적용한다.[25)]

---

23) 「지방세기본법」 제17조
24) 「지방세기본법」 제17조 ①
25) 「지방세기본법」 제17조 ②

Ⅱ 신의 · 성실

납세자와 세무공무원은 신의에 따라 성실하게 그 의무를 이행하거나 직무를 수행하여야
한다.[26] 신의성실의 원칙은 상대방의 합리적인 기대나 신뢰를 배반할 수 없다는 법원칙으
로서 신뢰보호의 원칙, 금반언(禁反言)의 법리 등으로 불리며, 본래 사법관계를 그 적용대
상으로 하여 발전하여 왔다. 「민법」 제2조에서는 '권리의 행사와 의무의 이행은 신의에 좇
아 성실히 하여야 한다. 권리는 남용하지 못한다.'고 규정하고 있는데, 이를 신의성실의 원
칙 또는 신의칙(信義則)이라 한다. 「지방세기본법」에서도 신의성실의 원칙을 조세와 관련
된 채권·채무관계에 도입함으로써 기본원칙의 하나로 인정하고 있다. 특히 과세관청의 언
동에 대하여 납세자가 그 정당성 또는 존속성을 신뢰한 경우 그 신뢰를 보호하기 위한 원칙
으로서 중요한 의미를 가진다.

Ⅲ 근거과세

근거과세원칙은 근거가 불충분한 과세를 지양하여 납세자의 재산권이 부당히 침해되지
않도록 자의적인 과세(恣意課稅)를 방지함으로써 납세의무자의 권리를 보장하는 것이 그
취지이다. 따라서 이 원칙은 납세자의 재산권 보호측면을 강조한 원칙이라 할 수 있다. 근
거과세의 원칙은 실지조사결정, 결정근거의 부기, 결정서의 열람·복사를 그 내용으로 하
고 있다.

납세의무자가 지방세관계법에 따라 장부를 갖추어 기록하고 있을 때에는 해당 지방세의
과세표준 조사 및 결정은 기록한 장부와 이에 관계되는 증거자료에 따라야 한다. 지방세를
조사·결정할 때 기록 내용이 사실과 다르거나 누락된 것이 있을 때에는 그 부분에 대해서
만 지방자치단체가 조사한 사실에 따라 결정할 수 있다. 지방자치단체는 기록 내용과 다른
사실이나 누락된 것을 조사하여 결정하였으면 지방자치단체가 조사한 사실과 결정의 근거
를 결정서에 덧붙여 적어야 한다. 지방자치단체의 장은 납세의무자 또는 그 대리인의 요구
가 있을 때에는 결정서를 열람하게 하거나 사본을 발급하거나 그 사본이 원본(原本)과 다
름이 없음을 확인하여야 한다.[27]

---

26) 「지방세기본법」 제18조
27) 「지방세기본법」 제19조

Ⅳ 해석의 기준 등

1. 재산권 보호

「지방세기본법」 또는 지방세관계법을 해석·적용할 때에는 과세의 형평과 해당 조항의 목적에 비추어 납세자의 재산권이 부당하게 침해되지 아니하도록 하여야 한다.[28]

2. 소급과세금지의 원칙

소급과세금지란 행정법규의 효력발생 전에 이미 완결된 사실에 대하여 새로 제정된 세법 또는 세법에 대한 새로운 해석이나 관행을 적용하지 않는다는 것을 말한다. 소급과세금지 원칙은 납세자의 신뢰이익을 보호하고자 하는 목적을 가지고 있으므로 조세부과의 원칙 중 신의성실의 원칙을 보다 구체화한 것으로 볼 수 있다. 소급과세금지의 원칙은 입법상의 소급과세금지와 새로운 해석 또는 관행에 의한 소급과세금지로 구분할 수 있다.

① 입법상의 소급과세금지

지방세를 납부할 의무(「지방세기본법」 또는 지방세관계법에 징수의무자가 따로 규정되어 있는 지방세의 경우에는 이를 징수하여 납부할 의무를 말한다)가 성립된 소득·수익·재산·행위 또는 거래에 대해서는 의무 성립 후의 새로운 법에 따라 소급하여 과세하지 아니한다.[29]

② 해석·적용상의 소급과세금지

「지방세기본법」 및 지방세관계법의 해석 또는 지방세 행정의 관행이 일반적으로 납세자에게 받아들여진 후에는 그 해석 또는 관행에 따른 행위나 계산은 정당한 것으로 보며 새로운 해석 또는 관행에 따라 소급하여 과세되지 아니한다.[30]

Ⅴ 세무공무원의 재량의 한계

급속하게 변화하는 경제상황을 완벽하게 법률로 규정한다는 것이 불가능하므로 세법에서는 세무공무원의 재량행위를 허용하고 있다. 다만 국민의 재산권이 부당히 침해되지 않

---

28) 「지방세기본법」 제20조 ①
29) 「지방세기본법」 제20조 ②
30) 「지방세기본법」 제20조 ③

도록 세무공무원의 재량행위는 일정한 범위 내에서 제한적으로 인정하고 있다.

세무공무원은 이 법 또는 지방세관계법의 목적에 따른 한계를 준수하여야 한다.[31] 세무공무원의 재량권의 한계 판단기준은 과세의 형평과 세법의 입법취지 등을 고려하여야 한다.

Ⅵ 기업회계기준의 존중

세무공무원이 지방세의 과세표준과 세액을 조사·결정할 때에는 해당 납세의무자가 계속하여 적용하고 있는 기업회계의 기준 또는 관행이 일반적으로 공정하고 타당하다고 인정되는 것이면 존중하여야 한다. 다만, 지방세관계법에서 다른 규정을 두고 있는 경우에는 그 법에서 정하는 바에 따른다.[32] 조세의 부과는 경제활동을 대상으로 하며, 이로부터 과세표준을 산출하여 세액을 계산하여야 하므로 기업회계는 당연히 존중되어야 한다. 다만, 지방세법 등에 명문 규정이 존재하는 경우에는 기업회계 존중의 원칙은 적용될 수 없다. 그러므로 기업회계기준의 존중을 요약하면 다음과 같다.

① 과세표준을 조사·결정할 때 적용된다.
② 납세의무자가 계속하여 적용하고 있는 기업회계의 기준이나 관행이다.
③ 적용하고 있는 기업회계의 기준 또는 관행으로서 공정·타당하다고 인정되는 것이어야 한다. 이를 일반적으로 인정된 기업회계원칙(Generally Accepted Accounting Principles : GAAP)이라 한다.
④ 세법에 특별한 규정이 없어야 한다.

---

31) 「지방세기본법」 제21조
32) 「지방세기본법」 제22조

제3절 | 기간과 기한

1. 기간의 계산[33]

기간이란 한 시점에서 다른 시점까지 계속되는 시간을 말한다. 「지방세기본법」 또는 지방세관계법과 지방세에 관한 조례에서 규정하는 기간의 계산은 「지방세기본법」 또는 지방세관계법과 해당 조례에 특별한 규정이 있는 것을 제외하고는 「민법」을 따른다. 「민법」상 기간의 계산에 관한 규정을 요약하면 다음과 같다.

| 「민법」상 기간의 계산 규정[34] |

구 분	내 용
기간의 기산점	기간을 시, 분, 초로 정한 때에는 즉시로부터 기산한다.
	기간을 일, 주, 월 또는 연으로 정한 때에는 기간의 초일은 산입하지 아니한다. 그러나 그 기간이 오전 영시로부터 시작하는 때에는 그러하지 아니하다.
	연령계산에는 출생일을 산입한다.
기간의 만료점	기간을 일, 주, 월 또는 연으로 정한 때에는 기간말일의 종료로 기간이 만료한다.
역에 의한 계산	① 기간을 주, 월 또는 연으로 정한 때에는 역에 의하여 계산한다. ② 주, 월 또는 연의 처음으로부터 기간을 기산하지 아니하는 때에는 최후의 주, 월 또는 연에서 그 기산일에 해당한 날의 전일로 기간이 만료한다. ③ 월 또는 연으로 정한 경우에 최종의 월에 해당일이 없는 때에는 그 월의 말일로 기간이 만료한다.
공휴일 등과 기간의 만료점	기간의 말일이 토요일 또는 공휴일에 해당한 때에는 기간은 그 익일로 만료한다.

2. 기한

(1) 기한의 의의

기한이란 법률행위의 효력 발생, 소멸 또는 채무의 이행을 장래 도래할 것이 확실한 사실의 발생에 의존시키는 법률행위의 부관(附款)이다. 부관이란 법률행위의 종된 의사표시를 말한다. 기한은 장래의 일정한 사실이라는 점에서는 조건과 같지만, 그 사실이 장래 도래할

---

33) 「지방세기본법」 제23조
34) 「민법」 제156조부터 제161조

것이 확실한 사실이라는 점에서 조건과 다르다.[35) 기한은 다음과 같이 분류할 수 있다.

① 확정기한과 불확정기한

그 도래시기가 확정되어 있는 기한을 확정기한이라 하고, 시기가 불확정한 경우를 불확정기한이라 한다.

② 시기와 종기

시기(始期)란 법률행위의 효력의 발생 또는 채무의 이행시기를 장래의 확정적 사실의 발생에 의존하게 하여 언제부터로 표시한 기한을 말한다. 종기(終期)란 법률행위의 효력의 소멸을 장래의 확정적 사실의 발생에 의존하게 하여 언제까지로 표시한 기한을 말한다.

(2) 기한의 특례[36)

「지방세기본법」 또는 지방세관계법에서 규정하는 신고, 신청, 청구, 그 밖의 서류 제출, 통지, 납부 또는 징수에 관한 기한이 다음의 어느 하나에 해당하는 경우에는 그 다음 날을 기한으로 한다.

① 토요일 및 일요일
② 「공휴일에 관한 법률」에 따른 공휴일 및 대체공휴일
③ 「근로자의 날 제정에 관한 법률」에 따른 근로자의 날

「지방세기본법」 또는 지방세관계법에서 규정하는 신고기한 또는 납부기한이 되는 날에 대통령령으로 정하는 장애로 인하여 지방세통합정보통신망의 가동이 정지되어 전자신고 또는 전자납부를 할 수 없는 경우에는 그 장애가 복구되어 신고 또는 납부를 할 수 있게 된 날의 다음 날을 기한으로 한다.[37)

3. 우편신고 및 전자신고

우편으로 과세표준신고서, 과세표준 수정신고서, 경정청구서 또는 이와 관련된 서류를 제출한 경우 우편법령에 따른 우편날짜도장이 찍힌 날(우편날짜도장이 찍히지 아니하였거나 찍힌 날짜가 분명하지 아니할 때에는 통상 걸리는 우편 송달 일수를 기준으로 발송한

---

35) 조건은 장래 그 도래사실이 불확실한 경우를 말하고, 기한은 장래 그 도래사실이 확실한 경우를 말한다.
36) 「지방세기본법」 제24조 ①
37) 「지방세기본법」 제24조 ②

날에 해당한다고 인정되는 날)에 신고되거나 청구된 것으로 본다. 이러한 신고서 등을 지방세정보통신망 또는 연계정보통신망을 이용하여 제출하는 경우에는 해당 신고서 등이 지방세정보통신망 또는 연계정보통신망에 저장된 때에 신고되거나 청구된 것으로 본다.[38]

4. 천재지변 등으로 인한 기한의 연장

(1) 기한의 연장

지방자치단체의 장은 천재지변, 사변(事變), 화재(火災), 그 밖에 사유로 납세자가 「지방세기본법」 또는 지방세관계법에서 규정하는 신고·신청·청구 또는 그 밖의 서류 제출·통지나 납부를 정해진 기한까지 할 수 없다고 인정되는 경우에는 직권 또는 납세자의 신청으로 그 기한을 연장할 수 있다.[39]

지방자치단체의 장은 납부기한을 연장하는 경우 납부할 금액에 상당하는 담보의 제공을 요구할 수 있다. 다만, 사망, 질병, 그 밖의 사유로 담보 제공을 요구하기 곤란하다고 인정될 때에는 그러하지 아니하다.[40]

「지방세기본법」 또는 지방세관계법에서 정한 납부기한 만료일 10일 전에 납세자의 납부기한연장신청에 대하여 지방자치단체의 장이 신청일부터 10일 이내에 승인 여부를 통지하지 아니하면 그 10일이 되는 날에 납부기한의 연장을 승인한 것으로 본다.[41]

(2) 납부기한 연장의 취소

지방자치단체의 장은 납부기한을 연장한 경우에 납세자가 다음의 어느 하나에 해당되는 경우 그 기한의 연장을 취소하고, 그 지방세를 즉시 징수할 수 있다.[42]

① 담보의 제공 등 지방자치단체의 장의 요구에 따르지 아니할 때
② 「지방세징수법」 제22조 제1항 각 호의 어느 하나에 해당되어 그 연장한 기한까지 연장된 해당 지방세 전액을 징수할 수 없다고 인정될 때
③ 재산상황의 변동 등 대통령령으로 정하는 사유로 인하여 납부기한을 연장할 필요가 없다고 인정될 때

---

38) 「지방세기본법」 제25조
39) 「지방세기본법」 제26조 ①
40) 「지방세기본법」 제26조 ②
41) 「지방세기본법」 제26조 ③
42) 「지방세기본법」 제27조

지방자치단체의 장은 납부기한의 연장을 취소하였을 때에는 납세자에게 그 사실을 즉시 통지하여야 한다.

1. 서류의 송달장소

(1) 일반적인 경우 서류의 송달

지방세관계법에서 규정하는 서류는 그 명의인(서류에 수신인으로 지정되어 있는 자를 말한다)의 주소, 거소, 영업소 또는 사무소에 송달한다. 전자송달인 경우에는 행정안전부장관이 고시하는 정보통신망에 가입된 명의인의 전자우편주소 또는 지방세정보통신망의 전자사서함에 송달한다. 서류를 송달받을 자가 주소 또는 영업소 중에서 송달받을 장소를 지방자치단체에 신고하였을 때에는 그 신고된 장소에 송달하여야 한다. 이를 변경하였을 때에도 또한 같다.[43]

(2) 연대납세의무자에 대한 서류의 송달

연대납세의무자에게 서류를 송달할 때에는 그 대표자를 명의인으로 하며, 대표자가 없으면 연대납세의무자 중 지방세를 징수하기 유리한 자를 명의인으로 한다. 다만, 납세의 고지와 독촉에 관한 서류는 연대납세의무자 모두에게 각각 송달하여야 한다.

(3) 상속재산관리인 또는 납세관리인이 있는 경우

상속이 개시된 경우에 상속재산관리인이 있을 때에는 그 상속재산관리인의 주소 또는 영업소에 송달한다. 또한 납세관리인이 있을 때에는 납세의 고지와 독촉에 관한 서류는 그 납세관리인의 주소 또는 영업소에 송달한다.[44]

2. 서류송달의 방법

서류의 송달은 교부·우편 또는 전자송달로 하되, 해당 지방자치단체의 조례로 정하는 방법에 따른다. 교부에 의한 서류송달은 송달할 장소에서 그 송달을 받아야 할 자에게 서류를 건네줌으로써 이루어진다. 다만, 송달을 받아야 할 자가 송달받기를 거부하지 아니하면 다른 장소에서 교부할 수 있다. 교부의 경우에 송달할 장소에서 서류를 송달받아야 할 자를 만나지 못하였을 때에는 그의 사용인, 그 밖의 종업원 또는 동거인으로서 사리를 분별할

---

43) 「지방세기본법」 제29조
44) 「지방세기본법」 제28조

수 있는 사람에게 서류를 송달할 수 있으며, 서류의 송달을 받아야 할 자 또는 그의 사용인, 그 밖의 종업원 또는 동거인으로서 사리를 분별할 수 있는 사람이 정당한 사유 없이 서류의 수령을 거부하면 송달할 장소에 서류를 둘 수 있다. 서류를 송달하는 경우에 송달받을 자가 주소 또는 영업소를 이전하였을 때에는 주민등록표 등으로 확인하고 그 이전한 장소에 송 달하여야 한다. 서류를 교부하였을 때에는 송달서에 수령인의 서명 또는 날인을 받아야 한 다. 이 경우 수령인이 서명 또는 날인을 거부하면 그 사실을 송달서에 적어야 한다.[45]

지방자치단체의 장은 일반우편으로 서류를 송달하였을 때에는 다음의 사항을 확인할 수 있는 기록을 작성하여 갖추어 두어야 한다.

① 서류의 명칭
② 송달받을 자의 성명 또는 명칭
③ 송달장소
④ 발송연월일
⑤ 서류의 주요 내용

전자송달은 서류의 송달을 받아야 할 자가 신청하는 경우에만 한다. 다만, 지방세정보통 신망의 장애로 인하여 전자송달을 할 수 없는 경우와 그 밖에 대통령령으로 정하는 사유가 있는 경우에는 교부 또는 우편의 방법으로 송달할 수 있다.[46]

3. 송달지연으로 인한 납부기한의 연장

기한을 정하여 납세고지서, 납부통지서, 독촉장 또는 납부최고서를 송달하였더라도 다음 의 어느 하나에 해당하면 지방자치단체의 징수금의 납부기한은 해당 서류가 도달한 날부터 14일이 지난 날로 한다.[47]

① 서류가 납부기한이 지난 후에 도달한 경우
② 서류가 도달한 날부터 7일 이내에 납부기한이 되는 경우

다만, 「지방세징수법」상 납기 전 징수에 따른 고지의 경우에는 다음의 구분에 따른 날을 납부기한으로 한다.

---

45) 「지방세기본법」 제30조
46) 「지방세기본법」 제30조
47) 「지방세기본법」 제31조

① 고지서가 납부기한이 지난 후에 도달한 경우 : 고지서가 도달한 날
② 고지서가 납부기한 전에 도달한 경우 : 납부기한이 되는 날

4. 송달의 효력발생

송달하는 서류는 그 송달을 받아야 할 자에게 도달한 때부터 효력이 발생한다. 다만, 전자송달의 경우에는 송달받을 자가 지정한 전자우편주소에 저장된 때 또는 지방세정보통신망의 전자사서함에 저장된 때에 그 송달을 받아야 할 자에게 도달된 것으로 본다.[48]

5. 공시송달

서류의 송달을 받아야 할 자가 다음의 어느 하나에 해당하는 경우에는 서류의 주요 내용을 공고한 날부터 14일이 지나면 서류의 송달이 된 것으로 본다.[49]

① 주소 또는 영업소가 국외에 있고 송달하기 곤란한 경우
② 주소 또는 영업소가 분명하지 아니한 경우
③ 교부·우편 또는 전자송달 방법으로 송달하였으나 받을 사람이 없는 것으로 확인되어 반송되는 경우

공고는 지방세정보통신망, 지방자치단체의 정보통신망이나 게시판에 게시하거나 관보·공보 또는 일간신문에 게재하는 방법으로 한다. 이 경우 지방세정보통신망이나 지방자치단체의 정보통신망을 이용하여 공시송달을 할 때에는 다른 공시송달방법을 함께 활용하여야 한다. 납세고지서, 납부통지서, 독촉장 또는 납부최고서를 공시송달한 경우 납부기한에 관하여는 송달지연으로 인한 납부기한의 연장을 준용한다.

---

48) 「지방세기본법」 제32조
49) 「지방세기본법」 제33조

I　납세의무의 성립

1. 납세의무 성립의 의의

납세의무의 성립이란 조세법률관계의 성립을 의미한다. 즉, 일반적으로 법률관계는 권리·의무관계로 나타나는 바, 조세법률관계 또한 조세채권과 조세채무의 관계로 나타나게 되고, 조세채무인 납세의무가 성립하면 조세법률관계의 타방 당사자인 국가는 조세채권을 가지게 된다.

납세의무는 각 세법이 정하는 과세요건을 충족함으로써 과세관청이나 납세의무자의 특별한 행위가 없이 자동적으로 성립된다. 그러나 납세의무의 성립만으로는 조세의 납부나 징수가 불가능하므로 성립된 납세의무를 추상적 조세채무라 한다.

조세채권·채무관계는 세법이 정한 일정한 요건(과세요건)이 충족되면 그 법 효과로서 법률상 당연히 납세의무가 성립하게 된다. 즉, 조세채무는 법정채무로서의 성격을 가진다. 따라서 납세의무가 성립한 사실을 납세의무자가 알지 못하였다 하더라도 조세법률관계의 성립 자체에는 아무런 영향이 없다. 대법원도 조세채무는 법률이 정하는 과세요건이 충족되는 때에는 그 조세채무의 성립을 위한 과세관청이나 납세의무자의 특별한 행위가 필요 없이 당연히 자동적으로 성립하는 것이므로 납세의무자가 그 사실을 알지 못하였거나 알 수 없었는지의 여부에 구애됨이 없이 조세채무가 당연히 성립한다고 보고 있다.[50]

납세의무가 성립되기 전에는 고지서를 발부할 수 없고 납세자가 스스로 신고납부를 하더라도 이는 과오납금에 해당하게 된다. 또한 세법 등의 적용은 기본적으로 납세의무 성립당시의 세법을 적용하는 것이 원칙이다. 따라서 납세의무의 성립시기는 과세표준액 및 세액산출을 위한 법령적용의 기준과 납세지 관할 결정의 기준이 되고, 납세의무자 판단 및 제2차 납세의무자의 성립과 그 범위결정의 기준, 납세의무의 승계 범위 결정기준이 되며, 부과시기의 결정기준과 제척(除斥)기간 기산의 판단기준이 되는 등 매우 중요한 의미를 갖는다.

---

50) 대법원 1985.1.22. 선고, 83누279 판결

2. 지방세의 납세의무 성립시기

지방세의 납세의무는 「지방세기본법」 제34조에서 정하는 충족요건 즉, 특정시기에 특정 사실 또는 상태가 존재함으로써 과세대상(물건 또는 행위)이 납세의무자에게 귀속되어 법령이 정하는 바에 따라 과세표준의 산정 및 세율의 적용이 가능하게 되는 때에 구체적으로 성립한다.[51] 지방세를 납부할 의무는 다음의 구분에 따른 시기에 성립한다.[52]

| 지방세의 납세의무 성립시기 |

세목	납세의무 성립시기
취득세	과세물건을 취득하는 때
등록면허세	① 등록에 대한 등록면허세 : 재산권과 그 밖의 권리를 등기하거나 등록하는 때 ② 면허에 대한 등록면허세 : 각종의 면허를 받는 때와 납기가 있는 달의 1일
레저세	승자투표권, 승마투표권 등을 발매하는 때
담배소비세	담배를 제조장 또는 보세구역으로부터 반출(搬出)하거나 국내로 반입(搬入)하는 때
지방소비세	「국세기본법」에 따른 부가가치세의 납세의무가 성립하는 때
주민세	① 개인분 및 사업소분 : 과세기준일(7월 1일) ② 종업원분 : 종업원에게 급여를 지급하는 때
지방소득세	과세표준이 되는 소득에 대하여 소득세·법인세의 납세의무가 성립하는 때
재산세	과세기준일(6월 1일)
자동차세	① 자동차 소유에 대한 자동차세 : 납기가 있는 달의 1일(6월 1일, 12월 1일) ② 자동차 주행에 대한 자동차세 : 과세표준이 되는 교통·에너지·환경세의 납세의무가 성립하는 때
지역자원시설세	① 발전용수 : 발전용수를 수력발전(양수발전은 제외한다)에 사용하는 때 ② 지하수 : 지하수를 채수(採水)하는 때 ③ 지하자원 : 지하자원을 채광(採鑛)하는 때 ④ 컨테이너 : 컨테이너를 취급하는 부두를 이용하기 위하여 컨테이너를 입항·출항하는 때 ⑤ 원자력발전 : 원자력발전소에서 발전하는 때 ⑥ 화력발전 : 화력발전소에서 발전하는 때 ⑦ 건축물 및 선박 : 과세기준일
지방교육세	과세표준이 되는 세목의 납세의무가 성립하는 때

---

51) 「지방세기본법」 기본통칙 34-1
52) 「지방세기본법」 제34조

다만, 다음의 지방세를 납부할 의무는 다음에서 정한 시기에 성립한다.

① 특별징수하는 지방소득세 : 과세표준이 되는 소득에 대하여 소득세·법인세를 원천징수하는 때

② 수시로 부과하여 징수하는 지방세 : 수시부과할 사유가 발생하는 때

③ 「법인세법」 제67조에 따라 처분되는 상여(賞與)에 대한 주민세 종업원분

　　가. 법인세 과세표준을 결정하거나 경정하는 경우 : 「소득세법」 제131조 제2항 제1호에 따른 소득금액변동통지서를 받은 날

　　나. 법인세 과세표준을 신고하는 경우 : 신고일 또는 수정신고일

3. 가산세의 납세의무 성립시기

가산세의 납세의무는 다음의 구분에 따른 시기에 성립한다.[53]

| 가산세의 납세의무 성립시기 |

무신고, 과소·초과환급신고가산세	법정신고기한이 경과하는 때
납부지연가산세	법정납부기한 경과 후 1일마다 그 날이 경과하는 때 또는 납부기한이 경과하는 때
그 밖의 가산세	가산세를 가산할 사유가 발생하는 때. 다만, 가산세를 가산할 사유가 발생하는 때를 특정할 수 없거나 가산할 지방세의 납세의무가 성립하기 전에 가산세를 가산할 사유가 발생하는 경우에는 가산할 지방세의 납세의무가 성립하는 때로 한다.

 ## Ⅱ 납세의무의 확정

1. 납세의무 확정의 의의

납세의무의 확정이란 이미 성립한 납세의무에 대하여 납세의무자 또는 과세권자가 세법을 적용하여 과세표준과 세액을 구체적으로 확인하는 절차이다. 과세요건의 충족에 의해 납세의무가 성립하면 비로소 납세의무가 객관적으로 존재하게 된다. 그러나 과연 과세요건이 충족되었는가, 충족되었다면 그 내용은 무엇인가는 아직 확인되지 않고 있기 때문에 이 단계의 납세의무는 단지 추상적으로 존재할 뿐이다.

---

53) 「지방세기본법」 제34조 ① 제12호

이러한 추상적 납세의무에 관하여 그 과세요건의 충족여부 및 내용을 확인하는 이른바 납세의무의 확정이 이루어짐으로써 비로소 납세의무는 구체적인 것으로 전환되며 이행될 수 있는 조세채무로 되는 것이다. 따라서 납세의무의 확정은 납세의무를 새로이 창설하는 것이 아니라 이미 성립하여 추상적으로 존재하는 납세의무를 사후적으로 확인하는 절차이다. 그러므로 납세의무의 확정은 과세권자뿐 아니라 납세의무자에 의해서도 이루어질 수 있다.

2. 지방세의 납세의무 확정시기

납세의무를 확정하는 방법에는 신고납부제도와 지방자치단체결정제도가 있다. 이와 같은 납세의무의 확정은 추상적인 조세채무를 이행할 수 있도록 구체화시키기 위하여 자진납부 또는 과세권자의 징수결정 등에 의하여 확정하는 것을 말하는데「지방세법」상의 각 세목별 납세의무 확정시기는 다음과 같다.

① 납세의무자가 과세표준과 세액을 지방자치단체에 신고납부하는 지방세 : 신고하는 때. 다만, 납세의무자가 과세표준과 세액의 신고를 하지 아니하거나 신고한 과세표준과 세액이 지방세관계법에 어긋나는 경우에는 지방자치단체가 과세표준과 세액을 결정하거나 경정하는 때로 한다.

② 부과징수하는 지방세 : 지방세의 과세표준과 세액을 해당 지방자치단체가 결정하는 때

| 납세의무의 확정 |

구 분	신고납세제도	부과과세제도
의의	납세의무자의 신고에 의하여 과세표준과 세액을 확정	과세권자의 부과처분에 의하여 과세표준과 세액을 확정
주체	1차 : 납세의무자 2차 : 과세권자	과세권자
확정시기	신고하는 때	결정하는 때
적용세목	취득세, 등록면허세 등	재산세 등

다만, 다음의 지방세는 납세의무가 성립하는 때에 특별한 절차 없이 세액이 확정된다.[54]

---

54)「지방세기본법」제35조 ②

① 특별징수하는 지방소득세

② 「지방세기본법」 제55조 제1항 제3호 및 제4호에 따른 납부지연가산세

③ 특별징수 납부지연가산세

| 정기분 지방세의 납부기간 |

세목	근거규정	납부기간		고지서 발부일
재산세	「지방세법」 제115조	건축물 주택(1/2) 선박, 항공기	7.16.~7.31.	7.10.
		토지 주택(1/2)	9.16.~9.30.	9.10.
등록면허세(면허분)	「지방세법」 제35조	1.16.~1.31.		1.10.
주민세(개인분)	「지방세법」 제79조	8.16.~8.31.		8.10.
자동차세 (소유분)	「지방세법」 제128조	1기분	6.16.~6.30.	6.10.
		2기분	12.16.~12.31.	12.10.

 Ⅲ 납세의무의 소멸

1. 지방세 납세의무의 소멸시기

지방자치단체의 징수금을 납부할 의무는 다음의 어느 하나에 해당하는 때에 소멸한다.[55]

① 납부·충당 또는 부과가 취소되었을 때

② 부과의 제척기간 내에 지방세가 부과되지 아니하고 그 기간이 만료되었을 때

③ 지방자치단체의 징수금의 지방세징수권 소멸시효가 완성되었을 때

2. 납부·충당 또는 부과취소

지방세 납세의무는 성립, 확정, 소멸의 단계를 거치게 되는데, 지방세의 납부·충당 또는 부과의 취소 등으로 납세의무는 소멸된다.

---

55) 「지방세기본법」 제37조

① 납부

납부는 사법상 일반채권에 있어서의 채무변제에 해당하는 것이다. 따라서 납부에 의하여 납세의무가 소멸한다. 납부라 함은 당해 지방세의 납세자는 물론 납세보증인 기타 이해관계가 있는 제3자 등에 의한 납부를 모두 포함한다.[56] 금전으로 납부하는 대신에 금전 이외의 재산으로 납부하는 방식도 있는데 이를 물납이라고 한다. 물납은 개별세법에 규정이 있는 경우에 한하여 허용된다.

② 충당

충당이라 함은 납세의무자에게 환급할 지방세환급금과 당해 납세의무자가 납부할 지방세·가산금 및 체납처분비 상당액을 서로 상계시켜 지방세 세입으로 하는 것을 말한다.[57] 지방자치단체의 장은 지방세환급금으로 결정한 금액을 지방자치단체의 징수금에 충당하여야 한다. 징수금에 충당한 경우 징수금의 납세의무는 소멸한다.[58]

③ 부과의 취소

부과의 취소란 유효하게 성립한 부과처분에 대하여 그 성립에 흠결이 있음을 이유로 그 처분의 효력을 상실시키는 것을 말한다. 부과가 취소되면 부과한 날에 소급하여 취소의 효력이 발생하므로 납세의무는 소멸한다.[59]

지방자치단체의 장은 지방자치단체의 징수금의 부과·징수가 위법·부당한 것임을 확인하면 즉시 그 처분을 취소하거나 변경하여야 한다.[60] 부과취소에 하자가 있는 경우에는 법률이 명문으로 그 취소요건이나 불복절차에 관하여 규정하고 있지 않으므로 부과취소에 당연무효사유가 있지 않은 이상 부과취소를 하면 해당 부과처분은 확정적으로 소멸한다. 따라서 과세관청은 부과취소를 다시 취소함으로써 원부과처분을 소생시킬 수 없고 납세의무자에게 종전의 과세대상에 대한 납부의무를 지우려면 다시 법률에서 정한 부과절차에 따라 동일한 내용의 새로운 처분을 할 수 밖에 없다.[61]

---

56) 「지방세기본법」 기본통칙 37-1
57) 「지방세기본법」 기본통칙 37-2
58) 「지방세기본법」 제60조 ②, ③
59) 참고 : 부과의 철회
    부과의 철회란 「지방세징수법」에 의하여 징수유예 등을 한 지방세의 징수를 확보할 수 없다고 인정할 때에 그 부과결정을 철회하는 것을 말한다. 부과결정을 철회한 후 납세자의 행방 또는 재산을 발견하였을 때에는 지체 없이 부과 또는 징수의 절차를 밟아야 한다.(「지방세징수법」 제26조)
60) 「지방세기본법」 제58조
61) 대법원 1996.9.24. 선고, 96다204 판결 ; 대법원 1995.3.10. 선고, 94누7027 판결

3. 부과의 제척기간 만료

(1) 부과제척기간의 의의

부과제척기간이란 조세부과권의 법정존속기간을 말한다. 즉, 과세권자가 조세를 부과할 수 있는 기간을 말한다. 조세의 부과권은 이미 성립된 조세채권에 대하여 구체적으로 과세표준과 세액을 확인하는 것을 내용으로 하는 일종의 형성권이다. 따라서 과세권자가 납세의무를 확정하는 과정에서 행사하는 확정권을 조세부과권이라 할 수 있다.

조세부과권은 형성권이므로 소멸시효의 대상이 되지 않는다. 대신 조세부과권은 제척기간을 규정하고 있다. 조세부과권을 기한의 제약 없이 행사할 수 있다면 조세법률관계가 불안정해지므로 조세채권·채무관계의 조속한 확정을 위하여 조세부과권을 일정기간 동안 행사하지 않으면 납세의무가 소멸되도록 권리의 존속기간을 규정하고 있다. 조세부과의 제척기간은 조세에 관한 권리와 의무관계를 조속하게 확정시킬 것을 목적으로 하는 것이므로 중단과 정지가 없다. 지방세는 제척기간의 기산일로부터 부과제척기간이 만료되는 날까지 부과하지 아니한 경우에는 부과할 수 없다.

(2) 지방세의 부과제척기간

1) 일반적인 부과제척기간

지방세는 부과할 수 있는 날부터 다음에서 정하는 기간이 만료되는 날까지 부과하지 아니한 경우에는 부과할 수 없다. 다만, 조세의 이중과세를 방지하기 위하여 체결한 조약에 따라 상호합의절차가 진행 중인 경우에는 「국제조세조정에 관한 법률」 제51조에서 정하는 바에 따른다.[62]

| 지방세의 부과제척기간 |

구 분	제척기간
납세자가 사기나 그 밖의 부정한 행위로 지방세를 포탈하거나 환급·공제 또는 감면받은 경우	10년
납세자가 법정신고기한까지 과세표준신고서를 제출하지 아니한 경우	7년
다음 각각에 따른 취득으로서 법정신고기한까지 과세표준신고서를 제출하지 아니한 경우 ① 상속 또는 증여(부담부증여를 포함한다)를 원인으로 취득하는 경우	10년

---

62) 「지방세기본법」 제38조 ①

구 분	제척기간
② 「부동산 실권리자명의 등기에 관한 법률」 제2조 제1호에 따른 명의신탁약정으로 실권리자가 사실상 취득하는 경우 ③ 타인의 명의로 법인의 주식 또는 지분을 취득하였지만 해당 주식 또는 지분의 실권리자인 자가 과점주주가 되어 해당 법인의 부동산등을 취득한 것으로 보는 경우	
그 밖의 경우	5년

2) 제척기간의 특례

다음과 같은 경우에는 다음에 해당하는 기간이 지나기 전까지는 해당 결정·판결, 상호합의, 경정청구나 지방소득세 관련 자료의 통보에 따라 경정이나 그 밖에 필요한 처분을 할 수 있다.[63]

| 특별 사유 지방세의 부과제척기간 |

구 분	부과제척기간
이의신청·심판청구, 「감사원법」에 따른 심사청구 또는 행정소송에 대한 결정 또는 판결이 있는 경우	결정 또는 판결이 확정된 날로부터 1년
조세조약에 부합하지 아니하는 과세의 원인이 되는 조치가 있는 경우 그 조치가 있음을 안 날부터 3년 이내(조세조약에서 따로 규정하는 경우에는 그에 따른다)에 그 조세조약에 따른 상호합의가 신청된 것으로서 그에 대하여 상호합의가 이루어진 경우	상호합의가 종결된 날부터 1년
경정청구가 있는 경우	경정청구일부터 2개월
세무서장 또는 지방국세청장이 지방소득세 관련 소득세 또는 법인세 과세표준과 세액의 결정·경정 등에 관한 자료를 통보한 경우	지방소득세 관련 자료의 통보일부터 2개월

결정 또는 판결에 의하여 다음의 어느 하나에 해당하게 된 경우에는 당초의 부과처분을 취소하고 그 결정 또는 판결이 확정된 날부터 1년 이내에 다음의 구분에 따른 자에게 경정이나 그 밖에 필요한 처분을 할 수 있다.[64]

① 명의대여 사실이 확인된 경우 : 실제로 사업을 경영한 자

② 과세의 대상이 되는 재산의 취득자가 명의자일 뿐이고 사실상 취득한 자가 따로 있다는 사실이 확인된 경우 : 재산을 사실상 취득한 자

---

63) 「지방세기본법」 제38조 ②
64) 「지방세기본법」 제38조 ③

(3) 사기나 부정한 행위

"사기나 그 밖의 부정한 행위"란 다음의 어느 하나에 해당하는 행위로서 지방세의 부과와 징수를 불가능하게 하거나 현저히 곤란하게 하는 적극적 행위를 말한다.[65]

① 이중장부의 작성 등 장부에 거짓으로 기록하는 행위
② 거짓 증빙 또는 거짓으로 문서를 작성하거나 받는 행위
③ 장부 또는 기록의 파기
④ 재산의 은닉, 소득·수익·행위·거래의 조작 또는 은폐
⑤ 고의적으로 장부를 작성하지 아니하거나 갖추어 두지 아니하는 행위
⑥ 그 밖에 위계(僞計)에 의한 행위

(4) 지방세를 부과할 수 있는 날

지방세를 부과할 수 있는 날은 다음의 날을 말한다.[66]

| 지방세를 부과할 수 있는 날 |

구 분	부과할 수 있는 날
신고납부하는 지방세	신고기한의 다음 날
그 밖의 지방세	납세의무성립일
특별징수의무자, 납세조합에 대하여 부과하는 지방세의 경우	특별징수세액 또는 납세조합징수세액의 납부기한의 다음 날
신고납부기한, 법정 납부기한이 연장되는 경우	그 연장된 기한의 다음 날
비과세 또는 감면받은 세액 등에 대한 추징사유가 발생하여 추징하는 경우	① 비과세 또는 감면받은 세액을 신고납부하도록 규정된 경우에는 그 신고기한의 다음 날
	② ① 외의 경우에는 비과세 또는 감면받은 세액을 부과할 수 있는 사유가 발생한 날

지방세를 부과할 수 있는 날의 기준이 되는 신고기한에는 예정신고기한, 중간예납기한 및 수정신고기한은 포함되지 아니한다.

---

65) 「지방세기본법」 제38조 ⑤
66) 「지방세기본법 시행령」 제19조

세목	과세대상	신고납부기한	제척기간의 기산일
취득세	일반적인 취득	취득 후 60일 등 (등기·등록일)	60일 경과 다음 날 (등기·등록일 다음 날)
	중과세대상	중과세 해당일부터 60일	60일 경과 다음 날
등록면허세 (등록분)	일반적인 등기·등록	등기·등록 전	등기·등록일
	중과세대상	중과세 해당일부터 60일	60일 경과 다음 날
주민세	종업원분	급여지급일의 다음 달 10일	10일 경과 다음 날
	사업소 연면적	8월 31일	9월 1일
담배소비세	궐련 등	반출일의 다음 달 말일	반출일 다음다음 달 초일
지역자원시설세	특정자원	채수·채광한 날의 다음 달 10일	10일 경과 다음 날

4. 지방세징수권의 소멸시효 완성

(1) 소멸시효

소멸시효란 일정기간 동안 권리를 행사하지 않은 경우 그 권리를 소멸시키는 제도로서 권리의 불행사기간으로 이해할 수 있다. 지방자치단체의 징수금의 징수를 목적으로 하는 지방자치단체의 권리(지방세징수권)는 그 권리를 행사할 수 있는 때부터 5년(또는 10년) 간 행사하지 아니하면 시효로 인하여 소멸한다.

지방세징수권은 이를 행사할 수 있는 때부터 다음의 구분에 따른 기간 동안 행사하지 아니하면 소멸시효가 완성된다.

① 가산세를 제외한 지방세의 금액이 5천만원 이상인 경우 : 10년
② 가산세를 제외한 지방세의 금액이 5천만원 미만인 경우 : 5년

2019년 12월 31일 법 개정시 고액체납 지방세에 대한 지방세징수권을 강화하기 위하여 일률적으로 5년으로 정하고 있는 지방세징수권의 소멸시효를 5천만원 이상의 지방세징수권에 대해서는 10년으로 연장하였다. 소멸시효에 관하여는 「지방세기본법」 또는 지방세관계법에 규정되어 있는 것을 제외하고는 「민법」에 따른다.

"시효로 인하여 소멸한다"라 함은 시효기간의 경과로 소멸시효가 완성하면 지방세징수권이 당연히 소멸하는 것을 말한다.[67] 종속된 권리의 소멸시효와 관련하여 지방세의 소멸

시효가 완성한 때에는 그 지방세의 가산금, 체납처분비 및 이자상당액에도 그 효력이 미친다. 또한, 주된 납세의무자의 지방세가 소멸시효의 완성으로 인하여 소멸한 때에는 제2차 납세의무자, 납세보증인에도 그 효력이 미친다.[68]

(2) 소멸시효의 기산일

소멸시효의 기산일이 되는 '지방세징수권을 행사할 수 있는 때'는 다음의 날로 한다.[69]

| 소멸시효의 기산일 |

구 분	기산일
신고납세제도	법정납부기한의 다음 날
부과과세제도	납세고지서에 따른 납부기한의 다음 날
특별징수	납세고지서에 따른 납부기한의 다음 날
신고기한의 연장	연장된 기한의 다음 날

(3) 시효의 중단과 정지

1) 시효의 중단

시효의 중단이란 「지방세기본법」 시효중단 사유에 해당하는 처분의 효력발생으로 인하여 이미 경과한 시효기간의 효력이 상실되는 것을 말한다.[70] 시효가 중단된 때에는 중단사유가 발생한 때까지 경과한 시효기간은 그 효력을 상실하게 되고, 중단사유가 종료한 때부터 새로이 시효가 진행된다.

지방세징수권의 시효는 다음의 시효중단 사유로 중단되며, 중단된 시효는 다음의 시효중단 기간이 지난 때부터 새로 진행한다. 여기서 "새로 진행한다"라 함은 시효가 중단된 때까지에 경과한 시효기간은 효력을 상실하고 중단사유가 종료한 때로부터 새로이 시효가 진행하는 것을 말한다.[71]

---

67) 「지방세법」 운영예규 39-1
68) 「지방세법」 운영예규 39-2
69) 「지방세기본법」 제29조 ③, ④
70) 「지방세법」 운영예규 40-1
71) 「지방세법」 운영예규 40-3

시효의 중단 사유	시효 중단 기간
납세고지	고지한 납부기간
독촉 또는 납부최고	독촉 또는 납부최고에 따른 납부기간
교부청구	교부청구 중의 기간
압류	압류해제까지의 기간

2) 시효의 정지

"시효의 정지"란 일정한 기간 동안 시효의 완성을 유예하는 것을 말하며, 이 경우에는 그 정지사유가 종료한 후 다시 잔여 시효기간이 경과하면 소멸시효가 완성한다.[72] 사해행위 취소의 소송 또는 채권자대위 소송의 제기로 인한 시효정지는 소송이 각하·기각되거나 취하된 경우에는 효력이 없다.[73]

지방세징수권의 소멸시효는 다음의 어느 하나에 해당하는 기간에는 진행되지 아니한다.[74]

① 「지방세법」에 따른 분할납부기간

② 「지방세법」에 따른 연부(年賦)기간

③ 「지방세징수법」에 따른 징수유예기간

④ 「지방세징수법」에 따른 체납처분유예기간

⑤ 지방자치단체의 장이 「지방세징수법」 제39조에 따른 사해행위(詐害行爲) 취소의 소송을 제기하여 그 소송이 진행 중인 기간

⑥ 지방자치단체의 장이 「민법」 제404조에 따른 채권자대위 소송을 제기하여 그 소송이 진행 중인 기간

⑦ 체납자가 국외에 6개월 이상 계속하여 체류하는 경우 해당 국외 체류기간

---

72) 「지방세법」 운영예규 40-2
73) 「지방세법」 제40조 ④
74) 「지방세법」 제40조 ③

I 납세의무 확장의 의의

납세의무의 확장은 조세채권의 확보를 위하여 본래의 납세의무자 이외의 자에게 법률에 의하여 강제적으로 납세의무를 부담시키는 제도이다. 「지방세기본법」상의 납세의무의 확장은 과세물건의 귀속자 외의 자에게 지방세 납부책임을 지우는 제도이다. 납세의무의 확장은 다음과 같이 분류된다.

① 납세의무의 승계
③ 연대납세의무
② 보충적 납세의무(제2차 납세의무)

II 납세의무의 승계

1. 납세의무 승계의 의의

납세의무의 승계란 어떤 납세의무자에게 이미 성립하거나 확정된 납세의무가 어떤 사유로 다른 자에게 이전되는 것을 말한다. 현행법은 상속과 법인의 합병과 같이 권리·의무가 포괄적으로 승계되는 경우에만 제한적으로 납세의무 승계규정을 두고 있다. 따라서 「지방세기본법」에서는 다음과 같은 경우로 한정하여 납세의무의 승계를 허용하고 있다. 법인의 합병과 상속의 경우와 같이 세법에서 명시적으로 납세의무의 승계에 관한 규정을 두고 있는 경우에만 납세의무의 승계가 가능하고, 이를 제외한 사인 간의 계약에 따른 조세채무의 승계는 허용하지 않는다.

① 법인의 합병으로 인한 납세의무의 승계
② 상속으로 인한 납세의무의 승계

2. 법인의 합병으로 인한 납세의무의 승계[75]

법인이 합병한 경우에 합병 후 존속하는 법인 또는 합병으로 설립된 법인은 합병으로 인하여 소멸된 법인에 부과되거나 그 법인이 납부할 지방자치단체의 징수금을 납부할 의무를 진다.

'부과되거나 그 법인이 납부할 지방자치단체의 징수금'이란 합병으로 인하여 소멸된 법인에게 귀속되는 지방세·체납처분비 및 가산금과 지방세관계법에 정한 납세의무의 확정절차에 따라 장차 부과되거나 납부하여야 할 지방세·체납처분비 및 가산금을 말한다.[76] 따라서 세법에 의하여 확정된 지방세뿐만 아니라 장차 부과될 지방세까지도 모두 승계된다. 또한 상속으로 인한 납세의무의 승계와 달리 합병의 경우에는 납세의무의 승계한도 없이 승계된다.

3. 상속으로 인한 납세의무의 승계[77]

(1) 상속 시의 납세의무의 승계

상속이 개시된 경우에 상속인(受遺者를 포함한다) 또는 상속재산관리인은 피상속인에게 부과되거나 피상속인이 납부할 지방자치단체의 징수금(피상속인에 대한 지방자치단체의 징수금)을 상속으로 얻은 재산의 한도 내에서 납부할 의무를 진다. '부과되거나 피상속인이 납부할 지방자치단체의 징수금'은 상속으로 인하여 피상속인에게 귀속되는 지방세·체납처분비 및 가산금과 지방세관계법에 정한 납세의무의 확정절차에 따라 장차 부과되거나 납부하여야 할 지방세·체납처분비 및 가산금을 말한다.

상속으로 인한 납세의무의 승계에는 피상속인이 부담할 제2차 납세의무도 포함되며, 이러한 제2차 납세의무의 승계에는 반드시 피상속인의 생전에 「지방세징수법」 제15조에 따른 납부고지가 있어야 하는 것은 아니다.[78]

(2) 납세의무 승계의 한도

상속으로 인한 납세의무의 승계는 상속으로 인하여 얻은 재산을 한도로 한다. 상속으로 얻은 재산은 다음의 계산식에 따른 가액으로 한다.

---

75) 「지방세기본법」 제41조
76) 「지방세기본법」 운영예규 41-3
77) 「지방세기본법」 제42조
78) 「지방세기본법」 운영예규 42-1

> 상속으로 얻은 재산 = 상속으로 얻은 자산총액 − (상속으로 얻은 부채총액 + 상속으로 부과되거나 납부할 상속세 및 취득세)

상속으로 얻은 재산의 가액을 계산할 때에는 다음의 가액을 포함한다.
① 상속재산으로 보는 보험금
② 상속재산으로 보는 보험금을 받은 자가 납부할 상속세

(3) 상속인이 2인 이상인 때

상속인이 2명 이상일 때에는 각 상속인은 피상속인에 대한 지방자치단체의 징수금을 상속분(다음의 어느 하나에 해당하는 경우에는 대통령령으로 정하는 비율로 한다)에 따라 나누어 계산한 금액을 상속으로 얻은 재산의 한도에서 연대하여 납부할 의무를 진다. 이 경우 각 상속인은 상속인 중에서 피상속인에 대한 지방자치단체의 징수금을 납부할 대표자를 정하여 지방자치단체의 장에게 신고하여야 한다.

① 상속인 중 수유자가 있는 경우
② 상속인 중 상속을 포기한 사람이 있는 경우
③ 상속인 중 유류분을 받은 사람이 있는 경우
④ 상속으로 받은 재산에 보험금이 포함되어 있는 경우

(4) 상속포기자의 보험금 수령

납세의무 승계를 피하면서 재산을 상속받기 위하여 피상속인이 상속인을 수익자로 하는 보험 계약을 체결하고 상속인은 「민법」 제1019조 제1항에 따라 상속을 포기한 것으로 인정되는 경우로서 상속포기자가 피상속인의 사망으로 보험금(「상속세 및 증여세법」 제8조에 따른 보험금을 말한다)을 받는 때에는 상속포기자를 상속인으로 보고, 보험금을 상속받은 재산으로 보아 납세의무의 승계를 적용한다.

 Ⅲ 연대납세의무

1. 연대납세의무의 의의

연대납세의무는 하나의 납세의무에 대하여 2인 이상의 납세의무자가 각각 납세의무 전

부를 이행할 책임을 지는 것을 말한다. 따라서 각자 독립하여 전체 세액에 대한 납세의무가 있으며, 연대납세의무자 중 1인이 납세의무를 이행하면 다른 연대납세의무자의 납세의무도 소멸한다. 다수의 납세의무자에게 납세의무를 부담시킴으로써 납세의무의 이행을 보다 확실하게 확보할 수 있다는 점에서 연대납세의무 제도는 국가의 조세채권 확보를 위한 규정의 하나로 볼 수 있다.

연대납세의무자에게 고지하는 경우 연대납세의무자 전원을 고지서에 기재하여야 하며 각자에게 모두 고지서를 발부하여야 한다. 「지방세기본법」상의 연대납세의무는 「민법」의 연대채무와 그 내용이 동일한 것으로 「민법」의 연대채무에 관한 규정의 대부분이 지방세 연대납세의무에도 준용된다.

「지방세기본법」에서는 다음과 같은 경우에 연대납세의무를 부여하고 있다.

① 공유물 등의 연대납세의무
② 법인분할의 연대납세의무
③ 신회사(新會社)의 연대납세의무

2. 공유물 등의 연대납세의무[79]

공유물(공동주택의 공유물은 제외한다), 공동사업 또는 그 공동사업에 속하는 재산에 관계되는 지방자치단체의 징수금은 공유자 또는 공동사업자가 연대하여 납부할 의무를 진다.

공유물이라 함은 「민법」 제262조(물건의 공유)의 규정에 의한 공동소유의 물건을 말한다. 그리고 공동사업이라 함은 그 사업이 당사자 전원의 공동의 것으로서, 공동으로 경영되고 당사자 전원이 그 사업의 성공 여부에 대하여 이익배분 등 이해관계를 가지는 사업을 말한다.[80]

3. 법인분할의 연대납세의무[81]

법인이 분할되거나 분할합병된 후 분할법인이 존속하는 경우 다음의 법인은 분할등기일 이전에 분할법인에 부과되거나 납세의무가 성립한 지방자치단체의 징수금에 대하여 분할로 승계된 재산가액을 한도로 연대하여 납부할 의무가 있다.

---

79) 「지방세기본법」 제44조 ①
80) 「지방세기본법」 운영예규 44-1
81) 「지방세기본법」 제44조 ②

① 분할법인

② 분할신설법인

③ 존속하는 분할합병의 상대방 법인

4. 신회사(新會社)의 연대납세의무[82]

법인이 「채무자 회생 및 파산에 관한 법률」 제215조에 따라 신회사(新會社)를 설립하는 경우 기존의 법인에 부과되거나 납세의무가 성립한 지방자치단체의 징수금은 신회사가 연대하여 납부할 의무를 진다.

 Ⅳ 제2차 납세의무

1. 제2차 납세의무의 의의

제2차 납세의무는 본래 납세자의 조세를 징수하기 위하여 그 납세자의 재산에 대하여 체납처분을 집행하여도 징수할 세액에 부족한 경우에 한하여 그 납세자와 특수한 관계에 있는 제3자에 대하여 2차적으로 납세의무를 부여하는 제도이다. 제2차 납세의무는 부종성(附從性)과 보충성(補充性)을 갖는다.

부종성이란 보충적 납세의무가 본래 납세의무의 존재를 전제로 하여 성립하며, 본래의 납세의무가 변경되거나 소멸되는 경우에는 제2차 납세의무에 대해서도 그 효력이 동일하게 미치게 되는 것을 말한다. 따라서 본래의 납세의무가 소멸시효의 완성으로 인하여 소멸되는 경우에는 제2차 납세의무도 함께 소멸하게 된다. 또한 제2차 납세의무는 보충성을 가지므로 제2차 납세의무자는 본래 납세의무자의 재산에 대하여 체납처분을 집행하여도 징수할 지방세 등의 금액에 부족한 경우에 한하여, 그 부족분에 대해서 이행책임을 지게 된다. 따라서 본래 납세의무자의 재산으로 지방세를 징수할 수 있는 경우에는 제2차 납세의무는 성립하지 않는다.

「지방세기본법」에서는 제2차 납세의무로 다음의 4가지를 규정하고 있다.

① 청산인 등의 제2차 납세의무

② 출자자의 제2차 납세의무

③ 법인의 제2차 납세의무

---

82) 「지방세기본법」 제44조 ④

④ 사업양수인의 제2차 납세의무

2. 청산인 등의 제2차 납세의무

법인이 해산한 경우에 그 법인에 부과되거나 그 법인이 납부할 지방자치단체의 징수금을 납부하지 아니하고 남은 재산을 분배하거나 인도(引渡)하여, 그 법인에 대하여 체납처분을 집행하여도 징수할 금액보다 적은 경우에는 청산인과 남은 재산을 분배받거나 인도받은 자는 그 부족한 금액에 대하여 제2차 납세의무를 진다. 청산인 등의 제2차 납세의무는 청산인에게는 분배하거나 인도한 재산의 가액을, 남은 재산을 분배받거나 인도받은 자에게는 각자가 분배·인도받은 재산의 가액을 한도로 한다.[83]

"그 법인에 부과되거나 그 법인이 납부할 지방자치단체의 징수금"이라 함은 당해 법인이 결과적으로 납부하여야 할 지방자치단체의 모든 징수금을 말하며, 해산할 때나 잔여재산을 분배 또는 인도하는 때에 이미 부과하였거나 부과하여야 할 지방세를 포함하는 것이다.[84] 재산의 가액은 해당 잔여재산(殘餘財産)을 분배하거나 인도한 날 현재의 시가(時價)로 한다.[85]

3. 출자자의 제2차 납세의무

(1) 출자자의 제2차 납세의무자

법인(주식을 「자본시장과 금융투자업에 관한 법률」에 따른 증권시장으로서 대통령령으로 정하는 증권시장에 상장한 법인은 제외한다)의 재산으로 그 법인에 부과되거나 그 법인이 납부할 지방자치단체의 징수금에 충당하여도 부족한 경우에는 그 지방자치단체의 징수금의 과세기준일 또는 납세의무성립일(이에 관한 규정이 없는 세목의 경우에는 납기개시일) 현재 다음의 어느 하나에 해당하는 자는 그 부족액에 대하여 제2차 납세의무를 진다.

① 무한책임사원
② 과점주주

출자자의 제2차 납세의무가 적용되지 아니하는 "대통령령으로 정하는 증권시장"이란 유가증권시장과 코스닥시장을 말한다.[86]

---

83) 「지방세기본법」 제45조
84) 「지방세기본법」 운영예규 45-2
85) 「지방세기본법 시행령」 제23조
86) 「지방세기본법 시행령」 제24조 ①

(2) 무한책임사원

무한책임사원은 합명회사 또는 합자회사의 사원 중 무한책임을 지는 사원을 말한다. 무한책임사원은 회사의 채무에 대하여 무한책임을 지므로 조세채무에 대하여 제2차 납세의무를 부담하는 것은 「상법」상의 무한책임의 원칙에 비추어 볼 때 당연하다고 볼 수 있다.

(3) 과점주주

과점주주란 주주 또는 유한책임사원 1명과 그의 특수관계인 중 대통령령으로 정하는 자로서 그들의 소유주식의 합계 또는 출자액의 합계가 해당 법인의 발행주식총수 또는 출자총액의 100분의 50을 초과하면서 그에 관한 권리를 실질적으로 행사하는 자들을 말한다.[87]

"대통령령으로 정하는 자"란 해당 주주 또는 유한책임사원과 다음의 어느 하나에 해당하는 관계에 있는 자를 말한다.

① 친족관계
② 경제적 연관관계
③ 경영지배관계 중 다음에 해당하는 자

| 과점주주 판단 시의 특수관계인 |

구 분	과점주주 판단 대상 특수관계인
본인이 개인인 경우 (시행령 제2조 제3항 제1호 가목)	본인이 직접 또는 그와 친족관계 또는 경제적 연관관계에 있는 자를 통하여 법인의 경영에 대하여 지배적인 영향력을 행사하고 있는 경우 그 법인
본인이 법인인 경우 (시행령 제2조 제3항 제2호 가목)	개인 또는 법인이 직접 또는 그와 친족관계 또는 경제적 연관관계에 있는 자를 통하여 본인인 법인의 경영에 대하여 지배적인 영향력을 행사하고 있는 경우 그 개인 또는 법인
본인이 법인인 경우 (시행령 제2조 제3항 제2호 나목)	본인이 직접 또는 그와 경제적 연관관계 또는 가목의 관계에 있는 자를 통하여 어느 법인의 경영에 대하여 지배적인 영향력을 행사하고 있는 경우 그 법인

※ 지배적 영향력을 판단함에 있어 「지방세기본법 시행령」 제2조 제4항에 따른 출자비율 "100분의 30"은 각각 "100분의 50"으로 본다.

위의 표에서 보는 바와 같이 과점주주 판단 시에는 「지방세기본법 시행령」 제2조의 특수관계인 중 친족관계, 경제적 연관관계 및 경영지배관계 중 1차적 지배관계에 있는 자만을

---

87) 「지방세기본법」 제46조 제2호

포함시키고 2차적 지배관계에 있는 특수관계인은 제외하였다. 또한, 동 조에 의한 기업집단도 제외하였다.

특수관계인은 특정주주와 특수관계가 성립하면 되는 것이며, 특정주주를 제외한 여타 주주들 사이에 특수관계인에 해당되지 않더라도 그 주주 전원의 지분율을 합하여 50%를 초과하면 과점주주로 본다.

과점주주는 출자자의 제2차 납세의무[88], 과점주주의 간주취득[89] 등을 적용할 때 판단기준이 된다. 지분율을 계산함에 있어 의결권이 없는 주식은 발행주식총수에서 제외된다. 따라서 의결권이 없는 자기주식은 주식발행총수에서 제외한다. 과점주주의 소유주식비율을 판단함에 있어 기준이 되는 주주를 달리함에 따라 소유주식비율이 다른 다수의 과점주주가 성립한다 하더라도 소유주식비율이 가장 높은 과점주주를 당해 법인의 과점주주로 본다.[90]

(4) 과점주주의 제2차 납세의무의 한도

과점주주의 경우에는 그 부족액을 그 법인의 발행주식총수(의결권이 없는 주식은 제외한다) 또는 출자총액으로 나눈 금액에 해당 과점주주가 실질적으로 권리를 행사하는 소유주식수(의결권이 없는 주식은 제외한다) 또는 출자액을 곱하여 산출한 금액을 한도로 한다.

$$\text{과점주주의 한도액} = \text{부족액} \times \frac{\text{소유주식수 또는 출자액}}{\text{발행주식총수 또는 출자총액}}$$

4. 법인의 제2차 납세의무

(1) 법인의 제2차 납세의무 요건

법인은 일정한 경우에만 출자자의 소유주식·출자지분가액 한도 내에서 부족액에 대해 제2차 납세의무를 부담한다.

지방세(둘 이상의 지방세의 경우에는 납부기한이 뒤에 도래하는 지방세를 말한다)의 납부기간 종료일 현재 법인의 무한책임사원 또는 과점주주의 재산(그 법인의 발행주식 또는 출자지분은 제외한다)으로 그 출자자가 납부할 지방자치단체의 징수금에 충당하여도 부족

---

88) 「지방세기본법」 제47조
89) 「지방세법」 제7조, 제10조
90) 조심 2008지198, 2008.9.23.

한 경우에는 그 법인은 다음의 어느 하나에 해당하는 경우에만 그 출자자의 소유주식 또는 출자지분의 가액 한도 내에서 그 부족한 금액에 대하여 제2차 납세의무를 진다.[91]

① 지방자치단체의 장이 출자자의 소유주식 또는 출자지분을 재공매하거나 수의계약으로 매각하려 하여도 매수희망자가 없는 경우
② 법률 또는 법인의 정관에서 출자자의 소유주식 또는 출자지분의 양도를 제한하고 있는 경우(「지방세징수법」 제71조 제5항 본문에 따라 공매할 수 없는 경우는 제외한다)
③ 그 법인이 외국법인인 경우로서 출자자의 소유주식 또는 출자지분이 외국에 있는 재산에 해당하여 「지방세징수법」에 따른 압류 등 체납처분이 제한되는 경우

(2) 법인의 제2차 납세의무 한도

법인의 제2차 납세의무는 그 법인의 자산총액에서 부채총액을 뺀 가액을 그 법인의 발행주식총액 또는 출자총액으로 나눈 가액에 그 출자자의 소유주식금액 또는 출자액을 곱하여 산출한 금액을 한도로 한다.

$$\text{법인의 한도액} = (\text{자산총액} - \text{부채총액}) \times \frac{\text{소유주식수 또는 출자액}}{\text{발행주식총수 또는 출자총액}}$$

(3) 출자자의 제2차 납세의무와의 비교

법인의 제2차 납세의무와 출자자의 제2차 납세의무를 비교하면 다음 표와 같다.

| 제2차 납세의무의 비교 |

구 분	출자자의 제2차 납세의무	법인의 제2차 납세의무
주주의 범위	과점주주의 권리를 실질적으로 행사하는 자	모든 과점주주
기준일	납세의무 성립일 현재	납부기간 종료일 현재
법인의 범위	비상장법인만 해당	모든 법인
한도	무한책임사원 : 한도 없음 과점주주 : 부족액×출자비율	(자산총액－부채총액)×출자비율

---

91) 「지방세기본법」 제47조

5. 사업양수인의 제2차 납세의무

(1) 사업양수인의 제2차 납세의무 요건

사업의 양도·양수가 있는 경우 그 사업에 관하여 양도일 이전에 양도인의 납세의무가 확정된 지방자치단체의 징수금을 양도인의 재산으로 충당하여도 부족할 때에는 양수인은 그 부족한 금액에 대하여 양수한 재산의 가액 한도 내에서 제2차 납세의무를 진다.[92]

(2) 사업의 양도·양수

"사업의 양도·양수"란 계약의 명칭이나 형식에 관계없이 사실상 사업에 관한 권리와 의무 일체를 포괄적으로 양도·양수하는 것을 말하며, 개인간 및 법인간은 물론 개인과 법인간의 사업의 양도·양수도 포함한다. 사업의 양도·양수계약이 그 사업장 내의 시설물, 비품, 재고상품, 건물 및 대지 등 대상 목적에 따라 부분별, 시차별로 별도로 이루어졌다 하더라도 결과적으로 사회통념상 사업 전부에 관하여 행하여진 것이라면 사업의 양도·양수에 해당한다.[93] 다만, 다음에 해당하는 경우에는 사업의 양도·양수로 보지 아니한다.[94]

① 강제집행절차에 의하여 경락된 재산을 양수한 경우
② 「보험업법」에 의한 자산 등의 강제이전의 경우

양수인이란 사업장별로 그 사업에 관한 모든 권리와 의무를 포괄승계(미수금에 관한 권리와 미지급금에 관한 의무의 경우에는 그 전부를 승계하지 아니하더라도 포괄승계로 본다)한 자로서 양도인이 사업을 경영하던 장소에서 양도인이 경영하던 사업과 같거나 유사한 종목의 사업을 경영하는 자를 말한다.

"양수인"이란 사업장별로 그 사업에 관한 모든 권리(미수금에 관한 것은 제외한다)와 의무(미지급금에 관한 것은 제외한다)를 포괄적으로 승계한 자로서 다음의 어느 하나에 해당하는 자를 말한다.[95]

① 양도인과 특수관계인인 자
② 양도인의 조세회피를 목적으로 사업을 양수한 자

---

92) 「지방세기본법」 제48조
93) 「지방세기본법」 운영예규 48-1
94) 「지방세기본법」 운영예규 48-2
95) 2023년 12월 29일 개정 시 선의의 사업양수인을 보호하기 위하여 제2차 납세의무를 지는 사업양수인의 범위를 양도인과 특수관계인이거나 양도인의 조세회피를 목적으로 사업을 양수한 경우로 축소하였다.

(3) 제2차 납세의무 대상 지방세 등

사업양수인이 제2차 납세의무를 지는 지방세 등은 양수한 당해 사업에 관하여 양도일 이전에 양도인의 납세의무가 확정된 지방자치단체의 징수금을 말한다.

사업의 양도인에게 둘 이상의 사업장이 있는 경우에는 하나의 사업장을 양수한 자는 양수한 사업장과 관계되는 지방자치단체의 징수금(둘 이상의 사업장에 공통되는 지방자치단체의 징수금이 있는 경우에는 양수한 사업장에 배분되는 금액을 포함한다)에 대해서만 제2차 납세의무를 진다.[96]

또한, 양도일 이전에 양도인의 납세의무가 확정된 지방자치단체의 징수금이다. 따라서 사업양도일 현재 확정되지 아니한 지방세 등에 대하여는 사업양수인이 제2차 납세의무를 지지 않는다.

(4) 한도

사업양수인은 양수한 재산의 가액 한도 내에서 제2차 납세의무를 진다. 양수한 재산의 가액은 다음 각각의 가액으로 한다.[97]

① 사업의 양수인이 양도인에게 지급하였거나 지급하여야 할 금액이 있는 경우에는 그 금액

② ①에 따른 금액이 없거나 그 금액이 불분명한 경우에는 양수한 자산 및 부채를 「상속세 및 증여세법」 제60조부터 제66조까지의 규정을 준용하여 평가한 후 그 자산총액에서 부채총액을 뺀 가액

다만 ①에 따른 금액과 시가의 차액이 3억원 이상이거나 시가의 100분의 30에 상당하는 금액 이상인 경우에는 ①의 금액과 ②의 금액 중 큰 금액으로 한다.

---

96) 「지방세기본법 시행령」 제26조
97) 「지방세기본법 시행령」 제27조

I 수정신고 등

1. 수정신고와 경정청구 및 기한 후 신고

수정신고와 경정청구제도는 납세의무자가 신고한 과세표준과 세액에 오류나 탈루가 있는 경우에 납세의무자에게 스스로 이를 정정할 수 있는 기회를 부여하는 제도이다.

수정신고는 과세표준 및 세액을 과소하게 신고한 경우 등에 있어서 과세권자가 부과고지하기 전에 자발적으로 수정하여 신고하는 제도이다. 반면에 경정청구는 납세자가 당초 신고하거나 결정된 세액에 대해 감액(취소)을 청구할 수 있는 제도이다.

또한, 기한 후 신고는 법정납부기한이 경과하였다고 하더라도 미신고자가 과세기관이 부과고지하기 전까지는 자발적으로 신고납부를 하게 함으로써 납세의무를 담보하기 위한 제도이다.[98]

2. 수정신고[99]

(1) 수정신고서의 제출

법정신고기한까지 과세표준신고서를 제출한 자 및 납기 후의 과세표준신고서를 제출한 자는 다음의 어느 하나에 해당할 때에는 지방자치단체의 장이 지방세관계법에 따라 그 지방세의 과세표준과 세액을 결정하거나 경정하여 통지하기 전으로서 부과의 제척기간이 끝나기 전까지는 과세표준 수정신고서를 제출할 수 있다.

① 과세표준신고서 또는 납기 후의 과세표준신고서에 기재된 과세표준 및 세액이 지방세관계법에 따라 신고하여야 할 과세표준 및 세액보다 적을 때

② 과세표준신고서 또는 납기 후의 과세표준신고서에 기재된 환급세액이 지방세관계법

---

98) 법정신고기한 내 무신고시 과세권자는 부과제척기간 동안 언제든지 부과(결정 통지)가 가능하나 납세자는 신고할 수 있는 제도가 없어 경제적 불이익을 당할 수 있다. 따라서 법정신고기간 내에 과세표준신고서를 제출하지 아니한 자도 법정신고기한 경과 후 과세표준신고서를 제출할 수 있도록 기한 후 신고제도를 도입하였다.
99) 「지방세기본법」 제49조

에 따라 신고하여야 할 환급세액을 초과할 때

③ 그 밖에 특별징수의무자의 정산과정에서 누락 등이 발생하여 그 과세표준 및 세액이 지방세관계법에 따라 신고하여야 할 과세표준 및 세액 등보다 적을 때

수정신고로 인하여 추가납부세액이 발생한 경우에는 그 수정신고를 한 자는 추가납부세액을 납부하여야 한다. 이 경우 지방세를 추가하여 납부하여야 할 자가 이를 납부하지 아니한 때에는 수정신고에 의한 가산세의 감면규정을 적용하지 아니한다.[100]

(2) 수정신고의 효력

수정신고(과세표준신고서를 법정신고기한까지 제출한 자의 수정신고로 한정한다)는 당초의 신고에 따라 확정된 과세표준과 세액을 증액하여 확정하는 효력을 가진다. 수정신고는 당초 신고에 따라 확정된 세액에 관한 「지방세기본법」 또는 지방세관계법에서 규정하는 권리·의무관계에 영향을 미치지 아니한다.[101]

3. 경정 등의 청구[102]

(1) 경정청구를 할 수 있는 자

일반적 사유에 따른 경정청구의 경우, 과세표준신고서를 법정신고기한까지 제출한 자 및 납기 후의 과세표준신고서를 제출한 자가 경정청구를 할 수 있다. 따라서 신고납부 세목에 한정되고 보통징수 세목에 대하여 결정을 받은 자는 경정청구를 할 수 없다. 또한, 신고납부 세목이라 하더라도 과세표준신고를 하지 아니하여 과세관청이 결정하는 경우에도 경정청구를 할 수 없다. 과세표준신고서를 제출한 자라면 최초신고, 수정신고, 과세관청의 결정이나 경정에 대하여 경정청구를 할 수 있다.

후발적 사유에 따른 경정청구의 경우, 과세표준신고서를 법정신고기한까지 제출한 자 또는 지방세의 과세표준 및 세액의 결정을 받은 자로서 후발적 사유가 발생한 경우에는 경정청구를 할 수 있다. 따라서 신고납부 세목과 관련하여 과세표준신고서를 제출하지 아니하여 과세관청이 결정한 경우로서 후발적 사유가 발생한 경우에는 경정청구를 할 수 있다.

---

100) 가산세 감면을 받기 위해서는 수정신고의 적격요건을 갖추어야 한다. 「지방세기본법」 제49조 제2항에서 수정신고로 인한 추가납부세액을 납부하도록 하고 있으므로 신고서는 제출하였으나 납부를 하지 않은 경우에는 가산세를 감면받을 수 없다.
101) 「지방세기본법」 제35조의 2
102) 「지방세기본법」 제50조

또한 보통징수하는 세목에 대하여는 원칙적으로 경정청구가 불가능하나 보통징수 세목에 대하여 과세표준과 세액의 결정을 받은 자로서 후발적 사유가 발생한 경우에는 경정청구를 할 수 있다.[103]

(2) 일반적 사유에 따른 경정청구

과세표준신고서를 법정신고기한까지 제출한 자 및 납기 후의 과세표준신고서를 제출한 자는 다음의 어느 하나에 해당할 때에는 최초신고와 수정신고를 한 지방세의 과세표준 및 세액(「지방세법」에 따른 결정 또는 경정이 있는 경우에는 그 결정 또는 경정 후의 과세표준 및 세액 등을 말한다)의 결정 또는 경정을 지방자치단체의 장에게 청구할 수 있다.

① 과세표준신고서 또는 납기 후의 과세표준신고서에 기재된 과세표준 및 세액(「지방세법」에 따른 결정 또는 경정이 있는 경우에는 그 결정 또는 경정 후의 과세표준 및 세액을 말한다)이 「지방세법」에 따라 신고하여야 할 과세표준 및 세액을 초과할 때

② 과세표준신고서 또는 납기 후의 과세표준신고서에 기재된 환급세액(「지방세법」에 따른 결정 또는 경정이 있는 경우에는 그 결정 또는 경정 후의 환급세액을 말한다)이 「지방세법」에 따라 신고하여야 할 환급세액보다 적을 때

일반적 사유에 따른 경정청구가 가능한 기간은 다음과 같다.

① 과세표준을 신고한 경우 : 법정신고기한이 지난 후 5년 이내

② 결정 또는 경정이 있는 경우 : 그 결정 또는 경정이 있음을 안 날(결정 또는 경정의 통지를 받았을 때에는 통지받은 날)부터 90일 이내(법정신고기한이 지난 후 5년 이내로 한정한다)

(3) 후발적 사유에 따른 경정청구

과세표준신고서를 법정신고기한까지 제출한 자 또는 지방세의 과세표준 및 세액의 결정을 받은 자는 다음의 어느 하나에 해당하는 사유가 발생하였을 때에는 그 사유가 발생한 것을 안 날부터 90일 이내에 결정 또는 경정을 청구할 수 있다.

① 최초의 신고·결정 또는 경정에서 과세표준 및 세액의 계산 근거가 된 거래 또는 행

---

103) 국세의 경우에도 경정청구는 원칙적으로 신고납부방식의 세목(상속세 및 증여세와 같이 과세관청의 부과·고지를 위해 납세자가 신고의무를 이행하도록 규정하는 경우 포함)에서 인정된다. 다만, 종합부동산세의 경우 부과과세방식에 의하여 확정된 경우에도 경정청구가 가능하다.

위 등이 그에 관한 심판청구, 「감사원법」에 따른 심사청구에 대한 결정이나 소송의 판결(판결과 동일한 효력을 가지는 화해나 그 밖의 행위를 포함한다)에 의하여 다른 것으로 확정되었을 때

② 조세조약에 따른 상호합의가 최초의 신고·결정 또는 경정의 내용과 다르게 이루어졌을 때

③ 기타 이와 유사한 사유로서 대통령령으로 정하는 사유가 해당 지방세의 법정신고기한이 지난 후에 발생하였을 때

| 대통령령이 정하는 후발적 경정사유 |

㉠ 최초의 신고·결정 또는 경정(更正)을 할 때 과세표준 및 세액의 계산근거가 된 거래 또는 행위 등의 효력과 관계되는 관청의 허가나 그 밖의 처분이 취소된 경우

㉡ 최초의 신고·결정 또는 경정을 할 때 과세표준 및 세액의 계산근거가 된 거래 또는 행위 등의 효력과 관계되는 계약이 해당 계약의 성립 후 발생한 부득이한 사유로 해제되거나 취소된 경우

㉢ 최초의 신고·결정 또는 경정을 할 때 장부 및 증명서류의 압수, 그 밖의 부득이한 사유로 과세표준 및 세액을 계산할 수 없었으나 그 후 해당 사유가 소멸한 경우

㉣ 기타 이에 준하는 사유가 있는 경우

(4) 결정 등

결정 또는 경정의 청구를 받은 지방자치단체의 장은 청구받은 날부터 2개월 이내에 그 청구를 한 자에게 과세표준 및 세액을 결정·경정하거나 결정·경정하여야 할 이유가 없다는 것을 통지하여야 한다. 경정청구를 한 자가 2개월 이내에 통지를 받지 못한 경우 그 청구를 한 자는 통지를 받기 전이라도 그 2개월이 되는 날의 다음 날부터 이의신청, 심판청구나 「감사원법」에 따른 심사청구를 할 수 있다.

결정 또는 경정의 청구를 받은 지방자치단체의 장이 2개월 이내에 과세표준 및 세액의 결정 또는 경정이 곤란한 경우에는 청구를 한 자에게 관련 진행상황과 이의신청, 심판청구나 「감사원법」에 따른 심사청구를 할 수 있다는 사실을 통지하여야 한다.

(5) 경정 등의 효력

지방세관계법에 따라 당초 확정된 세액을 증가시키는 경정은 당초 확정된 세액에 관한 「지방세기본법」 또는 지방세관계법에서 규정하는 권리·의무 관계에 영향을 미치지 아니한다. 지방세관계법에 따라 당초 확정된 세액을 감소시키는 경정은 경정으로 감소하는 세

액 외의 세액에 관한 「지방세기본법」 또는 지방세관계법에서 규정하는 권리·의무 관계에 영향을 미치지 아니한다.[104]

4. 기한 후 신고[105]

(1) 기한 후 신고의 취지

납세의무자가 법정신고기한 내에 과세표준과 세액을 신고하지 않은 경우 과세권자는 부과제척기간 동안 언제든지 부과가 가능하다. 반면, 납세자는 신고할 수 있는 제도가 없어 경제적 불이익을 당할 수 있다. 즉 기한 후 신고제도가 없으면 법정신고기한 내에 신고하지 않은 경우에는 과세관청에서 부과고지를 하기 전까지는 납부할 방법이 없어 계속 가산세를 부담하여야 한다. 이러한 불이익을 방지하기 위한 제도가 기한 후 신고제도이다. 이러한 불이익을 방지하기 위한 제도가 기한 후 신고제도이다. 법정신고기한까지 과세표준신고서를 제출하지 않은 자는 지방자치단체장이 지방세법에 따라 지방세의 과세표준과 세액을 결정하여 통지하기 전까지 기한 후 신고서를 제출할 수 있다.

(2) 기한 후 신고와 납부

법정신고기한까지 과세표준신고서를 제출하지 아니한 자는 지방자치단체의 장이 「지방세법」에 따라 그 지방세의 과세표준과 세액(이 법 및 「지방세법」에 따른 가산세를 포함한다)을 결정하여 통지하기 전에는 납기 후의 과세표준신고서("기한 후 신고서")를 제출할 수 있다.

기한 후 신고서를 제출한 자로서 지방세관계법에 따라 납부하여야 할 세액이 있는 자는 그 세액을 납부하여야 한다. 이 경우 납부할 세액이 있는 경우 이를 납부하지 아니한 때에는 기한 후 신고에 의한 가산세의 감면규정을 적용하지 아니한다.[106]

(3) 과세표준과 세액의 결정

기한 후 신고는 신고의 확정력이 없다. 따라서 기한 후 신고제도에 따라 신고납부기한이 경과된 이후에 기한 후 신고를 한 경우에는 납세의무를 확정시키기 위한 과세관청의 과세처

---

104) 「지방세기본법」 제36조. 따라서 흡수설과 병존설 중 병존설의 입장에 있다고 할 수 있다.
105) 「지방세기본법」 제51조
106) 가산세 감면을 받기 위해서는 기한 후 신고의 적격요건을 갖추어야 한다. 「지방세기본법」 제51조 제2항에서 기한 후 신고로 인한 납부할 세액이 있는 자는 그 세액을 납부하도록 하고 있으므로 기한 후 신고서는 제출하였으나 납부를 하지 않은 경우에는 가산세를 감면받을 수 없다.

분이 필요하다. 기한 후 신고서를 제출하거나 기한 후 신고서를 제출한 자가 과세표준 수정 신고서를 제출한 경우 지방자치단체의 장은 「지방세법」에 따라 신고일부터 3개월 이내에 그 지방세의 과세표준과 세액을 결정 또는 경정하여 신고인에게 통지하여야 한다. 다만, 그 과세표준과 세액을 조사할 때 조사 등에 장기간이 걸리는 등 부득이한 사유로 신고일부터 3개월 이내에 결정 또는 경정할 수 없는 경우에는 그 사유를 신고인에게 통지하여야 한다.

 ## 가산세

1. 가산세의 부과

세법에 규정하는 각종 의무의 성실한 이행을 담보하기 위하여 의무를 불이행하거나 불성실하게 이행하는 경우에 산출세액에 가산하여 가산세를 부과한다. 지방자치단체의 장은 「지방세기본법」 또는 지방세관계법에 따른 의무를 위반한 자에게 「지방세기본법」 또는 지방세관계법에서 정하는 바에 따라 가산세를 부과할 수 있다. 가산세는 해당 의무가 규정된 지방세관계법의 해당 지방세의 세목으로 한다. 지방세를 감면하는 경우에 가산세는 감면대상에 포함시키지 아니한다.[107]

취득세에 있어서 취득일에는 일반세율 과세대상이나, 취득한 후 5년 이내에 중과세 대상이 되는 경우에는 최초 일반세율분의 신고기한은 최초 취득일로부터 60일 이내이며, 취득한 후 그 과세물건이 중과세 대상이 되는 경우 신고납부기한은 중과세 대상이 되는 날부터 60일을 적용하여야 한다. 따라서 취득세 일반세율 신고납부기한 이내에 취득세를 신고납부하였다고 하더라도 중과세 대상에 해당하게 되어 중과세율 신고납부기한이 경과하였다면 중과세분은 가산세 부과대상에 해당된다.

2. 무신고가산세

납세의무자가 법정신고기한까지 과세표준 신고를 하지 아니한 경우에는 무신고납부세액의 100분의 20에 상당하는 금액을 가산세로 부과한다. 다만, 사기나 그 밖의 부정한 행위로 법정신고기한까지 과세표준 신고를 하지 아니한 경우에는 무신고납부세액의 100분의 40에 상당하는 금액을 가산세로 부과한다.[108]

---

107) 「지방세기본법」 제52조
108) 「지방세기본법」 제53조
　　취득세는 과세물건의 취득을 납세 요건사실로 하고 있으므로 납세의무자가 그 과세물건의 취득사실을 스스

① 일반무신고가산세 : 무신고납부세액의 20%
② 부정무신고가산세 : 무신고납부세액의 40%

여기서 무신고납부세액은 그 신고로 납부하여야 할 세액을 말하며, 「지방세기본법」과 지방세관계법에 따른 가산세와 가산하여 납부하여야 할 이자상당액이 있는 경우 그 금액은 제외한다.

3. 과소신고가산세, 초과환급신고가산세

(1) 일반과소신고가산세

납세의무자가 법정신고기한까지 과세표준 신고를 한 경우로서 신고하여야 할 납부세액보다 납부세액을 적게 신고(과소신고)하거나 지방소득세 과세표준 신고를 하면서 환급받을 세액을 신고하여야 할 금액보다 많이 신고(초과환급신고)한 경우에는 과소신고납부세액등의 100분의 10에 상당하는 금액을 가산세로 부과한다.[109]

※ 일반과세신고가산세 : 과소신고납부세액등의 10%

여기서 과소신고납부세액등은 과소신고한 납부세액과 초과환급신고한 환급세액을 합한 금액을 말한다. 이 경우 「지방세기본법」과 지방세관계법에 따른 가산세와 가산하여 납부하여야 할 이자상당액이 있는 경우 그 금액은 제외한다.

(2) 부정과소신고가산세

사기나 그 밖의 부정한 행위로 과소신고하거나 초과환급신고한 경우에는 다음의 금액을 합한 금액을 가산세로 부과한다.[110]

① 부정과소신고납부세액등의 40%
② 과소신고납부세액등에서 부정과소신고납부세액등을 뺀 금액의 10%

로 과세관청에 신고하여 납부하지 않는 이상 과세관청으로서는 그 취득사실을 포착하여 과세하기가 어렵다. 그리하여 취득세는 당초 납세의무자로 하여금 자진신고납부하는 경우 일정한 금액을 세액공제하는 방법으로 신고납부를 독려하다가 1973년 3월 12일 법률 제2593호로 「지방세법」이 개정될 때에 취득세가 원칙적으로 신고납세방식으로 바뀌면서(「지방세법」 제120조) 신고납부의 독려방법도 신고납부를 하지 않는 경우 세액의 10%의 가산세를 부과하는 것으로 바뀌었으며(「지방세법」 제121조), 1979년 12월 28일 법률 제3174호로 개정 시에는 통상의 경우의 가산세의 세율이 10%에서 20%로 개정되었다.
109) 「지방세기본법」 제54조
110) 「지방세기본법」 제54조

(3) 과소신고가산세 · 초과환급신고가산세의 적용배제

다음의 어느 하나에 해당하는 사유로 과소신고한 경우에는 가산세를 부과하지 아니한다.

① 신고 당시 소유권에 대한 소송으로 상속재산으로 확정되지 아니하여 과소신고한 경우
② 법인세 과세표준 및 세액의 결정 · 경정으로 「상속세 및 증여세법」 제45조의 3부터 제45조의 5까지의 규정에 따른 증여의제이익이 변경되는 경우(부정행위로 인하여 법인세의 과세표준 및 세액을 결정 · 경정하는 경우는 제외한다)에 해당하여 「소득세법」 제88조 제2호에 따른 주식등의 취득가액이 감소됨에 따라 양도소득에 대한 지방소득세 과세표준을 과소신고한 경우

4. 납부지연가산세[111]

납세의무자(연대납세의무자, 제2차 납세의무자 및 보증인을 포함한다)가 납부기한까지 지방세를 납부하지 아니하거나 납부하여야 할 세액보다 적게 납부(과소납부)하거나 환급받아야 할 세액보다 많이 환급(초과환급)받은 경우에는 다음 각각의 계산식에 따라 산출한 금액을 합한 금액을 가산세로 부과한다.[112]

① 과세표준과 세액을 지방자치단체에 신고납부하는 지방세의 법정납부기한까지 납부하지 아니한 세액 또는 과소납부분 세액(지방세관계법에 따라 가산하여 납부하여야 할 이자상당액이 있는 경우 그 금액을 더한다) × 법정납부기한의 다음 날부터 자진납부일 또는 납세고지일까지의 일수 × 금융회사 등이 연체대출금에 대하여 적용하는 이자율 등을 고려하여 대통령령으로 정하는 이자율[113]
② 초과환급분 세액(지방세관계법에 따라 가산하여 납부하여야 할 이자상당액이 있는 경우 그 금액을 더한다) × 환급받은 날의 다음 날부터 자진납부일 또는 납세고지일까

---

111) 2020년 12월 29일 「지방세기본법」 개정 시 유사한 제도를 중첩적으로 운영함에 따라 발생하는 납세자의 혼란을 완화하고 과세 체계를 합리화하기 위하여 납세자가 납부기한까지 세금을 완납하지 아니한 경우에 「지방세기본법」에 따라 가산하여 징수하는 납부불성실가산세와 「지방세징수법」에 따라 가산하여 징수하는 가산금을 납부지연가산세로 통합하여 규정하였다. 동 개정규정은 2024년 1월 1일부터 시행하되, 2023년 12월 31일 이전에 납세의무가 성립된 분에 대해서는 같은 개정규정에도 불구하고 종전의 규정에 따른다. 2023년 12월 31일 이전에 주된 납세자의 납세의무가 성립한 경우의 제2차 납세의무자에 대해서도 또한 같다.
112) 「지방세기본법」 제55조
113) 현행 : 1일 10만분의 22

지의 일수 × 금융회사 등이 연체대출금에 대하여 적용하는 이자율 등을 고려하여 대통령령으로 정하는 이자율

③ 납세고지서에 따른 납부기한까지 납부하지 아니한 세액 또는 과소납부분 세액(지방세관계법에 따라 가산하여 납부하여야 할 이자상당액이 있는 경우 그 금액을 더하고, 가산세는 제외한다) × 100분의 3

④ 다음 계산식에 따라 납세고지서에 따른 납부기한이 지난 날부터 1개월이 지날 때마다 계산한 금액

> 납부하지 아니한 세액 또는 과소납부분 세액(지방세관계법에 따라 가산하여 납부하여야 할 이자상당액이 있는 경우 그 금액을 더하고, 가산세는 제외한다) × 금융회사 등이 연체대출금에 대하여 적용하는 이자율 등을 고려하여 대통령령으로 정하는 이자율[114]

이 경우 ① 및 ②의 가산세는 납부하지 아니한 세액, 과소납부분 세액 또는 초과환급분 세액의 100분의 75에 해당하는 금액을 한도로 하고, ④의 가산세를 부과하는 기간은 60개월을 초과할 수 없다. 미납월수를 계산함에 있어 1개월 미만은 없는 것으로 본다.

납부지연가산세를 적용할 때 납세고지서별·세목별 세액이 45만원 미만인 경우에는 ④의 가산세를 적용하지 아니한다.

취득세를 신고한 후 납부기한까지 납부하지 아니한 경우에는 납부하지 아니한 당해 취득세와 납부기한의 다음 날부터 그 다음 달 납부고지일(과세권자가 취득세를 징수결정하여 납세자에게 통보하는 날, 보통은 매월 10일이 됨)까지 산출한 납부지연가산세를 합하여 다음 달 말일을 납부기한으로 취득세를 고지하도록 하고 있다.[115]

2020년 12월 29일 「지방세기본법」 개정 시 납부불성실가산세, 가산금, 중가산금을 납부지연가산세로 통합하고 산정방식을 개정하였다. 동 개정 전에는 본세와 무신고(또는 과소신고)가산세 및 납부지연가산세에 대하여 가산금과 중가산금을 계산하였으나, 개정에 따라 납부지연가산세는 납부지연된 본세에 대하여만 계산한다.

---

114) 매 1개월 당 1만분의 66
115) 행정자치부 세정과-83, 2004.1.9. 참조

〈그림〉 납부지역가산세의 계산

| 신고납부기한 | 부과고지 | 납부기한 | 1달 경과 | 납부 |

| 본세 | ①② 납부지연가산세
(본세×1일 0.022%) | ③ 납부지연가산세
(본세×3%) | ④ 납부지연가산세
(본세×1월 0.66%) |

|〈적용례〉 납부지연가산세의 적용례|

사실관계	취득세액 : 100,000,000원 취득세 신고납부기한 : 2022년 5월 15일 취득세 신고일 : 2022년 5월 14일 납세고지일 : 2022년 6월 10일(고지서상 납부기한 : 2022년 6월 30일) 납부일 : 2022년 9월 5일
가산세 계산	납부지연가산세 = ① + ② + ③ = 4,892,000 ① 100,000,000 × 26일 × (22/100,000) = 572,000 ③ 100,000,000 × 3% = 3,000,000 ④ 100,000,000 × 2월 × (66/10,000) = 1,320,000

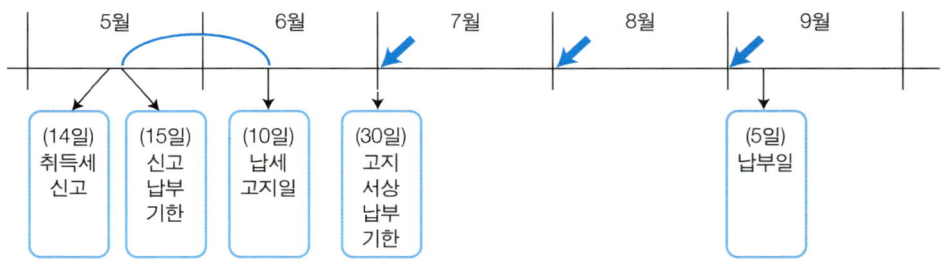

5. 특별징수[116) 납부지연가산세

특별징수의무자가 징수하여야 할 세액을 법정납부기한까지 납부하지 아니하거나 과소납부한 경우에는 납부하지 아니한 세액 또는 과소납부분 세액의 100분의 50(① 및 ②에 따른 금액을 합한 금액은 100분의 10)을 한도로 하여 다음의 계산식에 따라 산출한 금액을 합한 금액을 가산세로 부과한다. 이 경우 ③의 가산세를 부과하는 기간은 60개월(1개월 미만은 없는 것으로 본다)을 초과할 수 없다.

---

116) "특별징수"란 지방세를 징수할 때 편의상 징수할 여건이 좋은 자로 하여금 징수하게 하고, 그 징수한 세금을 납부하게 하는 것을 말한다.(「지방세기본법」 제2조 ① 제20호)

① 납부하지 아니한 세액 또는 과소납부분 세액 × 100분의 3

② 납부하지 아니한 세액 또는 과소납부분 세액 × 법정납부기한의 다음 날부터 자진납부일 또는 납세고지일까지의 일수 × 금융회사 등이 연체대출금에 대하여 적용하는 이자율 등을 고려하여 대통령령으로 정하는 이자율

③ 다음 계산식에 따라 납세고지서에 따른 납부기한이 지난 날부터 1개월이 지날 때마다 계산한 금액

> 납부하지 아니한 세액 또는 과소납부분 세액(가산세는 제외한다) × 금융회사 등이 연체대출금에 대하여 적용하는 이자율 등을 고려하여 대통령령으로 정하는 이자율

납세고지서별·세목별 세액이 45만원 미만인 경우에는 위의 ③의 가산세를 적용하지 아니한다. 또한 2025년 1월 1일 및 2026년 1월 1일이 속하는 각 과세기간에 발생한 금융투자소득의 특별징수세액에 대한 납부지연가산세는 위의 ①, ②, ③의 금액을 합한 금액의 100분의 50에 해당하는 금액으로 한다.

6. 가산세의 감면 등

(1) 가산세의 적용배제

지방자치단체의 장은 「지방세기본법」 또는 지방세관계법에 따라 가산세를 부과하는 경우 그 부과의 원인이 되는 사유가 천재지변 등으로 인한 기한연장 사유에 해당[117]하거나 납세자가 해당 의무를 이행하지 아니한 정당한 사유[118]가 있을 때에는 가산세를 부과하지 아니한다.[119] 이 경우 정당한 사유에 대한 주장 또는 입증책임은 납세자가 부담한다.

---

117) 「지방세기본법」 제26조 참조
118) 세법상 가산세는 과세권의 행사 및 조세채권의 실현을 용이하게 하기 위하여 납세자가 정당한 이유 없이 법에 규정된 신고·납부 등 각종 의무를 위반한 경우에 개별세법이 정하는 바에 따라 부과되는 행정상의 제재로서 납세자의 고의·과실은 고려되지 않고, 납세의무자가 그 의무를 알지 못한 것이 무리가 아니었다고 할 수 있어 그를 정당시 할 수 있는 사정이 있거나 그 의무의 이행을 당사자에게 기대하는 것이 무리라고 하는 사정이 있을 때 등 그 의무해태를 탓할 수 없는 정당한 사유가 있는 경우에는 이를 부과할 수 없으나(대법원 2005.4.15. 선고, 2003두4089 판결 등 참조), 법령의 부지나 오해는 가산세 부과를 면할 수 있는 정당한 사유에 해당한다고 볼 수 없다(대법원 1991.11.26. 선고, 91누5341 판결 ; 대법원 1995.11.7. 선고, 95누92 판결 ; 대법원 2002.9.4. 선고, 2001두9370 판결 등 참조).
119) 「지방세기본법」 제57조 ①

(2) 가산세의 감면

1) 수정신고에 의한 가산세 감면

과세표준신고서를 법정신고기한까지 제출한 자가 법정신고기한이 지난 후 2년 이내에 수정신고한 경우 과소신고가산세·초과환급신고가산세를 감면한다. 가산세의 감면은 법정신고기한이 지난 후 수정신고를 한 기간에 따라 감면비율을 적용한다. 이 경우 지방자치단체의 장이 과세표준과 세액을 경정할 것을 미리 알고 과세표준 수정신고서를 제출한 경우는 제외한다.

| 수정신고에 의한 가산세의 감면비율 |

법정신고기한이 지난 후 수정신고한 기간	감면비율
1개월 이내	90%
1개월 초과 3개월 이내	75%
3개월 초과 6개월 이내	50%
6개월 초과 1년 이내	30%
1년 초과 1년 6개월 이내	20%
1년 6개월 초과 2년 이내	10%

2) 기한 후 신고에 대한 가산세의 감면

과세표준신고서를 법정신고기한까지 제출하지 아니한 자가 법정신고기한이 지난 후 6개월 이내에 기한 후 신고를 한 경우 무신고가산세를 다음의 비율에 따라 감면한다. 이 경우 지방자치단체의 장이 과세표준과 세액을 결정할 것을 미리 알고 기한 후 신고서를 제출한 경우는 제외한다.

| 기한 후 신고에 의한 가산세의 감면비율 |

구 분	감면비율
1개월 이내	50%
1개월 초과 3개월 이내	30%
3개월 초과 6개월 이내	20%

3) 과세전적부심사청구의 결정기간의 지연에 따른 가산세의 감면

과세전적부심사 결정·통지기간 이내에 그 결과를 통지하지 아니한 경우(결정·통지가 지연되어 해당 기간에 부과되는 납부지연가산세만 해당한다)에는 해당 기간에 부과되는 가산세액의 100분의 50에 상당하는 금액을 감면한다.

4) 양도소득에 대한 개인지방소득세 예정신고 불성실 가산세의 감면

양도소득에 대한 개인지방소득세 예정신고기한 이후 확정신고기한까지 과세표준 신고 및 수정신고를 한 경우로서 다음의 어느 하나에 해당하는 경우에는 해당 가산세액의 100분의 50에 상당하는 금액을 감면한다.

① 예정신고를 하지 아니하였으나 확정신고기한까지 과세표준 신고를 한 경우 무신고가산세를 감면한다.
② 예정신고를 하였으나 납부하여야 할 세액보다 적게 신고하거나 환급받을 세액을 신고하여야 할 금액보다 많이 신고한 경우로서 확정신고기한까지 과세표준을 수정신고한 경우 과소신고가산세 또는 초과환급신고가산세를 감면한다.

이 경우 지방자치단체의 장이 과세표준과 세액을 경정할 것을 미리 알고 과세표준 신고를 하는 경우는 가산세를 감면받을 수 없다.

Ⅲ 부과취소 및 변경

지방자치단체의 장은 지방자치단체의 징수금의 부과·징수가 위법·부당한 것임을 확인하면 즉시 그 처분을 취소하거나 변경하여야 한다.[120]

---

120) 「지방세기본법」 제58조

제8절 지방세환급금과 납세담보

Ⅰ 지방세환급금과 지방세환급가산금

1. 지방세환급금의 충당과 환급[121]

(1) 지방세환급금의 결정과 청구

지방자치단체의 장은 납세자가 납부한 지방자치단체의 징수금 중 과오납한 금액이 있거나 「지방세법」에 따라 환급하여야 할 환급세액(지방세관계법에 따라 환급세액에서 공제하여야 할 세액이 있을 때에는 공제한 후 남은 금액을 말한다)이 있을 때에는 즉시 그 오납액, 초과납부액 또는 환급세액을 지방세환급금으로 결정하여야 한다.

① 과오납 : 착오납부, 이중납부 등 납세의무가 없는데도 불구하고 납부한 금액
② 초과납부액 : 정당세액을 초과하여 납부한 금액
③ 환급세액 : 지방세관계법에서 규정하고 있는 환급요건에 따라 확정된 금액

이 경우 착오납부, 이중납부로 인한 환급청구를 하려는 자는 환급 방법, 환급금 내역 등을 적은 지방세 환급청구서를 지방자치단체의 장에게 제출하여야 한다.

(2) 지방세환급금의 충당

「지방세징수법」에서는 지방세 채권과 환급금 지급채무를 상계하지 못하도록 하고 있다. 다만, 「지방세기본법」에 따른 지방세의 충당은 예외로 하고 있다.[122] 지방자치단체의 장은 지방세환급금으로 결정한 금액을 지방자치단체의 징수금에 충당하여야 한다. 다만, ① 및 ③의 지방세에 충당하는 경우에는 납세자의 동의가 있어야 한다.

① 납세고지에 따라 납부하는 지방세
② 체납액
③ 「지방세기본법」 또는 지방세관계법에 따라 신고납부하는 지방세

---

121) 「지방세기본법」 제60조
122) 「지방세징수법」 제21조 : 지방자치단체의 징수금과 지방자치단체에 대한 채권으로서 금전의 급부(給付)를 목적으로 하는 것은 법률에 따로 규정이 있는 것을 제외하고는 상계(相計)할 수 없다. 환급금에 관한 채권과 지방자치단체에 대한 채무로서 금전의 급부를 목적으로 하는 것에 대해서도 또한 같다.

지방세환급금을 충당할 경우에는 체납액에 우선 충당하여야 하며, 지방자치단체의 장은 충당한 사실을 권리자에게 통지하여야 한다.[123] 징수금에 충당하는 경우 체납액과 지방세환급금은 체납된 지방세의 법정납부기한과 지방세환급금 발생일 중 늦은 때로 소급하여 같은 금액만큼 소멸한 것으로 본다. 납세자는 지방세관계법에 따라 환급받을 환급세액이 있는 경우에는 ① 및 ③의 지방세에 충당할 것을 청구할 수 있다. 이 경우 충당된 세액의 충당청구를 한 날에 그 지방세를 납부한 것으로 본다.

(3) 환급

지방세환급금 중 지방자치단체의 징수금에 충당한 후 남은 금액은 지방세환급금의 결정을 한 날부터 지체 없이 납세자에게 환급하여야 한다.

2. 지방세환급가산금[124]

(1) 지방세환급가산금의 지급

지방세환급가산금은 지방세환급금에 대한 법정이자상당액을 말한다. 이는 납세의무자가 지방세를 체납할 경우 징수하는 납부지연가산세와 대응되는 것이다.

지방자치단체의 장은 지방세환급금을 충당하거나 지급할 때에는 지방세환급가산금을 지방세환급금에 가산하여야 한다. 지방세환급가산금은 납부일 등 지방세환급금 계산의 기산시점부터 지방세환급금을 충당하는 날이나 지급결정을 하는 날까지의 기간에 대하여 기본이자율을 적용하여 계산한다.

> 지방세환급가산금 = 지방세환급금 × 이자계산일수 × 이율

(2) 이자계산일수

이자계산일수를 계산함에 있어 기산 시점은 다음의 구분에 따른 날의 다음 날을 말한다. 이자계산일수는 이러한 기산일로부터 지방세환급금을 충당하는 날이나 지급결정을 하는 날까지의 기간으로 한다.

---

123) 「지방세기본법 시행령」 제37조
124) 「지방세기본법 시행령」 제43조 ②

구 분	기산일(해당일의 다음 날)
착오납부, 이중납부나 납부의 기초가 된 신고 또는 부과를 경정하거나 취소함에 따라 환급하는 경우	납부일
연세액을 일시납부한 경우로서 세액의 일할계산으로 환급하는 경우	소유권이전등록일·양도일이나 사용을 폐지한 날
적법하게 납부된 지방세의 감면으로 환급하는 경우	그 감면 결정일
적법하게 납부된 후 법령 또는 조례가 개정되어 환급하는 경우	그 개정된 법령 또는 조례 규정의 시행일
법 또는 지방세관계법에 따른 환급세액의 신고, 환급신청이나 신고한 환급세액의 경정·결정으로 환급하는 경우	그 신고일
경정청구 없이 세무서장 또는 지방국세청장이 결정하거나 경정한 자료에 따라 지방소득세를 환급하는 경우	지방자치단체의 장이 결정하거나 경정한 날부터 30일이 지난 날
법인지방소득세 특별징수세액을 환급하는 경우	
「지방세법」 제103조의 64 제3항 제2호에 따라 지방소득세를 환급하는 경우	

(3) 이율

지방세환급가산금은 금융회사의 예금이자율 등을 고려하여 대통령령으로 정하는 이율(기본이자율)에 따라 계산한다.[125] 다만, 납세자가 이의신청, 심판청구, 「감사원법」에 따른 심사청구 또는 「행정소송법」에 따른 소송을 제기하여 그 결정 또는 판결에 의하여 지방자치단체의 장이 지방세환급금을 지급하는 경우로서 그 결정 또는 판결이 확정된 날부터 40일 이후에 납세자에게 지방세환급금을 지급하는 경우에는 기본이자율의 1.5배에 해당하는 이자율로 한다.

3. 지방세환급금에 관한 권리의 양도와 소멸시효[126]

지방세환급금(지방세환급가산금을 포함한다)에 관한 납세자의 권리는 타인에게 양도할 수 있다.[127] 지방자치단체의 장은 지방세환급금에 관한 권리의 양도 요구가 있는 경우에 양도인 또는 양수인이 납부할 지방자치단체의 징수금이 있으면 그 지방자치단체의 징수금에 충당하고, 남은 금액에 대해서는 양도의 요구에 지체 없이 따라야 한다. 지방세환급금과

---

125) 현행 기본이자율 : 연 1천분의 12
126) 「지방세기본법」 제64조
127) 「지방세기본법」 제63조

지방세환급가산금에 관한 납세자의 권리는 행사할 수 있는 때부터 5년간 행사하지 아니하면 시효로 인하여 소멸한다. 이를 행사할 수 있는 때란 「지방세기본법」 제62조 제1항에 의한 환급가산금을 계산하기 위한 기산일과 같다.

Ⅱ 납세담보

1. 납세담보의 의의

납세담보는 조세채권의 실현을 확보하기 위하여 납세자 또는 제3자로부터 제공 받는 물적·인적 담보를 말한다. 물적 담보는 납세자 또는 제3자의 특정재산에 대한 담보이고, 인적 담보는 보증인의 보증에 의한 담보이다. 납세담보는 세법에 의하여 납세의무자에게 담보제공의무가 과하여진 경우에 한하여 세법이 정한 절차에 따라 과세관청의 요구에 의하여 제공되는 공법상의 담보이다. 납세담보는 물적 담보를 원칙으로 하고, 그것이 불가능한 경우에는 인적 담보가 허용된다.

납세담보는 세법이 납세담보의 제공을 정한 경우에 한하여 그 효력이 있는 것이다.[128] 지방자치단체의 장은 지방세의 고지유예, 분할고지, 징수유예를 하는 경우 그 처분과 관련하여 조세채권확보를 분명히 하기 위하여 담보의 제공을 요구할 수 있다. 담보제공을 요구할 수 있는 경우는 법적사항으로 엄격히 적용하여야 한다.

2. 납세담보의 종류

「지방세기본법」 또는 지방세관계법에 따라 제공하는 담보는 다음의 어느 하나에 해당하는 것이어야 한다.[129]

① 금전
② 국채 또는 지방채
③ 지방자치단체의 장이 확실하다고 인정하는 유가증권
④ 납세보증보험증권
⑤ 지방자치단체의 장이 확실하다고 인정하는 보증인의 납세보증서

---

128) 조세채권은 사법상의 채권과는 달리 그 성립과 행사가 반드시 법률에 의하여서만 이루어져야 하고 조세에 관한 법률에 의하지 아니한 사법상의 의사표시 따위에 의하여 조세채권의 종국적 만족을 실현하는 것은 허용될 수 없는 것이다.(대법 83누715, 1986.12.31. ; 징세 01254-4874, 1986.10.20.)
129) 「지방세기본법」 제65조

⑥ 토지

⑦ 보험에 든 등기되거나 등록된 건물·공장재단·광업재단·선박·항공기 또는 건설기계

3. 담보의 평가

담보의 평가는 담보물 중 금전 이외의 담보물을 평가하는 것이다. 납세담보의 가액은 다음 각각에 따른다.[130]

① 국채, 지방채 및 유가증권 : 시가(時價)를 고려하여 결정한 가액
② 납세보증보험증권 : 보험금액
③ 납세보증서 : 보증액
④ 토지, 주택, 주택 외 건축물, 선박, 항공기 및 건설기계 : 시가표준액
⑤ 공장재단 또는 광업재단 : 감정기관이나 그 재산의 감정평가에 관한 전문적 기술을 보유한 자의 평가액

4. 담보의 제공방법

(1) 제공방법[131]

① 금전 또는 유가증권

금전 또는 유가증권을 납세담보로 제공하려는 자는 이를 공탁하고 공탁영수증을 지방자치단체의 장에게 제출하여야 한다. 다만, 등록된 국채·지방채 또는 사채(社債)의 경우에는 담보제공의 뜻을 등록하고 등록확인증을 제출하여야 한다.

② 납세보증보험증권 또는 납세보증서

납세보증보험증권 또는 납세보증서를 납세담보로 제공하려는 자는 그 보험증권 또는 보증서를 지방자치단체의 장에게 제출하여야 한다.

③ 부동산 등

토지, 주택, 주택 외 건물, 선박, 항공기, 건설기계 또는 공장재단·광업재단을 납세담보로 제공하려는 자는 등기필증, 등기완료통지서 또는 등록확인증을 지방자치단체의 장에게 제시하여야 하며, 지방자치단체의 장은 이에 따라 저당권 설정을 위한 등기

---

130) 「지방세기본법」 제66조
131) 「지방세기본법」 제67조

또는 등록의 절차를 밟아야 한다.

(2) 납세담보의 가액[132)

납세담보를 제공하려는 자는 담보할 지방세의 100분의 120(현금 또는 납세보증보험증권의 경우에는 100분의 110) 이상의 가액에 상당하는 납세담보의 제공과 함께 행정안전부령으로 정하는 납세담보제공서를 제출하여야 한다. 다만, 그 지방세가 확정되지 아니한 경우에는 지방자치단체의 장이 정하는 가액에 해당하는 납세담보를 제공하여야 한다.

5. 담보의 변경과 보충[133)

납세담보를 제공한 자는 지방자치단체의 장의 승인을 받아 담보를 변경할 수 있다. 지방자치단체의 장은 납세담보물의 가액 또는 보증인의 지급능력 감소, 그 밖의 사유로 그 납세담보로써 지방자치단체의 징수금의 납부를 담보할 수 없다고 인정하면 담보를 제공한 자에게 담보물 추가제공 또는 보증인 변경을 요구할 수 있다.

6. 담보에 의한 납부와 징수[134)

납세담보로 금전을 제공한 자는 그 금전으로 담보한 지방자치단체의 징수금을 납부할 수 있다. 지방자치단체의 장은 납세담보를 제공받은 지방자치단체의 징수금이 담보의 기간에 납부되지 아니하면 그 담보로써 그 지방자치단체의 징수금을 징수한다.

7. 담보의 해제[135)

지방자치단체의 장은 납세담보를 제공받은 지방자치단체의 징수금이 납부되면 지체 없이 담보 해제 절차를 밟아야 한다.

---

132) 「지방세기본법 시행령」 제46조
133) 「지방세기본법」 제68조
134) 「지방세기본법」 제69조
135) 「지방세기본법」 제70조

I 지방세의 우선 징수

1. 지방세 우선의 의의

「민법」상 일반채권은 채권자 평등의 원칙에 의해 모든 채권자가 채권액에 비례하여 변제를 받을 수 있다. 단, 담보된 채권은 일반채권에 우선한다. 조세 우선권은 「민법」상의 채권자 평등의 원칙에 대한 예외에 해당한다.

조세채권은 국가 또는 지방자치단체의 존립과 활동을 위한 경제적 기초가 되기 때문에 다른 일반 채권과는 달리 우선권을 주어야 한다. 이러한 이유로 「지방세기본법」에서도 지방세 우선의 원칙을 규정하고 있다. 지방세의 우선권은 납세자에게 지방세의 체납사실이 있고 그의 재산이 강제 환가된 경우 지방세 채권의 효율적인 확보를 위하여 제한된 범위 내에서 다른 채권보다 우선하여 변제받을 수 있는 세법상 인정되는 특수한 권리이다.

2. 지방세의 우선 징수

지방자치단체의 징수금은 다른 공과금과 그 밖의 채권에 우선하여 징수한다.[136] "우선하여 징수한다"라고 함은 납세자의 재산을 강제매각절차에 의하여 매각하는 경우에 그 매각대금 또는 추심금액 중에서 지방세를 우선하여 징수하는 것을 말한다.[137]

3. 지방세 우선권의 예외

지방세 우선권은 민사상의 채권자 평등의 원칙에 위배될 뿐 아니라 국민의 재산권을 침해할 우려가 있다. 이러한 문제를 완화하기 위해 지방자치단체의 징수금은 다른 공과금과 그 밖의 채권에 우선하여 징수하나 지방세에 우선하여 징수할 수 있는 채권들을 규정함으로써 지방세 우선의 원칙에 대한 예외를 인정하고 있다. 다음의 어느 하나에 해당하는 공과금과 그 밖의 채권에 대해서는 우선 징수하지 아니한다.

---

136) 「지방세기본법」 제71조
137) 「지방세기본법」 운영예규 71-1

(1) 국세 등의 체납처분에 따른 체납처분비

국세 또는 공과금의 체납처분을 하여 그 체납처분 금액에서 지방자치단체의 징수금을 징수하는 경우의 그 국세 또는 공과금의 체납처분비는 지방세에 우선한다.

(2) 강제집행·경매 또는 파산절차에 든 비용

강제집행·경매 또는 파산절차에 따라 재산을 매각하여 그 매각금액에서 지방자치단체의 징수금을 징수하는 경우의 해당 강제집행·경매 또는 파산절차에 든 비용은 지방세에 우선한다.

(3) 법정기일 전에 권리를 설정한 채권

법정기일 전에 전세권·질권·저당권의 설정을 등기·등록한 사실 또는 「주택임대차보호법」 및 「상가건물 임대차보호법」에 따른 대항요건과 임대차계약증서상의 확정일자(確定日字)를 갖춘 사실이 증명되는 재산을 매각하여 그 매각금액에서 지방세(그 재산에 대하여 부과된 지방세는 제외한다)를 징수하는 경우의 그 전세권·질권·저당권에 따라 담보된 채권, 등기 또는 확정일자를 갖춘 임대차계약증서상의 보증금은 지방세에 우선한다.

| 법정기일 |

구 분	법정기일
과세표준과 세액의 신고에 의하여 납세의무가 확정되는 지방세의 경우 신고한 해당 세액	신고일
과세표준과 세액을 지방자치단체가 결정 또는 경정하는 경우에 고지한 해당 세액	납세고지서의 발송일
특별징수의무자로부터 징수하는 지방세	납세의무의 확정일
양도담보재산 또는 제2차 납세의무자의 재산에서 지방세를 징수하는 경우	납부통지서의 발송일
납세자의 재산을 압류한 경우에 그 압류와 관련하여 확정된 세액	압류등기일 또는 등록일

(4) 담보물권자보다 우선하여 변제받을 권리가 있는 임차인의 소액 보증금

「주택임대차보호법」 또는 「상가건물 임대차보호법」이 적용되는 임대차관계에 있는 주택 또는 건물을 매각하여 그 매각금액에서 지방세를 징수하는 경우에는 임대차에 관한 보증금 중 일정액으로서 각 규정에 따라 임차인이 우선하여 변제받을 수 있는 금액에 관한 채권은 지방세에 우선한다.

(5) 지방세에 우선하여 변제되는 임금채권 등

사용자의 재산을 매각하거나 추심하여 그 매각금액 또는 추심금액에서 지방세를 징수하는 경우에는 「근로기준법」 제38조 제2항 및 「근로자퇴직급여 보장법」 제12조 제2항에 따라 지방세에 우선하여 변제되는 임금, 퇴직금, 재해보상금은 지방세에 우선한다.

4. 가등기 담보채권과 지방세의 우선순위

납세의무자를 등기의무자로 하고 채무불이행을 정지조건으로 하는 대물변제의 예약(豫約)을 근거로 하여 권리이전의 청구권 보전(保全)을 위한 가등기(가등록을 포함한다)와 그 밖에 이와 유사한 담보의 대상으로 된 가등기가 되어 있는 재산을 압류하는 경우에 그 가등기를 근거로 한 본등기가 압류 후에 되었을 때에는 그 가등기의 권리자는 그 재산에 대한 체납처분에 대하여 그 가등기를 근거로 한 권리를 주장할 수 없다. 다만, 지방세(그 재산에 대하여 부과된 지방세는 제외한다)의 법정기일 전에 가등기된 재산에 대해서는 그 권리를 주장할 수 있다.[138]

5. 통정행위의 취소청구

지방자치단체의 장은 납세자가 제3자와 짜고 거짓으로 그 재산에 대하여 대차계약, 전세권·질권 또는 저당권의 설정계약, 가등기설정계약 또는 양도담보설정계약을 하고 확정일자를 갖추거나 등기 또는 등록 등을 하여, 그 재산의 매각금액으로 지방자치단체의 징수금을 징수하기 어렵다고 인정하면 그 행위의 취소를 법원에 청구할 수 있다.

이 경우 납세자가 지방세의 법정기일 전 1년 내에 그의 특수관계자와 「주택임대차보호법」 또는 「상가건물 임대차보호법」에 따른 임대차계약, 전세권·질권 또는 저당권의 설정계약, 가등기설정계약 또는 양도담보설정계약을 한 경우에는 상대방과 짜고 한 거짓계약으로 추정한다.

6. 그 재산에 대하여 부과된 지방세

그 재산에 대하여 부과된 지방세는 다음과 같다.

---

138) 「지방세기본법」 제71조 ②

① 재산세

② 자동차세(자동차 소유에 대한 자동차세만 해당한다)

③ 지역자원시설세(소방분에 대한 지역자원시설세만 해당한다)

④ 지방교육세(재산세와 자동차세에 부가되는 지방교육세만 해당한다)

다만, 임대차보증금반환채권 등은 해당 임차권 또는 전세권이 설정된 재산이 지방세의 체납처분 또는 경매·공매 절차를 통하여 매각되어 그 매각금액에서 지방세를 징수하는 경우 그 확정일자 또는 설정일보다 법정기일이 늦은 해당 재산에 대하여 부과된 다음에 해당하는 지방세의 우선 징수 순서에 대신하여 변제될 수 있다.[139)]

① 재산세

② 지역자원시설세(소방분에 대한 지역자원시설세만 해당한다)

③ 재산세에 부가되는 지방교육세

이 경우 대신 변제되는 금액은 우선 징수할 수 있었던 해당 재산에 대하여 부과된 재산세 등의 징수액에 한정하며, 임대차보증금반환채권 등보다 우선 변제되는 저당권 등의 변제액과 해당 재산에 대하여 부과된 재산세 등을 우선 징수하는 경우에 배분받을 수 있었던 임대차보증금반환채권 등의 변제액에는 영향을 미치지 아니한다.

Ⅱ 직접 체납처분비의 우선

지방자치단체의 징수금 체납으로 인하여 납세자의 재산에 대한 체납처분을 하였을 경우에 그 체납처분비는 법정기일 전에 권리를 설정한 채권 및 압류에 의한 우선에도 불구하고 다른 지방자치단체의 징수금과 국세 및 그 밖의 채권에 우선하여 징수한다.[140)]

Ⅲ 압류에 의한 우선

지방자치단체의 징수금의 체납처분에 의하여 납세자의 재산을 압류한 후 다른 지방자치

---

139) 2023년 5월 4일 신설함. 매각절차 진행 시 해당 주택에 부과된 재산세 등 지방세의 배분 예정액 중 주택임차권의 확정일자 이후 법정기일이 성립한 부분에 대하여는 세입자의 주택임차보증금이 우선 배분되도록 하여 세입자의 임차보증금에 대한 보호를 강화하였다.
140) 「지방세기본법」 제72조

단체의 징수금 또는 국세의 교부청구가 있으면 압류에 관계되는 지방자치단체의 징수금은 교부청구한 다른 지방자치단체의 징수금 또는 국세에 우선하여 징수한다. 다른 지방자치단체의 징수금 또는 국세의 체납처분에 의하여 납세자의 재산을 압류한 후 지방자치단체의 징수금 교부청구가 있으면 교부청구한 지방자치단체의 징수금은 압류에 관계되는 지방자치단체의 징수금 또는 국세의 다음으로 징수한다.[141]

 ## Ⅳ 담보가 있는 지방세의 우선

납세담보가 되어 있는 재산을 매각하였을 때에는 압류에 의한 우선에도 불구하고 해당 지방자치단체에서 다른 지방자치단체의 징수금과 국세에 우선하여 징수한다.[142]

조세채권 상호 간에는 징수순위가 동일하다. 담보 없는 국세 상호 간이나 담보 없는 지방세 상호 간에도 우선순위가 없다. 그러나 담보와 관계된 조세와 담보와 관계되지 않은 조세 간에서는 담보와 관계된 조세가 우선 징수된다.

 ## Ⅴ 국세와 지방세 채권과의 관계

국세와 지방세 채권 상호 간의 우열에 관하여는 아무런 규정을 두고 있지는 않으므로 국세와 지방세를 포함한 모든 조세채권은 원칙적으로 그 징수순위가 동일하다. 다만, 지방세를 징수하기 위한 체납처분절차에서 국세 등과 공과금의 교부청구가 있는 경우에는 지방세와 체납처분비가, 국세를 징수하기 위한 체납처분절차에서 지방세 등과 공과금의 교부청구가 있는 경우에는 국세와 체납처분비가, 공과금을 징수하기 위한 체납처분절차에서 국세 등 및 지방세 등의 교부청구가 있는 경우에는 공과금과 체납처분비가 각각 그 교부청구한 조세 및 그 각 가산금과 체납처분비에 우선한다.

 ## Ⅵ 양도담보권자 등의 물적 납세의무

납세자가 지방자치단체의 징수금을 체납한 경우에 그 납세자에게 양도담보재산이 있을

---

141) 「지방세기본법」 제73조
142) 「지방세기본법」 제74조

때에는 그 납세자의 다른 재산에 대하여 체납처분을 집행하고도 징수할 금액이 부족한 경우에만 그 양도담보재산으로써 납세자에 대한 지방자치단체의 징수금을 징수할 수 있다. 다만, 지방자치단체의 징수금의 법정기일 전에 담보의 대상이 된 양도담보재산에 대해서는 지방자치단체의 징수금을 징수할 수 없다.[143]

양도담보재산은 당사자 간의 양도담보설정계약에 따라 납세자가 그 재산을 양도한 때에 실질적으로 양도인에 대한 채권담보의 대상이 된 재산으로 한다.

납세자가 종중(宗中)인 경우로서 지방자치단체의 징수금을 체납한 경우 그 납세자에게 「부동산실권리자명의 등기에 관한 법률」 제8조 제1호에 따라 종중 외의 자에게 명의신탁한 재산이 있을 때에는 그 납세자의 다른 재산에 대하여 체납처분을 집행하고도 징수할 금액이 부족한 경우에만 그 명의신탁한 재산으로써 납세자에 대한 지방자치단체의 징수금을 징수할 수 있다.

---

143) 「지방세기본법」 제75조

1. 납세자권리헌장의 제정 및 교부[144]

조세처분절차에서 정당한 절차를 통한 납세자의 권리를 보장하기 위해서 납세자권리헌장을 제정하여 시행하도록 하고 있다. 지방자치단체의 장은 납세자의 권리에 관한 사항과 그 밖에 납세자의 권리보호에 관한 사항을 포함하는 납세자권리헌장을 제정하여 고시하여야 한다. 세무공무원은 다음의 어느 하나에 해당하는 경우에는 납세자권리헌장의 내용이 수록된 문서를 납세자에게 내주어야 한다.

① 지방세에 관한 범칙사건을 조사하는 경우
② 세무조사를 하는 경우

세무공무원은 범칙사건조사나 세무조사를 시작할 때 신분을 증명하는 증표를 납세자 또는 관계인에게 제시한 후 납세자권리헌장을 교부하고 그 요지를 직접 낭독해 주어야 하며, 조사사유, 조사기간, 납세자보호관의 납세자 권리보호 업무에 관한 사항·절차 및 권리구제 절차 등을 설명하여야 한다. 세무공무원은 범칙사건조사나 세무조사를 서면으로 하는 경우에는 낭독해 주어야 하는 납세자권리헌장의 요지와 설명하여야 하는 사항을 납세자 또는 관계인에게 서면으로 알려주어야 한다.

2. 납세자 권리보호[145]

지방자치단체의 장은 직무를 수행할 때 납세자의 권리가 보호되고 실현될 수 있도록 하여야 한다. 지방자치단체의 장은 납세자보호관을 배치하여 지방세 관련 고충민원의 처리, 세무상담 등 납세자 권리보호 업무를 전담하여 수행하게 하여야 한다.

3. 납세자의 성실성 추정[146]

세무공무원은 납세자가 성실하며 납세자가 제출한 서류 등이 진실한 것이라고 추정하여야 한다. 그러므로 납세자가 지방세관계법에 따른 신고·납부 등 납세협력의무를 이행하지

---

144) 「지방세기본법」 제76조
145) 「지방세기본법」 제77조
146) 「지방세기본법」 제78조

아니한 경우, 구체적인 탈세제보가 있는 경우, 신고내용에 탈루나 오류의 혐의가 있는 경우 등을 제외하고는 세무공무원은 납세자가 성실하다는 추정하에 세무행정을 하여야 한다.

납세자의 성실성 추정은 세무공무원이 납세자가 제출한 신고서 등의 내용에 관하여 질문을 하거나 세무조사를 하는 것을 제한하지는 않는다.

4. 납세자의 협력의무[147]

납세자는 세무공무원의 적법한 질문·조사, 제출명령에 대하여 성실하게 협력하여야 한다.

5. 조사권의 남용 금지[148]

(1) 세무조사의 기본원칙

지방자치단체의 장은 적절하고 공평한 과세의 실현을 위하여 필요한 최소한의 범위에서 세무조사를 하여야 하며, 다른 목적 등을 위하여 조사권을 남용해서는 아니 된다. 세무공무원은 세무조사를 하기 위하여 필요한 최소한의 범위에서 장부 등의 제출을 요구하여야 하며, 조사대상 세목 및 과세연도의 과세표준과 세액의 계산과 관련 없는 장부 등의 제출을 요구해서는 아니 된다.

누구든지 세무공무원으로 하여금 법령을 위반하게 하거나 지위 또는 권한을 남용하게 하는 등 공정한 세무조사를 저해하는 행위를 하여서는 아니 된다.

(2) 같은 세목 및 같은 연도에 대한 재조사의 금지

지방자치단체의 장은 다음의 어느 하나에 해당하는 경우가 아니면 같은 세목 및 같은 과세연도에 대하여 재조사를 할 수 없다.

① 지방세 탈루의 혐의를 인정할 만한 명백한 자료가 있는 경우
② 거래상대방에 대한 조사가 필요한 경우
③ 둘 이상의 사업연도와 관련하여 잘못이 있는 경우
④ 심판청구에 관하여 준용하는 「국세기본법」 제65조 제1항 제3호 단서에 따른 필요한 처분의 결정에 따라 조사를 하는 경우

---

147) 「지방세기본법」 제79조
148) 「지방세기본법」 제80조

⑤ 납세자가 세무공무원에게 직무와 관련하여 금품을 제공하거나 금품제공을 알선한 경우

⑥ 조사를 실시한 후 해당 조사에 포함되지 아니한 부분에 대하여 조사하는 경우

⑦ 그 밖에 이와 유사한 경우로서 대통령령으로 정하는 경우

6. 세무조사 범위 확대의 제한[149]

세무공무원은 구체적인 세금탈루 혐의가 여러 과세기간 또는 다른 세목까지 관련되는 것으로 확인되는 경우 등 대통령령으로 정하는 경우를 제외하고는 조사진행 중 세무조사의 범위를 확대할 수 없다. 세무공무원은 세무조사의 범위를 확대하는 경우에는 그 사유와 범위를 납세자에게 문서로 통지하여야 한다.

세무조사의 범위를 확대할 수 있는 "대통령령으로 정하는 경우"란 다음의 어느 하나에 해당하는 경우를 말한다.

① 다른 과세기간 · 세목 또는 항목에 대한 구체적인 세금탈루 증거자료가 확인되어 다른 과세기간 · 세목 또는 항목에 대한 조사가 필요한 경우

② 명백한 세금탈루 혐의나 법 또는 지방세관계법 적용의 착오 등이 있는 조사대상 과세기간의 특정 항목이 다른 과세기간에도 있어 동일하거나 유사한 세금탈루 혐의나 법 또는 지방세관계법 적용 착오 등이 있을 것으로 의심되어 다른 과세기간의 그 항목에 대한 조사가 필요한 경우

7. 세무조사 등에 따른 도움을 받을 권리[150]

납세자는 범칙사건조사 및 세무조사를 받는 경우에 변호사, 공인회계사, 세무사로 하여금 조사에 참석하게 하거나 의견을 진술하게 할 수 있다. 이는 납세자 권리헌장에 명시되어 있는 조세전문가의 조력을 받을 권리를 법에 명문화한 것이다.

---

149) 「지방세기본법」 제80조의 2
150) 「지방세기본법」 제81조

8. 세무조사 대상자 선정[151]

(1) 정기선정

지방자치단체의 장은 다음의 어느 하나에 해당하는 경우에 정기적으로 신고의 적정성을 검증하기 위하여 대상을 선정하여 세무조사를 할 수 있다. 이 경우 지방자치단체의 장은 지방세심의위원회의 심의를 거쳐 객관적 기준에 따라 공정하게 대상을 선정하여야 한다.

① 지방자치단체의 장이 납세자의 신고내용에 대한 성실도 분석결과 불성실의 혐의가 있다고 인정하는 경우
② 최근 4년 이상 지방세와 관련한 세무조사를 받지 아니한 납세자에 대하여 업종, 규모 등을 고려하여 신고내용이 적절한지를 검증할 필요가 있는 경우
③ 무작위추출방식으로 표본조사를 하려는 경우

(2) 수시선정

지방자치단체의 장은 정기선정에 의한 조사 외에 다음의 어느 하나에 해당하는 경우에는 세무조사를 할 수 있다.

① 납세자가 신고·납부, 담배의 제조·수입 등에 관한 장부의 기록 및 보관 등 납세협력의무를 이행하지 아니한 경우
② 납세자에 대한 구체적인 탈세 제보가 있는 경우
③ 신고내용에 탈루나 오류의 혐의를 인정할 만한 명백한 자료가 있는 경우
④ 납세자가 세무조사를 신청하는 경우
⑤ 무자료거래, 위장·가공거래 등 거래 내용이 사실과 다른 혐의가 있는 경우
⑥ 납세자가 세무공무원에게 직무와 관련하여 금품을 제공하거나 금품제공을 알선한 경우

---

151) 「지방세기본법」 제82조

9. 세무조사의 통지와 연기신청[152]

(1) 세무조사의 사전통지

세무공무원은 지방세에 관한 세무조사를 하는 경우에는 조사를 받을 납세자(납세관리인이 정해져 있는 경우에는 납세관리인을 포함한다)에게 조사를 시작하기 15일 전까지 다음과 같은 사전통지사항을 알려야 한다.

① 납세자 및 납세관리인의 성명과 주소 또는 영업소
② 조사대상 세목, 조사대상 기간, 조사 사유
③ 세무조사를 수행하는 세무공무원의 인적사항
④ 그 밖에 필요한 사항

다만, 사전에 알릴 경우 증거인멸 등으로 세무조사의 목적을 달성할 수 없다고 인정되는 경우에는 사전통지를 생략할 수 있다. 세무공무원은 사전통지를 생략하고 세무조사를 하는 경우 세무조사를 개시할 때 다음의 사항이 포함된 세무조사통지서를 세무조사를 받을 납세자에게 교부하여야 한다. 다만, 폐업 등의 경우에는 그러하지 아니하다.

① 사전통지 사항
② 사전통지를 하지 아니한 사유
③ 그 밖에 세무조사의 시작과 관련된 사항으로서 대통령령으로 정하는 사항

조세채권을 확보하기 위하여 조사를 긴급히 시작할 필요가 있다고 인정되는 사유로 세무조사를 시작하는 경우에는 조사를 긴급히 시작하여야 하는 사유가 포함된 세무조사통지서를 세무조사를 받을 납세자에게 교부하여야 한다.

(2) 조사의 연기신청

통지를 받은 납세자는 천재지변이나 그 밖에 대통령령으로 정하는 사유로 조사를 받기 곤란한 경우에는 지방자치단체의 장에게 조사를 연기해 줄 것을 신청할 수 있다. "대통령령으로 정하는 사유"란 다음의 어느 하나에 해당하는 경우를 말한다.[153]

① 화재 및 도난, 그 밖의 재해로 사업상 중대한 어려움이 있는 경우
② 납세자 또는 납세관리인의 질병, 중상해, 장기출장 등으로 세무조사를 받는 것이 곤란

---

152) 「지방세기본법」 제83조
153) 「지방세기본법 시행령」 제54조

하다고 판단되는 경우

③ 권한 있는 기관에 장부 등이 압수되거나 영치된 경우

④ 기타 이에 준하는 사유가 있는 경우

연기신청을 받은 지방자치단체의 장은 연기신청의 승인 여부를 결정하고 조사를 시작하기 전까지 그 결과(연기 결정 시 연기한 기간을 포함한다)를 납세자에게 알려야 한다.

지방자치단체의 장은 다음의 어느 하나에 해당하는 사유가 있는 경우에는 연기한 기간이 만료되기 전에 조사를 시작할 수 있다.

① 연기 사유가 소멸한 경우

② 조세채권을 확보하기 위하여 조사를 긴급히 시작할 필요가 있다고 인정되는 경우

지방자치단체의 장은 연기된 기간에 조사를 시작하려는 경우에는 조사를 시작하기 5일 전까지 조사를 받을 납세자에게 연기 사유가 소멸한 사실과 조사기간을 통지하여야 한다.

10. 세무조사의 기간[154)

(1) 세무조사의 기간

지방자치단체의 장은 조사대상 세목·업종·규모, 조사 난이도 등을 고려하여 세무조사 기간을 20일 이내로 하여야 한다. 지방자치단체의 장은 세무조사 기간을 단축하기 위하여 노력하여야 하며, 장부기록 및 회계처리의 투명성 등 납세성실도를 검토하여 더 이상 조사할 사항이 없다고 판단될 때에는 조사기간 종료 전이라도 조사를 조기에 종결할 수 있다.

(2) 세무조사 기간 연장

다음의 어느 하나에 해당하는 사유가 있는 경우에는 그 사유가 해소되는 날부터 20일 이내로 세무조사 기간을 연장할 수 있다.

① 납세자가 장부 등의 은닉, 제출지연, 제출거부 등 조사를 기피하는 행위가 명백한 경우

② 거래처 조사, 거래처 현지 확인 또는 금융거래 현지 확인이 필요한 경우

③ 지방세 탈루 혐의가 포착되거나 조사 과정에서 범칙사건조사로 조사 유형이 전환되는 경우

---

154)「지방세기본법」제84조

④ 천재지변, 노동쟁의로 조사가 중단되는 등 지방자치단체의 장이 정하는 사유에 해당하는 경우

⑤ 세무조사 대상자가 세금 탈루 혐의에 대한 해명 등을 위하여 세무조사 기간의 연장을 신청한 경우

⑥ 납세자보호관이 세무조사 대상자의 세금 탈루 혐의의 해명과 관련하여 추가적인 사실 확인이 필요하다고 인정하는 경우

지방자치단체의 장은 세무조사 기간을 연장할 때에는 연장사유와 그 기간을 미리 납세자(납세관리인을 포함한다)에게 문서로 통지하여야 한다.

(3) 세무조사의 중지

지방자치단체의 장은 납세자가 자료의 제출을 지연하는 등 사유로 세무조사를 진행하기 어려운 경우에는 세무조사를 중지할 수 있다. 이 경우 그 중지기간은 세무조사 기간 및 세무조사 연장기간에 산입하지 아니한다. 납세자가 자료의 제출을 지연하는 등 사유란 다음의 어느 하나에 해당하는 경우를 말한다.

① 세무조사 연기신청 사유에 해당되어 납세자가 세무조사 중지를 신청한 경우

② 국외자료의 수집·제출 또는 상호합의절차 개시에 따라 외국 과세기관과의 협의가 필요한 경우

③ 다음의 어느 하나에 해당하여 세무조사를 정상적으로 진행하기 어려운 경우
　가. 납세자의 소재를 알 수 없는 경우
　나. 납세자가 해외로 출국한 경우
　다. 납세자가 장부 등을 은닉하거나 그 제출을 지연 또는 거부한 경우
　라. 노동쟁의가 발생한 경우
　마. 그 밖에 이와 유사한 사유가 있는 경우

④ 납세자보호관이 세무조사의 일시중지 또는 중지 요구를 하는 경우

세무공무원은 세무조사의 중지기간 중에는 납세자에 대하여 세무조사와 관련한 질문을 하거나 장부 등의 검사·조사 또는 그 제출을 요구할 수 없다. 지방자치단체의 장은 세무조사를 중지한 경우에는 그 중지사유가 소멸되면 즉시 조사를 재개하여야 한다. 다만, 조세채권의 확보 등 긴급히 조사를 재개하여야 할 필요가 있는 경우에는 중지사유가 소멸되기 전이라도 세무조사를 재개할 수 있다. 세무조사를 중지하거나 재개하는 경우에는 그 사유를

문서로 통지하여야 한다.

11. 장부 등의 보관금지[155]

(1) 장부 등의 보관금지

세무공무원은 세무조사의 목적으로 납세자의 장부 등을 지방자치단체에 임의로 보관할 수 없다.

(2) 장부 등의 일시보관

세무공무원은 세무조사대상 수시선정 사유에 해당하는 경우에는 조사 목적에 필요한 최소한의 범위에서 납세자, 소지자 또는 보관자 등 정당한 권한이 있는 자가 임의로 제출한 장부 등을 납세자의 동의를 받아 지방자치단체에 일시 보관할 수 있다. 납세자의 장부 등을 지방자치단체에 일시 보관하려는 경우 납세자로부터 일시 보관 동의서를 받아야 하며, 일시 보관증을 교부하여야 한다.

일시 보관하고 있는 장부 등에 대하여 납세자가 반환을 요청한 경우에는 그 반환을 요청한 날부터 14일 이내에 장부 등을 반환하여야 한다. 다만, 조사목적을 달성하기 위하여 필요한 경우에는 납세자보호관의 승인을 거쳐 한 차례만 14일 이내의 범위에서 보관 기간을 연장할 수 있다. 일시 보관하고 있는 장부 등의 반환을 요청한 경우로서 세무조사에 지장이 없다고 판단될 때에는 요청한 장부 등을 즉시 반환하여야 한다.

12. 통합조사의 원칙[156]

(1) 통합조사의 원칙

세무조사는 납세자가 납부하여야 하는 모든 지방세 세목을 통합하여 실시하는 것을 원칙으로 한다.

(2) 통합조사원칙의 예외

1) 특정 세목만을 조사

다음의 어느 하나에 해당하는 경우에는 특정한 세목만을 조사할 수 있다.

---

155) 「지방세기본법」 제84조의 2
156) 「지방세기본법」 제84조의 3

① 세목의 특성, 납세자의 신고유형, 사업규모 또는 세금탈루 혐의 등을 고려하여 특정 세목만을 조사할 필요가 있는 경우
② 조세채권의 확보 등을 위하여 특정 세목만을 긴급히 조사할 필요가 있는 경우
③ 그 밖에 세무조사의 효율성 및 납세자의 편의 등을 고려하여 특정 세목만을 조사할 필요가 있는 경우

2) 부분 한정조사

다음의 어느 하나에 해당하는 경우에는 각각의 사항에 대한 확인을 위하여 필요한 부분에 한정한 조사를 실시할 수 있다.

① 경정 등의 청구에 따른 처리, 부과취소 및 변경 또는 지방세환급금의 결정을 위하여 확인이 필요한 경우
② 심판청구에 관하여 준용하는 「국세기본법」에 따른 재조사 결정에 따라 사실관계의 확인이 필요한 경우
③ 거래상대방에 대한 세무조사 중에 거래 일부의 확인이 필요한 경우
④ 납세자에 대한 구체적인 탈세 제보가 있는 경우로서 해당 탈세 혐의에 대한 확인이 필요한 경우
⑤ 명의위장, 차명계좌의 이용을 통하여 세금을 탈루한 혐의에 대한 확인이 필요한 경우
⑥ 그 밖에 세무조사의 효율성 및 납세자의 편의 등을 고려하여 특정 사업장, 특정 항목 또는 특정 거래에 대한 조사가 필요한 경우

13. 세무조사 등의 결과 통지[157]

(1) 세무조사 결과의 통지

세무공무원은 범칙사건조사 및 세무조사(서면조사를 포함한다)를 마친 날부터 20일(주소 또는 영업소가 분명하지 않은 경우 등에는 40일) 이내에 다음의 사항이 포함된 조사결과를 서면으로 납세자(납세관리인이 정해져 있는 경우에는 납세관리인을 포함한다)에게 알려야 한다.

① 세무조사 내용
② 결정 또는 경정할 과세표준, 세액 및 산출근거

---

157) 「지방세기본법」 제85조

③ 그 밖에 대통령령으로 정하는 사항. 대통령령으로 정하는 사항은 다음과 같다.[158]

    ㉠ 세무조사 대상 기간 및 세목

    ㉡ 과세표준 및 세액을 결정 또는 경정하는 경우 그 사유

    ㉢ 과세표준 수정신고서를 제출할 수 있다는 사실

    ㉣ 과세전적부심사를 청구할 수 있다는 사실

(2) 결과 통지의 생략

조사결과를 통지하기 곤란한 경우에는 결과 통지를 생략할 수 있다. 조사결과를 통지하기 곤란한 경우란 다음의 어느 하나에 해당하는 경우를 말한다.

① 납기 전 징수의 사유가 있는 경우
② 조사결과를 통지하려는 날부터 부과제척기간의 만료일 또는 지방세징수권의 소멸시효 완성일까지의 기간이 3개월 이하인 경우
③ 납세자의 소재가 불명하거나 폐업으로 통지가 불가능한 경우
④ 납세관리인을 정하지 아니하고 국내에 주소 또는 영업소를 두지 아니한 경우
⑤ 재조사 결정에 따라 조사를 마친 경우
⑥ 세무조사 결과 통지서의 수령을 거부하거나 회피하는 경우

(3) 일부분을 제외한 조사결과의 통지

다음의 어느 하나에 해당하는 사유로 기간 이내에 조사결과를 통지할 수 없는 부분이 있는 경우에는 납세자의 동의를 얻어 그 부분을 제외한 조사결과를 납세자에게 설명하고, 이를 서면으로 통지할 수 있다.

① 「국제조세조정에 관한 법률」 및 조세조약에 따른 국외자료의 수집·제출 또는 상호합의절차 개시에 따라 외국 과세기관과의 협의가 진행 중인 경우
② 해당 세무조사와 관련하여 지방세관계법의 해석 또는 사실관계 확정을 위하여 행정안전부장관에 대한 질의 절차가 진행 중인 경우

이 경우 해당하는 사유가 해소된 때에는 그 사유가 해소된 날부터 20일 이내에 통지한 부분 외에 대한 조사결과를 납세자에게 설명하고, 이를 서면으로 통지하여야 한다.

---

158) 「지방세법 시행령」 제56조 ①

14. 비밀유지[159]

(1) 비밀유지 원칙

세무공무원은 납세자가 「지방세기본법」 또는 지방세관계법에서 정한 납세의무를 이행하기 위하여 제출한 자료나 지방세의 부과 또는 징수를 목적으로 업무상 취득한 자료 등을 다른 사람에게 제공 또는 누설하거나 목적 외의 용도로 사용해서는 아니 된다.

(2) 비밀유지의 예외

다음의 어느 하나에 해당하는 경우에는 그 사용 목적에 맞는 범위에서 납세자의 과세정보를 제공할 수 있다.

① 국가기관이 조세의 부과 또는 징수의 목적에 사용하기 위하여 과세정보를 요구하는 경우
② 국가기관이 조세쟁송을 하거나 조세범을 소추(訴追)할 목적으로 과세정보를 요구하는 경우
③ 법원의 제출명령 또는 법관이 발급한 영장에 의하여 과세정보를 요구하는 경우
④ 지방자치단체 상호 간 또는 지방자치단체와 지방세조합 간에 지방세의 부과·징수, 조세의 불복·쟁송, 조세범 소추, 범칙사건조사·세무조사·질문·검사, 체납확인, 체납처분 또는 지방세 정책의 수립·평가·연구에 필요한 과세정보를 요구하는 경우
⑤ 행정안전부장관이 지방세관련 업무 또는 지방세 정책의 수립·평가·연구에 관한 업무를 처리하기 위하여 과세정보를 요구하는 경우
⑥ 통계청장이 국가통계 작성 목적으로 과세정보를 요구하는 경우
⑦ 「사회보장기본법」 제3조 제2호에 따른 사회보험의 운영을 목적으로 설립된 기관이 관련 법률에 따른 소관업무의 수행을 위하여 과세정보를 요구하는 경우
⑧ 국가기관, 지방자치단체 및 공공기관이 급부·지원 등을 위한 자격심사에 필요한 과세정보를 당사자의 동의를 받아 요구하는 경우
⑨ 지방세조합장이 「지방세징수법」 제8조, 제9조, 제11조 및 제71조 제5항에 따른 업무를 처리하기 위하여 과세정보를 요구하는 경우
⑩ 그 밖에 다른 법률에 따라 과세정보를 요구하는 경우

---

159) 「지방세기본법」 제86조

비밀유지의 예외규정에 따라 과세정보를 알게 된 자는 이를 다른 사람에게 제공 또는 누설하거나 그 사용 목적 외의 용도로 사용해서는 아니 된다.

15. 납세자의 권리행사에 필요한 정보의 제공[160)

세무공무원은 납세자(세무사 등 납세자로부터 세무업무를 위임받은 자를 포함한다)가 본인의 권리행사에 필요한 정보를 요구하면 신속하게 정보를 제공하여야 한다.

16. 과세전적부심사[161)

(1) 과세전적부심사청구의 의의

과세전적부심사청구제도는 과세권을 행사하는 과세권자가 과세처분을 하기에 앞서 납세자에게 과세할 내용을 통지함으로써 위법·부당한 과세처분을 사전에 방지하고 공정한 과세를 통하여 국민에게 신뢰를 주는 세무행정을 구현하는 데에 그 목적이 있다.

이러한 사전권리구제 제도는 위법·부당한 과세처분이 이루어진 후에 이루어지는 이의신청이나 심판청구제도와 그 목적이 다르다. 「지방세기본법」에서는 과세전 사전구제제도로서 이러한 과세전적부심사청구를 두고 있다. 과세전적부심사청구제도는 과세처분을 예고한 사항에 대하여 이의가 있을 때 그 적부여부를 청구대상으로 한다는 점에서 과세처분에 대하여 불복이 있는 경우 구제를 요청하는 사후구제제도인 이의신청 또는 심판청구와 차이가 있다.

| 과세전적부심사청구와 불복청구의 비교 |

구 분	과세전적부심사청구	불복청구
성격	사전구제제도	사후구제제도
대상	세무조사의 결과 통지 과세예고통지	과세처분 등
기속력	기속력이 없음	기속력이 있음

(2) 과세예고통지

지방자치단체의 장은 다음의 어느 하나에 해당하는 경우에는 미리 납세자에게 그 내용을

---

160) 「지방세기본법」 제87조
161) 「지방세기본법」 제88조

서면으로 통지(과세예고통지)하여야 한다.[162]

① 지방세 업무에 대한 감사나 지도·점검 결과 등에 따라 과세하는 경우
② 세무조사에서 확인된 해당 납세자 외의 자에 대한 과세자료 및 현지 확인조사에 따라 과세하는 경우
③ 비과세 또는 감면 신청을 반려하여 과세하는 경우
④ 비과세 또는 감면한 세액을 추징하는 경우
⑤ 납세고지하려는 세액이 30만원 이상인 경우

(3) 과세전적부심사의 청구

1) 청구권자

세무조사결과 통지나 과세예고통지를 받은 자는 과세전적부심사청구를 할 수 있다. 납세의무자에게 과세처분이 이루어진 후 그 납세의무가 체납되어 체납처분을 하여도 지방세징수금을 충당하기에 부족한 경우 보충적으로 납세의무를 부담하는 제2차 납세의무자는 과세전적부심사를 청구할 수 없다.

그러나 연대납세의무자의 경우는 직접 당사자로서 과세전적부심사를 청구할 수 있으며, 납세의무가 승계되는 합병이나 상속의 경우에 소멸법인이나 피상속인에 대한 세무조사나 과세예고 등에 대하여 존속법인이나 상속인이 과세전적부심사를 청구할 수 있다.

2) 청구대상

다음의 어느 하나에 해당하는 통지를 받은 자는 통지받은 날부터 30일 이내에 지방자치단체의 장에게 통지 내용의 적법성에 관한 심사(과세전적부심사)를 청구할 수 있다.[163]

① 세무조사결과에 대한 서면 통지
② 과세예고통지

과세전적부심사청구의 대상에 관하여 열거주의에 의하여 열거하고 있기 때문에 열거되지 아니한 통지에 대하여는 과세전적부심사를 청구할 수 없다.

3) 과세전적부심사의 배제

다음과 같은 경우는 과세전적부심사청구 대상에 해당하지 아니한다.

---

162) 「지방세기본법」 제88조 ①
163) 「지방세기본법」 제88조 ②, ③

① 범칙사건조사를 하는 경우

② 세무조사결과 통지 및 과세예고통지를 하는 날부터 지방세 부과제척기간의 만료일까지의 기간이 3개월 이하인 경우

③ 그 밖에 법령과 관련하여 유권해석을 변경하여야 하거나 새로운 해석이 필요한 경우 등 대통령령으로 정하는 경우

"법령과 관련하여 유권해석을 변경하여야 하거나 새로운 해석이 필요한 경우 등 대통령령으로 정하는 경우"란 다음의 어느 하나에 해당하는 경우를 말한다.

㉠ 법령과 관련하여 유권해석을 변경하여야 하거나 새로운 해석이 필요한 경우

㉡ 「국제조세조정에 관한 법률」에 따라 조세조약을 체결한 상대국이 상호합의절차의 개시를 요청한 경우

(4) 과세전적부심사의 결정

과세전적부심사청구를 받은 지방자치단체의 장은 지방세심의위원회의 심사를 거쳐 결정하고 그 결과를 청구받은 날부터 30일 이내에 청구인에게 알려야 한다. 이 경우 대통령령으로 정하는 사유가 있으면 30일의 범위에서 1회에 한정하여 심사기간을 연장할 수 있다.[164] 과세전적부심사청구에 대한 결정은 다음과 같이 구분된다.

| 과세전적부심사의 결정 |

결정 구분	결 정 사 유
채택	청구가 이유 있다고 인정되는 경우
불채택	청구가 이유 없다고 인정되는 경우
심사제외	청구기간이 지났거나 보정기간에 보정하지 아니하는 경우

채택하거나 일부 채택한다는 결정의 경우 구체적인 채택의 범위를 정하기 위하여 사실관계 확인 등 추가적으로 조사가 필요한 경우에는 통지를 한 지방자치단체의 장으로 하여금 이를 재조사하여 그 결과에 따라 당초 통지 내용을 수정하여 통지하도록 하는 재조사 결정을 할 수 있다.

(5) 과세전적부심사 결정의 효력

이의신청과 심판청구의 결정은 당해 처분청을 기속하도록 규정하고 있으므로 그 결정에

---

164) 「지방세기본법」 제88조 ④, ⑤

따라 처리하여야 한다. 그러나 과세전적부심사청구에 대한 결정은 행정처분의 불가변력이 발생하는 것은 아니다. 그러므로 과세전적부심사의 경우 그에 대한 결정이 이루어진 후에도 새로운 사실관계에 대한 법령에 따라 당해 과세표준과 세액을 경정할 수 있다.

또한, 불이익변경금지원칙은 과세처분에 대한 불복절차에 대하여 적용되는 것이고, 과세 이전단계인 과세전적부심사 절차는 그 대상이 되지 않는다. 그러므로 처분청은 과세예고통지에 대하여 재조사 결정 등을 한 후에도 과세표준과 세액의 내용에 오류 또는 탈루가 있음이 발견된 때에는 이를 바로잡아 부과처분 등을 할 수 있으며, 재조사 결과 과세예고통지한 과세표준을 초과하여 과세하는 것도 가능하다.

제11절 **지방세 구제제도**

I 지방세 구제제도의 개요

1. 지방세 구제제도의 의의

조세는 국가 또는 지방자치단체가 재정수요를 충족시키기 위해 반대급부 없이 부과·징수하는 것으로서 그 성격상 국민의 재산권에 대한 침해적 성격을 가지고 있다. 또한 재정수입의 확보를 위하여 과세권자에게 강력한 조세징수권한을 부여하고 있다. 그러나 오늘날 조세행정은 고도의 전문성과 기술성을 필요로 하는 분야로서 과세관청의 조세징수권이 잘못 행사되거나 남용되는 경우 국민의 재산권이 부당하게 침해될 소지가 있다. 따라서 조세법에서는 조세의 부과·징수가 위법하거나 부당하게 행사되어 납세자의 권익이 침해되는 경우 그 피해를 회복하기 위한 구제절차를 두고 있다.

「지방세기본법」에서는 지방세 과세처분 이전의 사전적 구제제도로서 과세전적부심사청구제도를 두고 있으며, 사후적 구제제도로서 이의신청과 심판청구제도를 두고 있다. 또한 지방세에 관한 조세행정심판제도의 하나로서 「감사원법」에 의한 감사원심사청구제도가 있다. 또한 이러한 절차에도 불구하고 다툼이 있는 경우에는 행정소송을 제기하여 그 권리를 구제받을 수 있다.

2. 「행정심판법」 적용의 배제와 행정심판전치주의

(1) 「행정심판법」 적용의 배제

「행정심판법」 제3조 제1항에서는 '행정청의 처분 또는 부작위에 대하여 다른 법률에 특별한 규정이 있는 경우를 제외하고는 이 법에 의하여 행정심판을 제기할 수 있다.'고 규정하고 있다. 그러나 국세나 지방세의 부과처분은 조세행정의 특성상 「행정심판법」의 적용을 배제하고 「국세기본법」이나 「지방세기본법」상의 규정에 의하여 조세불복을 제기하도록 하고 있다. 조세부과처분은 일반 행정처분에 비하여 전문성, 기술성, 복잡성 등의 특성을 가지고 있으므로 이러한 조세법률관계를 대상으로 하는 불복에 대하여는 「행정심판법」의 적용을 배제하고 있는 것이다.

(2) 「국세기본법」상의 행정심판전치주의

　「국세기본법」제56조 제1항에서는 국세와 관련된 처분에 대해서는 「행정심판법」의 규정을 적용하지 아니하고 「국세기본법」상의 불복절차에 의하도록 하고 있다. 그리고 동조 제2항에서 '행정소송은 「행정소송법」에도 불구하고 「국세기본법」에 의한 심사청구 또는 심판청구와 그에 대한 결정을 거치지 아니하면 제기할 수 없다'고 하여 「국세기본법」에 의한 행정심판전치주의를 규정하고 있다.

(3) 「지방세기본법」상의 행정심판전치주의

　「지방세기본법」제98조 제3항에서는 '위법한 처분에 대한 행정소송은 심판청구와 그에 대한 결정을 거치지 아니하면 제기할 수 없다.'고 규정하고 있다. 지방세 불복에 있어 행정심판전치주의가 적용됨에 따라 위법한 처분에 대한 행정소송은 심판청구를 거친 후에 비로소 제기할 수 있다.

　심사청구 또는 심판청구를 행정소송의 필요적 전치주의로 규정하고 있는 국세와 달리 지방세는 필요적 전치주의에 대한 위헌결정[165] 이후 임의적 전치주의로 운영되어 왔다. 그 후 2010년 3월 31일 「지방세기본법」제정 당시 이의신청 등에 관하여 「국세기본법」제7장(제55조~제81조)을 준용하도록 하여 운영상 혼선을 초래하였다.

　이에 2013년 1월 1일 「지방세기본법」개정 시 지방세의 이의신청 및 심사청구와 심판청구에 관하여 「국세기본법」제7장 중 필요적 전치주의 규정인 「국세기본법」제56조의 적용을 제외하도록 개정됨에 따라 임의적 전치주의를 채택하였다. 그 후 「지방세기본법」개정으로 2021년부터는 필요적 전치주의가 적용됨에 따라 심판청구를 거쳐 행정소송을 제기할 수 있도록 하였다.

---

165) 헌재 2001.6.28. 2000헌바30의 판결

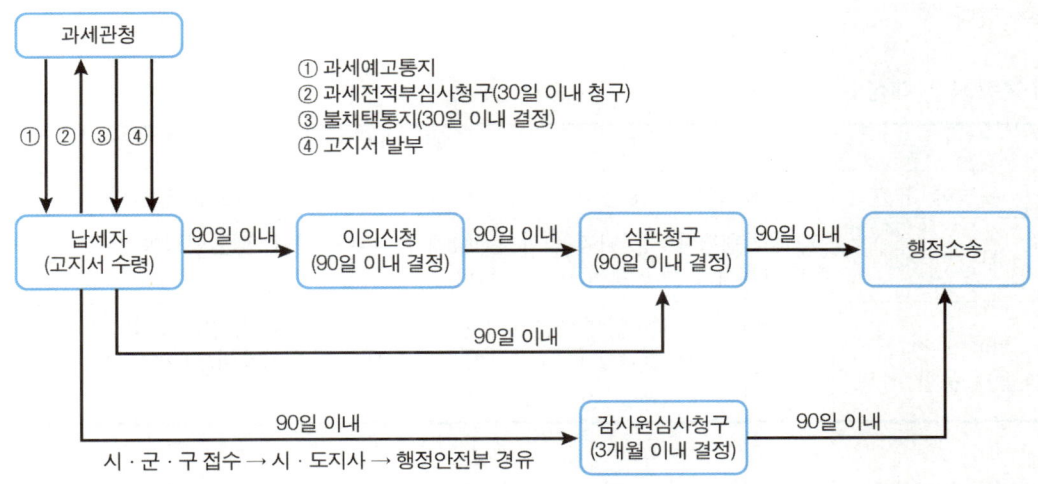

〈그림〉 지방세 구제절차 흐름도

① 과세예고통지
② 과세전적부심사청구(30일 이내 청구)
③ 불채택통지(30일 이내 결정)
④ 고지서 발부

시·군·구 접수 → 시·도지사 → 행정안전부 경유

Ⅱ 이의신청과 심판청구

1. 이의신청과 심판청구 개요

「헌법」제107조 제3항에서는 재판의 전심절차로서 행정심판을 규정하고 있다. 행정상 법률관계의 분쟁의 경우에도 사법부의 행정소송에 의하여야 하나 행정소송의 제기 이전에 전심절차로서 행정심판에 의해 행정청 자신의 재결을 거칠 수 있도록 행정심판제도를 두고 있으며, 이를 규정하는 법률이 행정심판법이다. 행정심판은 부당한 처분에 대한 구제 등 행정소송과는 다른 권리구제의 영역도 가지고 있으며, 행정소송 이전에 행정심판을 둠으로서 행정의 자율적 통제와 사법기능의 보충적 기능을 도모하고 있다.

조세법상의 불복제도는 이러한 행정심판법상의 행정심판제도에 대하여 특별히 규정된 특별행정심판제도로서 행정소송 이전에 심판청구를 거치도록 하고 있다. 「지방세기본법」또는 「지방세관계법세법」에 의한 처분으로서 위법 또는 부당한 처분을 받거나 필요한 처분을 받지 못함으로써 권리 또는 이익의 침해를 당한 자는 이의신청 또는 심판청구를 하여 그 처분의 취소 또는 변경을 청구하거나 필요한 처분을 청구할 수 있다.

2. 불복청구 대상

「지방세기본법」또는 지방세관계법에 따른 처분으로서 위법·부당한 처분을 받았거나

필요한 처분을 받지 못하여 권리 또는 이익을 침해당한 자는 이의신청 또는 심판청구를 할 수 있다.[166)

| 불복청구 대상 |

구 분	내 용
위법한 처분	「지방세기본법」 또는 지방세관계법의 규정에 위반된 처분을 말한다.
부당한 처분	과세의 형평에 어긋나거나 합목적성에 위배되어 공익 또는 행정목적에 반하거나 재량권을 그르친 처분을 말한다.
필요한 처분을 받지 못한 경우	처분청이 비과세·감면신청에 대한 결정, 지방세의 환급, 압류해제, 기타 이에 준하는 사항을 명시적 또는 묵시적으로 거부하거나(거부처분) 아무런 의사 표시를 하지 아니하는 것(부작위)을 말한다.

납세의무뿐만 아니라 납세자가 위법·부당한 처분을 받았거나 필요한 처분을 받지 못함으로 인하여 권리 또는 이익을 침해당하게 될 이해관계인으로서 다음의 어느 하나에 해당하는 자는 이의신청 또는 심판청구를 할 수 있다.

① 제2차 납세의무자로서 납부통지서를 받은 자
② 「지방세기본법」 또는 지방세관계법에 따라 물적납세의무를 지는 자로서 납부통지서를 받은 자
③ 보증인

불복청구의 대상이 되는 "처분"에 대하여는 「지방세기본법」상 정의규정이 없다. 다만, 판례는 처분을 '행정청이 행하는 구체적인 사실에 관한 법집행으로서 공권력의 행사 또는 그 거부와 그 밖에 이에 준하는 행정작용'이라고 보고 있다. 여기서의 처분은 적극적인 부과처분은 물론 거부처분이나 부작위 등 소극적 처분도 포함되고, 과세처분인지 여부를 불문한다.

구 「지방세법」[167) 제72조에서는 신고·납부를 한 때에 처분이 있었던 것으로 간주하는 규정이 있었으나, 「지방세법」 개정 및 「지방세기본법」 제정[168)에 따라, 신고납부를 한 때에 처분이 있었던 것으로 간주하는 규정이 삭제되었다. 이에 따라 신고납부에 대하여 이를 수

---

166) 2019년 12월 31일 「지방세기본법」 개정 시 실제 활용도가 낮은 지방세 심사청구 제도를 폐지하였으며, 동 개정규정은 2021년 1월 1일부터 시행하되, 2021년 1월 1일 당시 심사청구 중인 사건에 대해서는 동 개정규정에도 불구하고 종전의 규정에 따른다.
167) 2010.3.31. 법률 제10221호로 전부개정되기 전의 것
168) 2010.3.31.

납하는 행위는 단순한 사무적 행위에 불과할 뿐 행정처분이라고 볼 수 없으므로[169], 2011. 1. 1. 이후 납세의무가 성립하는 경우 그 신고납부에 대하여 이를 수납하는 행위는 불복청구 대상에 해당하지 아니한다.

다만, 2011. 1. 1. 이후부터 납세의무가 성립하는 지방세를 법정기간 내에 신고한 경우에는 법정기한이 지난 후 5년 이내에 경정청구를 할 수 있도록 개정되었으므로, 2011. 1. 1. 이후부터 납세의무가 성립하는 지방세에 대하여 납세자가 그 신고한 과세표준과 세액을 경정하고자 하는 경우에는 지방자치단체의 장에게 경정청구를 제기하여야 하고, 경정청구에 대한 결정 통지에 대하여는 불복청구가 가능하다.

제2차 납세의무자로 지정되어 납부통지서를 받은 납세의무자는 그 납부통지에 대하여 불복청구를 할 수 있다. 제2차 납세의무자 또는 납세보증인은 납부통지된 처분에 대하여 불복한 경우에 그 납부통지의 원천이 된 본래 납세의무자에 대한 처분의 확정 여부에 관계없이 독립하여 납부통지된 세액의 내용에 관하여 다툴 수 있다.[170]

한편, 납세자에 대한 재산의 압류·매각 및 청산(배분)의 체납처분도 불복청구의 대상이 된다. 체납처분으로 압류한 재산이 제3자의 소유인 경우 제3자는 압류처분에 대하여 불복청구를 할 수 있다.[171]

3. 청구대상에서 제외되는 처분

(1) 이의신청 또는 심판청구에 대한 처분

이의신청 또는 심판청구에 대하여 처분청이 내린 결정에 대하여는 불복제도의 순환 또는 중복을 방지하기 위하여 법이 정하는 바에 따라 원처분의 당부를 다툴 수 있을 뿐 그 결정 자체에 대한 불복은 허용되지 않는다. 다만, 이의신청에 대한 처분에 대하여 심판청구를 하는 경우는 제외한다.

(2) 통고처분

지방자치단체의 장은 범칙사건조사를 하여 범칙의 확증(確證)을 갖게 되었을 때에는 그 대상이 되는 자에게 그 이유를 구체적으로 밝혀 벌금상당액 또는 몰수 대상이 되는 물품, 추징금, 서류의 송달비용 및 압수물건의 운반·보관비용을 지정한 장소에 납부할 것을 통

---

169) 대법원 1990.3.27. 선고, 88누4591 판결 참조
170) 「지방세기본법」 운영예규 89-5
171) 「지방세기본법」 운영예규 89-6

고하여야 한다. 통고처분에 의하여 통고처분을 받은 대로 이행하지 아니하면 지방자치단체의 고발에 의하여 형사절차로 진행되어 그 절차에 의하여 최종적으로 결정되므로 통고처분은 불복대상에서 제외하는 것이다.

(3) 「감사원법」에 따라 심사청구를 한 처분이나 그 심사청구에 대한 처분

감사원의 처분에 대하여 피감사기관이 판단하는 것이 논리상 맞지 않을 뿐만 아니라 불복청구에 대한 처분을 다시 불복대상으로 하는 것도 이치에 맞지 않기 때문에 「감사원법」에 따라 심사청구를 한 처분이나 그 심사청구에 대한 처분은 불복청구대상에서 제외한다.

(4) 과세전적부심사의 청구에 대한 처분

처분청이 한 과세예고통지는 납세자의 권리 또는 이익을 침해한 행위로 볼 수 없으므로 과세예고통지를 불복대상으로 불복청구를 제기할 수는 없다. 다만, 이에 대하여는 과세전적부심사를 청구할 수 있을 뿐이다. 과세전적부심사청구에 대한 결정 또한 불복의 대상이 되지 아니한다. 그러므로 처분청의 과세처분이 있은 후에 이를 대상으로 불복청구를 하여야 한다.

(5) 「지방세기본법」에 따른 과태료의 부과

「지방세기본법」에 따른 과태료의 부과처분의 당부는 별도의 불복절차인 「질서위반행위규제법」에 의한 절차에 의하여 판단하므로 「지방세기본법」상의 불복청구 대상에서 제외한다.

4. 이의신청

(1) 이의신청 절차[172]

이의신청은 그 처분이 있은 것을 안 날(처분의 통지를 받았을 때에는 그 통지를 받은 날)부터 90일 이내에 불복의 사유를 적어 특별시세·광역시세·도세의 경우에는 시·도지사에게, 특별자치시세·특별자치도세의 경우에는 특별자치시장·특별자치도지사에게, 시·군·구세의 경우에는 시장·군수·구청장에게 이의신청을 한다.

도세 중 소방분 지역자원시설세 및 시·군세에 부가하여 징수하는 지방교육세와 특별시세·광역시세 중 특별시분 재산세, 소방분 지역자원시설세 및 구세(군세 및 특별시분 재산

---

172) 「지방세기본법」 제90조

세를 포함한다)에 부가하여 징수하는 지방교육세는 시장·군수·구청장에게 이의신청을
한다.

(2) 이의신청의 결정

이의신청을 받은 지방자치단체의 장은 신청을 받은 날부터 90일 이내에 지방세심의위원
회의 의결에 따라 결정을 하고 신청인에게 이유를 함께 기재한 결정서를 송달하여야 한다.
다만, 이의신청 기간이 지난 후에 제기된 이의신청 등에 해당하는 경우에는 지방세심의위
원회의 의결을 거치지 아니하고 결정할 수 있다.[173]

| 이의신청의 결정 |

결정의 종류	내 용
각하	이의신청이 적법하지 아니한 때 또는 이의신청 기간이 지났거나 보정기간에 필요한 보정을 하지 아니할 때
기각	이의신청이 이유 없다고 인정될 때
인용	이의신청이 이유 있다고 인정될 때. 다만, 처분의 취소·경정 또는 필요한 처분의 결정을 하기 위하여 사실관계 확인 등 추가적으로 조사가 필요한 경우에는 처분청으로 하여금 이를 재조사하여 그 결과에 따라 취소·경정하거나 필요한 처분을 하도록 하는 재조사 결정

이의신청에 대한 결정은 해당 처분청을 기속(羈束)한다. 따라서 이의신청에 대한 결정을
하였을 때에는 해당 처분청은 결정의 취지에 따라 즉시 필요한 처분을 하여야 한다. 또한,
재조사 결정이 있는 경우 처분청은 재조사 결정일부터 60일 이내에 결정서 주문에 기재된
범위에 한정하여 조사하고, 그 결과에 따라 취소·경정하거나 필요한 처분을 하여야 한다.
처분청은 재조사 결과 신청인의 주장과 재조사 과정에서 확인한 사실관계가 다른 경우 등
대통령령으로 정하는 경우에는 해당 신청의 대상이 된 당초의 처분을 취소·경정하지 아니
할 수 있다.

(3) 이의신청의 대리인

이의신청인과 처분청은 변호사, 세무사 또는 공인회계사를 대리인으로 선임할 수 있다.
이의신청인은 신청 금액이 1천만원 미만인 경우에는 그의 배우자, 4촌 이내의 혈족 또는
그의 배우자의 4촌 이내 혈족을 대리인으로 선임할 수 있다. 대리인의 권한은 서면으로 증

---

173) 「지방세기본법」 제96조

명하여야 하며, 대리인을 해임하였을 때에는 그 사실을 서면으로 신고하여야 한다. 대리인은 본인을 위하여 그 신청에 관한 모든 행위를 할 수 있다. 다만, 그 신청의 취하는 특별한 위임을 받은 경우에만 할 수 있다.[174]

5. 심판청구

(1) 심판청구의 절차

심판청구는 다음에서 정한 기간 이내에 조세심판원장에게 청구한다.

① 이의신청을 거친 후에 심판청구를 할 때에는 이의신청에 대한 결정 통지를 받은 날부터 90일 이내. 다만, 다음의 어느 하나에 해당하는 경우에는 다음에서 정하는 날부터 90일 이내에 심판청구를 할 수 있다.

   ㉠ 결정기간 내에 결정의 통지를 받지 못한 경우 : 그 결정기간이 지난 날
   ㉡ 이의신청에 대한 재조사 결정이 있은 후 처분기간 내에 처분 결과의 통지를 받지 못한 경우 : 그 처분기간이 지난 날

② 이의신청을 거치지 아니하고 바로 심판청구를 할 때에는 그 처분이 있은 것을 안 날(처분의 통지를 받았을 때에는 통지받은 날)부터 90일 이내

심판청구에 관하여는 「지방세기본법」 또는 지방세관계법에서 규정한 것을 제외하고는 「국세기본법」 제7장 제3절을 준용한다.

(2) 심판관회의

조세심판원장이 심판청구를 받았을 때에는 조세심판관회의의 심리를 거쳐 결정한다. 다만, 심판청구의 대상이 대통령령으로 정하는 금액에 미치지 못하는 소액이거나 경미한 것인 경우나 청구기간이 지난 후에 심판청구를 받은 경우에는 조세심판관회의의 심리를 거치지 아니하고 주심조세심판관이 심리하여 결정할 수 있다. 조세심판관회의에서 종전에 조세심판원에서 한 세법의 해석·적용을 변경하는 의결을 하거나 그 밖에 대통령령으로 정하는 사유에 해당할 때에는 조세심판관합동회의가 심리를 거쳐 결정한다.

---

174) 「지방세기본법」 제93조

(3) 조세심판의 결정

심판청구의 결정에 있어서도 각하, 기각, 인용의 3가지의 결정을 하게 되며, 그 심판결정은 문서로 하여야 하고, 그 결정서에는 주문(主文)과 이유를 적고 심리에 참석한 조세심판관의 성명을 밝혀 해당 심판청구인과 처분청에게 송달하여야 한다.

6. 청구기한의 연장 등[175]

이의신청 또는 심판청구인이 신고·신청·청구 및 그 밖의 서류의 제출·통지에 관한 기한연장사유로 인하여 이의신청 또는 심판청구기간에 이의신청 또는 심판청구를 할 수 없을때에는 그 사유가 소멸한 날부터 14일 이내에 이의신청 또는 심판청구를 할 수 있다. 이경우 신청인 또는 청구인은 그 기간 내에 이의신청 또는 심판청구를 할 수 없었던 사유, 그 사유가 발생한 날 및 소멸한 날, 그 밖에 필요한 사항을 기재한 문서를 함께 제출하여야한다.

이의신청 및 심판청구의 기한까지 우편으로 제출한 이의신청서 또는 심판청구서가 신청기간 또는 청구기간이 지나서 도달한 경우에는 그 기간 만료일에 적법한 신청 또는 청구를한 것으로 본다.

7. 이의신청 또는 심판청구의 효력 등

이의신청 또는 심판청구는 그 처분의 집행에 효력이 미치지 아니한다. 다만, 압류한 재산에 대해서는 그 공매처분을 보류할 수 있다. 공매처분을 보류할 수 있는 기한은 이의신청또는 심판청구의 결정이 있는 날부터 30일까지로 한다.[176]

8. 지방세 불복·쟁송의 지원

행정안전부장관은 「지방세기본법」 또는 지방세관계법에 따른 처분 등에 대한 다음 각각의 불복·쟁송 관련 업무를 체계적으로 관리하고 해당 업무를 수행하는 지방자치단체의 장을 효율적으로 지원하기 위한 방안을 마련하여 시행할 수 있다.

① 심판청구
② 「감사원법」에 따른 심사청구

---

175) 「지방세기본법」 제94조
176) 「지방세법」 제99조, 「지방세법 시행령」 제66조

③ 행정소송 및 「민사소송법」에 따른 소송

Ⅲ 감사원 심사청구와 행정소송

1. 감사원 심사청구

감사원의 감사를 받는 자의 직무에 관한 처분이나 그 밖의 행위에 관하여 이해관계가 있는 자는 감사원에 그 심사의 청구를 할 수 있다. 지방자치단체의 사무에 대하여는 감사원의 감사를 받는 대상이므로 지방자치단체의 장이 납세자에게 한 지방세와 관련한 처분은 감사원의 심사청구의 대상이 된다. 다만, 「지방세기본법」에 의한 이의신청 또는 심판청구에 의한 재결이 있는 경우에는 감사원 심사청구를 할 수 없으며, 「감사원법」에 따라 감사원에 심사청구를 한 처분에 대하여는 「지방세기본법」에 의한 불복청구를 할 수 없다. 또한 감사원심사결정이 있은 사항에 대하여는 일사부재리의 원칙에 의하여 다시 감사원심사를 청구할 수 없다. 다만, 각하한 사항에 대하여는 다시 청구할 수 있다.

2. 행정소송[177]

행정소송은 공법관계를 대상으로 하는 소송으로서 사법관계를 대상으로 하는 민사소송과 구별되는 것으로서, 행정소송절차를 통하여 행정청의 위법한 처분 그밖에 공권력의 행사·불행사 등으로 인한 국민의 권리 또는 이익의 침해를 구제하고, 공법상의 권리관계 또는 법적용에 관한 다툼을 적정하게 해결함을 목적으로 하는 소송을 말한다.

위법한 처분에 대한 행정소송은 심판청구와 그에 대한 결정을 거치지 아니하면 제기할 수 없다. 다만, 심판청구에 대한 재조사 결정에 따른 처분청의 처분에 대한 행정소송은 그러하지 아니한다.[178] 행정소송은 「행정소송법」 제20조에도 불구하고 심판청구에 대한 결정의 통지를 받은 날부터 90일 이내에 제기하여야 한다. 다만, 결정기간 내에 결정의 통지를 받지 못한 경우에는 결정의 통지를 받기 전이라도 그 결정기간이 지난 날부터 행정소송을 제기할 수 있다.[179]

---

177) 2019년 12월 31일 「지방세법」 개정 시 위법한 처분에 대하여 소송을 제기하려면 심판청구를 반드시 거치도록 하는 필요적 전치주의를 도입하였으며, 동 개정규정은 2021년 1월 1일 이후 행정소송을 제기하는 경우부터 적용함. 단, 2021년 1월 1일 당시 종전의 구법 제89조 제1항에 따라 심사청구를 거쳤거나 법 부칙(2019. 12. 31.) 제12조에 따른 심사청구를 거친 경우에는 동 개정규정에 따른 심판청구와 그에 대한 결정을 거친 것으로 봄.
178) 「지방세기본법」 제98조 ③
179) 「지방세기본법」 제98조 ④

제12절 부동산 등의 시가표준액

I 시가표준액의 의의

부동산 등의 시가표준액은 지방세 부과·징수의 과세표준으로 이용된다. 취득세, 재산세 등 여러 개별세목에서 공통으로 적용되기 때문에 부동산 등의 시가표준액을 「지방세법」 총칙에서 일괄 규정하였다.

시가표준액이란 부동산 관련 조세에서 과세표준을 정하기 위하여, 부동산의 시가 그 자체는 아니지만 과세관청이 표준적인 자료를 검토하여 시가로 고시·의제한 가격을 말한다. 따라서 시가표준액은 과세표준의 하위개념이고, 부동산 관련 조세의 과세표준을 산정하기 위한 하나의 개념적 도구이다.

시가표준액이라는 용어는 구 「지방세법」 제111조 취득세 과세표준 조항에서 정의하고 있다가, 2010. 3. 31. 법률 제10221호로 전부 개정된 「지방세법」부터는 제4조에 부동산 등의 시가표준액이라는 규정을 별도로 두고 있다. 시가표준액은 취득세, 재산세 등 여러 개별세목에서 공통으로 적용된다.

II 시가표준액의 구분

토지의 시가표준액은 개별공시지가에 의한다. 주택의 경우에는 주택과 주택의 부수토지에 대하여 고시된 개별주택가격 또는 공동주택가격에 의하고, 주택 이외의 건물의 경우에는 건물과 부속토지로 분류하여 각각 건물시가표준액과 개별공시지가에 의하여 시가표준액을 계산한다.

| 건물의 시가표준액 |

구 분	주 택	비거주용 건물
부속토지	개별주택가격 공동주택가격	개별공시지가
건물		건물 시가표준액

주택과 건물 이외의 기타 과세대상에 대하여는 거래가격, 수입가격, 신축·건조·제조가격 등을 고려하여 정한 기준가격에 종류, 구조, 용도, 경과연수 등 과세대상별 특성을 고려하여 산정한다.

Ⅲ 토지의 시가표준액

토지에 대한 시가표준액은 「부동산 가격공시에 관한 법률」에 따라 공시된 가액(價額)으로 한다.[180] 다만, 개별공시지가가 공시되지 아니한 경우에는 특별자치시장·특별자치도지사·시장·군수 또는 구청장이 같은 법에 따라 국토교통부장관이 제공한 토지가격비준표를 사용하여 산정한 가액으로 한다. 토지의 시가표준액은 세목별 납세의무의 성립시기 당시에 공시된 개별공시지가로 한다. 토지의 개별공시지가는 매년 5월 31일에 고시된다.

Ⅳ 주택의 시가표준액

주택에 대한 시가표준액은 「부동산 가격공시 및 감정평가에 관한 법률」에 따라 공시된 가액(價額)으로 한다. 주택은 단독주택, 다가구주택, 다세대주택, 연립주택, 아파트 등을 포함한다. 2004년까지는 주택도 다른 건축물과 같이 토지와 건축물 부분을 분리하여 시가표준액을 계산하였다. 그러나 2005년부터 주택은 토지와 건축물을 합하여 개별주택공시가격으로 하도록 하였다.

주택의 시가표준액은 세목별 납세의무의 성립시기 당시에 공시된 개별주택가격 또는 공동주택가격으로 한다. 해당 연도의 개별주택가격 및 공동주택가격은 매년 4월 30일에 공시된다.

주택의 신축으로 인하여 개별주택가격 또는 공동주택가격이 공시되지 아니한 경우에는 비거주용 건축물의 시가표준액 계산방식에 의하여 건물 부분의 시가표준액을 계산한다. 이때 주택의 부속토지에 대하여는 개별공시지가를 적용한다.

---

180) 토지의 시가표준액의 경우 종전에는 토지등급가액에 의하여 계산하였으나, 1996년 1월 1일부터 개별공시지가로 변경하였다.

Ⅴ 건축물의 시가표준액

1. 건축물의 시가표준액 산정

건축물의 시가표준액은 거래가격, 수입가격, 신축·건조·제조가격 등을 고려하여 정한 기준가격에 종류, 구조, 용도, 경과연수 등 과세대상별 특성을 고려하여 대통령령으로 정하는 기준에 따라 지방자치단체의 장이 결정한 가액으로 한다.[181] 새로 건축하여 건축 당시 개별주택가격 또는 공동주택가격이 공시되지 아니한 주택으로서 토지부분을 제외한 건축물은 건축물 등이 시가표준액을 적용한다.

따라서 비거주용 건물의 경우에는 비거주용 건물의 부속토지는 토지의 개별공시지가에 의하고, 비거주용 건물은 건물시가표준액 계산방식에 의한 건물시가표준액으로 한다.

"대통령령으로 정하는 기준"이란 매년 1월 1일 현재를 기준으로 과세대상별 구체적 특성을 고려하여 다음의 방식에 따라 행정안전부장관이 정하는 기준을 말한다.

(1) 오피스텔의 시가표준액

행정안전부장관이 고시하는 표준가격기준액에 다음의 사항을 적용한다.

① 오피스텔의 용도별·층별 지수
② 오피스텔의 규모·형태·특수한 부대설비 등의 유무 및 그 밖의 여건에 따른 가감산율(加減算率)

(2) 오피스텔 이외의 건축물

오피스텔 이외의 건축물의 시가표준액은 건설원가 등을 고려하여 행정안전부장관이 산정·고시하는 건물신축가격기준액에 다음의 사항을 적용한다.

① 건물의 구조별·용도별·위치별 지수
② 건물의 경과연수별 잔존가치율
③ 건물의 규모·형태·특수한 부대설비 등의 유무 및 그 밖의 여건에 따른 가감산율

---

181) 「지방세법」 제4조 ②

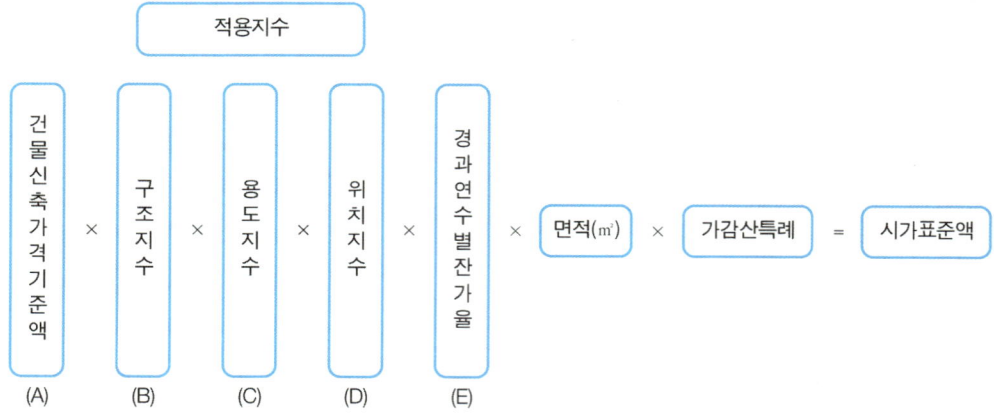

〈그림〉 건축물 시가표준액 산출체계도

2. 건축물의 시가표준액 결정 절차 등

특별자치시장·특별자치도지사·시장·군수 또는 구청장은 관할 구역 내 건축물의 시가표준액을 산정한다. 시장·군수·구청장은 산정한 건축물의 시가표준액에 대하여 행정안전부령으로 정하는 절차에 따라 10일 이상 건축물의 소유자와 이해관계인의 의견을 들어야 한다.

시장·군수·구청장은 다음의 어느 하나에 해당하는 경우에는 산정한 시가표준액을 변경할 수 있다. 이 경우 시장·군수·구청장(특별자치시장 및 특별자치도지사는 제외한다)은 그 변경 전에 특별시장·광역시장 또는 도지사의 승인을 받아야 한다.

① 소유자등이 제출한 의견에 상당한 이유가 있다고 인정되는 경우
② 시가의 변동이나 그 밖의 사유로 해당 시가표준액을 그대로 적용하는 것이 불합리하다고 인정되는 경우

시장·군수·구청장은 산정(변경산정을 포함한다)한 시가표준액을 결정하여 매년 6월 1일까지 고시해야 한다. 이 경우 시장·군수·구청장(특별자치시장 및 특별자치도지사는 제외한다)은 그 결정 전에 시·도지사의 승인을 받아야 한다. 시장·군수·구청장(특별자치시장 및 특별자치도지사는 제외한다)은 결정한 시가표준액을 시·도지사에게 제출해야 한다.

Ⅵ 선박, 항공기의 시가표준액

1. 선박

선박의 종류·용도 및 건조가격을 고려하여 톤수 간에 차등을 둔 단계별 기준가격에 해당 톤수를 차례대로 적용하여 산출한 가액의 합계액에 다음과 같은 사항을 적용한다.[182]

① 선박의 경과연수별 잔존가치율
② 급랭시설 등의 유무에 따른 가감산율

2. 항공기

항공기의 시가표준액은 항공기의 종류별·형식별·제작회사별·정원별·최대이륙중량별·제조연도별 제조가격 및 거래가격(수입하는 경우에는 수입가격을 말한다)을 고려하여 정한 기준가격에 항공기의 경과연수별 잔존가치율을 적용한다.[183]

Ⅶ 차량과 기계장비의 시가표준액

1. 차량의 시가표준액

차량의 시가표준액은 차량의 종류별·승차정원별·최대적재량별·제조연도별 제조가격(수입하는 경우에는 수입가격을 말한다) 및 거래가격 등을 고려하여 정한 기준가격에 차량의 경과연수별 잔존가치율을 적용한다.[184]

2. 기계장비의 시가표준액

기계장비의 시가표준액은 기계장비의 종류별·톤수별·형식별·제조연도별 제조가격(수입하는 경우에는 수입가격을 말한다) 및 거래가격 등을 고려하여 정한 기준가격에 기계장비의 경과연수별 잔존가치율을 적용한다.[185]

---

182) 「지방세법 시행령」 제4조 ① 제2호
183) 「지방세법 시행령」 제4조 ① 제6호
184) 「지방세법 시행령」 제4조 ① 제3호
185) 「지방세법 시행령」 제4조 ① 제4호

 **기타의 시가표준액**

1. 입목의 시가표준액

입목(立木)의 시가표준액은 입목의 종류별·수령별 거래가격 등을 고려하여 정한 기준가격에 입목의 목재 부피, 그루 수 등을 적용한다.[186)]

2. 광업권의 시가표준액

광업권의 시가표준액은 광구의 광물매장량, 광물의 톤당 순 수입가격, 광업권 설정비, 광산시설비 및 인근 광구의 거래가격 등을 고려하여 정한 기준가격에서 해당 광산의 기계 및 시설취득비, 기계설비이전비 등을 뺀다.[187)]

3. 어업권·양식업권의 시가표준액

어업권·양식업권의 시가표준액은 인근 같은 종류의 어장·양식장의 거래가격과 어구설치비 등을 고려하여 정한 기준가격에 어업·양식업의 종류, 어장·양식장의 위치, 어구 또는 장치, 어업·양식업의 방법, 채취물 또는 양식물 및 면허의 유효기간 등을 고려한다.[188)]

4. 회원권의 시가표준액

골프회원권, 승마회원권, 콘도미니엄 회원권, 종합체육시설 이용회원권 및 요트회원권 : 분양 및 거래가격을 고려하여 정한 기준가격에 「소득세법」에 따른 기준시가 등을 고려한다.[189)]

---

186) 「지방세법 시행령」 제4조 ① 제5호
187) 「지방세법 시행령」 제4조 ① 제7호
188) 「지방세법 시행령」 제4조 ① 제8호
189) 「지방세법 시행령」 제4조 ① 제9호

IX 시설물의 시가표준액

1. 토지에 정착하거나 지하 또는 다른 구조물에 설치하는 시설

토지에 정착하거나 지하 또는 다른 구조물에 설치하는 시설의 시가표준액은 종류별 신축가격 등을 고려하여 정한 기준가격에 시설의 용도·구조 및 규모 등을 고려하여 가액을 산출한 후, 그 가액에 다시 시설의 경과연수별 잔존가치율을 적용한다.[190]

2. 건축물에 딸린 시설물

건축물에 딸린 시설물의 시가표준액은 종류별 제조가격(수입하는 경우에는 수입가격을 말한다), 거래가격 및 설치가격 등을 고려하여 정한 기준가격에 시설물의 용도·형태·성능 및 규모 등을 고려하여 가액을 산출한 후, 그 가액에 다시 시설물의 경과연수별 잔존가치율을 적용한다.[191]

건축물에 딸린 시설물의 시가표준액을 적용할 때 그 시설물이 주거와 주거 외의 용도로 함께 쓰이고 있는 건축물의 시설물인 경우에는 그 건축물의 연면적 중 주거와 주거 외의 용도 부분의 점유비율에 따라 시가표준액을 나누어 적용한다.[192]

X 시가표준액의 결정

시가표준액의 결정은 「지방세기본법」 제147조에 따른 지방세심의위원회에서 심의한다.

XI 시가표준액 결정에 대한 불복

(1) 시가표준액 결정에 대한 불복방법

시가표준액 결정에 대한 불복방법으로는, 우선 「부동산 가격공시에 관한 법률」 제11조 등에 의하여 개별공시지가 또는 주택공시가격에 대한 이의신청이 가능하다. 또한, 개별공시지가의 결정에 위법이 있는 경우에는 그 자체를 행정소송의 대상이 되는 행정처분으로

---

190) 「지방세법 시행령」 제4조 ① 제10호
191) 「지방세법 시행령」 제4조 ① 제11호
192) 「지방세법 시행령」 제4조 ②

보아 그 위법 여부를 다툴 수 있음은 물론, 이를 기초로 과세표준을 산정한 과세처분의 취소를 구하는 조세소송에서도 그 개별공시지가 결정의 위법을 독립된 쟁송사유로 주장할 수 있다.

그러나 판례는 개별공시지가가 시가나 사실상의 취득가격과 직접적인 관련이 있는 것이 아니므로 그것이 시가를 초과하거나 시가에 미달되는 등 상호 간에 불균형이 있더라도 위법하다고 단정할 수 없고, 이를 기초로 한 과세처분 역시 적법하다는 입장이다.

(2) 개별공시지가에 대한 불복

개별공시지가에 이의가 있는 경우에는 그 결정·공시일부터 30일 이내에 서면으로 시장·군수 또는 구청장에게 이의를 신청할 수 있다. 시장·군수 또는 구청장은 이의신청 기간이 만료된 날부터 30일 이내에 이의신청을 심사하여 그 결과를 신청인에게 서면으로 통지하여야 한다. 이 경우 시장·군수 또는 구청장은 이의신청의 내용이 타당하다고 인정될 때에는 해당 개별공시지가를 조정하여 다시 결정·공시하여야 한다.[193]

개별공시지가에 대하여 이의신청 등을 제기하여 재결관청으로부터 기각 결정을 받은 경우에는 그 처분 등이 있음을 안 날부터 90일 이내에 행정심판 및 취소소송 등을 제기할 수 있다. 개별공시지가에 대하여 이의를 제기하지 아니한 채 불복기간이 경과하는 때에는 불가쟁력 또는 구속력이 발생하여 개별공시지가가 확정되어 더 이상 다툴 수 없게 된다.[194]

공시지가의 지가산정에 명백한 잘못이 있어 「부동산 가격공시에 관한 법률」에 따라 개별공시지가가 정정결정되는 경우 당초에 결정·공고된 공시지가는 그 효력을 상실하고 경정결정된 새로운 공시지가가 그 공시기준일에 소급하여 효력을 발생한다.[195] 그러므로 정정된 공시지가를 소급적용하여 지방세 과세표준을 계산한다. 즉, 이러한 소급적용이 납세자의 신뢰를 저버리는 것이라거나 불이익변경금지의 원칙에 반한다거나 소급과세로서 조세법률주의에 어긋나는 것이라고 볼 수는 없다. 따라서 해당 연도의 새로운 공시지가를 시가표준액으로 소급적용하여 해당 연도 재산세 등의 과세표준을 산정하여 과세하여야 한다.[196]

---

193) 「부동산 가격공시에 관한 법률」 제11조
194) 조심 2008지917, 2009.6.4.
195) 대법원 1993.12.7. 선고, 93누16925 판결
196) 지방세운영과－3923, 2011.8.19.

제 **2** 장

취득세

I 취득세의 과세대상 자산

1. 취득세 과세대상

취득세는 부동산, 차량, 기계장비, 항공기, 선박, 입목, 광업권, 어업권, 양식업권, 골프회원권, 승마회원권, 콘도미니엄회원권, 종합체육시설이용회원권 또는 요트회원권을 취득한 자에게 부과한다.[197] 따라서 취득세의 과세대상 자산의 취득이 과세대상이 된다. 취득세는 재산권이나 재산가치의 이전 또는 가치변동이 발생할 경우 그 사실에 대하여 과세하는 유통세이므로 유통행위인 취득행위가 과세대상이 된다.

2. 과세대상 자산

취득세의 과세대상 자산은 그 취득행위의 대상이 되는 재산가치 있는 자산이다. 취득세의 과세대상 자산은 부동산, 차량, 기계장비, 항공기, 선박, 입목, 광업권, 어업권, 양식업권, 골프회원권, 승마회원권, 콘도미니엄회원권, 종합체육시설이용회원권 또는 요트회원권이다.

취득세의 과세대상 자산은 과세요건 명확주의 원칙에 따라 「지방세법」에 열거하고 이를 정의하고 있다. 열거주의에 의하고 있으므로 열거되지 아니한 자산의 취득은 취득세의 과세대상에 해당하지 아니한다.

어떤 자산이 과세대상에 해당하는지 여부를 판단할 때에는 각각의 과세대상물건별로 규정된 정의규정에 따라 판단하여야 한다. 그리고 과세대상인 물건의 명칭보다는 구조, 형태, 용도, 기능 등을 전체적으로 고려하여 판단하여야 한다. 또한, 과세시가표준액에서 정한 시설 등의 정의는 예시적 규정에 지나지 아니하므로 이에 열거되지 아니하였거나 명시되지 아니하였다 하더라도 과세대상 여부의 판단에 영향을 미치지 아니한다.

---

197) 「지방세법」 제7조 ①

Ⅱ 부동산

1. 과세대상 부동산

취득세의 과세대상이 되는 "부동산"이란 토지 및 건축물을 말한다.[198] 취득세는 부동산의 소유권 취득에 대하여 과세하는 것이므로 전세권·공유수면점유권·농지의 경작권 등은 취득세 과세대상 자산에 해당되지 아니한다.

2. 토지

(1) 과세대상 토지

취득세의 과세대상이 되는 "토지"란 「공간정보의 구축 및 관리 등에 관한 법률」에 따라 지적공부(地籍公簿)의 등록대상이 되는 토지와 그 밖에 사용되고 있는 사실상의 토지를 말한다.[199]

2014년 1월 1일 「지방세법」 개정 전에는 '토지란 「측량·수로조사 및 지적에 관한 법률」에 따른 토지를 말한다.'고 하여 지적이 부여된 지적 공부상의 등록된 토지로 한정하였으나, 2014년 1월 1일 개정시 '그 밖의 사실상의 토지'를 추가하여 공부상의 토지 이외에 사실상의 토지도 취득세 과세대상에 추가하였다.

그러므로 매립이나 간척으로 새롭게 토지가 조성된 경우 종전에는 곧바로 취득세 과세대상이 될 수 없고 준공인가 또는 사용승낙이나 허가를 받아야 납세의무가 성립하였으나, 「지방세법」의 개정으로 사실상의 토지에 해당하면 준공인가 등이 있기 전이라도 취득세의 과세대상이 된다.

(2) 토지의 표시

"지적공부"란 토지대장, 임야대장, 공유지연명부, 대지권등록부, 지적도, 임야도 및 경계점좌표등록부 등 지적측량 등을 통하여 조사된 토지의 표시와 해당 토지의 소유자 등을 기록한 대장 및 도면(정보처리시스템을 통하여 기록·저장된 것을 포함한다)을 말한다. 「공간정보의 구축 및 관리 등에 관한 법률」에서는 지목을 전·답·과수원·목장용지·임야·광천지·염전·대(垈)·공장용지·학교용지·주차장·주유소용지·창고용지·도로·철

---

198) 「지방세법」 제6조
199) 「지방세법」 제6조

도용지·제방(堤防)·하천·구거(溝渠)·유지(溜池)·양어장·수도용지·공원·체육용지·유원지·종교용지·사적지·묘지·잡종지 등 총 28개로 구분하고 있다.[200]

(3) 토지의 범위

「민법」상 토지는 인위적으로 구분된 일정범위의 지면과 정당한 이익이 있는 범위 내에서의 지상과 지하를 포함한다.[201] 또한, 토지의 암석·토사·지하수·둑·교량·포장 등은 토지의 일부분에 해당되며, 수목의 경우에도 명인방법이나 「입목에 관한 법률」에 의하여 등기되지 아니한 것은 토지의 일부가 된다.

다만, 「민법」과 달리 입목에 대하여 「지방세법」 제6조 제11호에서 입목을 "지상의 과수, 임목, 죽목"으로 규정하고 있고, 「지방세법 기본통칙」에서 "집단적으로 생육되고 있는 과수, 임목, 죽목"으로 규정하고 있기 때문에 이에 해당하는 경우에는 별도로 명인방법이나 입목등기를 하지 아니하더라도 토지와 별개의 과세대상으로 보아야 한다. 즉, 집단적으로 생육하고 있는 과수·임목·죽목은 입목에 해당되어 별도의 과세대상으로 본다. 반면, 그 이외의 수목이나 암석 등은 토지의 일부분으로 보아야 하며, 이들의 가액을 별도로 분리하여 계산하였다 하더라도 토지가액에 포함하여 취득세를 계산하여야 한다.

3. 건축물

(1) 과세대상 건축물

"건축물"이란 「건축법」 제2조 제1항 제2호에 따른 건축물(이와 유사한 형태의 건축물을 포함한다)과 토지에 정착하거나 지하 또는 다른 구조물에 설치하는 레저시설, 저장시설, 도크(dock)시설, 접안시설, 도관시설, 급수·배수시설, 에너지 공급시설 및 그 밖에 이와 유사한 시설(이에 딸린 시설을 포함한다)로서 대통령령으로 정하는 것을 말한다.[202] 따라서 과세대상 건축물은 다음과 같이 구분할 수 있다.

① 「건축법」 제2조 제1항 제2호에 따른 건축물
② 특정시설물

---

200) 「공간정보의 구축 및 관리 등에 관한 법률」 제2조
201) 「민법」 제212조
202) 「지방세법」 제6조 제4호

(2) 「건축법」 제2조 제1항 제2호에 따른 건축물

「건축법」 제2조 제1항 제2호에서는 "건축물이란 토지에 정착(定着)하는 공작물 중 지붕과 기둥 또는 벽이 있는 것과 이에 딸린 시설물, 지하나 고가(高架)의 공작물에 설치하는 사무소·공연장·점포·차고·창고, 그 밖에 대통령령으로 정하는 것을 말한다."고 규정하고 있다.

여기서 "이에 딸린 시설물"에 대한 명확한 정의나 시행령에 위임된 내용은 없으나 건축물에 부속 또는 부착된 물건으로서 그 건축물 자체의 효용을 증가시키는데 필수적인 시설을 의미한다고 할 수 있다.

수상구조물이 건축물에 해당하는지 또는 선박에 해당하는지를 살펴보면, 취득세 과세대상이 되는 선박은 수상 또는 수중에서 항행용으로 사용하거나 사용할 수 있는 모든 배를 말하고, 여기에는 자력항행능력(自力航行能力)이 없어 다른 선박에 의하여 끌리거나 밀려서 항행되는 부선도 이에 포함된다. 그러나 부선 중 항구적으로 고정되어 항행용으로 사용할 수 없는 것은 선박으로 볼 수 없고 건축물로 보아야 한다.[203]

(3) 특정시설물

토지에 정착하거나 지하 또는 다른 구조물에 설치하는 레저시설, 저장시설, 도크(dock)시설, 접안시설, 도관시설, 급수·배수시설, 에너지 공급시설 및 그 밖에 이와 유사한 시설(이에 딸린 시설을 포함한다)로서 대통령령으로 정하는 것을 말한다.[204]

「지방세법」에서는 이와 같이 특정시설물로서 8가지 시설을 열거하고 있다. 따라서 열거되지 아니한 시설은 취득세의 과세대상이 되지 아니한다. 또한 취득세 과세대상이 되는 건축물로서 특정시설물의 범위는 열거되어 있는바, 여기서 과세대상 명칭에 따라 과세대상 여부를 판단하는지, 아니면 과세대상 물건별 특성, 기능에 따라 과세대상 여부를 판단하여야 하는지가 관건이 된다. 「지방세법」에서는 과세요건명확주의 원칙에 의거 취득세 과세대상에 대하여 각각 개별적으로 정의를 하고 있고 기본적으로 과세대상을 판단함에 있어서는 각각의 과세대상 물건별로 정의규정에 따라 판단하여야 한다. 그리고 과세대상인 물건의 명칭보다는 기능이나 특성에 의거 판단하여야 한다.

따라서 개별물건별로 과세대상을 판단함에 있어서는 물건의 특성과 기능, 구조 등에 근거하는 「기능적 열거주의」에 의거 과세대상을 판단하여야 한다. 또한 행정안전부에서 지방

---

203) 조심 2012지423, 2012.10.16. 참조
204) 「지방세법」 제6조

자치단체에 통보하는 「기타물건의 시가표준액 조정자료」에 열거된 시설물의 경우 예시적인 표현에 지나지 아니하기 때문에 이에 열거되지 아니하였거나 명시되지 아니하였다고 하더라도 그에 구속을 받을 필요는 없다.[205]

| 특정시설물의 범위[206] |

구 분	범 위
레저시설	수영장, 스케이트장, 골프연습장, 전망대, 옥외스탠드, 유원지의 옥외오락시설(유원지의 옥외오락시설과 비슷한 오락시설로서 건물 안 또는 옥상에 설치하여 사용하는 것을 포함한다)
저장시설	수조, 저유조, 저장창고, 저장조(저장용량이 1톤 이하인 액화석유가스 저장조는 제외한다) 등의 옥외저장시설(다른 시설과 유기적으로 관련되어 있고 일시적으로 저장기능을 하는 시설을 포함한다)
독시설 및 접안시설	독, 조선대(造船臺)
도관시설	도관시설은 송유관, 가스관, 열수송관
급·배수시설	송수관(연결시설을 포함한다), 급수·배수시설, 복개설비
에너지 공급시설	주유시설, 가스충전시설, 환경친화적 자동차 충전시설, 송전철탑(전압 20만볼트 미만을 송전하는 것과 주민들의 요구로 「전기사업법」 제72조에 따라 이전·설치하는 것은 제외한다)
그 밖의 시설	잔교(棧橋)(이와 유사한 구조물을 포함한다), 기계식 또는 철골조립식 주차장, 차량 또는 기계장비 등을 자동으로 세차 또는 세척하는 시설, 방송중계탑(「방송법」 제54조 제1항 제5호에 따라 국가가 필요로 하는 대외방송 및 사회교육방송 중계탑은 제외한다) 및 무선통신기지국용 철탑

 Ⅲ 차량 및 기계장비

1. 차량

"차량"이란 원동기를 장치한 모든 차량과 피견인차 및 궤도로 승객 또는 화물을 운반하는 모든 기구를 말한다.[207] "원동기를 장치한 모든 차량"이란 원동기로 육상을 이동할 목적으로 제작된 모든 용구(총 배기량 50CC 미만이거나 최고정격출력 4킬로와트 이하인 이륜자동차는 제외한다)를 말하고, "궤도"란 「궤도운송법」 제2조 제1호에 따른 궤도를 말한

---

205) 대법원 89누5638, 1990.7.13. 참조
206) 「지방세법 시행령」 제5조
207) 「지방세법」 제6조

다.[208]

「궤도운송법」 제2조 제1호는 "궤도란 사람이나 화물을 운송하는 데에 필요한 궤도시설과 궤도차량 및 이와 관련된 운영·지원 체계가 유기적으로 구성된 케이블철도, 노면전차, 모노레일 및 자기부상열차 등 국토교통부령으로 정하는 운송 체계를 말하며, 삭도(索道)를 포함한다."고 규정하고 있다.[209] 궤도에는 삭도가 포함되기 때문에 케이블카도 과세된다. 또한 궤도나 삭도가 승객이나 화물운송에 이용되는 것이 아니라 유원지 등에서 오락을 위한 시설로 설치되어 있는 경우에는 레저시설 중 "유원지의 옥외오락시설"로서 해당 시설과 함께 취득세가 과세된다.

차량에는 태양열, 배터리 등 기타 전원을 이용하는 기구와 디젤기관차, 광차 및 축전차 등이 포함된다.[210]

취득세 과세대상인 차량은 자동차세 과세대상인 「지방세법」 제124조의 규정에 의한 자동차보다는 넓은 개념이며, 반드시 「자동차관리법」에 의한 등록 또는 신고된 차량일 필요는 없으므로 「자동차관리법」에 의해 등록되거나 신고되지 않은 경우라도 취득세 과세대상이 된다.

2. 기계장비

"기계장비"란 건설공사용, 화물하역용 및 광업용으로 사용되는 기계장비로서 「건설기계관리법」에서 규정한 건설기계 및 이와 유사한 기계장비 중 행정안전부령으로 정하는 것을 말한다.[211] 즉, 「건설기계관리법 시행령」 별표1에 규정된 것과 「지방세법 시행규칙」 별표1에 규정된 것으로서 그 용도면에서 건설공사용·화물하역용 및 광업용으로 사용되는 경우 취득세 과세대상인 기계장비에 해당된다.

---

208) 「지방세법 시행령」 제7조
209) 궤도에는 삭도가 포함되기 때문에 케이블카도 과세된다. 또한 궤도나 삭도가 승객이나 화물운송에 이용되는 것이 아니라 유원지 등에서 오락을 위한 시설로 설치되어 있는 경우에는 구축물 중 "유원지의 옥외오락시설"로서 해당 시설과 함께 취득세가 과세된다.(「지방세법」 운영예규 6-2)
210) 「지방세법」 운영예규 6-1
211) 「지방세법」 제6조

| 과세대상 기계장비의 범위[212] |

건설기계명	범 위
1. 불도저	무한궤도 또는 타이어식인 것
2. 굴착기	무한궤도 또는 타이어식으로 굴착장치를 가진 것
3. 로더	무한궤도 또는 타이어식으로 적재장치를 가진 것
4. 지게차	들어올림장치를 가진 모든 것
5. 스크레이퍼	흙·모래의 굴착 및 운반장치를 가진 자주식인 것
6. 덤프트럭	적재용량 12톤 이상인 것. 다만, 적재용량 12톤 이상 20톤 미만의 것으로 화물운송에 사용하기 위하여 「자동차관리법」에 따라 자동차로 등록된 것은 제외한다.
7. 기중기	강재의 지주 및 상하좌우로 이동하거나 선회하는 장치를 가진 모든 것
8. 모터그레이더	정지장치를 가진 자주식인 것
9. 롤러	① 전압장치를 가진 자주식인 것 ② 피견인 진동식인 것
10. 노상안정기	노상안정장치를 가진 자주식인 것
11. 콘크리트뱃칭플랜트	재저장통·계량장치 및 혼합장치를 가진 모든 것으로서 이동식인 것
12. 콘크리트 피니셔	정리 및 사상장치를 가진 것
13. 콘크리트 살포기	정리장치를 가진 것으로 원동기를 가진 것
14. 콘크리트 믹서트럭	혼합장치를 가진 자주식인 것(재료의 투입·배출을 위한 보조장치가 부착된 것을 포함한다)
15. 콘크리트 펌프	콘크리트 배송능력이 시간당 5세제곱미터 이상으로 원동기를 가진 이동식과 트럭 적재식인 것
16. 아스팔트 믹싱프랜트	골재공급장치·건조가열장치·혼합장치·아스팔트 공급장치를 가진 것으로 원동기를 가진 이동식인 것
17. 아스팔트 피니셔	정리 및 사상장치를 가진 것으로 원동기를 가진 것
18. 아스팔트 살포기	아스팔트 살포장치를 가진 자주식인 것
19. 골재 살포기	골재 살포장치를 가진 자주식인 것
20. 쇄석기	20킬로와트 이상의 원동기를 가진 것
21. 공기압축기	공기토출량이 분당 2.84세제곱미터(제곱센티미터당 7킬로그램 기준) 이상인 것
22. 천공기	크로라식 또는 굴진식으로서 천공장치를 가진 것

---

212) 「지방세법 시행규칙」 별표1

건설기계명	범 위
23. 항타 및 항발기	원동기를 가진 것으로서 해머 또는 뽑는 장치의 중량이 0.5톤 이상인 것
24. 자갈채취기	자갈채취장치를 가진 것으로 원동기를 가진 것
25. 준설선	펌프식·바켓식·딧퍼식 또는 그래브식으로 비자항식인 것
26. 노면측정장비	노면측정장치를 가진 자주식인 것
27. 도로보수트럭	도로보수장치를 가진 자주식인 것
28. 노면파쇄기	파쇄장치를 가진 자주식인 것
29. 선별기	골재 선별장치를 가진 것으로 원동기가 장치된 모든 것
30. 타워크레인	수직타워의 상부에 위치한 지브를 선회시켜 중량물을 상하, 전후 또는 좌우로 이동시킬 수 있는 정격하중 3톤 이상의 것으로서 원동기 또는 전동기를 가진 것
31. 그 밖의 건설기계	제1호부터 제30호까지의 기계장비와 유사한 구조 및 기능을 가진 기계류로서 행정안전부장관 또는 국토교통부장관이 따로 정하는 것

그런데 「지방세법 시행규칙」 별표1에 열거하고 있는 기계장비를 보면 그 종류는 「건설기계관리법 시행령」 별표1에 열거된 건설기계의 종류에다 4가지 항목을 추가하고, 각 기계장비의 개념은 「건설기계관리법 시행령」 별표1의 것보다 넓다. 따라서 「지방세법 시행규칙」 별표1에 열거된 것이 취득세 과세대상인 기계장비라 할 수 있다.

기계장비에는 단순히 생산설비에 고정부착되어 제조공정 중에 사용되는 공기압축기, 천정크레인, 호이스트, 컨베이어 등은 제외한다.[213] 또한 기계장비의 본체와 부속장비의 기능이 상호보완관계를 형성하여 하나의 작업 목적을 달성할 수 있는 기능을 갖고 있는 경우, 본체와 부속장비는 서로 다른 기계로 분리하여 볼 수 없는 주물과 종물의 성질을 갖는 것으로 보아야 하므로 부속장비는 본체와 함께 취득세의 과세대상에 해당한다.

 Ⅳ 항공기 및 선박

1. 항공기

"항공기"란 사람이 탑승·조종하여 항공에 사용하는 비행기, 비행선, 활공기(滑空機), 회전익(回轉翼) 항공기 및 그 밖에 이와 유사한 비행기구로서 대통령령으로 정하는 것을 말

---

213) 「지방세법」 운영예규 6-3

한다.[214] 현재 시행령으로 정한 항공에 사용할 수 있는 기기는 없다. 항공기는 사람이 탑승·조정하여야 하므로 사람이 탑승, 조정하지 아니하는 원격조정장치에 의한 항공기(농약 살포 항공기 등)는 제외된다.[215]

「지방세법」상 비행기, 비행선, 활공기(滑空機), 회전익(回轉翼) 항공기에 대한 구체적인 정의규정은 없으나, 「지방세법」에 그에 대한 보완규정을 타법에 준용한다는 규정이 없는 한 「항공법」의 규정을 차용할 수는 없다. 따라서 정의규정이 없으므로 사전적 의미로 해석할 수밖에 없다.

2. 선박

"선박"이란 기선, 범선, 부선(艀船) 및 그 밖에 명칭에 관계없이 모든 배를 말한다.[216] 선박에는 해저관광 또는 학술연구를 위한 잠수캡슐의 모선으로 이용하는 부선과 석유시추선도 포함한다.[217] 「지방세법」에서 '선박이란 기선, 범선, 부선(艀船) 및 그 밖에 명칭에 관계없이 모든 배'로 규정하고 있기 때문에 모든 배가 과세대상이 되며, 이러한 열거는 예시적 열거에 불과한 것이다.

취득세 과세대상으로서의 선박의 개념에 대하여는 특별한 정의규정을 두고 있지 아니하므로, 「선박등기법」이나 「선박법」상의 선박은 모두 포함되며, 기선·범선·부선은 물론 요트·보트·잠수유람선·수상스쿠터·수상오토바이·카누·카약은 물론 수상호텔·수상식당·수상공연장 등 부유식 수상구조물도 선박에 해당된다.

일반적인 해운의 관점에서 선박은 물 위에 뜨는 부양성과 여객이나 화물을 실을 수 있는 적재성 그리고 적재된 것을 원하는 위치로 운반할 수 있는 이동성의 세 가지 성질을 가지고 있다. 「지방세법」에서 부선(艀船)을 선박으로 규정하고 있고, 「선박법」 제1조의 2에서는 부선을 '자력항행능력(自力航行能力)이 없어 다른 선박에 의하여 끌리거나 밀려서 항행되는 선박'으로 규정하고 있는 점을 볼 때, 취득세 과세대상인 선박 개념을 정의함에 있어 자력으로 항행할 것까지는 요하지 않는 것으로 판단된다.

---

214) 「지방세법」 제6조
215) 「지방세법」 운영예규 6-6
216) 「지방세법」 제6조
217) 「지방세법」 운영예규 6-7

Ⅴ 입목

"입목"이란 지상의 과수, 임목과 죽목(竹木)을 말한다.[218] 입목은 집단적으로 생육되고 있는 지상의 과수·임목·죽목을 말한다. 다만, 묘목 등 이식을 전제로 잠정적으로 생립하고 있는 것은 제외한다.[219]

「지방세법」에서는 입목의 종류만 나열하고 있을 뿐 그 개별적인 정의에 대해서는 구체적으로 규정되어 있지 아니하나, 「지방세법」이 1966. 8. 3. 개정된 이후부터 입목이 취득세 과세대상에 포함되게 되었고, 「입목에 관한 법률」은 1973. 2. 6. 최초 제정된 점을 감안해 볼 때, 「입목에 관한 법률」에 따른 등기를 「지방세법」상 취득세 과세대상으로 삼기 위한 필수적인 요건으로 보기는 어렵다. 그러므로 입목이 식재된 토지와 분리하여 거래의 대상이 되고, 거래당사자 간 체결된 계약서 등에 거래대상 입목이 특정되어 인식가능한 경우에는 취득세 과세대상으로 봄이 타당하다. 또한, 취득세 과세대상인 입목은 토지와 분리되는 것을 전제로 하여야 할 것이므로 지상의 수목이 토지와 구분되지 아니하는 경우에는 취득세 과세대상으로서의 입목이 아니라 토지의 구성부분으로서 토지의 종물이 된다.

'묘목 등 이식을 전제로 잠정적으로 생립하고 있는 것은 제외한다'라는 의미는 묘목과 같이 이식을 전제로 잠정적으로 생립하고 있는 수목을 취득하는 경우 입목에 해당하지 않는다는 것이지 집단으로 생육하면서 토지와 구분되어 별개의 거래대상 등이 될 수 있는 수목의 취득목적이 이식을 전제로 한다하여 취득세 과세대상에서 제외되는 것은 아니다. 즉, 입목 매수인의 주관적인 취득목적에 따라 취득세 과세대상 여부를 판단하는 것은 아니다.

환경관리 및 조경용으로 매입하는 수목을 수림이 형성되어 성육하고 있는 일정지역 내의 것을 매입하여 이식한 것이라면 「지방세법」상 입목에 해당되어 취득세 과세대상이 되는 것이나, 관상수를 판매하는 식물원 등에 이식되어 있는 수목을 취득한 것은 입목의 취득으로 볼 수 없다.[220]

---

218) 「지방세법」제6조
219) 「지방세법」운영예규 6-4
220) 세정 1268-10209, 1982.8.6.

Ⅵ 산업재산권

1. 광업권

"광업권"이란 「광업법」에 따른 광업권을 말한다.[221] 「광업법」 제3조에서는 '광업권이란 탐사권과 채굴권을 말한다.'고 규정하고 있다. 여기서 탐사권은 등록을 한 일정한 토지의 구역(광구)에서 등록을 한 광물과 이와 같은 광상(鑛床)에 묻혀 있는 다른 광물을 탐사하는 권리를 말한다. "채굴권"이란 광구에서 등록을 한 광물과 이와 같은 광상에 묻혀 있는 다른 광물을 채굴하고 취득하는 권리를 말한다.

한편, 「광업법」 제3조 제4호의 규정에 의한 조광권은 광업법상 광업권과 별도로 규정하고 있으므로 취득세 과세대상인 광업권에 해당하지 아니한다. "조광권"(租鑛權)이란 설정행위에 의하여 타인의 광구에서 채굴권의 목적이 되어 있는 광물을 채굴하고 취득하는 권리를 말한다. 또한, 광업권자로부터 광물의 채굴에 관한 권리를 제3자에게 수여하는 덕대계약(德大契約)의 경우도 과세대상에 해당되지 아니한다.

2. 어업권

"어업권"이란 「수산업법」 또는 「내수면어업법」에 따른 어업권을 말한다.[222] 「수산업법」상 어업권이란 면허를 받아 어업을 경영할 수 있는 권리를 말한다. 「지방세법」상 면허어업만을 과세대상으로 하고 있기 때문에 신고어업, 허가어업은 과세대상에 포함되지 않는다.

3. 양식업권

"양식업권"이란 「양식산업발전법」에 따른 양식업권을 말한다.

Ⅶ 시설이용권

1. 시설이용권의 과세

시설이용회원권은 특정 시설물을 배타적으로 이용하거나 일반 이용자보다 유리한 조건으로 이용할 수 있는 권리이므로 대부분 일정 기간이 지나면 회원의 요구 등에 의하여 입회

---

221) 「지방세법」 제6조
222) 「지방세법」 제6조

금 등을 반환하도록 되어 있는 성질을 가지고 있다. 회원권의 이러한 성질에도 불구하고 이를 「지방세법」에서 과세대상 자산으로 규정한 것은 취득의 개념을 완전한 소유권의 취득에 관계없이 소유권이전형식에 의한 형태를 취하면 모두 취득에 해당하는 것[223]으로 보아 「민법」상 소유권 중 처분권을 유보한 채 사용·수익권의 이전형태에 포착하여 특별히 과세한다는 취지이다.

"회원"이란 1년 이상의 기간을 정하여 체육시설업의 시설 또는 그 시설을 활용한 교습행위를 일반이용자보다 유리한 조건으로 우선적으로 이용하기로 체육시설업자와 약정한 자를 말한다.[224] 골프회원권, 콘도미니엄 회원권, 승마회원권, 종합체육시설 이용회원권 및 요트회원권의 가액에는 보증금, 입회비가 포함된다.[225]

회원권을 사용하다가 그 계약기간의 만료로 인하여 계약기간을 다시 연장하는 경우 회원권을 새로이 취득하는 것과 다를 바 없으므로 취득세 납세의무가 발생하는 것이고, 그 계약기간을 다시 연장하면서 입회금을 추가로 지급하는 경우 그 추가입회금액을 포함한 전체 회원권 금액이 취득세의 과세표준이 된다.

2. 시설이용 회원권의 종류

(1) 골프회원권

"골프회원권"이란 「체육시설의 설치·이용에 관한 법률」에 따른 회원제 골프장의 회원으로서 골프장을 이용할 수 있는 권리를 말한다.[226]

골프장의 회원으로 가입하는 자가 회원자격을 부여받는 대가로 입회금액 등을 지불하는 것은 골프회원권의 취득에 해당하므로 취득세의 과세대상이 되지만, 골프회원권을 취득한 자가 골프장의 개보수공사에 소요되는 비용 등을 추가로 분담하는 것은 그로 인하여 골프장 이용료 등이 일부 조정되었다 하더라도 새로운 골프회원권을 취득하였다고 볼 만한 특별한 사정이 없는 이상 취득세의 과세대상이 될 수 없다.

주주회원제 형태로 운영되는 골프장에서 그 주식을 양수하여야 골프장의 주주회원이 될 수 있고, 주주회원제 골프장의 운영을 위하여 주주인 회원들이 주주분담금을 납부하여야 주주회원제 회원권을 취득할 수 있도록 하는 경우 주주출자금과 주주분담금은 골프장시설을 배타적으로 사용할 수 있는 권리를 취득하기 위하여 지출되는 비용이므로 골프회원권

---

223) 대법원 95누7970 판결
224) 「체육시설의 설치·이용에 관한 법률」 제2조
225) 「지방세법」 운영예규 6-5
226) 「지방세법」 제6조

취득에 따른 취득가격에 포함된다.

또한, 연회원제 골프회원권이라 하더라도 특정시설물을 배타적으로 이용하거나 유리하게 이용할 수 있는 시설물이용권이므로, 이에 지급한 입회보증금은 골프회원권 취득가액에 포함되어 취득세 과세대상이 된다.[227] 또한 주중에만 이용할 수 있는 주중 연회원권도 취득세 과세대상에 포함된다.

(2) 승마회원권

"승마회원권"이란 「체육시설의 설치·이용에 관한 법률」에 따른 회원제 승마장의 회원으로서 승마장을 이용할 수 있는 권리를 말한다.[228]

(3) 콘도미니엄 회원권

"콘도미니엄 회원권"이란 「관광진흥법」에 따른 콘도미니엄과 이와 유사한 휴양시설로서 대통령령으로 정하는 시설을 이용할 수 있는 권리를 말한다.[229] "대통령령으로 정하는 시설"이란 「관광진흥법 시행령」 제23조 제1항에 따라 휴양·피서·위락·관광 등의 용도로 사용되는 것으로서 회원제로 운영하는 시설을 말한다.[230]

(4) 종합체육시설 이용회원권

"종합체육시설 이용회원권"이란 「체육시설의 설치·이용에 관한 법률」에 따른 회원제 종합체육시설업에서 그 시설을 이용할 수 있는 회원의 권리를 말한다.[231]

(5) 요트회원권

"요트회원권"이란 「체육시설의 설치·이용에 관한 법률」에 따른 회원제 요트장의 회원으로서 요트장을 이용할 수 있는 권리를 말한다.[232]

---

227) 세정-4405, 2004.12.4.
228) 「지방세법」 제6조
229) 「지방세법」 제6조
230) 「지방세법 시행령」 제8조
231) 「지방세법」 제6조
232) 「지방세법」 제6조

제2절 취득세 납세의무자

Ⅰ 취득세의 납세의무자

1. 납세의무자

　취득세의 납세의무자는 부동산, 차량, 기계장비, 항공기, 선박, 입목, 광업권, 어업권, 양식업권, 골프회원권, 승마회원권, 콘도미니엄 회원권, 종합체육시설 이용회원권 또는 요트회원권을 취득한 자이다.[233]

「지방세법」 제7조 【납세의무자 등】
① 취득세는 부동산, 차량, 기계장비, 항공기, 선박, 입목, 광업권, 어업권, 양식업권, 골프회원권, 승마회원권, 콘도미니엄 회원권, 종합체육시설 이용회원권 또는 요트회원권(이하 이 장에서 "부동산등"이라 한다)을 취득한 자에게 부과한다.
② 부동산등의 취득은 「민법」, 「자동차관리법」, 「건설기계관리법」, 「항공안전법」, 「선박법」, 「입목에 관한 법률」, 「광업법」, 「수산업법」 또는 「양식산업발전법」 등 관계 법령에 따른 등기·등록 등을 하지 아니한 경우라도 사실상 취득하면 각각 취득한 것으로 보고 해당 취득물건의 소유자 또는 양수인을 각각 취득자로 한다. 다만, 차량, 기계장비, 항공기 및 주문을 받아 건조하는 선박은 승계취득인 경우에만 해당한다.
③ 건축물 중 조작(造作) 설비, 그 밖의 부대설비에 속하는 부분으로서 그 주체구조부(主體構造部)와 하나가 되어 건축물로서의 효용가치를 이루고 있는 것에 대하여는 주체구조부 취득자 외의 자가 가설(加設)한 경우에도 주체구조부의 취득자가 함께 취득한 것으로 본다.
④ 선박, 차량과 기계장비의 종류를 변경하거나 토지의 지목을 사실상 변경함으로써 그 가액이 증가한 경우에는 취득으로 본다. 이 경우 「도시개발법」에 따른 도시개발사업(환지방식만 해당한다)의 시행으로 토지의 지목이 사실상 변경된 때에는 그 환지계획에 따라 공급되는 환지는 조합원이, 체비지 또는 보류지는 사업시행자가 각각 취득한 것으로 본다.
⑤ 법인의 주식 또는 지분을 취득함으로써 「지방세기본법」 제46조 제2호에 따른 과점주주 중 대통령령으로 정하는 과점주주(이하 "과점주주"라 한다)가 되었을 때에는 그 과점주주가 해당 법인의 부동산등(법인이 「신탁법」에 따라 신탁한 재산으로서 수탁자 명의로 등기·등록이 되어 있는 부동산등을 포함한다)을 취득(법인설립 시에 발행하는 주식 또는 지분을 취득함으로써 과점주주가 된 경우에는 취득으로 보지 아니한다)한 것으로 본다. 이 경우 과점주주의 연대납세의무에 관하여는 「지방세기본법」 제44조를 준용한다.
⑥ 외국인 소유의 취득세 과세대상 물건(차량, 기계장비, 항공기 및 선박만 해당한다)을 직접 사

---

233) 「지방세법」 제7조 ①

용하거나 국내의 대여시설 이용자에게 대여하기 위하여 소유권을 이전 받는 조건으로 임차하여 수입하는 경우에는 수입하는 자가 취득한 것으로 본다.

⑦ 상속(피상속인이 상속인에게 한 유증 및 포괄유증과 신탁재산의 상속을 포함한다. 이하 이 장과 제3장에서 같다)으로 인하여 취득하는 경우에는 상속인 각자가 상속받는 취득물건(지분을 취득하는 경우에는 그 지분에 해당하는 취득물건을 말한다)을 취득한 것으로 본다. 이 경우 상속인의 납부의무에 관하여는 「지방세기본법」 제44조 제1항 및 제5항을 준용한다.

⑧ 「주택법」 제11조에 따른 주택조합과 「도시 및 주거환경정비법」 제35조 제3항 및 「빈집 및 소규모주택 정비에 관한 특례법」 제23조에 따른 재건축조합 및 소규모재건축조합(이하 이 장에서 "주택조합등"이라 한다)이 해당 조합원용으로 취득하는 조합주택용 부동산(공동주택과 부대시설·복리시설 및 그 부속토지를 말한다)은 그 조합원이 취득한 것으로 본다. 다만, 조합원에게 귀속되지 아니하는 부동산(이하 이 장에서 "비조합원용 부동산"이라 한다)은 제외한다.

⑨ 「여신전문금융업법」에 따른 시설대여업자가 건설기계나 차량의 시설대여를 하는 경우로서 같은 법 제33조 제1항에 따라 대여시설이용자의 명의로 등록하는 경우라도 그 건설기계나 차량은 시설대여업자가 취득한 것으로 본다.

⑩ 기계장비나 차량을 기계장비대여업체 또는 운수업체의 명의로 등록하는 경우(영업용으로 등록하는 경우로 한정한다)라도 해당 기계장비나 차량의 구매계약서, 세금계산서, 차주대장(車主臺帳) 등에 비추어 기계장비나 차량의 취득대금을 지급한 자가 따로 있음이 입증되는 경우 그 기계장비나 차량은 취득대금을 지급한 자가 취득한 것으로 본다.

⑪ 배우자 또는 직계존비속의 부동산등을 취득하는 경우에는 증여로 취득한 것으로 본다. 다만, 다음 각 호의 어느 하나에 해당하는 경우에는 유상으로 취득한 것으로 본다.

1. 공매(경매를 포함한다. 이하 같다)를 통하여 부동산등을 취득한 경우
2. 파산선고로 인하여 처분되는 부동산등을 취득한 경우
3. 권리의 이전이나 행사에 등기 또는 등록이 필요한 부동산등을 서로 교환한 경우
4. 해당 부동산등의 취득을 위하여 그 대가를 지급한 사실이 다음 각 목의 어느 하나에 의하여 증명되는 경우
   가. 그 대가를 지급하기 위한 취득자의 소득이 증명되는 경우
   나. 소유재산을 처분 또는 담보한 금액으로 해당 부동산을 취득한 경우
   다. 이미 상속세 또는 증여세를 과세(비과세 또는 감면받은 경우를 포함한다)받았거나 신고한 경우로서 그 상속 또는 수증 재산의 가액으로 그 대가를 지급한 경우
   라. 가목부터 다목까지에 준하는 것으로서 취득자의 재산으로 그 대가를 지급한 사실이 입증되는 경우

⑫ 증여자의 채무를 인수하는 부담부(負擔附) 증여의 경우에는 그 채무액에 상당하는 부분은 부동산등을 유상으로 취득하는 것으로 본다. 다만, 배우자 또는 직계존비속으로부터의 부동산등의 부담부 증여의 경우에는 제11항을 적용한다.

⑬ 상속개시 후 상속재산에 대하여 등기·등록·명의개서(名義改書) 등(이하 "등기등"이라 한다)에 의하여 각 상속인의 상속분이 확정되어 등기등이 된 후, 그 상속재산에 대하여 공동상속인이 협의하여 재분할한 결과 특정 상속인이 당초 상속분을 초과하여 취득하게 되는 재산가액은 그 재분할에 의하여 상속분이 감소한 상속인으로부터 증여받아 취득한 것으로 본다. 다만, 다음

각 호의 어느 하나에 해당하는 경우에는 그러하지 아니하다.
1. 제20조 제1항에 따른 신고·납부기한 내에 재분할에 의한 취득과 등기등을 모두 마친 경우
2. 상속회복청구의 소에 의한 법원의 확정판결에 의하여 상속인 및 상속재산에 변동이 있는 경우
3. 「민법」 제404조에 따른 채권자대위권의 행사에 의하여 공동상속인들의 법정상속분대로 등기 등이 된 상속재산을 상속인사이의 협의분할에 의하여 재분할하는 경우

⑭ 「공간정보의 구축 및 관리 등에 관한 법률」 제67조에 따른 대(垈) 중 「국토의 계획 및 이용에 관한 법률」 등 관계 법령에 따른 택지공사가 준공된 토지에 정원 또는 부속시설물 등을 조성·설치하는 경우에는 그 정원 또는 부속시설물 등은 토지에 포함되는 것으로서 토지의 지목을 사실상 변경하는 것으로 보아 토지의 소유자가 취득한 것으로 본다. 다만, 건축물을 건축하면서 그 건축물에 부수되는 정원 또는 부속시설물 등을 조성·설치하는 경우에는 그 정원 또는 부속시설물 등은 건축물에 포함되는 것으로 보아 건축물을 취득하는 자가 취득한 것으로 본다.

⑮ 「신탁법」 제10조에 따라 신탁재산의 위탁자 지위의 이전이 있는 경우에는 새로운 위탁자가 해당 신탁재산을 취득한 것으로 본다. 다만, 위탁자 지위의 이전에도 불구하고 신탁재산에 대한 실질적인 소유권 변동이 있다고 보기 어려운 경우로서 대통령령으로 정하는 경우에는 그러하지 아니하다.

⑯ 「도시개발법」에 따른 도시개발사업과 「도시 및 주거환경정비법」에 따른 정비사업의 시행으로 해당 사업의 대상이 되는 부동산의 소유자(상속인을 포함한다)가 환지계획 또는 관리처분계획에 따라 공급받거나 토지상환채권으로 상환받는 건축물은 그 소유자가 원시취득한 것으로 보며, 토지의 경우에는 그 소유자가 승계취득한 것으로 본다. 이 경우 토지는 당초 소유한 토지 면적을 초과하는 경우로서 그 초과한 면적에 해당하는 부분에 한정하여 취득한 것으로 본다.

2. 취득

"취득"이란 매매, 교환, 상속, 증여, 기부, 법인에 대한 현물출자, 건축, 개수(改修), 공유수면의 매립, 간척에 의한 토지의 조성 등과 그 밖에 이와 유사한 취득으로서 원시취득(수용재결로 취득한 경우 등 과세대상이 이미 존재하는 상태에서 취득하는 경우는 제외한다.[234]), 승계취득 또는 유상·무상의 모든 취득을 말한다.[235]

취득은 과세대상물건의 전소유자가 있느냐의 여부에 따라 원시취득과 승계취득으로 구분할 수 있다. 또한, 승계취득은 그 대가성의 여부에 따라 유상승계취득과 무상승계취득으로 구분할 수 있다. 「지방세법」에서는 이러한 원시취득과 유상·무상승계취득은 물론 사회통념상으로는 취득은 아니지만 취득으로 의제하는 간주취득을 취득세 과세대상인 취득으

---

234) 2016년 12월 27일 법 개정 시 '수용재결로 취득한 경우 등 과세대상이 이미 존재하는 상태에서 취득하는 경우'는 원시취득의 정의에서 제외하도록 하였으며, 동 개정규정은 2017년 1월 1일 이후 납세의무가 성립하는 분부터 적용한다.
235) 「지방세법」 제6조 ①

로 규정하고 있다. 「지방세법」상의 취득의 유형을 분류하면 다음과 같다.

| 취득의 유형 |

구 분	종 류	내 역
승계취득 (소유권의 이전)	유상승계취득	매매, 교환, 현물출자
	무상승계취득	상속, 증여, 기부
원시취득 (소유권의 창설)	토지	공유수면의 매립, 간척
	건축물	건축
	광업권, 어업권, 양식업권	출원
간주취득	토지	지목변경
	건축물	개수
	차량, 기계장비 등	종류변경
	과점주주	주식취득

취득세는 본래 재화의 이전이라는 사실 자체를 포착하여 거기에 담세력을 인정하고 부과하는 유통세의 일종으로 취득자가 실질적으로 완전한 내용의 소유권을 취득하는가의 여부에 관계없이 사실상의 취득행위가 이루어진 물건을 과세객체로 한다.

취득세는 그 과세대상 자산이 다양한 것에 더하여 과세객체로서의 취득행위의 유형 또한 다양하다. 「지방세법」에서는 취득세의 과세대상과 취득의 유형을 열거하고 있는데 과세대상 자산에 관하여는 열거주의에 의하여 열거되지 아니한 자산은 취득세의 과세대상에 해당하지 아니한다. 반면, 취득의 유형에 관한 규정은 예시규정에 불과하므로 여기에 열거되지 아니한 기타 유형의 취득도 취득으로 보는 것이다. 또한 등기·등록과 관계없이 사실상 취득한 때에는 취득으로 본다.

차량, 기계장비, 항공기 및 주문을 받아 건조하는 선박은 승계취득인 경우에만 취득에 해당한다.[236] 따라서 차량 등의 원시취득은 취득으로 보지 아니한다. 차량 등의 취득시기와 관련하여 「지방세법 시행령」에서는 '주문을 받거나 판매하기 위하여 차량 등을 제조·조립·건조하는 경우에는 실수요자가 차량 등을 인도받는 날과 계약서상의 잔금지급일 중 빠른 날을 최초의 취득일로 본다.'[237]고 규정하고 있다. 여기서 '실수요자'란 차량 등의 제조자나 판매회사에 대응하는 소비자 또는 수요자를 의미하므로, 실수요자에게 공급하기 위하여

---

236) 「지방세법」 제7조 ②
237) 「지방세법 시행령」 제20조 ③

차량 등을 그 제조자 등으로부터 취득한 판매회사는 실수요자에 해당되지 않는다고 보아야 한다. 따라서 판매회사가 실수요자에게 공급하기 위하여 제조자 등으로부터 차량 등을 취득하는 경우에는 취득세의 과세대상에 해당되지 아니한다.

3. 사실상의 취득

부동산 등의 취득은 「민법」, 「자동차관리법」, 「건설기계관리법」, 「항공안전법」, 「선박법」, 「입목에 관한 법률」, 「광업법」, 「수산업법」 또는 「양식산업발전법」 등 관계 법령에 따른 등기·등록 등을 하지 아니한 경우라도 사실상 취득하면 각각 취득한 것으로 보고 해당 취득물건의 소유자 또는 양수인을 각각 취득자로 한다.[238]

여기에서 사실상의 취득이라 함은 일반적으로 등기와 같은 소유권 취득의 형식적 요건을 갖추지 못하였으나 대금의 지급과 같은 소유권 취득의 실질적 요건을 갖춘 경우를 말한다.[239] 따라서 취득자가 소유권이전등기·등록 등 완전한 내용의 소유권을 취득하는가의 여부에 관계없이 잔금지급, 연부금의 완납 등 사실상의 취득행위 그 자체가 취득에 해당된다.[240]

매매의 경우에 있어서는 사회통념상 대금의 거의 전부가 지급되었다고 볼 만한 정도의 대금지급이 이행되었음을 뜻한다고 보아야 하고, 이와 같이 대금의 거의 전부가 지급되었다고 볼 수 있는지 여부는 개별적·구체적 사안에 따라 미지급 잔금의 액수와 그것이 전체 대금에서 차지하는 비율, 미지급 잔금이 남게 된 경위 등 제반 사정을 종합적으로 고려하여 판단한다.[241]

4. 연부취득

연부로 취득하는 것은 그 사실상의 연부금 지급일을 취득일로 본다.[242] 여기서 "연부(年賦)"란 매매계약서상 연부계약 형식을 갖추고 일시에 완납할 수 없는 대금을 2년 이상에 걸쳐 일정액씩 분할하여 지급하는 것을 말한다.[243]

일시취득 조건으로 취득한 과세물건에 대한 대금지급방법을 연부계약형식으로 변경한

---

238) 「지방세법」 제7조 ②
239) 대법원 2001.2.9. 선고 99두5955
240) 「지방세법」 운영예규 6-8
241) 대법원 2010.10.14. 선고, 2008두8147 판결 등 참조
242) 「지방세법 시행령」 제20조 ⑤
243) 「지방세법」 제6조

경우에는 계약변경 시점에 그 이전에 지급한 대금에 대한 취득세의 납세의무가 발생하며, 그 이후에는 사실상 매 연부금지급일마다 취득세를 납부하여야 한다.[244]

Ⅱ 건축과 개수

1. 건축

건축은 취득의 종류 중 원시취득으로서 취득세가 과세된다. 「지방세법」에서는 「건축법」 상의 건축의 개념을 원용하고 있다. "건축"이란 「건축법」 제2조 제1항 제8호에 따른 건축을 말한다.[245] 「건축법」에서는 건축을 "건축물을 신축·증축·개축·재축(再築)하거나 건축 물을 이전하는 것을 말한다."고 규정하고 있다.

여기서 취득세 과세대상인 건축의 대상인 건축물이란 「건축법」상의 건축물과 특정시설 [토지에 정착하거나 지하 또는 다른 구조물에 설치하는 레저시설, 저장시설, 도크(dock)시 설, 접안시설, 도관시설, 급수·배수시설, 에너지 공급시설 및 그 밖에 이와 유사한 시설]이 이에 해당한다.

2. 개수

「지방세법」은 개수를 취득세 과세대상으로 규정하고 있다. "개수"란 다음의 어느 하나에 해당하는 것을 말한다.[246]

① 대수선
「건축법」 제2조 제1항 제9호에 따른 대수선을 말한다. 「건축법」상 "대수선"이란 건축 물의 기둥, 보, 내력벽, 주계단 등의 구조나 외부 형태를 수선·변경하거나 증설하는 것으로서 대통령령으로 정하는 것을 말한다.

② 특정시설물의 수선
건축물 중 레저시설, 저장시설, 도크(dock)시설, 접안시설, 도관시설, 급수·배수시설, 에너지공급시설 및 그 밖에 이와 유사한 시설(이에 딸린 시설을 포함한다)로서 대통 령령으로 정하는 것을 수선하는 것을 말한다.

---

244) 「지방세법」 운영예규 7-5
245) 「지방세법」 제6조
246) 「지방세법」 제6조

③ 시설물의 설치 또는 수선

건축물에 딸린 시설물 중 대통령령으로 정하는 시설물을 한 종류 이상 설치하거나 수선하는 것을 말한다. 대통령령으로 정하는 "시설물"이란 다음의 어느 하나에 해당하는 시설물을 말한다.

㉠ 승강기(엘리베이터, 에스컬레이터, 그 밖의 승강시설)

㉡ 시간당 20킬로와트 이상의 발전시설

㉢ 난방용·욕탕용 온수 및 열 공급시설

㉣ 시간당 7천 560킬로칼로리급 이상의 에어컨(중앙조절식만 해당한다)

㉤ 부착된 금고

㉥ 교환시설

㉦ 건물의 냉난방, 급수·배수, 방화, 방범 등의 자동관리를 위하여 설치하는 인텔리전트 빌딩시스템 시설

㉧ 구내의 변전·배전시설

기존 건축물에 대한 특정의 공사가 취득세 과세대상에 해당하기 위해서는 개수에 해당하여야 한다. 따라서 당해 공사가 대수선에 해당되거나 개수에 열거된 시설물을 설치 또는 수선한 경우라면 개수에 따른 취득세가 과세된다. 그러나 이에 해당하지 않는 단순한 보수공사 또는 인테리어공사만 한 것이라면 개수에 따른 취득으로 볼 수 없다.[247] 또한, 개수에 해당되는지의 여부는 법인장부상에 자산계정으로 계상하였는지와 무관하다.

그리고 취득세 과세표준이 되는 취득가격은 과세대상물건의 취득시기를 기준으로 그 이전에 당해 물건을 취득하기 위하여 거래상대방 또는 제3자에게 지급하였거나 지급하여야 할 일체의 비용이다. 그러므로 개수에 해당하는 대수선공사 등에 있어서 당해 공사비용에 대수선 등이 아닌 단순한 수선공사비용이 포함되어 있는 경우라 하더라도 그 공사가 대수선 공사 등과 그 기능과 공정에 있어서 불가분하게 일체하여 이루어져 대수선공사 등이라고 볼 수 있다면 취득비용에 포함한다.

3. 건축물의 주체구조와 일체가 되는 부대설비의 납세의무자

건축물 중 조작(造作)설비, 그 밖의 부대설비에 속하는 부분으로서 그 주체구조부(主體構造部)와 하나가 되어 건축물로서의 효용가치를 이루고 있는 것에 대하여는 주체구조부

---

247) 지방세운영 – 2232, 2008.11.20.

취득자 외의 자가 가설(加設)한 경우에도 주체구조부의 취득자가 함께 취득한 것으로 본다.[248)]

건축물을 신축하면서 육교, 계단시설, 하수도시설 등 부대시설을 설치한 경우 당해 건축물과 직접적으로 연계된 부대시설의 설치비용은 당해 건축물의 과세표준에 포함된다.[249)] 「지방세법」 제7조 제3항의 규정은 그 부대설비가 과세되는 경우에 있어서 납세의무자를 규정한 것이다. 그러므로 주체구조부의 취득시기 이후에 이루어진 부대설비의 공사 등이 특정시설의 취득에도 해당되지 아니하고 개수에도 해당되지 않는 경우에는 건축물의 소유자나 임차인 모두에게 취득세의 납세의무가 발생하지 않는 것이다.

임차인이 임차한 건물에 건물과 일체가 되어 효용가치를 이루는 부대설비를 장치한 경우에는 이는 건물주가 취득한 것으로 본다. 반면, 건물과 일체가 되지 아니하고 독자적으로 가치를 지니는 부대설비의 경우에 있어 별도의 취득세 과세대상에 포함되는 것은 그 부대설비를 장치한 자에게 납세의무가 있으며, 별도의 취득세 과세대상에 포함되지 않는 것에 대하여는 주체구조부의 취득 시 함께 취득한 경우라 하더라도 관련한 공사비는 취득세가 과세되지 않는다.

4. 건축물 부대시설공사

취득세의 과세표준이 되는 취득가격은 과세대상 물건의 취득의 시기를 기준으로 그 이전에 당해 물건을 취득하기 위하여 거래상대방 또는 제3자에게 지급하였거나 지급하여야 할 일체의 비용을 말한다.

「건축법」상의 건축물과 특정시설의 건축은 원시취득으로서 취득세 과세대상이 되므로 특정시설의 경우에는 「건축법」상의 취득시기와 관계없이 해당 특정시설을 취득하는 경우에는 개별적으로 취득에 해당되어 취득세가 과세된다.

그러나 건축물을 건축하는 경우에 있어서, 특정시설에 해당하지 아니하는 부대설비의 경우 그 부대설비의 취득세 과세대상 여부를 판단하여야 한다. 당해 건축물 중 조작 기타 부대설비에 속하는 부분으로서 주체구조부와 일체를 이루는 부대설비의 경우에는 주체구조부의 취득에 포함되어 취득세가 과세된다. 그러나 그 기능 및 구조적으로 주체구조부와 일체를 이루는 공사가 아니라, 그 자체로서 효용가치를 가지는 등 건축물과 분리되는 것으로서 분리되는 경우 별도의 취득세 과세대상에 포함되지 않는 것에 대하여는 주체구조부의

---

248) 「지방세법」 제7조 ③
249) 세정 - 622, 2004.3.29.

취득 시 함께 취득한 경우라 하더라도 관련한 공사비는 취득세가 과세되지 않는다.

또한, 조작 기타 부대설비에 속하는 부분으로서 주체구조부와 일체를 이루는 부대설비라 하더라도 그것이 특정시설에 해당하지 아니하고 또한 개수에도 해당하지 않는 경우에 있어서 주체구조부의 취득시기 이후에 이를 취득하는 경우에는 취득세의 과세대상에 해당하지 않는다. 즉, 개수에 해당되지 않는 건축물의 주체구조부와 일체를 이루는 공사가 건축물의 취득시기 이전에 이루어진 것은 취득세 과세대상이고, 건축물 취득시기 이후에 이루어진 공사비는 취득세 과세대상이 아니다.

신규아파트를 취득하면서 아파트 준공검사 이전에 발코니 확장공사를 한 경우 원시취득으로서 취득세 과세표준에 포함된다. 따라서 동 비용은 시행사에게 취득세가 과세된다.[250] 또한, 취득시기 이전에 발코니 확장공사를 아파트 분양회사가 아닌 다른 사업자와 별도계약방식에 의하여 설치하였다 하더라도 주체구조부와 일체가 되어 건축물로서 효용가치를 이루고 있는 경우에는 당해 아파트의 취득자가 취득한 것으로 간주하는 것이므로 취득세 과세표준에 포함된다. 그러므로 그 아파트의 시행사로서 아파트의 원시취득에 대한 납세의무를 지는 경우에 동 발코니공사비용이 과세표준에 포함되며, 분양받은 자 또한 당해 비용이 승계취득으로서 과세표준에 포함된다.

반면, 취득시기 이후에 아파트의 구성 부분인 발코니의 사용용도를 다양화하기 위하여 바닥 난방, 이중창 설치 등 그 형태를 일부 변경하였다 하더라도 이는 취득세 과세대상이 되는 건축물의 면적을 증가시키는 것이 아니라 아파트 내부구성부분의 용도를 변경하는 것이다. 따라서 아파트 발코니의 형태변경공사가 이루어졌다고 하더라도 이를 독립적인 취득세 과세대상이 되는 건축물의 건축으로는 볼 수 없어 과세대상에 포함되지 않는다.

보조 주방가구 등이 주방가구에 내장되거나 건축물 벽 또는 바닥 등에 고정 부착되어 있어서 건축물의 효용가치를 이루고 있다면 건축물의 취득가액에 포함된다.[251] 주방가구(싱크대)에 내장되거나 건축물 벽 또는 바닥 등에 고정 부착되어 있어서 붙박이 품목을 건축물로부터 분리하는 것이 물리적으로 불가능하지는 않지만 분리할 경우 붙박이 품목이나 건축물이 훼손되어 그 효용이 감소되거나 분리에 과다한 비용이 소요되고 선택품목이 아파트의 처분에 따라 거래되는 경우 붙박이 품목은 주체구조부인 건축물과 일체가 되어 건축물로서의 효용가치를 이루고 있는 기타 부대설비에 속한다 할 수 있다.

또한, 분양아파트의 취득시점에 아파트에 연결되거나 부착하는 방법으로 설치되어 아파

---

250) 지방세운영-1876, 2008.10.21.
251) 감심 2009-44, 2009.4.2.

트와 일체로 유상취득하는 빌트인 가전제품의 경우 취득세 과세표준에 포함된다.[252]

「지방세법 시행령」 제76조 규정에 의하여 건물과 구축물에 부속 또는 부착설치된 주유시설은 취득세 과세대상이나 주유시설을 매입하여 주유소 영위자에게 무상대여 설치하는 경우, 단순히 주유시설을 매입하여 판매하는 회사에게는 취득세 납세의무가 없으나, 동 주유시설을 주유소 영위자 소유의 건축물에 무상으로 대여 설치한 경우에는 주유시설이 시설판매회사 소유라 하더라도 「지방세법」 제105조 제4항 규정에 의하여 건축물소유자인 주유소 영위자에게 주유시설에 대한 취득세 납세의무가 있다.

 ## Ⅲ 지목변경 및 종류변경

1. 지목변경

(1) 지목변경의 납세의무

「지방세법」에서는 간주취득의 하나로 토지의 지목변경을 규정하고 있다. 토지의 지목을 사실상 변경함으로써 그 가액이 증가한 경우에는 취득으로 본다.[253]

토지의 지목이 사실상 변경된 것을 취득세의 과세대상인 간주취득으로 보기 위해서는 우선 그 토지의 주된 사용목적 또는 용도에 따라 구분되는 지목이 사실상 변경되었을 뿐만 아니라 그로 인하여 가액이 증가되어야 한다. 그러므로 이미 그 지목이 사실상 변경된 후에 토지를 취득한 것이라면 비록 취득 후 변경된 사실상의 지목에 맞게 공부상의 지목을 변경하였다고 할지라도 이는 간주취득에 해당하지 않는다. 즉, 토지를 취득한 후 그 현상을 전혀 변경시키지 아니한 채 그대로 보유하고 있다가 그 공부상의 지목을 실질에 맞게 변경하였다고 할지라도 공부상의 지목이 변경되었다는 사유만으로 당해 토지 소유자가 그 변경시점에서 취득세 과세물건을 새로이 취득한 것으로 취급할 수는 없다.[254]

지목변경에 따른 취득세 과세요건은 지목변경으로 인한 토지 가격의 상승에 있는 것이지 토지형상의 변경을 반드시 필요로 하는 것은 아니다. 따라서 공부상 지목이 변경되어 토지의 가격이 상승한 경우에는 토지형상의 변경이 없는 경우라 하더라도 취득세의 과세대상에 포함된다.

---

252) 세정 – 2718, 2007.7.13.
253) 「지방세법」 제7조 ④
254) 대법원 1997.12.12. 선고, 97누15807 판결 등 참조

이 경우 「도시개발법」에 따른 도시개발사업(환지방식만 해당한다)의 시행으로 토지의 지목이 사실상 변경된 때에는 그 환지계획에 따라 공급되는 환지는 조합원이, 체비지 또는 보류지는 사업시행자가 각각 취득(지목변경)한 것으로 본다.

(2) 정원 또는 부속시설물의 설치

「공간정보의 구축 및 관리 등에 관한 법률」 제67조에 따른 대(垈) 중 「국토의 계획 및 이용에 관한 법률」 등 관계 법령에 따른 택지공사가 준공된 토지에 정원 또는 부속시설물 등을 조성·설치하는 경우에는 그 정원 또는 부속시설물 등은 토지에 포함되는 것으로서 토지의 지목을 사실상 변경하는 것으로 보아 토지의 소유자가 취득한 것으로 본다. 다만, 건축물을 건축하면서 그 건축물에 부수되는 정원 또는 부속시설물 등을 조성·설치하는 경우에는 그 정원 또는 부속시설물 등은 건축물에 포함되는 것으로 보아 건축물을 취득하는 자가 취득한 것으로 본다.[255]

(3) 신탁 토지의 지목변경

「신탁법」에 따라 신탁 등기가 되어 있는 토지의 지목이 변경된 경우 지목변경에 따른 취득세 납세의무는 수탁자에게 있다.[256]

2. 종류변경

선박, 차량과 기계장비의 종류를 변경함으로써 그 가액이 증가한 경우에는 취득으로 본다.[257]

---

255) 「지방세법」 제7조 ⑭
256) 「지방세법」 운영예규 7-8
257) 「지방세법」 제7조 ④

Ⅳ 리스자산 등의 취득

1. 외국인 소유의 리스자산의 수입

외국인 소유의 취득세 과세대상 물건(차량, 기계장비, 항공기 및 선박만 해당한다)을 직접 사용하거나 국내의 대여시설 이용자에게 대여하기 위하여 소유권을 이전 받는 조건으로 임차하여 수입하는 경우에는 수입하는 자가 취득한 것으로 본다.[258]

「지방세법」 제7조 제2항 본문에서 관계법령의 규정에 의한 등기·등록 등을 이행하지 아니한 경우라도 사실상으로 취득한 때에는 취득한 것으로 보고 당해 취득물건의 소유자 또는 양수인을 취득자로 한다고 규정하고 있다. 「지방세법」 제7조 제2항에서 사실상의 취득이라 함은 일반적으로 등기와 같은 소유권 취득의 형식적 요건을 갖추지는 못하였으나 대금의 지급과 같은 소유권 취득의 실질적 요건을 갖춘 경우를 말한다.

금융리스의 경우 국내의 리스이용자가 외국의 리스회사와 리스계약을 체결하고 일정한 리스기간 동안 리스자산을 사용하고 리스기간 만료 시 일반적으로 무상 또는 명목상 금액으로 그 소유권을 취득하고 있다. 또한 리스이용자가 지급하여야 하는 리스료는 리스회사가 리스자산을 구입하기 위하여 지급한 비용과 그 비용을 원금으로 보고 일정이자율로 계산한 이자로 구성됨으로써 그 성격상 리스회사가 리스이용자에게 리스자산에 대한 취득자금을 대여한 것과 그 성격이 같다. 이러한 이유로 기업회계기준 또는 법인세법령에서 금융리스의 자산은 리스이용자의 감가상각자산으로 하도록 정하고 있다. 이러한 점을 종합하여 볼 때 사실상의 취득으로 볼 수 있어 취득세의 납세의무가 있는 것이다.

그러나 국내에서 직접 사용 또는 대여하기 위하여 운용리스방식으로 임차하여 수입하는 경우 취득세의 납세의무가 있는지에 대해서 살펴보면, 2023년 12월 29일 「지방세법」 개정 전에는 과세운영상 금융리스는 취득세 과세대상에 포함하고, 운용리스는 과세대상이 아닌 것으로 해석하여 왔다. 동 「지방세법」 개정 시에 '소유권을 이전 받는 조건으로'를 조문에 추가함으로써 금융리스에 의한 수입만 해당하는 것으로 한정하였다. 그러므로 운용리스로 수입하는 경우에는 취득세 과세대상에 포함되지 아니한다.

2. 리스자산의 취득

「여신전문금융업법」에 따른 시설대여업자가 건설기계나 차량의 시설대여를 하는 경우로

---

258) 「지방세법」 제7조 ⑥

서 같은 법 제33조 제1항에 따라 대여시설이용자의 명의로 등록하는 경우라도 그 건설기계나 차량은 시설대여업자가 취득한 것으로 본다.[259]

「여신전문금융업법」 제33조 '등기·등록상의 특례'의 규정에 의하면, 시설대여업자가 건설기계나 차량(車輛)의 시설대여 등을 하는 경우에는 「건설기계관리법」 또는 「자동차관리법」에도 불구하고 대여시설이용자(연불판매의 경우 특정물건의 소유권을 취득한 자는 제외)의 명의로 등록할 수 있도록 하고 있는데, 이 경우 시설대여업자를 취득세 납세의무자로 보는 것이다.

「지방세법」 제7조 제9항의 규정에 의하여 「여신전문금융업법」에 의한 시설대여업자가 운용리스방식은 물론 금융리스방식으로 차량 등을 시설대여 하여 대여시설이용자 명의로 등록을 하더라도 당해 차량 등의 시설대여업자가 취득세 납세의무자가 된다.[260]

그러므로 최초 리스물건의 취득 시에는 시설대여회사가 취득세의 납세의무를 부담하고, 대여시설이용자가 시설대여기간 종료 후 염가구매선택권 등에 의하여 일정액을 지급하고 양도받은 경우에는 비로소 대여시설이용자가 리스물건을 취득하게 됨으로써 이때 대여시설이용자의 취득세 납세의무가 성립한다.

동 규정은 2010년 3월 31일 「지방세법」이 분법되기 이전부터 시행령에 규정되어 있었으며, 분법 이후에도 시행령에 규정된 것을 2010년 12월 27일 시행령에서 「지방세법」으로 이관한 것이다. 「지방세법」에서 신설하면서 과거에는 선박, 항공기가 포함되어 있었으나, 이를 제외한 건설기계와 차량에 대해서만 규정하고 있다. 따라서 선박이나 항공기를 시설대여하는 경우에는 취득시기에 따라 리스회사가 잔금을 지급하는 때에 승계취득하게 되고, 리스이용자가 등록하는 날을 각각 취득일로 본다.

3. 지입차량 등의 납세의무

기계장비나 차량을 기계장비대여업체 또는 운수업체의 명의로 등록하는 경우(영업용으로 등록하는 경우로 한정한다)라도 해당 기계장비나 차량의 구매계약서, 세금계산서, 차주대장(車主臺帳) 등에 비추어 기계장비나 차량의 취득대금을 지급한 자가 따로 있음이 입증되는 경우 그 기계장비나 차량은 취득대금을 지급한 자가 취득한 것으로 본다.[261]

운수업체는 보통 차량의 실제 소유자가 따로 있는 경우가 많다. 이 경우 등록은 운수업체 명의로 하지만 실제소유자는 차주들이므로 취득세의 납세의무자는 차주가 되는 것이다. 이

---

259) 「지방세법」 제7조 ⑨
260) 세정-174, 2006.1.16. 참조
261) 「지방세법」 제7조 ⑩

들은 특정의 회사와 계약을 맺고 사업을 하다가 이를 해약하고 다른 회사와 지입계약을 맺는 경우가 있다. 그러나 이 경우에도 차량등록 명의는 변경되지만 차량 소유주가 변경된 것이 아니기 때문에 취득세의 납세의무가 새로 발생하는 것은 아니다. 반대로 운수회사로 등록된 사항이 변경되지 않더라도 차주가 변동된 경우에는 새로운 차주는 취득세 납세의무를 지게 된다.

상속 시의 납세의무

1. 상속 취득의 납세의무

상속(피상속인이 상속인에게 한 유증 및 포괄유증과 신탁재산의 상속을 포함)으로 인하여 취득하는 경우에는 상속인 각자가 상속받는 취득물건(지분을 취득하는 경우에는 그 지분에 해당하는 취득물건을 말한다)을 취득한 것으로 본다. 이 경우 상속인은 연대납세의무를 진다.[262] 매매계약 체결 후 잔금지급이 이루어지기 전에 매도인이 사망하고 매수인에게 소유권이전등기가 되는 경우에도 매도인의 상속인에게 상속에 따른 취득세 납세의무가 있다.[263]

「지방세법」 제7조 제7항에 따른 상속으로 인한 취득은 「민법」상 상속과 다음에 해당하는 것을 포함한다.

① 피상속인이 상속인에게 한 유증
② 포괄유증
③ 신탁재산의 상속

여기서 피상속인으로부터 상속인에게 한 유증은 특정유증과 포괄유증 등을 모두 포함하고 있는 개념이므로 피상속인으로부터 상속인에게 한 유증은 특정유증이든 포괄유증이든 관계없이 모두 상속으로 본다. 그리고 「지방세법」 제7조 제7항 후단에서 별도로 명시한 포괄유증은 피상속인으로부터 상속인에게 한 포괄유증을 말하는 것이 아니라 피상속인이 상속인이 아닌 자에게 한 포괄유증을 말한다고 보는 것이 타당하다. 「민법」상 포괄적 유증을 받은 자는 상속인과 동일한 권리의무가 있으며 재산뿐만 아니라 채무도 승계된다. 그러므로 피상속인이 상속인이 아닌 자에게 한 포괄유증은 상속에 의한 납세의무자로 해석하여야

---

262) 「지방세법」 제7조 ⑦
263) 「지방세법」 운영예규 7-7

할 것이다.

2. 상속재산의 협의분할

「민법」에서는 상속재산의 분할은 상속개시된 때에 소급하여 그 효력이 있다. 그러므로 「민법」상은 상속지분이 변동되거나 수차의 협의분할에도 증여나 취득의 문제가 발생할 여지가 없다. 「지방세법」상 상속으로 인하여 취득하는 경우에는 상속인은 피상속인의 사망일에 각자가 상속받는 취득물건을 취득한 것으로 보며, 지분을 취득하는 경우에는 그 지분에 해당하는 취득물건을 취득한 것으로 본다. 따라서 추후 상속지분의 범위 내에서 분할하는 경우에는 이미 사망시점에서 취득사실이 있는 것으로 규정했으므로 취득사실이 다시 발생하지 아니한다.

그러므로 상속개시 후 상속인이 법정지분에 의해 상속등기를 한 후 협의분할에 의해 재산을 상속 경정등기를 하는 경우 법정지분을 초과하여 취득하는 경우가 발생한다. 이러한 초과취득에 대하여 당초 법정상속인으로부터 지분을 증여 취득한 것으로 보지 않고 「민법」에 의한 상속의 소급효를 인정하여 증여에 의한 취득으로 보지 아니한다.[264]

3. 상속재산의 재분할

상속개시 후 상속재산에 대하여 등기·등록·명의개서(名義改書) 등에 의하여 각 상속인의 상속분이 확정되어 등기 등이 된 후, 그 상속재산에 대하여 공동상속인이 협의하여 재분할한 결과 특정 상속인이 당초 상속분을 초과하여 취득하게 되는 재산가액은 그 재분할에 의하여 상속분이 감소한 상속인으로부터 증여받아 취득한 것으로 본다. 다만, 다음의 어느 하나에 해당하는 경우에는 그러하지 아니한다.

① 신고·납부기한 내에 재분할에 의한 취득과 등기 등을 모두 마친 경우
② 상속회복청구의 소에 의한 법원의 확정판결에 의하여 상속인 및 상속재산에 변동이 있는 경우
③ 「민법」 제404조에 따른 채권자대위권의 행사에 의하여 공동상속인들의 법정상속분대로 등기 등이 된 상속재산을 상속인 사이의 협의분할에 의하여 재분할하는 경우

---

264) 지방세정-1107, 2003.9.9. 참조

4. 상속포기와 대위등기

상속에 있어서 피상속인의 사망일에 상속이 개시되나 상속인이 가정법원에 상속포기신고를 하여 법원으로부터 상속포기신고가 수리된 때에는 「민법」 제1042조에 의거 그 상속개시일로 소급하여 상속포기의 효력이 발생하게 된다. 적법한 절차에 의하여 가정법원에 상속포기의 신고를 하여 동 법원이 이를 수리하여 상속의 포기가 확정되었다면 상속재산을 처음부터 취득하지 않았으므로 취득세의 납세의무는 발생하지 않는다.[265]

또한, 상속포기 후에는 피상속인의 채권자에 의해 상속인 명의로 피상속인 재산의 대위등기가 이루어 진다 하더라도 상속을 포기한 상속인은 취득세의 납세의무를 부담하지 아니한다.

5. 한정승인 시의 취득세 납세의무

상속인이 「민법」 제1019조에 따른 한정승인에 의하여 상속재산을 취득하는 경우 한정승인자도 상속재산에 대한 실질적 소유권을 취득하고, 다만 상속채무에 대한 책임이 상속재산을 한도로 한정될 뿐이므로, 상속포기를 하여 상속의 효과를 부인한 것이 아닌 이상 한정승인자의 상속재산도 「지방세법」에서 규정하는 취득세 과세대상이 되는 물건에 해당되어 상속개시일에 취득세 납세의무가 성립된다. 또한, 상속인이 법원으로부터 한정상속승인을 받았으나 채무 등 변제 후 잔여 재산이 없는 경우에도 취득세 등의 납세의무는 발생한다.

6. 유류분 반환청구권의 행사

법정 상속인들이 상속재산 유류분 반환청구 소를 제기하여 유류분을 반환받아 소유권이전등기를 이행하는 경우 상속을 원인으로 상속재산을 반환받아 재산상의 지위를 회복하는 것이므로, 반환하는 상속인이 기납부한 취득세는 환부대상에 해당되며 새로이 취득하는 상속인은 취득세의 납세의무를 부담한다.

---

265) 서울지방세심사 2002-269, 2002.12.23. 참조

Ⅵ 증여의 취득세 납세의무

1. 증여

「민법」제554조에서 증여는 당사자 일방이 무상으로 재산을 상대방에게 수여하는 의사를 표시하고 상대방이 이를 승낙함으로써 성립하는 계약을 말한다. 부동산 등에 관한 증여계약이 성립하면 동 계약이 무효이거나 취소되지 않는 이상 그 자체로 사실상의 취득행위가 존재하게 되어 취득세의 과세객체가 되고 그에 대한 조세채권이 발생한다.

증여에 의한 취득의 경우에는 그 계약일에 부동산 등을 취득한 것으로 본다. 다만, 소유권이전등기를 하지 아니하고 취득일이 속하는 달의 말일부터 3개월 이내에 계약이 해제된 사실이 화해조서·인낙조서·공정증서 등에 의하여 입증되는 경우에는 취득한 것으로 보지 않는다.

2. 증여의제

배우자 또는 직계존비속의 부동산 등을 취득하는 경우에는 증여로 취득한 것으로 본다. 다만, 다음의 어느 하나에 해당하는 경우에는 유상으로 취득한 것으로 본다.

① 공매(경매를 포함)를 통하여 부동산 등을 취득한 경우
② 파산선고로 인하여 처분되는 부동산 등을 취득한 경우
③ 권리의 이전이나 행사에 등기 또는 등록이 필요한 부동산 등을 서로 교환한 경우
④ 해당 부동산 등의 취득을 위하여 그 대가를 지급한 사실이 다음의 어느 하나에 의하여 증명되는 경우
  ㉠ 그 대가를 지급하기 위한 취득자의 소득이 증명되는 경우
  ㉡ 소유재산을 처분 또는 담보한 금액으로 해당 부동산을 취득한 경우
  ㉢ 이미 상속세 또는 증여세를 과세(비과세 또는 감면받은 경우를 포함한다)받았거나 신고한 경우로서 그 상속 또는 수증 재산의 가액으로 그 대가를 지급한 경우
  ㉣ 이에 준하는 것으로서 취득자의 재산으로 그 대가를 지급한 사실이 입증되는 경우

배우자 또는 직계존비속 간에 소유권이 이전되는 경우 정상적인 대가가 지급되는 유상양도보다는 증여일 개연성이 높을 뿐만 아니라 거래의 실질을 객관적으로 파악하기 곤란하기 때문에 객관적으로 대가를 지급한 사실이 명백히 인정되는 경우를 제외하고는 증여로 과세하려는 것이 본 조항의 취지이다.[266]

3. 부담부증여

증여자의 채무를 인수하는 부담부(負擔附)증여의 경우에는 그 채무액에 상당하는 부분은 부동산 등을 유상으로 취득하는 것으로 본다. 다만, 배우자 또는 직계존비속으로부터의 부동산 등의 부담부증여의 경우에는 증여로 취득한 것으로 본다.

수증자의 부담 있는 부담부증여의 경우에는 「민법」상 쌍무계약에 관한 규정을 적용하도록 하고 있다.[267] 즉, 부담부증여는 증여의 형식을 취하고 있다고는 하나 수증자에게 일정한 급부의무(채무)를 부담시키는 쌍무계약으로서 일반적인 증여와는 다르다고 할 수 있다. 부담부증여는 수증자가 채무를 대신 부담하기로 약정하고 취득한 것이므로 증여가액 중 그 채무액에 상당하는 부분은 취득과 관련하여 반대급부를 지급한 것으로서 이러한 취득의 대가적 관계가 성립하므로 이를 유상취득으로 보는 것이다.

4. 재산분할과 위자료

부부간 이혼으로 재산을 분할한 후 분할된 부동산의 소유권이전등기를 하는 경우에는 소유권환원이나 공유물분할에도 해당되지 않아 무상승계취득으로서 취득세 과세대상에 포함된다.[268] 이혼에 따른 재산분할은 부부가 혼인 중에 쌍방의 협력으로 이룩한 실질상의 공동재산을 청산·분배함과 동시에 이혼 후의 생활을 유지하는데 그 목적이 있다.[269] 그러므로 「지방세법」에서는 재산분할로 인한 취득을 형식적인 취득으로 보아 세율의 특례(종전 취득세 비과세)를 적용하고 있다. 즉, 재산분할로 인하여 취득세 과세대상 자산을 취득하는 경우에는 표준세율에서 중과기준세율(2%)을 차감한 세율을 적용한다.

한편, 이혼위자료로 증여계약을 체결하여 취득세 과세대상물건을 취득하는 경우에는 이혼위자료를 금전으로 지불하는 대신 부동산 등을 대물변제한 것이므로 이는 유상양도에 해당[270]하는 것으로 보아 취득세를 과세한다.

---

266) 증여의제란 법에 규정된 요건을 충족하면 당연히 증여로 보는 것이며, 증여추정은 반대의 증거가 입증되지 않는 한 증여로 보겠다는 것이므로 증여가 아니라는 증거가 입증된다면 과세규정의 적용을 면할 수 있는 것이다. 「지방세법」 제7조 제11항의 규정은 증여로 의제하는 의제규정으로서 배우자 등으로부터 유상취득시 증여로 의제하되 그 취득을 위하여 대가를 지급한 사실을 증명한 경우 등 증여로 볼 수 없는 명백한 경우를 한정하여 증여로 의제하지 않도록 하였다. 따라서 증여의제 예외조항을 폭넓게 인정할 경우 사실상 증여추정 규정과 같은 성격을 갖는다고 할 수 있다.

267) 「민법」 제561조

268) (세정-1199, 2005.3.19.) 재산분할을 원인으로 취득세 과세대상 물건을 무상승계취득하는 경우에는 사실상 취득가액이 없으므로 그 시가표준액을 과세표준으로 한다(지방세심사 2005-254, 2005.8.29.).

269) 대법원 2001.5.8. 선고, 2000다58804 판결

270) 대법원 판례 92누18191, 1993.9.14. 참조

Ⅶ 주택조합의 납세의무

1. 주택조합의 납세의무 개요

주택조합 등이 해당 조합원용으로 취득하는 조합주택용 부동산(공동주택과 부대시설·복리시설 및 그 부속토지를 말한다)은 그 조합원이 취득한 것으로 본다. 다만, 조합원에게 귀속되지 아니하는 비조합원용 부동산은 제외한다.[271] 여기서 주택조합 등은「주택법」제11조에 따른 주택조합과「도시 및 주거환경정비법」제35조 제3항 및「빈집 및 소규모주택 정비에 관한 특례법」제23조에 따른 재건축조합 및 소규모재건축조합을 말한다.

| 주택조합 등의 납세의무 |

구 분	조합원용	비조합원용
납세의무자	조합원	주택조합 등

주택조합은 그 법률적 성질이 비법인사단으로 조합원과 별개로 권리·의무의 주체로서 활동하나 이는 대외적인 면이고 내부적으로는 그 성질이「민법」상 조합과 매우 유사한 특수성을 지니고 있다. 따라서 '당해 조합원용으로 취득하는 조합주택용 부동산은 그 조합원이 취득한 것으로 본다'의 의미는 '주택조합이 조합주택용 부동산을 취득할 때 그 취득 목적이 특정 조합원용 또는 전체 조합원용이면 그 조합원 또는 전체 조합원이 취득한 것으로 본다'라는 의미로 해석하여야 된다.

2. 주택조합의 조합원으로부터 취득

(1) 주택조합의 조합원으로부터 조합원용 신탁취득 및 신탁의 해지

주택조합이 각 조합원들로부터 신탁을 원인으로 취득하는 경우에는 당해 각 조합원용으로 취득하게 되는 것인 만큼 주택조합과 조합원 누구에게도 취득세 납세의무가 성립하지 않는다. 토지는 주택사업에 대한 제반 행정절차를 원활히 하기 위하여 신탁형태를 취한 것일 뿐 실제는 조합원 각자가 사업을 추진하는 것에 불과한 것이며, 이미 신탁재산에 대하여 조합원이 취득세를 납부하였으므로 또다시 조합에게 부과하는 것은 이중과세이며, 실질과세의 원칙상 잘못이라 할 수 있다.

---

271)「지방세법」제7조 ⑧

재건축 등의 경우 토지는 주택조합에 신탁한다. 신탁된 토지의 대지권은 사업이 종료되면 조합원용은 신탁해지를 원인으로 조합원에 다시 이전되며, 이 경우 주택조합에서 조합원에 신탁해지를 원인으로 한 이전은 조합원이 취득한 토지를 조합원에 반환되는 것으로 보기 때문에 취득세의 과세대상인 취득에 해당하지 아니한다.

〈그림〉 조합원으로부터 조합원용 토지의 신탁 및 신탁해지

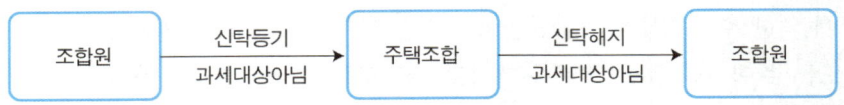

(2) 주택조합의 조합원으로부터 비조합원용 신탁취득 및 신탁의 해지

주택조합 등이 조합원으로부터 취득하는 토지 중 일반분양분 토지에 대하여는 주택조합 등이 취득하게 된다. 재건축 등의 경우 토지는 주택조합에 신탁한다. 신탁된 토지의 대지권은 사업이 종료되면 일반분양분 주택이나 상가에 해당하는 대지권은 주택조합이 취득한 후 비조합원에 이전된다. 이 경우 비조합원용 토지의 경우 조합에 이전되는 시점에서 과세되고 비조합원으로 이전등기되는 시점에서 승계취득으로 과세된다.

〈그림〉 조합원으로부터 비조합원용 토지의 신탁 및 신탁해지

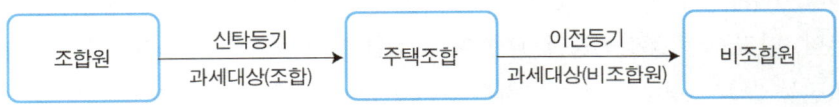

주택조합이 건축사업을 완료한 후 조합원에게 귀속시키는 아파트의 부속토지는 조합을 취득자로 보아 취득세를 과세할 수 없지만, 건축 후 조합이 주체가 되어 일반분양하는 아파트 등의 부속토지는 조합이 조합원으로부터 소유권을 사실상 취득하였다가 제3자에게 매각하는 것이라 하겠고, 따라서 재건축조합에게 취득세 납세의무가 성립되는 것이다.[272]

즉, 토지는 주택사업의 준공 후 신탁이 종료되면서 조합원용 토지가 조합원에게 반환되고 나머지 일반분양용 토지에 대한 조합 명의의 대지권 등기를 함으로써 이루어진 별도의 새로운 취득[273]에 해당되며, 조합이 사업시행자가 되어 주택사업을 진행한 후 사업비 충당 등을 위하여 비조합원에게 이를 분양하는 일종의 수익사업에 해당[274]하므로 일반분양분

---

272) 행정자치부 심사결정 제2004-128호, 2004.6.28.
273) 헌재결정 2003헌가19, 2005.6.30.
274) 서울행정법원 2005.12.29. 선고, 2005구합27253

토지의 취득에 과세하는 것이 이중과세에 해당한다거나 실질과세의 원칙에 위반한다고 할 수는 없다.

3. 조합원이 아닌 제3자로부터 취득

(1) 조합원이 아닌 제3자로부터 조합원용으로 취득

주택법에 의한 주택조합이 조합원들로부터 금전신탁을 받아 제3자로부터 토지를 취득하는 경우 또는 주택조합 등이 토지를 추가로 취득하는 경우에 조합원용은 조합원이 취득한 것으로 보기에 조합원에게 취득세 납세의무가 성립한다.

〈그림〉 제3자로부터 조합원용 토지의 취득

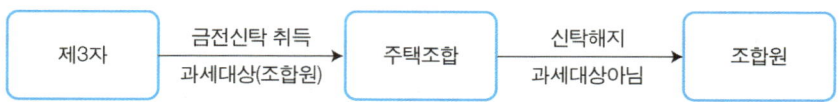

(2) 조합원이 아닌 제3자로부터 비조합원용으로 취득

주택법에 의한 주택조합이 조합원들로부터 금전신탁을 받아 제3자로부터 토지를 취득하는 경우 또는 주택조합 등이 토지를 추가로 취득하는 경우에 비조합원용은 조합이 취득한 것으로 본다. 따라서 비조합원용에 대하여는 조합이 취득세의 납세의무가 있으며, 비조합원에게 이전등기하는 경우에 비조합원은 승계취득에 따른 취득세의 납세의무가 발생한다.

〈그림〉 제3자로부터 비조합원용 토지의 취득

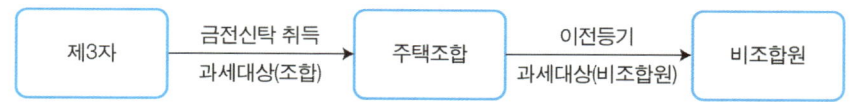

4. 주택조합 등의 건축

주택조합 등의 건축에 대한 원시취득의 경우에도 조합원용에 대하여는 통상 주택조합 등을 거치지 않고 조합원이 곧바로 보존등기를 하며, 조합원이 원시취득에 대한 취득세 납세의무가 있다. 주택조합 등의 일반분양용 주택이나 상가의 경우에는 준공 후 주택조합 등이 보존등기한 후 일반인에 소유권이 이전등기되므로 주택조합 등이 취득세의 납세의무를 진다. 그러므로 일반분양용 주택이나 상가를 분양받는 비조합원은 조합으로부터의 승계취득에 대한 납세의무를 진다.

〈그림〉 건축에 의한 원시취득

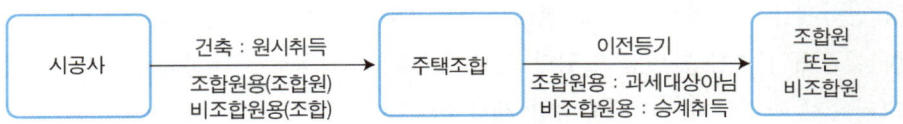

5. 주택재건축사업과 주택재개발사업의 비교

주택재개발사업은 정비기반시설이 열악하고 노후·불량건축물이 밀집하여 사적 자치에 의한 시장 기능만으로는 그 회복이 불가능한 지역의 정비를 목적으로 한다. 이에 반해 주택재건축사업은 정비기반시설은 양호하나 노후·불량건축물이 밀집한 지역에서 주거환경을 개선하기 위하여 시행하는 사업으로서 실제로는 노후·불량한 주택의 정비보다는 일반적으로 사적인 자산가치증식을 목적으로 시행되어 왔다. 따라서 취득세의 과세에 있어서 이를 달리 취급하고 있다. 주택재개발사업의 특성을 고려하여 도시개발사업 등의 경우에는 취득세를 감면하고 있다.[275]

 신탁재산의 납세의무

1. 신탁취득의 비과세

신탁(「신탁법」에 따른 신탁으로서 신탁등기가 병행되는 것만 해당한다)으로 인한 신탁재산의 취득으로서 다음의 어느 하나에 해당하는 경우에는 취득세를 부과하지 아니한다.[276]

① 위탁자로부터 수탁자에게 신탁재산을 이전하는 경우
② 신탁의 종료로 인하여 수탁자로부터 위탁자에게 신탁재산을 이전하는 경우
③ 수탁자가 변경되어 신수탁자에게 신탁재산을 이전하는 경우

---

275) 「지방세특례제한법」 제74조
276) 「지방세법」 제9조 ③

2. 신탁재산의 위탁자 변경

「신탁법」 제10조에 따라 신탁재산의 위탁자 지위의 이전이 있는 경우에는 새로운 위탁자가 해당 신탁재산을 취득한 것으로 본다. 다만, 위탁자 지위의 이전에도 불구하고 신탁재산에 대한 실질적인 소유권 변동이 있다고 보기 어려운 경우로서 대통령령으로 정하는 경우에는 그러하지 아니하다.[277] 대통령령 제11조의 3에서는 「자본시장과 금융투자업에 관한 법률」에 따른 부동산집합투자기구의 집합투자업자가 그 위탁자의 지위를 다른 집합투자업자에게 이전하는 경우를 규정하고 있다.

3. 신탁재산의 지목변경, 건축

「신탁법」에 따라 신탁 등기가 되어 있는 토지의 지목이 변경된 경우 지목변경에 따른 취득세 납세의무는 수탁자에게 있다.[278] 또한 신탁등기된 부동산에 대한 건축과 관련한 원시취득의 납세의무자는 수탁자가 된다.

Ⅸ 명의신탁의 취득세 납세의무

'명의신탁약정'이란 부동산에 관한 소유권이나 그 밖의 물권(부동산에 관한 물권)을 보유한 자 또는 사실상 취득하거나 취득하려고 하는 자(실권리자)가 타인과의 사이에서 대내적으로는 실권리자가 부동산에 관한 물권을 보유하거나 보유하기로 하고 그에 관한 등기(가등기를 포함)는 그 타인의 명의로 하기로 하는 약정(위임·위탁매매의 형식에 의하거나 추인에 의한 경우를 포함)을 말한다.[279]

「부동산 실권리자명의 등기에 관한 법률」에서는 명의신탁에 의한 등기를 금하고 있다. 따라서 명의신탁약정은 무효이며, 명의신탁약정에 따른 등기로 이루어진 부동산에 관한 물권변동은 무효로 한다.

사실상의 취득이란 일반적으로 등기와 같은 소유권 취득의 형식적 요건을 갖추지는 못하였으나 대금의 지급과 같은 소유권 취득의 실질적 요건을 갖춘 경우를 말한다. 그러므로 그 사실상의 취득자가 3자간 명의신탁약정에 의하여 수탁자 명의로 소유권이전등기를 경료하고 자신의 명의로는 소유권이전등기를 경료하지 않은 경우에는 사실상의 취득에 해당

---

277) 「지방세법」 제7조 ⑮
278) 「지방세법」 운영예규 7 - 8
279) 「부동산 실권리자명의 등기에 관한 법률」 제2조

하여 취득세 납세의무자가 된다.[280] 그리고 명의신탁약정에 따라 명의수탁자 명의로 소유권이전등기가 마쳐진 경우, 명의수탁자에게는 등기명의라는 소유권이전의 형식에 의한 취득행위가 있는 것이므로 그의 취득세 납세의무가 성립한다.

즉, 명의신탁자에게는 자신 명의로 소유권이전등기를 마치지 아니하였으나 대금지급과 같은 소유권 취득의 실질적 요건을 갖춘 취득행위가 있는 것이어서 취득세 납세의무가 성립하고, 명의수탁자에게는 형식적 취득에 대한 취득세의 납세의무가 발생한다. 그 후 명의신탁해지에 따라 명의신탁자 명의로 소유권이전등기가 마쳐진 경우에는, 소유권의 귀속 주체와 목적물이 동일하면서 소유권 취득의 실질적 요건에 형식적 요건이 추가될 뿐이므로 명의신탁자가 또다시 취득세 납세의무를 부담하는 것은 아니다.

〈그림〉 명의신탁의 납세의무

X 계약의 해제

1. 계약의 해제와 취득세 납세의무

원칙적으로 취득세는 부동산 등의 취득행위를 과세객체로 하여 부과하는 행위세이므로 그에 대한 조세채권은 그 취득행위라는 과세요건사실이 존재함으로써 당연히 발생하고 일단 그 취득자가 적법하게 취득한 이상 합의에 의하여 계약을 해제하더라도 이미 성립한 조세채권에는 영향을 주지 않는다.

다만, 무상승계취득 및 유상승계취득한 과세물건에 대하여 등기도 마치지 아니한 상태에서 계약이 해제되어 사실상 취득하였다고 보기 어려운 경우까지 취득세를 과세하게 되는 불합리한 점을 보완하기 위하여, 취득일이 속하는 달의 말일부터 3개월 이내에 계약이 해제된 사실이 입증된 경우에는 과세물건을 취득한 것으로 보지 않는 것으로 규정하여 취득행위 이후의 사정변경을 인정하고 있다.[281] 그러므로 등기·등록이 완료된 후에는 계약해지 사실이 입증되는 경우에도 취득으로 본다.

---

280) 대법원 2007.5.11. 선고, 2005두13360 판결
281) 「지방세법 시행령」 제20조 ① 및 ② 제2호 단서

2. 원상회복과 취득세 납세의무

(1) 증여계약 해제로 인한 원상회복

당초 소유자가 증여를 원인으로 타인에게 소유권을 이전하였으나 그 증여계약을 소급적으로 실효시키고 합의해제약정에 기초하여 소유권이전등기를 말소하고 원상회복조치의 결과로 그 소유권을 취득하는 경우에는 취득세 과세대상이 되는 취득으로 보지 않는다.

(2) 유상승계취득의 원상회복

양도계약을 체결하고 소유권을 이전하였으나 소유권이전등기의 원인이 되었던 당초의 매매계약을 소급적으로 실효시키는 합의해제의 계약을 하고, 이러한 계약에 기초하여 소유권이전등기를 말소하는 원상회복조치의 결과로 원 소유자가 그 소유권을 취득한 경우에는 취득에 해당하지 않는다.

매매계약의 합의해제는 「민법」에 규정된 법정해제에 있어서와 마찬가지로 매매계약이 처음부터 없었던 것과 동일한 법률효과를 발생시킨다. 그러므로 합의해제로 인하여 매수인에게 이전되었던 소유권은 당연히 매도인에게 원상태로 복귀되는 것이다. 매매계약 당사자 사이에서 소유권이전등기의 원인이 되었던 당초의 매매계약을 소급적으로 실효시키는 합의해제의 계약을 함에 따라 그 계약에 기초하여 매수인 앞으로 경료된 부동산에 관한 소유권이전등기를 말소하는 원상회복조치의 결과로 매도인이 그 소유권을 취득한 것은 「지방세법」상 취득세 과세대상이 되는 취득에 해당되지 않는다.

(3) 판결에 의한 원상회복

사기 등 범죄행위를 근거로 소유권을 원상회복하라는 판결에 의해 소유권을 회복하는 경우에는 취득세 납세의무가 없다. 또한, 사해행위취소를 원인으로 판결을 통해 소유권이 원상회복되는 경우에도 원상회복자에게 취득세의 납세의무는 발생하지 않는다.

(4) 경락에 의한 재취득

가압류된 부동산을 취득한 후 가압류권자의 강제경매신청으로 인해 당초 소유자가 경매 절차에 참가해 또 다시 경락 취득한 경우, 소유권환원으로서 새로운 취득이 아니므로 취득세 과세대상에 해당하지 않는다.[282]

---

282) 지방세심사 2000-884, 2000.12.26. 참조

XI 과점주주의 주식취득

1. 과점주주의 납세의무

법인의 주식 또는 지분을 취득함으로써 과점주주가 되었을 때에는 그 과점주주가 해당 법인의 부동산 등을 취득한 것으로 본다. 다만, 법인설립 시에 발행하는 주식 또는 지분을 취득함으로써 과점주주가 된 경우에는 취득으로 보지 아니한다. 부동산 등에는 법인이 「신탁법」에 따라 신탁한 재산으로서 수탁자 명의로 등기·등록이 되어 있는 부동산 등을 포함한다.[283]

과점주주의 취득세 제도는 1968년 최초로 도입된 제도이다. 비공개법인의 재산(부동산 등)을 전부 양수하는 방법의 일환으로 주식 또는 출자지분의 상당부분을 양수하는 경우에 그 과세물건의 거래가 과세물건의 취득행위와 유사하고, 법인의 과점주주가 될 경우 당해 법인의 재산에 대한 관리·처분권을 취득하게 된다.

이렇게 당해 법인이 소유하고 있는 부동산 등을 취득할 목적으로 법인의 주식 또는 지분을 인수하여 과점주주가 되는 경우에는 사실상 그 부동산 등을 취득하는 것과 다름이 없으므로 공평과세 및 실질과세원칙상 비공개법인의 과점주주에 대하여 취득세를 과세하는데 그 입법취지가 있다.

과점주주의 취득은 주주나 출자자의 개인적인 입장에서 볼 때에는 당해 법인 자산의 사실상, 법률상 취득이 전혀 이루어지지 아니하였으나 주식 또는 지분을 취득하여 과점주주가 된 경우에 당해 법인의 자산을 임의처분하거나 관리·운용할 수 있는 지위를 취득한 것으로 볼 수 있다. 따라서 과점주주의 간주취득은 그 자산자체를 취득한 것으로 의제하여 취득세를 부과하는 것이다.

취득의 의제라는 개념이 통상 취득세에서 사용하는 「지방세법」 제6조 제1호에서 규정한 취득의 개념에 포함되지 않는다고 하더라도 취득의제규정에 따라 과점주주에게 취득세를 부과함에 장애가 될 수는 없다. 또한 그 과점주주가 사실상 당해 법인을 지배함을 요건으로 하는 것은 아니므로 단 하루만의 과점주주에 해당하더라도 과점주주에 해당한다.

2. 적용대상법인

과점주주의 취득세 납세의무는 과점주주가 취득한 주식 등의 발행법인이 증권시장에 상

---

283) 「지방세법」 제7조 ⑤

장한 법인을 제외한다.[284) 과점주주의 간주취득에서 제외되는 증권시장은 유가증권시장과 코스닥시장을 말한다. 그리고 법인은 영리・비영리를 구분하지 않고 모든 법인을 포함한다.

한국증권거래소에 의하여 매매거래 중지 중인 법인은 상장폐지가 되지 않는 한 비상장법인이 아니므로 당해 법인의 주식을 취득하여 과점주주가 된 경우, 과점주주로서의 취득세 납세의무는 없다.[285)

회사정리절차 중에 있는 회사의 주식을 취득함으로써 과점주주가 된 경우에는 과점주주 취득세 과세대상에 해당하지 않는다.[286) 「회사정리법」에 의한 정리절차개시결정이 있은 때에는 회사사업의 경영과 재산의 관리처분권은 관리인에 전속하고 관리인은 정리회사의 기관이거나 그 대표자는 아니지만 정리회사와 그 채권자 및 주주로 구성되는 이해관계인 단체의 관리자인 일종의 공적 수탁자라는 입장에서 정리회사의 대표, 업무집행 및 재산관리 등의 권한 행사를 혼자서 할 수 있게 된다. 따라서 정리절차개시 후에 비로소 과점주주가 된 자는 과점주주로서의 주주권을 행사할 수 없게 되는 것이고, 따라서 정리회사의 운영을 실질적으로 지배할 수 있는 지위에 있지 않은 셈이 되어 그 재산을 취득한 것으로 의제하는 과점주주의 요건에 해당하지 않는다.

기업개선작업(워크아웃)은 채권금융기관 주도로 기업구조조정을 하기 위한 것으로 채권자와 채무자 당사자 간 자율적 협의를 통하여 이루어지는 것으로 현행 법령에서 별도로 기업개선작업으로 인하여 과점주주가 된 경우에는 지방세 부과 대상이 아니라는 규정이 없는 한 과점주주로서 취득세 납부의무가 성립한다. 그러므로 기업개선작업의 일환으로 기업구조개선약정에 의한 증자 등에 의하여 주식을 취득함으로써 과점주주에 해당하는 경우에는 과점주주의 취득세 납세의무가 발생한다.

3. 과점주주

(1) 납세의무 있는 과점주주

법인의 주식 또는 지분을 취득함으로써 「지방세기본법」 제46조 제2호에 따른 과점주주 중 대통령령으로 정하는 과점주주(이하 "과점주주"라 한다)가 되었을 때에는 그 과점주주가 해당 법인의 부동산 등을 취득한 것으로 본다.

"대통령령으로 정하는 과점주주"란 「지방세기본법」 제46조 제2호에 따른 과점주주 중

---

284) 「지방세기본법」 제46조 본문
285) 세정 – 589, 2005.2.2.
286) 세정 – 1198, 2004.5.18.

주주 또는 유한책임사원(이하 "본인"이라 한다) 1명과 그의 특수관계인 중 다음의 어느 하나에 해당하는 특수관계인을 말한다.[287]

① 친족관계
② 임원과 그밖의 사용인으로서 다음의 어느 하나에 해당하는 사람
　가. 주주
　나. 유한책임사원
③ 「지방세기본법 시행령」 제2조 제3항 제1호 가목에 따른 법인 중 본인이 직접 해당 법인의 경영에 대하여 지배적인 영향력을 행사하고 있는 경우 그 법인
④ 「지방세기본법 시행령」 제2조 제3항 제2호 가목에 따른 개인·법인 중 해당 개인·법인이 직접 본인인 법인의 경영에 대하여 지배적인 영향력을 행사하고 있는 경우 그 개인·법인
⑤ 「지방세기본법 시행령」 제2조 제3항 제2호 나목에 따른 법인 중 본인이 직접 또는 ④에 해당하는 자를 통해 어느 법인의 경영에 대하여 지배적인 영향력을 행사하고 있는 경우 그 법인

법인의 경영에 대한 지배적인 영향력의 기준에 관하여는 「지방세기본법 시행령」의 규정을 적용한다. 다만, 법인의 지분율은 30%를 적용하지 아니하고 50%를 적용하도록 하고 있다.

(2) 과점주주의 요건

'과점주주'란 주주 또는 유한책임사원 1명과 그의 특수관계인 중 대통령령으로 정하는 자로서 그들의 소유주식의 합계 또는 출자액의 합계가 해당 법인의 발행주식총수 또는 출자총액의 100분의 50을 초과하면서 그에 관한 권리를 실질적으로 행사하는 자들을 말한다. 지분율을 계산함에 있어 의결권이 없는 주식은 발행주식총수에서 제외된다. 따라서 의결권이 없는 자기주식은 주식발행총수에서 제외하여 그 증가비율에 대해서만 취득세 납세의무를 판단한다.

과점주주에게 간주취득세의 납세의무를 부과하는 이유는 과점주주는 당해 법인의 재산을 사실상 처분하거나 관리할 수 있는 지위에 있기 때문이다. 법인의 운영을 실질적으로

---

287) 「지방세법 시행령」 제10조의 2, 2023년 3월 14일 신설함. 간주취득세 부과대상인 과점주주의 범위를 종전 「지방세기본법」에 따른 출자자의 제2차 납세의무 규정을 인용하던 방식에서 「지방세법 시행령」에서 별도로 규정하는 방식으로 변경하고, 과점주주 범위 중 경제적 연관관계, 경영지배관계에 있는 자의 범위를 종전보다 축소함.

지배할 수 있는 지위라 함은 실제 법인의 경영지배를 통하여 법인의 부동산 등의 재산을 사용·수익하거나 처분하는 등의 권한을 행사하였을 것을 요구하는 것은 아니고, 소유하고 있는 주식에 관하여 의결권 행사 등을 통하여 주주권을 실질적으로 행사할 수 있는 지위에 있으면 족하다. 또한, 과점주주의 판단은 주식의 소유 집단의 일원여부에 의해 판단할 사항이지 구체적으로 회사경영에 관여한 사실이 없거나 배당 등 경제적 이익을 받지 않았다는 사실로 판단하지 않는다.[288]

과점주주의 소유주식비율을 판단함에 있어 기준이 되는 주주를 달리함에 따라 소유주식비율이 다른 다수의 과점주주가 성립한다 하더라도 소유주식비율이 가장 높은 과점주주를 당해 법인의 과점주주로 본다.[289]

4. 지분율 증감에 따른 간주취득

(1) 회사설립 시 과점주주

법인설립 시에 발행하는 주식 또는 지분을 취득함으로써 과점주주가 된 경우에는 취득으로 보지 않는다. 그러므로 법인설립 시 과점주주가 된 경우에는 취득세의 납세의무가 없으며, 그 후 주식을 추가로 취득하는 경우에는 추가 취득분에 대하여 과점주주의 취득세 납세의무를 부담한다. 그러나 설립 시 과점주주에 해당하지 아니하던 주주가 설립 후 추가 취득하여 과점주주가 된 경우에는 과점주주가 된 시점의 지분율에 해당하는 과점주주의 취득세 납세의무를 부담한다.

〈그림〉 설립 시 과점주주 : 처분 후 최초 지분율 초과 취득

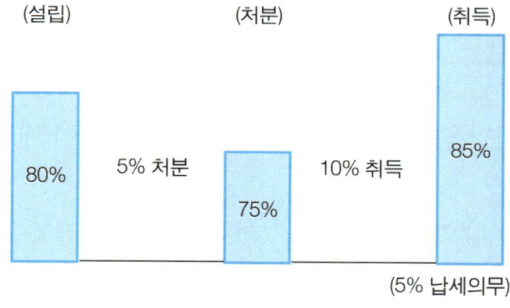

---

288) 감심 2005-62, 2005.7.15.
289) 조심 2008지198, 2008.9.23.

법인설립 시의 과점주주는 법인설립 시 법인 자산에 대한 사실상 지배력을 취득하게 된다. 그러므로 법인설립 시의 과점주주에게 취득세를 부과하지 않는 것은 경제적으로 법인과 과점주주는 구분되지 아니하여 법인에 의한 1회의 취득세 납부로 족하므로, 과점주주의 취득세 납세의무를 부담시키는 것은 이미 납부한 취득세를 다시 납부하게 하여 합리적 이유 없이 중복 부담을 과하게 될 소지가 있어 입법정책상 의도적으로 취득세 과세대상에서 제외하는 것이다.

〈그림〉 설립 시 과점주주 : 처분 후 최초지분 이하로 취득

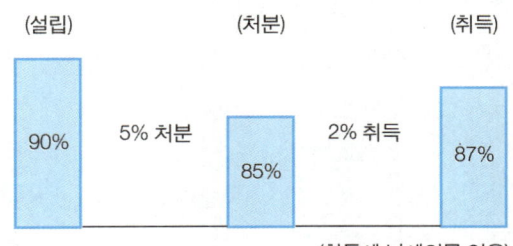

(2) 최초로 과점주주가 된 경우

　　법인의 과점주주가 아닌 주주 또는 유한책임사원이 다른 주주 또는 유한책임사원의 주식 등을 취득하거나 증자 등으로 최초로 과점주주가 된 경우에는 최초로 과점주주가 된 날 현재 해당 과점주주가 소유하고 있는 법인의 주식 등을 모두 취득한 것으로 보아 취득세를 부과한다.[290]

〈그림〉 최초로 과점주주가 된 경우

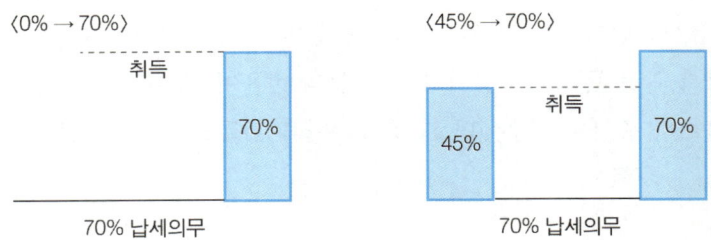

---

290) 「지방세법 시행령」 제11조 ①

(3) 과점주주 지분율의 증가

이미 과점주주가 된 주주 또는 유한책임사원이 해당 법인의 주식 등을 취득하여 해당 법인의 주식 등의 총액에 대한 과점주주가 가진 주식 등의 비율이 증가된 경우에는 그 증가분을 취득으로 보아 취득세를 부과한다. 다만, 증가된 후의 주식 등의 비율이 해당 과점주주가 이전에 가지고 있던 주식 등의 최고비율보다 증가되지 아니한 경우에는 취득세를 부과하지 아니한다.[291]

〈그림〉 과점주주의 지분율 증가

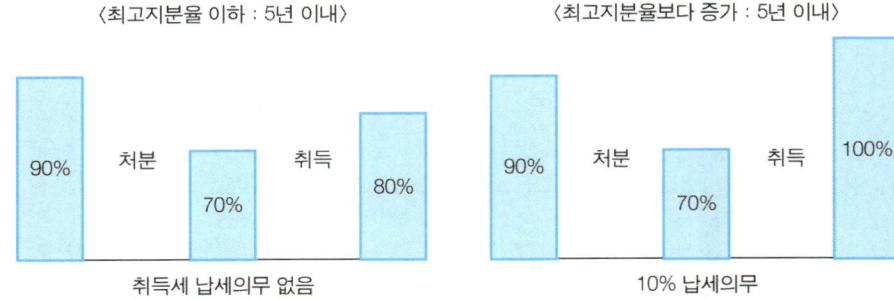

또한 타법인을 흡수·합병함으로써 지분율이 감소한 합병법인의 과점주주가 유상증자에 참여하여 지분율이 다시 증가한 경우 지분이 증가된 날을 기준으로 5년 이내의 최고지분비율보다 증가되지 않는 경우에는 취득세 납세의무가 없다.[292]

(4) 재차 과점주주가 된 경우

과점주주였으나 주식 등의 양도, 해당 법인의 증자 등으로 과점주주에 해당되지 아니하는 주주 또는 유한책임사원이 된 자가 해당 법인의 주식 등을 취득하여 다시 과점주주가 된 경우에는 다시 과점주주가 된 당시의 주식 등의 비율이 그 이전에 과점주주가 된 당시의 주식 등의 비율보다 증가된 경우에만 그 증가분만을 취득으로 보아 취득세를 부과한다.[293]

---

291)「지방세법 시행령」제11조 ②
292) 세정－412, 2003.7.9.
293)「지방세법 시행령」제11조 ③

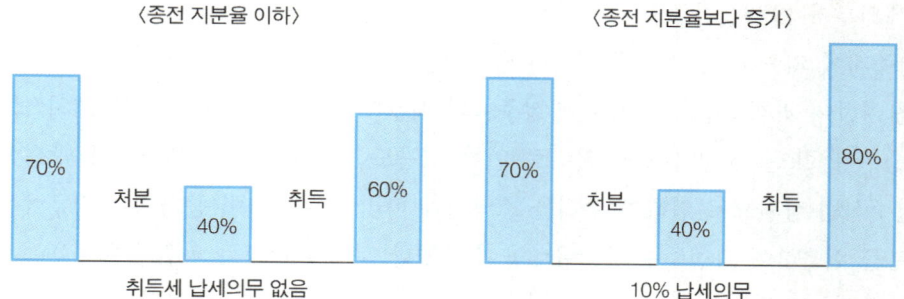

〈그림〉 과점주주가 일반주주로 된 후 다시 과점주주가 된 경우

〈종전 지분율 이하〉

70% 처분 40% 취득 60%

취득세 납세의무 없음

〈종전 지분율보다 증가〉

70% 처분 40% 취득 80%

10% 납세의무

(5) 과점주주 내부거래

과점주주 집단내부 및 특수관계인 간의 주식거래가 발생하여 과점주주가 소유한 총주식의 비율에 변동이 없다면 과점주주 간주취득세의 납세의무는 없다.[294]

간주취득세 납세의무를 부담하는 과점주주에 해당하는지 여부는 과점주주 중 특정주주 1인의 주식 또는 지분의 증가를 기준으로 판단하는 것이 아니라 일단의 과점주주 전체가 소유한 총주식 또는 지분비율의 증가를 기준으로 판단한다. 그러므로 특수관계인 간의 주식거래가 있는 경우로서 전체 주식소유비율이 변동이 없는 이상 간주취득세 납세의무를 지는 과점주주에 해당되지 아니한다.[295]

과점주주 사이에 주식 또는 지분이 이전되거나 기존의 과점주주와 친족 기타 특수관계에 있으나 당해 법인의 주주가 아니었던 자가 기존의 과점주주로부터 그 주식 또는 지분의 일부를 이전받아 새로이 과점주주에 포함된 경우 일단의 과점주주 전체가 보유한 총주식 또는 지분의 비율에 변동이 없는 한 간주취득세 과세대상이 되지 아니한다.[296]

뿐만 아니라 기존의 과점주주와 특수관계자가 아니면서 당해 법인의 주주가 아니었던 자가 기존의 과점주주와 친족 기타 특수관계를 형성하면서 기존의 과점주주로부터 그 주식의 일부 또는 전부를 이전받아 새로이 과점주주가 되는 경우에도 기존의 과점주주와 새로운 과점주주가 소유한 총주식의 비율에 변동이 없다면 간주취득세의 과세대상이 되지 않는다.

5. 주식 또는 지분의 취득

주식 또는 지분을 취득함으로 인하여 과점주주가 된 경우에 취득세 납세의무가 성립하기

---

294) 「지방세법」 운영예규 7-3
295) 조심 2008지148, 2008.8.12.
296) 대판 2002두1144, 2004.2.27. 참조

때문에 기존 주주로부터 취득하거나 유상증자 등에 참여하여 과점주주가 된 경우에는 취득세 납세의무가 발생한다.

유상증자에 의한 취득은 당해 법인이 발행하는 지분을 취득하는 것에 해당되므로 유상증자에 참여하여 과점주주가 되거나 과점주주의 지분이 증가된 경우에는 취득세의 납세의무가 발생한다. 또한, 실권주식의 인수로 인한 취득도 과점주주의 납세의무가 발생한다.

상환주식의 상환으로 인하여 주식을 소각함에 따라 지분비율이 증가되는 경우에는 법인의 지분을 취득하여 과점주주의 소유비율이 증가한 것이 아니므로 과점주주의 취득세 납세의무는 발생하지 않는다.[297] 또한, 과점주주의 취득세 규정에서는 법인의 주식 또는 지분을 취득함으로써 과점주주가 된 때에 납세의무가 발생하는 것으로서 감자와 같이 주식의 취득행위가 없이 지분율이 증가한 경우에는 취득세의 납세의무가 발생하지 않는다.

혼인으로 인하여 과점주주가 되는 경우 과점주주 취득세 납세의무가 성립되지 않는다.[298] 예를 들어, 비상장법인의 주주인 갑개인(40%), 을개인(40%), 병개인(10%), 정개인(10%)은 「지방세법」에 의한 특수관계에 있는 자에 해당되지 아니하여 과점주주가 아니었다가 갑개인과 을개인이 혼인을 함으로써 이들 소유주식의 합계가 80%가 되어 과점주주가 되었다고 할 때, 갑개인과 을개인은 법인의 주식 또는 지분을 취득하여 과점주주가 된 것이 아니므로 과점주주 취득세 납세의무가 성립하지 않는다.

현물출자로 인하여 과점주주가 되거나 과점주주의 지분비율이 증가하는 경우 부동산 등에 관한 법률상 소유형태만 주주에서 법인으로 변경되었을 뿐 '사실상 임의처분하거나 관리·운용할 수 있는 지위'에는 아무런 변동이 없다. 또한 현물출자 이외 다른 법률형식(현금으로 유상증자 후 그 현금으로 부동산 취득)으로 회사에 이전할 경우 간주취득세가 부과되지 아니한다. 이러한 점을 고려할 때 현물출자의 경우 '사실상 임의처분하거나 관리·운용할 수 있는 지위'에 변동이 없으므로 간주취득세의 납세의무가 없는 것으로 보아야 한다.

6. 과세대상 해당 법인의 부동산 등

부동산 등이란 부동산, 차량, 기계장비, 항공기, 선박, 입목, 광업권, 어업권, 양식업권, 골프회원권, 승마회원권, 콘도미니엄 회원권, 종합체육시설 이용회원권 또는 요트회원권 등 취득세 과세대상 자산을 말한다.

---

297) 지방세운영-251, 2008.7.16.
298) 지방세운영-418, 2008.7.29.

과점주주의 납세의무성립 당시 당해 법인의 취득시기가 도래되지 아니한 물건에 대하여는 과점주주에게 납세의무가 없으며, 연부취득 중인 물건에 대하여는 연부 취득시기가 도래된 부분에 한하여 납세의무가 있다.[299]

과점주주의 납세의무는 과점주주 성립시점에 법인이 소유하고 있는 취득세과세물건이 되며, 이때 소유란 「지방세법」상 취득의 시기가 완성된 것을 의미한다. 따라서 미준공상태의 건물 및 계약상태의 취득 등에 대하여는 납세의무가 없다.

7. 과점주주의 과세표준

과점주주가 취득한 것으로 보는 해당 법인의 부동산 등에 대한 과세표준은 그 부동산 등의 총가액을 그 법인의 주식 또는 출자의 총수로 나눈 가액에 과점주주가 취득한 주식 또는 출자의 수를 곱한 금액으로 한다.

이 경우 과점주주는 조례로 정하는 바에 따라 과세표준 및 그 밖에 필요한 사항을 신고하여야 하되, 신고 또는 신고가액의 표시가 없거나 신고가액이 과세표준보다 적을 때에는 지방자치단체의 장이 해당 법인의 결산서 및 그 밖의 장부 등에 따른 취득세 과세대상 자산총액을 기초로 산출한 금액을 과세표준으로 한다.

$$과세표준 = 부동산등의\ 총가액 \times \frac{과점주주의\ 주식수}{발행주식총수}$$

과점주주의 과세표준은 장부상 총가액을 기준으로 하며, 장부상 총가액이란 취득세과세물건의 취득가액에 산입되는 모든 지출을 합산한 금액이다. 따라서 취득시기 이전에 발생한 건설자금이자 및 취득 직전 연도의 재평가차액 등은 과세표준에 산입하여야 하지만, 취득시점에 재평가 착수는 하였으나 재평가액이 결정되지 않은 상태에서의 재평가차액은 그 소급효과 여부에 불구하고 과세표준에 산입되지 아니한다.

당해 법인의 주식을 취득하여 과점주주가 된 경우 과점주주의 취득일 현재 법인장부상 재고자산에 계상된 부동산 등의 가액도 과세표준에 포함된다. 그러므로 주택을 건설하여 분양하는 사업자가 미분양주택을 재고자산에 계상한 경우에 「지방세법」상 과세대상이 되는 부동산에 해당하므로 부동산 등의 총가액에 포함된다.

비상장법인이 연부로 취득하고 매회 연부금을 지급하고 있는 상태에서 과점주주 지분이

---

299) 「지방세법」 운영예규 7-3

증가된 경우 과점주주 취득세 납세의무 성립시점까지 취득대금으로서 지급한 연부금액은 과점주주가 취득한 자산가액에 포함된다.

8. 과점주주취득에 대한 세율

2010년 취득세와 등록세가 통합되기 전에는 과점주주의 취득에 대하여 취득세는 과세하고 등록세는 과세대상이 되지 않았다. 그 후 취득세와 등록세가 통합되면서 세금부담을 종전과 같이 하기 위해서 과점주주의 취득에 대하여는 중과기준세율인 2%를 적용하도록 세율의 특례규정을 마련하였다.[300]

한편, 일반과세대상물건에 대하여는 중과기준세율이 적용되나, 중과세 대상물건이 있는 경우에는 중과세율을 적용한다. 세율(일반세율 또는 중과세율)의 적용 여부는 과점주주 성립 당시를 기준으로 한다. 다만, 다음과 같은 경우에는 중과세가 적용되지 않는다.

① 대도시 내 법인의 본점 또는 주사무소의 사업용 부동산

대도시 내 법인의 본점 또는 주사무소의 사업용 부동산에 대한 중과세 규정도 신설 또는 증설의 경우에 한하여 중과세가 적용되기 때문에 과점주주의 간주취득 시에는 중과세가 적용되지 않는다.[301]

② 골프장의 과점주주

골프장은 그 시설을 갖추어 체육시설업의 등록 시 또는 증설하여 변경등록 시에 한해 취득세가 중과세되므로, 골프장에 대한 과점주주의 취득세는 중과세되지 않는다.[302]

한편, 과점주주의 간주취득이 「지방세법」 또는 기타 법령의 규정에 의한 비과세 또는 감면 요건에 해당하는 경우에는 과점주주의 취득세가 비과세 또는 감면대상이 되나, 당해 법인이 부동산 등을 취득하면서 취득세를 비과세 또는 감면받았다고 하여 바로 과점주주로 된 자의 취득세 납세의무도 비과세 또는 면제되는 것은 아니다.

9. 연대납세의무

과점주주에 해당하는 특수관계인은 과점주주의 취득세를 연대납부할 의무를 진다. 간주취득세 납세의무를 지는 과점주주에 대하여는 연대납세의무를 부담하도록 규정하고 있는데, 그 취지는 과점주주 집단을 형성하는 친족 기타 특수관계에 있는 자들은 실질적으로

---

300) 「지방세법」 제15조 ②
301) 「지방세법」 운영예규 7-3
302) 세정 13407-1165, 2002.12.9.

당해 법인의 자산에 관하여 공동사업자 또는 공유자의 지위에서 관리·처분권을 행사할 수 있게 되므로 그 자산에 대한 권리·의무도 과점주주에게 실질적·경제적으로 공동으로 귀속된다는 점을 고려하여 그 담세력을 공동으로 파악하려는 데 있다.

XII 도시개발사업등이 납세의무

「도시개발법」에 따른 도시개발사업과 「도시 및 주거환경정비법」에 따른 정비사업의 시행으로 해당 사업의 대상이 되는 부동산의 소유자(상속인을 포함한다)가 환지계획 또는 관리처분계획에 따라 공급받거나 토지상환채권으로 상환받는 건축물은 그 소유자가 원시취득한 것으로 보며, 토지의 경우에는 그 소유자가 승계취득한 것으로 본다. 이 경우 토지는 당초 소유한 토지 면적을 초과하는 경우로서 그 초과한 면적에 해당하는 부분에 한하여 취득한 것으로 본다.

I 취득세 비과세 개요

각 세법에서는 과세대상이 되는 과세물건 중 특정의 것을 과세대상에서 의도적으로 제외시키고 있으며, 이는 일반적으로 조세정책적 목적에서 비롯된다. 따라서 이러한 비과세는 조세채권이 처음부터 성립되지 않은 것이며, 비과세규정을 적용받기 위한 별도의 특별한 절차를 요하지도 않는다. 이에 반해, 감면제도는 「지방세법」상 세목에 따라 과세요건은 성립하였으나 납세의무의 이행단계에서 징수권 행사의 유보로서 지방세의 일부 또는 전부를 이행하지 않도록 하는 점에서 비과세와는 구별된다. 이러한 지방세의 감면규정은 「지방세특례제한법」 및 지방자치단체의 지방세감면조례에서 규정하고 있다. 「지방세법」 제9조에서는 다음과 같이 7가지의 취득세 비과세를 열거하고 있다.

① 국가 등의 취득
② 국가 등에 귀속 또는 기부채납을 조건으로 취득
③ 신탁으로 인한 신탁재산의 취득
④ 토지의 수용·사용에 관한 환매권의 행사로 매수하는 부동산의 취득
⑤ 임시건축물의 취득
⑥ 공동주택의 개수
⑦ 노후 차량의 상속취득

II 국가 등의 취득

1. 국가 등의 취득에 대한 비과세

국가 또는 지방자치단체, 지방자치단체조합, 외국정부 및 주한국제기구의 취득에 대해서는 취득세를 부과하지 아니한다. 다만, 대한민국 정부기관의 취득에 대하여 과세하는 외국정부의 취득에 대해서는 취득세를 부과한다.[303]

---

303) 「지방세법」 제9조 ①

2. 비과세되는 국가 등의 범위

비과세되는 국가는 정부조직법상의 중앙행정기관과 국립학교나 국립의료원 등 국가가 설치한 각종 기관을 말한다. 지방자치단체란 특별시·광역시·도·시·군·구(자치구)를 말한다. 지방자치단체조합이란 「지방자치법」 제159조 제1항에 따른 지방자치단체조합을 말한다.

2014년 1월 1일 「지방세법」 개정 시 타 법에 의해 국가 또는 지방자치단체로 의제되는 법인은 비과세에서 제외되도록 하였다. 이에 따라 국가 등으로 의제하는 법인의 경우 2014년 1월 1일 이후 최초로 납세의무가 성립하는 분부터 비과세가 적용되지 아니한다.

국제기구는 국제연합 및 그 산하기구·전문기구나 정부 간(비정부간) 국제기구를 말한다. 따라서 국내에 등록된 외국민간단체인 경우에는 국제기구로 볼 수 없다.

3. 비과세 대상 국가 등의 취득

국가 등의 취득이란 국가가 취득의 주체가 되어 취득세 과세대상 물건을 취득하는 경우만을 의미한 것으로 한정적으로 해석하여야 한다. 그러므로 국가 등의 재원으로 국가 외의 자가 취득세 과세대상 물건을 취득하는 경우까지 확장하여 적용할 수는 없다.[304]

Ⅲ 국가 등에 귀속 또는 기부채납을 조건으로 하는 취득

1. 비과세 대상 취득

국가나 지방자치단체에서 취득하여야 할 부동산을 대신 취득하여 당해 부동산을 국가 등에 직접 기부하는 자에게 조세지원을 하기 위하여 「지방세법」에서 기부채납용 부동산의 취득에 대하여 취득세를 비과세한다.

국가, 지방자치단체 또는 지방자치단체조합에 귀속 또는 기부채납을 조건으로 취득하는 부동산 및 「사회기반시설에 대한 민간투자법」 제2조 제1호 각 목에 해당하는 사회기반시설에 대해서는 취득세를 부과하지 아니한다.[305]

귀속 또는 기부채납을 조건으로 취득하는 부동산 등에 대하여 비과세하므로 부동산을 취득한 이후에 해당 부동산을 국가 등에 기부채납하기로 국가 등과 계약 등을 하였다면 비과

---

304) 조세심판원 2013.10.17. 결정, 조심 2013지0512 참조
305) 「지방세법」 제9조 ②

세 대상에 해당하지 아니한다. 왜냐하면 취득시점에 이미 유효하게 납세의무가 성립되었고, 그 이후의 기부채납 의사는 이미 성립된 납세의무에 영향을 줄 수 없기 때문이다.

그리고 부동산을 국가 등에 공여함에 있어 경제적 이익을 취득할 목적이 있었다고 하더라도 부동산이 귀속 또는 기부채납의 형식으로 되어 있고, 국가 등이 이를 승낙하는 채납의 의사표시를 한 이후에 취득하는 경우에는 취득세 비과세 대상에 해당된다.[306]

2. 비과세 대상 자산

기부채납을 조건으로 하는 다음에 해당하는 자산의 취득에 대하여 취득세를 비과세한다. 국가 등에 귀속 또는 기부채납을 조건으로 취득하는 경우 당해 부동산이 반드시 사회기반시설이어야 하는 것은 아니므로, 사회기반시설이 아니라 하더라도 부동산이면 비과세된다.

① 부동산
② 사회기반시설

"사회기반시설"이란 각종 생산활동의 기반이 되는 시설, 해당 시설의 효용을 증진시키거나 이용자의 편의를 도모하는 시설 및 국민생활의 편익을 증진시키는 시설로서, 다음의 어느 하나에 해당하는 시설을 말한다.[307]

① 도로, 철도, 항만, 하수도, 하수·분뇨·폐기물처리시설, 재이용시설 등 경제활동의 기반이 되는 시설
② 유치원, 학교, 도서관, 과학관, 복합문화시설, 공공보건의료시설 등 사회서비스의 제공을 위하여 필요한 시설
③ 공공청사, 보훈시설, 방재시설, 병영시설 등 국가 또는 지방자치단체의 업무수행을 위하여 필요한 공용시설 또는 생활체육시설, 휴양시설 등 일반 공중의 이용을 위하여 제공하는 공공용 시설

3. 귀속 또는 기부채납 조건

귀속 또는 기부채납을 조건으로 취득하는 부동산이란 국가 등에 귀속에 대한 의사표시를 하고 국가 등이 이에 대하여 승낙의 의사표시가 있는 이후에 취득하는 부동산을 의미한

---

306) 대법원 2006.1.26. 선고, 2005두14998 판결 참조
307) 「사회기반시설에 대한 민간투자법」 제2조 제1호

다.[308] 귀속 또는 기부채납에는 「사회기반시설에 대한 민간투자법」 제4조 제3호에 따른 방식으로 귀속되는 경우를 포함한다.[309]

「사회기반시설에 대한 민간투자법」 제4조 제3호에 따른 방식이란 "사회기반시설의 준공 후 일정기간 동안 사업시행자에게 해당 시설의 소유권이 인정되며 그 기간이 만료되면 시설소유권이 국가 또는 지방자치단체에 귀속되는 방식"을 말한다.

「사회기반시설에 대한 민간투자법」 제4조에서는 "민간투자사업은 다음의 어느 하나에 해당하는 방식으로 추진하여야 한다"고 규정하고 있다.

① 사회기반시설의 준공과 동시에 해당 시설의 소유권이 국가 또는 지방자치단체에 귀속되며, 사업시행자에게 일정기간의 시설관리운영권을 인정하는 방식(②에 해당하는 경우는 제외)

② 사회기반시설의 준공과 동시에 해당 시설의 소유권이 국가 또는 지방자치단체에 귀속되며, 사업시행자에게 일정기간의 시설관리운영권을 인정하되, 그 시설을 국가 또는 지방자치단체 등이 협약에서 정한 기간 동안 임차하여 사용·수익하는 방식

③ 사회기반시설의 준공 후 일정기간 동안 사업시행자에게 해당 시설의 소유권이 인정되며 그 기간이 만료되면 시설소유권이 국가 또는 지방자치단체에 귀속되는 방식

④ 사회기반시설의 준공과 동시에 사업시행자에게 해당 시설의 소유권이 인정되는 방식

⑤ 민간부문이 제9조에 따라 사업을 제안하거나 제12조에 따라 변경을 제안하는 경우에 해당 사업의 추진을 위하여 위 이외의 방식을 제시하여 주무관청이 타당하다고 인정하여 채택한 방식

⑥ 그 밖에 주무관청이 수립한 민간투자시설사업기본계획에 제시한 방식

「사회기반시설에 대한 민간투자법」 제4조 제3호에 따른 방식을 포함한다고 규정하고 있고, 제1호 및 제2호는 준공과 동시에 해당시설의 소유권이 국가 등에 귀속되므로 비과세 대상에 해당되고, 제3호는 준공과 동시에 해당시설의 소유권이 국가 등에 귀속되는 경우가 아니라도 일정기간이 지나면 소유권이 국가 등에 이전되므로 이를 비과세 대상에 포함하는 것이다. 결국 「사회기반시설에 대한 민간투자법」 제4조에 의한 사업추진방식 중 ①, ②, ③의 방식에 해당하는 경우 취득세를 비과세한다.

---

308) 대법원 2005.5.12. 선고, 2003다43346 판결 참조
309) 「지방세법」 제7조 ②

4. 비과세의 배제

비록 기부채납을 조건으로 취득하였다고 하더라도 기부채납을 이행하기 이전에 당해 부동산을 처분하여 국가나 자치단체에 직접 기부하지 아니하는 등의 경우에는 비과세 요건을 구비하였다고 볼 수 없으므로 취득세가 과세된다. 다음의 어느 하나에 해당하는 경우 그 해당 부분에 대해서는 취득세를 부과한다.[310]

① 국가 등에 귀속 등의 조건을 이행하지 아니하고 타인에게 매각·증여하거나 귀속 등을 이행하지 아니하는 것으로 조건이 변경된 경우
② 국가 등에 귀속 등의 반대급부로 국가 등이 소유하고 있는 부동산 및 사회기반시설을 무상으로 양여받거나 기부채납 대상물의 무상사용권을 제공받는 경우

2015년 12월 29일 법 개정 시 기부채납에 반대급부가 있는 경우 비과세 취지에 부합되지 않으므로 취득세 비과세 대상에서 제외하였다.

Ⅳ 신탁으로 인한 신탁재산의 취득

1. 비과세되는 신탁재산의 취득

「신탁법」상의 신탁은 수탁자에게 재산권의 관리, 처분의 권한이 부여되어 있고, 그 관리·처분의 권한이 비록 목적의 제한은 받지만 배타적으로 수탁자에게 귀속된다는 점에서 신탁관계로 인하여 수탁자가 재산을 취득한 경우에는 「지방세법」상 취득이 이루어진 것으로 봄이 타당하다. 다만, 일반적으로 신탁사업의 경우 신탁이익의 귀속자는 위탁자 내지 수익자이고 수탁자의 이익향수는 금지되어 있다는 점[311]을 중시하여 신탁으로 인한 신탁재산의 취득에 대하여 그 취득의 형식성을 근거로 비과세 대상으로 하고 있다.

신탁(「신탁법」에 따른 신탁으로서 신탁등기가 병행되는 것만 해당한다)으로 인한 신탁재산의 취득으로서 다음의 어느 하나에 해당하는 경우에는 취득세를 부과하지 아니한다. 다만, 신탁재산의 취득 중 주택조합 등과 조합원 간의 부동산 취득 및 주택조합 등의 비조합원용 부동산 취득은 제외한다.[312]

---

310) 「지방세법」 제9조 ②
311) 「신탁법」 제36조 참조
312) 「지방세법」 제9조 ③

① 위탁자로부터 수탁자에게 신탁재산을 이전하는 경우

② 신탁의 종료로 인하여 수탁자로부터 위탁자에게 신탁재산을 이전하는 경우

③ 수탁자가 변경되어 신수탁자에게 신탁재산을 이전하는 경우

2. 비과세 제외되는 신탁재산의 취득

(1) 수탁자의 취득

신탁회사가 수탁자로부터 금전을 신탁 받아 토지를 취득하는 경우에는 비과세대상에 해당하지 아니하므로 수탁자가 취득세의 납세의무를 진다. 또한, 금전신탁을 받아 취득한 토지상에 건축물을 신축하여 수탁자의 명의로 소유권보존등기를 하는 것은 수탁회사의 원시취득으로서 취득세가 비과세되지 아니하여 신탁회사가 취득세의 납세의무를 부담한다.[313] 그 후 신탁계약의 해지 또는 종료에 의하여 신탁자로 소유권이 이전되는 경우에 있어서는 취득세가 비과세된다.

수탁자의 건축에 의한 원시취득과 마찬가지로 위탁자와 수탁자(신탁회사)가 부동산 신탁계약을 체결하고 토지소유권을 수탁자인 신탁회사로 이전한 후 수탁자가 건축물을 건축함으로써 토지의 지목이 변경된 경우 지목변경으로 인한 취득은 신탁등기가 병행되는 신탁재산의 취득이 아니므로 취득세 비과세 대상에 해당되지 않아 수탁자가 지목변경에 따른 취득세 납세의무를 부담한다.

〈그림〉 금전신탁과 취득세

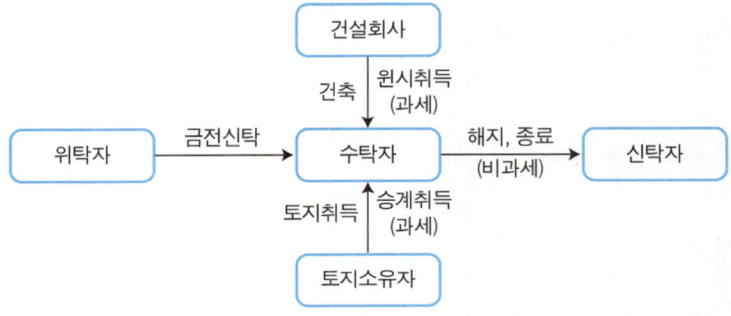

(2) 주택조합 등의 신탁

주택조합 등이 조합원용으로 취득하는 부동산은 조합원이 취득한 것으로 보고 비조합원

---

313) 대법원 판례 2001두2720, 2003.6.10.

용토지의 경우에는 조합이 취득한 것으로 본다. 따라서 조합원이 주택조합 등에 조합원용 토지를 신탁이전하는 경우에는 조합원이 조합원으로부터 취득하는 것이 되어 취득의 개념이 성립할 여지가 없다. 그러나 조합원이 주택조합 등에 비조합원용의 토지를 신탁이전하는 경우에는 당해 주택조합 등이 취득한 것으로서 취득세 과세대상이 되며, 이는 비과세 대상에도 포함되지 아니하는 것이다.

주택재건축사업 중 특히 일반분양분과 관련한 사업은 주택재건축조합 자신의 사업으로써 그에 의하여 발생하는 이익이 일단 주택재건축조합에 귀속된다.[314] 그러므로 법률적으로나 경제적 실질에 있어서나 오로지 타인의 사무를 처리하는 통상적인 신탁과는 다른 점이 존재하므로 이를 비과세에서 제외하고 있는 것이다.

토지의 수용·사용에 관한 환매권의 행사로 매수하는 부동산의 취득

「징발재산정리에 관한 특별조치법」 또는 「국가보위에 관한 특별조치법 폐지법률」 부칙 제2항에 따른 동원대상지역 내의 토지의 수용·사용에 관한 환매권의 행사로 매수하는 부동산의 취득에 대하여는 취득세를 부과하지 아니한다.[315]

환매권자의 범위에 대하여 「징발재산정리에 관한 특별조치법」 제20조 제1항에 규정한 피징발자 또는 그 상속인을 포함한다. 한편, 환매권 행사기간이 경과된 후에 「징발재산정리에 관한 특별조치법」 제20조의 2 제1항에 의거 국가가 매각한 부동산을 피징발자 또는 그 상속인이 취득할 경우에는 취득세가 비과세 되지 아니한다.

임시건축물의 취득

1. 비과세 대상 임시건축물

임시흥행장, 공사현장사무소 등 임시건축물의 취득에 대하여는 취득세를 부과하지 아니한다. 다만, 존속기간이 1년을 초과하는 경우에는 취득세를 부과한다.[316]

---

314) 대법원 2005.6.10. 선고, 2003두2656 판결 등 참조
315) 「지방세법」 제9조 ④
316) 「지방세법」 제9조 ⑤

여기서 임시흥행장 등은 예시적 규정이기 때문에 「지방세법」에 규정된 건축물로서 존속기간이 1년 이내인 임시건축물에 대하여는 그 사용용도나 명칭 여하에 불구하고 비과세된다. 즉, 「건축법」상 건축물과 특정시설물이 모두 임시건축물의 규정의 대상이 되므로 존속기간이 1년 이내인 경우에는 비과세된다.

2. 존속기간의 기산점

존속기간의 기산점은 「건축법」 제15조 규정에 의한 가설건축물 축조신고서상 존치기간의 시기(그 이전에 사실상 사용한 경우에는 그 사실상 사용일)가 되고 신고가 없는 경우에는 사실상 사용일이 된다. 또한, 가설건축물축조신고필증에 존치기간이 규정되어 있더라도 존치기간 중에 완공되었다면 실제 완공일부터 존속기간을 산정하여 1년 초과 여부를 판단한다.[317]

3. 존속기간의 판단

임시건축물에 대한 취득세 과세여부의 판단은 취득시점부터 1년이 되는 시점에서 과세여부를 판단하는 것이 아니라 존속기간을 1년을 초과하여 사용할 것을 전제로 축조신고를 하는지의 여부에 따라 판단한다.[318]

존치기간을 1년 미만으로 하여 취득세를 비과세하였으나 실제 존치기간이 1년을 초과하는 경우에는 비과세되지 아니하므로 취득세를 추징한다.

반면에 임시건축물을 취득한 자가 당초 존속기간을 1년을 초과하는 것으로 하여 축조신고를 하고 취득세를 납부하였으나 그 후 존속기간을 1년 미만으로 변경하고 실제 1년 이내에 이를 철거한 경우에 취득세 비과세 대상에 해당하는지에 대하여는 분명하지 아니하다. 일부 심판례[319]는 임시건축물을 취득하면서 당초 존속기간을 1년 초과하는 것으로 하여 축조신고를 하였다면 이는 존속기간이 1년을 초과하는 건축물로서 취득 당시부터 위 규정에 의한 취득세의 비과세 대상으로서의 요건을 갖추지 못한 건축물로 보아야 한다고 판단하고 있다. 반면, 대법원 판례는[320] 건축법상 가설건축물 축조신고서에 기재된 존치기간은 해당 가설건축물을 축조하려는 자가 착공 전에 그 존치기간을 예상하여 기재해 둔 것에 불과하므로 이 경우 비과세 대상에 해당한다고 판단하고 있다.

---

317) 세정-1755, 2004.6.28.
318) 행정자치부 심사결정 제2004-71호, 2004.3.29.
319) 세정-5525, 2007.12.21.
320) 대법원 2016두34875(2016.6.9.)

Ⅶ 공동주택의 개수

공동주택의 개수(「건축법」제2조 제1항 제9호에 따른 대수선은 제외한다)로 인한 취득 중 주택의 시가표준액이 9억원 이하인 주택과 관련된 개수로 인한 취득에 대해서는 취득세 를 부과하지 아니한다.[321]

승강기 등 공동주택에 딸린 시설물을 교체·수선하는 경우 개수로 인한 취득으로 보아 그 취득가액의 2%를 취득세로 부과한다. 다만, 중소서민용 공동주택에 딸린 노후 시설물을 교체하거나 수선할 경우 지방세 부담을 덜어줄 필요가 있어 취득세를 비과세하는 것이다.

'공동주택'이란 건축물의 벽·복도·계단이나 그 밖의 설비 등의 전부 또는 일부를 공동 으로 사용하는 각 세대가 하나의 건축물 안에서 각각 독립된 주거생활을 할 수 있는 구조로 된 주택을 말한다. 공동주택에는 아파트, 연립주택, 다세대주택이 포함된다.

Ⅷ 노후 차량의 상속취득

다음의 어느 하나에 해당하는 차량에 대해서는 상속에 따른 취득세를 부과하지 아니한다.[322]

① 상속개시 이전에 천재지변·화재·교통사고·폐차·차령초과(車齡超過) 등으로 사 용할 수 없게 된 차량으로서 대통령령으로 정하는 차량
② 차령초과로 사실상 차량을 사용할 수 없는 경우 등 대통령령으로 정하는 사유로 상속 으로 인한 이전등록을 하지 아니한 상태에서 폐차함에 따라 상속개시일부터 3개월 이내에 말소등록된 차량

2017. 1. 1. 시행 법률 개정으로 종전에는 교통사고 등으로 자동차가 멸실되었음에도 상 속개시 당시 차량등록이 남아 있으면 상속에 따른 취득세를 부과하고 있어 실질과세 원칙 에 부합하지 않는 측면이 있었다.[323] 따라서 상속개시 이전에 천재지변·화재·교통사 고·폐차·차령초과 등으로 소멸·멸실 또는 파손되어 회수·사용할 수 없는 자동차에 대 하여는 상속에 따른 취득세를 비과세하도록 하였다.

---

321) 「지방세법」 제9조 ⑥
322) 「지방세법」 제9조 ⑦
323) 자동차세의 경우 사실상 소멸·멸실된 차량에 대하여 비과세한다.

제4절 취득의 시기

I 취득세의 납세의무 성립시기

「지방세기본법」 제34조에서는 지방세의 납세의무 성립시기에 관하여 규정하고 있으며, 동 규정에 의한 취득세 납세의무는 취득세의 과세물건을 취득하는 때에 성립한다.[324] 「지방세법」 제10조의 7에서 취득시기에 관한 사항을 시행령으로 정하도록 위임하고 있으며, 시행령에서 취득시기를 규정하고 있으므로 결국 시행령에 따른 취득시기가 취득세의 납세의무 성립일이 된다.

II 무상취득의 취득시기

1. 무상승계취득의 취득시기

(1) 무상취득의 취득시기

증여 또는 기부 등 무상취득의 경우에는 그 계약일에 취득한 것으로 본다. 취득일 전에 등기 또는 등록을 한 경우에는 그 등기일 또는 등록일에 취득한 것으로 본다.

(2) 취득으로 보지 않는 계약 해제[325]

취득시기 이후 해당 취득물건을 등기·등록하지 않고 다음의 어느 하나에 해당하는 서류로 계약이 해제된 사실이 입증되는 경우에는 취득한 것으로 보지 않는다.[326] 여기서 등기일이란 등기원인일이 아니라 등기접수일을 말한다.

---

324) 「지방세기본법」 제34조 ①
325) 해제와 해지
　　성립한 계약을 취소시키는 점은 같으나 해지는 해지한 때로부터 장래에 향하여 효력을 잃게 하는 데 반하여 해제는 소급효가 있다. 해지는 임대차나 고용과 같이 계속적 계약관계에서만 인정된다.
326) 「지방세법 시행령」 제20조 ①

| 무상취득 시 계약해제 입증서류 |

입증서류	요 건
① 화해조서·인낙조서	해당 조서에서 취득일부터 취득일이 속하는 달의 말일부터 3개월 이내에 계약이 해제된 사실이 입증되는 경우만 해당
② 공정증서	공증인이 인증한 사서증서를 포함하되, 취득일부터 취득일이 속하는 달의 말일부터 3개월 이내에 공증받은 것만 해당
③ 계약해제신고서	취득일부터 취득일이 속하는 달의 말일부터 3개월 이내에 제출된 것만 해당

부동산에 대한 소유권이전등기가 이루어지지 않은 상태에서 증여계약일부터 위 표의 기간 이내에 증여계약을 해제한 사실이 화해조서·인낙조서·공정증서 등으로 입증되는 경우에는 취득일(증여계약일)부터 위 표에 해당하는 기간이 경과한 후 증여계약의 해제 사실을 신고하더라도 취득한 것으로 보지 아니한다.[327]

(3) 계약의 해제와 원상회복

증여계약이나 매매계약에 있어 정당하게 과세대상물건이 이전되어 취득세를 납부한 후에 계약을 해제하고 상호합의에 의하여 소유권 이전등기를 말소하는 원상회복에 대하여는 새로운 취득으로 보지 아니하므로 과세대상이 되지 아니한다.

(4) 증여계약 취소판결[328]

증여로 취득한 부동산에 대해 법원이 사해행위를 원인으로 한 증여계약 취소판결로 인하여 증여취득자의 소유권등기가 말소되고 원래의 소유자에게 환원된 경우 이는 취득한 것으로 볼 수 없다. 그러므로 증여취득으로 기납부한 취득세는 환부대상이 된다.[329]

---

327) 세정-6419, 2006.12.21.
328) 해제와 취소
　　해제와 취소는 그 권리자의 일방적 의사표시에 의하여 법률효과를 소급적으로 소멸시키는 점에서 유사하다. 그러나 다음과 같은 차이점이 있다.

구 분	해 제	취 소
대상	계약	계약, 법률행위
발생원인	법정해제, 약정	법률의 규정
효과	원상회복의무	부당이득반환의무

329) 세정 13407-183, 2001.2.15.

2. 상속의 취득시기

(1) 상속의 취득시기

상속 또는 유증으로 인한 취득의 경우에는 상속 또는 유증 개시일에 취득한 것으로 본다. 「민법」제28조에서 실종선고를 받은 자의 경우 부재자 생사기간(5년)이 만료한 때에 사망한 것으로 본다. 또한, 같은 법 제997조에서 상속은 사망으로 인하여 개시된다고 규정하고 있으며, 「지방세법 시행령」제20조에서 상속으로 인한 취득의 경우에는 상속개시일에 취득한 것으로 본다고 규정하고 있으므로 실종선고로 인한 부동산 취득의 경우에는 실종기간만료일이 취득시기가 된다.

법정 상속인들이 법원의 조정조서에 의하여 상속재산에 대한 소유권을 조정받아 소유권이전등기를 이행하는 경우에는 상속개시일을 취득시기로 한다.[330]

(2) 상속재산의 협의분할

「민법」제1013조 제1항에서는 공동상속인은 언제든지 그 협의에 의하여 상속재산을 분할 할 수 있으며, 「민법」제1015조에서는 상속재산분할의 효과는 상속개시된 때에 소급하여 그 효력이 있다. 따라서 상속재산에 대하여 협의분할이 이루어지지 않은 상태에서 상속인 공동명의로 취득세를 납부한 후 공동상속인 상호 간에 상속재산에 관하여 협의분할이 이루어짐으로써 공동상속인 중 1인이 당초 상속분을 초과하는 재산을 취득하게 되었다고 하여도 이는 다른 공동상속인으로부터 증여받은 것이 아닌 상속개시 당시에 피상속인으로부터 승계받은 것으로 본다.

따라서 협의분할에 의한 취득시기는 상속개시일이 된다. 다만, 상속등기가 이루어진 후에 협의분할로 인하여 변동이 발생한 경우에는 이를 증여로 보며 협의분할시기를 새로운 증여 취득시기로 본다.[331]

(3) 유류분 반환

「민법」제112조 각 호에서 피상속인의 직계비속과 배우자는 법정상속분의 2분의 1, 직계존속과 형제자매는 법정상속분의 3분의 1을 유류분으로 받을 수 있도록 규정하고, 같은 법 제115조 제1항에서 유류분 권리자가 상속개시 1년 전에 행한 증여와 유증으로 인하여 그 유류분에 부족분이 생긴 때에는 부족한 한도 내에서 그 재산의 반환을 청구할 수 있도록

---

330) 도세-716, 2008.5.1.
331) 세정 13407-370, 2001.9.26. 참조

규정하고 있다.

또한, 같은 법 제117조에서 반환의 청구권은 유류분 권리자가 상속의 개시와 반환하여야 할 증여 또는 유증을 한 사실을 안 때로부터 1년 이내에 하지 않으면 시효소멸(상속이 개시된 때로부터 10년이 경과한 때도 같음)한다고 규정하고 있다.

유증에 의하여 취득한 경우 법정상속인으로서 유류분 권리자가 있는 경우 유류분에 해당하는 재산에 대하여는 언제든지 반환의 대상이 된다. 유증으로 인하여 피상속인의 재산을 취득한 경우에도 유류분 권리자의 반환청구권이 시효 소멸하기 이전에는 그 유류분에 해당되는 부분에 대하여는 유동적인 소유자의 지위에 있게 된다. 그 후 소멸시효가 완성되기 전에 유류분 권리자가 유류분의 부족분에 대하여 반환청구권을 행사하면 처음부터 유류분 부족분에 대하여는 취득이 이루어지지 않은 것으로 확정된다 할 수 있다.

상속재산을 최초 유증 받은 후 다른 법정상속인들의 유류분 반환청구에 의해 유류분을 반환한 경우에 최초 유증 받은 자는 반환된 상속재산에 대한 취득세의 납세의무는 없는 것이며, 유류분을 반환받은 자가 반환받은 상속재산에 대한 취득세의 납세의무를 부담한다. 그리고 유류분을 반환받은 자의 취득일은 상속개시일이 된다.

Ⅲ 유상승계취득의 취득시기

1. 유상승계취득의 취득시기

유상승계취득의 경우에는 사실상의 잔금지급일에 취득한 것으로 본다. 신고인이 제출한 자료로 사실상의 잔금지급일을 확인할 수 없는 경우에는 그 계약상의 잔금지급일을 말하고, 계약상 잔금지급일이 명시되지 않은 경우에는 계약일부터 60일이 경과한 날을 말한다. [332] 취득일 전에 등기 또는 등록을 한 경우에는 그 등기일 또는 등록일에 취득한 것으로 본다. 결국 유상승계취득의 경우에는 다음의 ①과 ② 중 빠른 날이 취득시기가 된다.

①		②
일반적인 경우	사실상의 잔금지급일	등기일 또는 등록일
사실상의 잔금지급일을 확인할 수 없는 경우	계약상의 잔금지급일	
계약상 잔금지급일이 명시되지 않은 경우	계약일부터 60일이 경과한 날	

---

332) 「지방세법 시행령」 제20조 ②

2. 취득으로 보지 않는 계약 해제

해당 취득물건을 등기·등록하지 않고 다음의 어느 하나에 해당하는 서류로 계약이 해제된 사실이 입증되는 경우에는 취득한 것으로 보지 않는다.

| 유상 취득 시 계약해제 입증서류 |

입증서류	요 건
① 화해조서·인낙조서	해당 조서에서 취득일부터 60일 이내에 계약이 해제된 사실이 입증되는 경우만 해당
② 공정증서	공증인이 인증한 사서증서를 포함하되, 취득일부터 60일 이내에 공증받은 것만 해당
③ 행정안전부령으로 정하는 계약해제신고서	취득일부터 60일 이내에 제출된 것만 해당
④ 부동산 거래신고 관련 법령에 따른 부동산거래계약 해제등 신고서	취득일부터 60일 이내에 등록관청에 제출한 경우만 해당한다.

 기타 취득의 취득시기

1. 차량 등의 취득시기

차량·기계장비·항공기 및 선박의 경우에는 다음에 따른 날을 최초의 취득일로 본다.[333]

① 주문을 받거나 판매하기 위하여 차량 등을 제조·조립·건조하는 경우 : 실수요자가 차량 등을 인도받는 날과 계약서상의 잔금지급일 중 빠른 날
② 차량 등을 제조·조립·건조하는 자가 그 차량 등을 직접 사용하는 경우 : 차량 등의 등기 또는 등록일과 사실상의 사용일 중 빠른 날

2. 수입

수입에 따른 취득은 해당 물건을 우리나라에 반입하는 날(보세구역을 경유하는 것은 수입신고필증 교부일을 말한다)을 취득일로 본다. 다만, 차량 등의 실수요자가 따로 있는 경우에는 실수요자가 차량 등을 인도받는 날과 계약상의 잔금지급일 중 빠른 날을 승계취득

---

333) 「지방세법 시행령」 제20조 ③

일로 보며, 취득자의 편의에 따라 수입물건을 우리나라에 반입하지 않거나 보세구역을 경유하지 않고 외국에서 직접 사용하는 경우에는 그 수입물건의 등기 또는 등록일을 취득일로 본다.[334)]

3. 연부취득

연부로 취득하는 것은 그 사실상의 연부금 지급일을 취득일로 본다.[335)] 취득일 전에 등기 또는 등록을 한 경우에는 그 등기일 또는 등록일에 취득한 것으로 본다.

4. 건축 또는 개수

건축물을 건축 또는 개수하여 취득하는 경우에는 사용승인서(「도시개발법」 제51조 제1항에 따른 준공검사 증명서, 「도시 및 주거환경정비법 시행령」 제74조에 따른 준공인가증 및 그 밖에 건축 관계 법령에 따른 사용승인서에 준하는 서류를 포함한다)를 내주는 날(사용승인서를 내주기 전에 임시사용승인을 받은 경우에는 그 임시사용승인일을 말하고, 사용승인서 또는 임시사용승인서를 받을 수 없는 건축물의 경우에는 사실상 사용이 가능한 날을 말한다)과 사실상의 사용일 중 빠른 날을 취득일로 본다.[336)] 따라서 건축과 개수의 취득시기는 다음의 ①과 ② 중 빠른 날이라 할 수 있다.

①	②
사용승인일 등	
임시사용승인일	사실상의 사용일
사실상 사용이 가능한 날	

5. 조합원으로부터 취득하는 토지 중 조합원에게 귀속되지 아니하는 토지의 취득

「주택법」 제11조에 따른 주택조합이 주택건설사업을 하면서 조합원으로부터 취득하는 토지 중 조합원에게 귀속되지 아니하는 토지를 취득하는 경우에는 「주택법」 제49조에 따른 사용검사를 받은 날에 그 토지를 취득한 것으로 보고, 「도시 및 주거환경정비법」 제35조 제3항에 따른 재건축조합이 재건축사업을 하거나 「빈집 및 소규모주택 정비에 관한 특례법」

---

334) 「지방세법 시행령」 제20조 ④
335) 「지방세법 시행령」 제20조 ⑤
336) 「지방세법 시행령」 제20조 ⑥

제23조 제2항에 따른 소규모재건축조합이 소규모재건축사업을 하면서 조합원으로부터 취득하는 토지 중 조합원에게 귀속되지 아니하는 토지를 취득하는 경우에는 「도시 및 주거환경정비법」 제86조 제2항 또는 「빈집 및 소규모주택 정비에 관한 특례법」 제40조 제2항에 따른 소유권이전 고시일의 다음 날에 그 토지를 취득한 것으로 본다.[337]

6. 토지의 원시취득

관계 법령에 따라 매립·간척 등으로 토지를 원시취득하는 경우에는 공사준공인가일을 취득일로 본다. 다만, 공사준공인가일 전에 사용승낙·허가를 받거나 사실상 사용하는 경우에는 사용승낙일·허가일 또는 사실상 사용일 중 빠른 날을 취득일로 본다.[338]

7. 종류변경과 지목변경

차량·기계장비 또는 선박의 종류변경에 따른 취득은 사실상 변경한 날과 공부상 변경한 날 중 빠른 날을 취득일로 본다.

토지의 지목변경에 따른 취득은 토지의 지목이 사실상 변경된 날과 공부상 변경된 날 중 빠른 날을 취득일로 본다. 다만, 토지의 지목변경일 이전에 사용하는 부분에 대해서는 그 사실상의 사용일을 취득일로 본다.[339]

8. 점유취득

「민법」 제245조 및 제247조에 따른 점유로 인한 취득의 경우에는 취득물건의 등기일 또는 등록일을 취득일로 본다.[340]

9. 재산분할

「민법」 제839조의 2 및 제843조에 따른 재산분할로 인한 취득의 경우에는 취득물건의 등기일 또는 등록일을 취득일로 본다.[341]

---

337) 「지방세법 시행령」 제20조 ⑦
338) 「지방세법 시행령」 제20조 ⑧
339) 「지방세법 시행령」 제20조 ⑨, ⑩
340) 「지방세법 시행령」 제20조 ⑫
341) 「지방세법 시행령」 제20조 ⑬

I 취득세의 과세표준

1. 취득세 과세표준의 기준

"과세표준"이란 「지방세법」에 따라 직접적으로 세액산출의 기초가 되는 과세물건의 수량·면적 또는 가액(價額) 등을 말한다.[342]

취득세의 과세표준은 취득 당시의 가액으로 한다. 다만, 연부로 취득하는 경우 취득세의 과세표준은 연부금액으로 한다. 연부금액은 매회 사실상 지급되는 금액을 말하며, 취득금액에 포함되는 계약보증금을 포함한다.[343]

취득세는 재산의 이전이라는 사실 자체를 포착하여 거기에 담세력을 인정하고 부과하는 유통세이자 취득행위를 과세객체로 하여 조세를 부과하는 행위세이다. 취득세는 취득행위가 이루어진 경우 취득 당시의 과세물건의 가치를 과세표준으로 하여 세금을 부과하는 조세이다. 따라서 그 과세표준은 취득재산의 객관적인 가치를 기준으로 설정되어야 한다. 이러한 관점에서 취득세의 과세표준은 취득 당시의 가액으로 하며, '취득 당시의 가액'이라 함은 취득 당시의 과세물건의 객관적 가치를 금전적으로 환산한 가액이라 할 수 있다.

2021년 12월 28일 「지방세법」 개정 시 과세대상 물건의 실질 가치를 반영할 수 있도록 취득세 과세표준과 관련된 법 규정을 취득 원인별로 재편하였으며, 동 개정규정은 2023년 1월 1일 이후 납세의무가 성립하는 경우부터 적용한다.

---

342) 「지방세기본법」 제2조
343) 「지방세법」 제10조

과세표준		적 용
취득당시의 가액	사실상의 취득가액	− 유상승계취득 − 원시취득 − 지목변경 − 종류변경 − 개수
	시가인정액	− 증여·기부 등 무상 승계취득
	시가표준액	− 상속 − 시가표준액이 1억원 이하 무상취득 − 시가인정액을 산정하기 어려운 경우 − 법인이 아닌 자의 건축, 지목변경, 종류변경, 개수 중 사실상의 취득가액을 확인할 수 없는 경우 − 차량, 기계장비의 무상취득

2. 재산분할과 위자료

(1) 재산분할

「소득세법」상에서는 협의이혼 시 「민법」상 재산분할의 방편으로 각자 명의 부동산을 상대방에게 서로 이전해 준 것은 공유물 분할에 해당하며 유상양도에 해당하지 아니한다. 그러나 「지방세법」상 취득이란 실질적인 소유권의 취득 여부에 관계없이 소유권 이전의 형식으로 이루어지는 취득의 모든 경우를 포함한다.

그러므로 「민법」 제834조(협의상 이혼) 및 제839조의 2(재산분할청구권)의 재산분할에 따른 부동산 등의 소유권의 이전은 「지방세법」상 취득에 해당하며, 그 취득의 형식은 무상취득으로 본다. 그러므로 이혼에 의한 재산분할 시의 과세표준은 무상취득의 과세표준을 적용한다. 다만, 표준세율은 무상취득 시의 세율을 적용하되 「지방세법」 제15조 제1항 제6호에 의한 형식적인 소유권의 취득에 해당하여 세율의 특례적용 대상에 해당한다. 즉, 무상취득의 표준세율에서 중과기준세율을 뺀 세율을 적용한다.

(2) 위자료

부부가 이혼을 함에 따라 위자료를 지급하기 위한 방법으로 자신의 소유인 부동산 등의 소유권을 이전한 것은 위자료채무를 이행하기 위해 그 부동산 등을 양도한 대가로 위자료를 지급할 채무가 소멸하는 경제적 이익을 얻은 것과 같다. 그러므로 「지방세법」에서는 그 부동산 등의 양도를 유상양도로 본다. 따라서 위자료로서 이전받은 부동산 등의 과세표준은 유상승계취득 시의 과세표준을 적용한다.

3. 재판상 화해에 의한 재산분할

재판상 화해에 의한 재산분할을 원인으로 취득세 과세대상물건을 이전받는 경우에는 무상승계취득에 해당된다. 그러므로 무상승계취득의 과세표준을 적용한다. 민사소송 및 행정소송에 의하여 확정된 판결문에 의하여 취득가격이 입증되는 경우에는 이를 사실상의 취득가격으로 보아 취득세 과세표준으로 적용하지만, 화해·포기·인낙 또는 자백간주에 의한 것은 사실상의 취득가격이 입증되는 경우에서 제외하도록 규정하고 있는바, 재판상 화해에 의하여 재산분할을 원인으로 취득세 과세대상 물건을 취득하는 경우에는 무상승계취득의 과세표준을 적용한다.

4. 연부취득의 과세표준

(1) 연부취득의 과세표준

연부로 취득하는 경우 취득세의 과세표준은 연부금액으로 한다. 연부금액은 매회 사실상 지급되는 금액을 말하며, 취득금액에 포함되는 계약보증금을 포함한다. 사실상의 취득가격에는 할부 또는 연부(年賦) 계약에 따른 이자 상당액 및 연체료가 포함되므로[344] 연부이자가 포함된 매회 사실상 지급되는 금액을 과세표준으로 하여야 한다.

연부계약은 매매계약서에서 연부계약형식을 갖추고 일시에 완납할 수 없는 대금을 2년 이상에 걸쳐 일정액씩 분할하여 지급하는 것으로서 계약 당시 계약목적대상이 구체적으로 존재하여야 한다. 그러므로 계약 당시 계약목적물이 구체적으로 확정되지 아니한 경우에는 선수협약에 해당하여 연부취득으로 볼 수 없다. 주택건축사업을 하면서 부동산의 목적물이 존재하지 않고 건물과 토지의 위치, 면적 등이 특정되어 있지 않다면 계약일로부터 2년 이상에 걸쳐 대금이 지급되더라도 연부취득에 해당하지 않는다.[345]

매매 대금을 2년 이상 일정액씩 분할하여 지급하기로 계약한 경우 비록 계약서상에 할부금이라는 용어를 사용하였다 하더라도 이는 연부취득에 해당한다. 또한, 계약서상 연부계약형식을 갖추고 있으나 계약서상 대금지급기간이 2년 미만인 경우 연부취득에 해당되지

---

344)「지방세법 시행령」제18조 ①
345) 도세 −843, 2008.5.13.

않는다.

연부취득에 해당되는지 여부는 매매계약의 내용에 따라 판단하여야 한다. 그러므로 당초 매매계약 체결 시 연부계약을 체결하지 않은 상태에서 매매계약상의 지급날짜가 지연됨으로써 그 대금지급이 2년 이상에 걸쳐 이루어졌다 하여 소급하여 처음부터 연부매매계약을 체결한 것으로 볼 수는 없다. 또한, 연부계약에 의하여 2년 이상에 걸쳐 분할하여 연부금을 지급하기로 하고 계약금 및 연부금을 지급한 경우 그 지급한 날에 취득세 등의 납세의무가 성립되는 것으로서 그 이후 2년 이내에 조기에 나머지 연부금을 모두 지급한 것은 연부금을 분할하여 지급할 수 있는 기한의 이익을 포기하고 그 이행시기를 앞당긴 것에 불과하므로 매회 연부금 지급 시의 납세의무는 유효하게 성립하는 것이다.

(2) 연부계약의 해제와 승계

연부취득의 경우 취득의 시기는 계약보증금을 포함하여 매 연부금을 사실상 지급할 때마다 취득한 것으로 본다. 부동산 등의 거래에 있어 취득은 사실상의 잔금 지급이 있어야 하므로 연부취득 중인 과세물건을 마지막 연부금지급일 전에 계약을 해제한 때에는 이미 납부한 취득세는 환부대상이 된다.

그리고 부동산 등을 취득하고자 연부금을 지급하던 중 경개계약[346]으로 인하여 그 매수에 대한 권리의무가 제3자에게 모두 인계되었다면 연부금 불입에 대한 취득세 등 납세의무 자체도 처음부터 당연히 함께 인계되는 것으로서 경개계약 전에 매도자에게 지급한 계약보증금 및 연부금에 대한 취득세 납세의무도 소급하여 소멸된다. 그러므로 최초의 계약자가 납부한 취득세는 환부대상에 해당되며, 경개계약에 의하여 인수한 제3자의 입장에서 그 계약일로부터 2년 이상에 걸쳐 연부형식으로 지급하기로 한 경우에는 연부취득으로 보아 경개계약 시에 전 매수자에게 지급한 금액 및 매회 연부금에 대하여 지급하는 때에 취득세의 납세의무가 발생한다.

그러나 연부취득 중인 부동산의 매수인의 지위를 승계한 경우, 당해 권리·의무 승계계약일부터 잔금지급일까지의 연부기간이 2년 미만이면 연부취득에 해당하지 않는다.[347]

---

346) 「민법」 제500조부터 제505조. 채무의 중요한 부분을 변경하여 신채무를 성립시키고 구 채무를 소멸시키는 계약
347) 지방세심사 2002-394, 2002.12.23.

Ⅱ 무상취득의 경우 과세표준

1. 무상취득의 과세표준

부동산 등을 무상취득하는 경우 취득당시가액은 취득시기 현재 불특정 다수인 사이에 자유롭게 거래가 이루어지는 경우 통상적으로 성립된다고 인정되는 가액으로 한다. 이를 '시가인정액'이라 한다. 시가인정액은 매매사례가액, 감정가액, 공매가액 등 시가로 인정되는 가액을 말한다. 다만, 다음의 경우에는 각각에서 정하는 가액을 취득당시가액으로 한다.[348]

① 상속에 따른 무상취득의 경우 : 시가표준액
② 취득물건에 대한 시가표준액이 1억원 이하인 부동산 등을 무상취득(상속취득 제외)하는 경우 : 시가인정액과 시가표준액 중에서 납세자가 정하는 가액
③ 시가인정액을 산정하기 어려운 경우 : 시가표준액

2. 시가인정액

매매사례가액, 감정가액, 공매가액 등 대통령령으로 정하는 바에 따라 시가로 인정되는 가액(시가인정액)이란 취득일 전 6개월부터 취득일 후 3개월 이내의 기간(평가기간)에 취득 대상이 된 부동산 등에 대하여 매매, 감정, 경매 또는 공매한 사실이 있는 경우의 가액으로서 다음 각각의 구분에 따라 정하는 가액을 말한다.[349]

① 취득한 부동산 등의 매매사실이 있는 경우 : 그 거래가액. 다만, 특수관계인과의 거래 등으로 그 거래가액이 객관적으로 부당하다고 인정되는 경우는 제외한다.
② 취득한 부동산 등에 대하여 둘 이상의 감정기관이 평가한 감정가액이 있는 경우 : 그 감정가액의 평균액
③ 취득한 부동산 등의 경매 또는 공매 사실이 있는 경우 : 그 경매가액 또는 공매가액

매매사례가액, 감정가액 및 경매·공매가액이 평가기간 이내의 가액인지에 대한 판단은 다음의 구분에 따른 날을 기준으로 하며, 시가인정액이 둘 이상인 경우에는 취득일 전후로 가장 가까운 날의 가액(그 가액이 둘 이상인 경우에는 평균액을 말한다)을 적용한다.[350]

---

348) 「지방세법」 제10조의 2
349) 「지방세법 시행령」 제14조 ①
350) 「지방세법 시행령」 제14조 ②

① 매매사례가액 : 매매계약일

② 감정가액 : 가격산정기준일과 감정가액평가서 작성일

③ 경매·공매가액 : 경매가액 또는 공매가액이 결정된 날

다만, 납세자 또는 지방자치단체의 장은 취득일 전 2년 이내의 기간 중 평가기간에 해당하지 않는 기간에 매매 등이 있거나 평가기간이 지난 후에도 신고·납부기한의 만료일부터 6개월 이내의 기간 중에 매매 등이 있는 경우에는 지방세심의위원회에 해당 매매 등의 가액을 시가인정액으로 인정하여 줄 것을 심의요청할 수 있다.

이 경우 심의요청을 받은 지방세심의위원회는 취득일부터 위의 ①, ②, ③의 날까지의 기간 중에 시간의 경과와 주위환경의 변화 등을 고려할 때 가격변동의 특별한 사정이 없다고 인정하는 경우에는 매매등의 가액을 시가인정액으로 심의·의결할 수 있다.[351]

〈그림〉 매매 등 시가인정액 평가기간

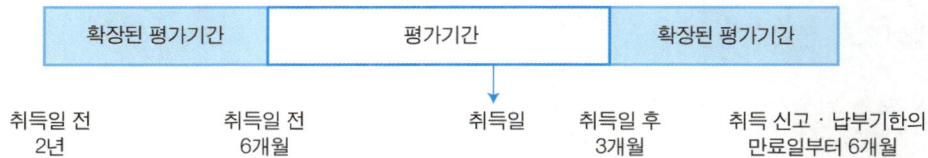

| 확장된 평가기간 | 평가기간 | 확장된 평가기간 |

| 취득일 전
2년 | 취득일 전
6개월 | 취득일 | 취득일 후
3개월 | 취득 신고·납부기한의
만료일부터 6개월 |

시가인정액을 산정할 때 위의 ①, ②, ③의 날이 부동산 등의 취득일 전인 경우로서 취득일까지 해당 부동산등에 대한 자본적지출액이 확인되는 경우에는 그 자본적지출액을 시가인정액에 더할 수 있다.[352]

3. 감정가액의 산정

납세자가 취득세 신고를 할 때 과세표준으로 감정가액을 신고하려는 경우에는 둘 이상의 감정기관에 감정을 의뢰하고 그 결과를 첨부하여야 한다. 다만, 시가표준액이 10억원 이하인 부동산 등과 법인 합병·분할 및 조직 변경을 원인으로 취득하는 부동산 등의 경우에는 하나의 감정기관으로 한다.

취득한 부동산 등에 대하여 둘 이상의 감정기관(행정안전부령으로 정하는 공신력 있는 감정기관을 말한다)이 평가한 감정가액이 있는 경우에는 그 감정가액의 평균액으로 한다. 다만, 다음의 가액은 제외하며, 해당 감정가액이 시가표준액에 미달하는 경우나 시가표준

---

351) 「지방세법 시행령」 제14조 ③, ④
352) 「지방세법 시행령」 제14조 ⑦

액 이상인 경우에도 지방세심의위원회의 심의를 거쳐 감정평가 목적 등을 고려하여 해당 감정가액이 부적정하다고 인정되는 경우에는 지방자치단체의 장이 다른 감정기관에 의뢰하여 감정한 가액으로 하며, 그 가액이 납세자가 제시한 감정가액보다 낮은 경우에는 납세자가 제시한 감정가액으로 한다.[353)]

① 일정한 조건이 충족될 것을 전제로 해당 부동산 등을 평가하는 등 취득세의 납부 목적에 적합하지 않은 감정가액

② 취득일 현재 해당 부동산 등의 원형대로 감정하지 않은 경우 그 감정가액

4. 시가인정액이 없는 경우

시가인정액으로 인정된 가액이 없는 경우에는 취득한 부동산 등의 면적, 위치, 종류 및 용도와 시가표준액이 동일하거나 유사하다고 인정되는 다른 부동산 등의 시가인정액(취득일 전 1년부터 신고·납부기한의 만료일까지의 가액으로 한정한다)을 해당 부동산 등의 시가인정액으로 본다.[354)]

〈그림〉 유사 부동산의 매매 등 시가인정액 평가기간

5. 채무부담액의 과세표준

증여자의 채무를 인수하는 부담부증여의 경우 유상으로 취득한 것으로 보는 채무액에 상당하는 부분에 대해서는 유상승계취득에서의 과세표준을 적용하고, 취득물건의 시가인정액에서 채무부담액을 뺀 잔액에 대해서는 무상취득에서의 과세표준을 적용한다.

---

353) 「지방세법 시행령」 제14조 ① 제2호
354) 「지방세법 시행령」 제14조 ⑤

유상승계취득의 과세표준

1. 유상승계취득의 과세표준

부동산 등을 유상거래로 승계취득하는 경우 취득당시가액은 취득시기 이전에 해당 물건을 취득하기 위하여 다음의 자가 거래 상대방이나 제3자에게 지급하였거나 지급하여야 할 일체의 비용으로서 사실상 취득가격으로 한다. 유상거래란 매매 또는 교환 등 취득에 대한 대가를 지급하는 거래를 말한다.[355)]

① 납세의무자
②「신탁법」에 따른 신탁의 방식으로 해당 물건을 취득하는 경우에는 같은 법에 따른 위탁자
③ 그 밖에 해당 물건을 취득하기 위하여 비용을 지급하였거나 지급하여야 할 자로서 대통령령으로 정하는 자

판례는「지방세법」개정 전 규정을 문언 그대로 해석하여 신탁관계에서 위탁자가 수탁자(취득자)에게 지급한 신탁수수료는 '지급하거나 지급하여야 할 비용'에 포함되지 않는다고 판시하여 왔다. 2021년 12월 31일 시행령 개정에 따라 건축 또는 토지조성공사로 수탁자가 취득하는 경우 위탁자가 수탁자에게 지급하는 신탁수수료를 취득가격에 포함되도록 하였다. 한편, 2023년 12월 31일「지방세법」개정 시 비용 지급주체를 명확히 하는 조문을 신설함에 따라, 위탁자가 수탁자에게 지급하는 신탁수수료가 과세표준에 포함되도록 하였다.

2. 사실상 취득가격의 범위

사실상 취득가격이란 해당 물건을 취득하기 위하여 거래 상대방 또는 제3자에게 지급했거나 지급해야 할 직접비용과 다음의 어느 하나에 해당하는 간접비용의 합계액을 말한다. 다만, 취득대금을 일시급 등으로 지급하여 일정액을 할인받은 경우에는 그 할인된 금액으로 하고, 법인이 아닌 자가 취득한 경우에는 ①, ②, ⑦의 금액을 제외한 금액으로 한다.[356)]

① 건설자금에 충당한 차입금의 이자 또는 이와 유사한 금융비용
② 할부 또는 연부(年賦) 계약에 따른 이자 상당액 및 연체료

---

355)「지방세법」제10조의 3
356)「지방세 법시행령」제18조 ①

③ 「농지법」에 따른 농지보전부담금, 「문화예술진흥법」 제9조 제3항에 따른 미술작품의 설치 또는 문화예술진흥기금에 출연하는 금액, 「산지관리법」에 따른 대체산림자원조성비 등 관계 법령에 따라 의무적으로 부담하는 비용

④ 취득에 필요한 용역을 제공받은 대가로 지급하는 용역비·수수료(건축 및 토지조성공사로 수탁자가 취득하는 경우 위탁자가 수탁자에게 지급하는 신탁수수료를 포함한다)

⑤ 취득대금 외에 당사자의 약정에 따른 취득자 조건 부담액과 채무인수액

⑥ 부동산을 취득하는 경우 「주택도시기금법」 제8조에 따라 매입한 국민주택채권을 해당 부동산의 취득 이전에 양도함으로써 발생하는 매각차손. 이 경우 행정안전부령으로 정하는 금융회사 등 외의 자에게 양도한 경우에는 동일한 날에 금융회사 등에 양도하였을 경우 발생하는 매각차손을 한도로 한다.

⑦ 「공인중개사법」에 따른 공인중개사에게 지급한 중개보수

⑧ 붙박이 가구·가전제품 등 건축물에 부착되거나 일체를 이루면서 건축물의 효용을 유지 또는 증대시키기 위한 설비·시설 등의 설치비용

⑨ 정원 또는 부속시설물 등을 조성·설치하는 비용

⑩ 기타 이에 준하는 비용

「지방세법 시행령」 제18조 제1항은 취득가격의 범위에 포함되는 간접비용을 열거하면서, "기타 이에 준하는 비용"이라고 규정하여 유형적 포괄주의를 취하고 있다. 기타 이에 준하는 비용을 포함하도록 하고 있으므로 동 조항은 예시적 열거주의로 보아야 하므로, 열거되지 아니한 비용이라 할지라도 이러한 조건에 해당되는 간접비용은 취득세 과세표준에 포함되는 것이다.

관련 법령 및 그동안의 판례에 따르면 "사실상 취득가격"은 취득물건 자체의 시가 외에 부대비용을 포함하는 개념이며, '과세물건의 취득시기 이전에 지급 원인이 발생 또는 확정된 것'이어야 한다는 시간적 요건[357]과, '과세물건 자체의 가격으로 지급되었다고 볼 수 있는 것이거나 그에 준하는 취득절차비용'으로 취득과의 관련성 요건[358]을 갖추었다면, 그에 준하는 다양한 비용들이 간접비용에 포함될 수 있다고 해석된다.

해당 물건을 취득하기 위한 비용이어야 한다. 따라서 취득의 대상이 아닌 물건이나 권리에 관한 것이어서 당해 물건 자체의 비용이라 볼 수 없는 것은 과세대상물건의 취득을 위하여 당해 물건의 취득시기 이전에 그 지급원인이 발생 또는 확정된 것이라 하더라도 당해

---

357) 대법원 2013.9.12. 선고 2013두7681 판결 등
358) 대법원 1999.12.10. 선고 98두6364 판결 ; 대법원 2013.6.27. 선고 2013두3641 판결

물건의 취득가격에 포함되지 아니한다.

취득세의 과세표준은 당해 물건을 취득하기 위하여 거래상대방 또는 제3자에게 지급한 비용이다. 따라서 과세표준에 포함되는 취득가격의 지급대상은 과세물건의 취득을 위해 거래상대방 이외에 제3자에게 지급한 비용까지도 포함된다. 취득가격은 과세대상물건의 취득시기 이전에 거래상대방 또는 제3자에게 지급원인이 발생 또는 확정된 것이다. 따라서 취득시점 이전에 지급원인이 발생된 것이라면 취득시기 이전에 지급한 비용은 물론 취득시점 이후에 지출된 비용이 취득을 위하여 소요된 비용임이 확인되는 경우에는 과세표준에 포함하는 것이다.

그동안 신탁수수료와 관련하여 취득가액에 포함되어야 하는지에 관해서는 명확한 규정이 없었다. 이에 대해 대법원은 신탁수수료를 취득세의 과세표준에 포함되는 것으로 해석하여 왔다.[359] 그러나 2021년 12월 31일「지방세법 시행령」개정 시 건축 및 토지조성공사로 수탁자가 취득하는 경우 위탁자가 수탁자에게 지급하는 신탁수수료를 사실상의 취득가액에 포함하도록 명확히 하였다.

3. 사실상 취득가격에 포함하지 않는 항목

다음의 어느 하나에 해당하는 비용은 사실상 취득가격에 포함하지 않는다.[360]

① 취득하는 물건의 판매를 위한 광고선전비 등의 판매비용과 그와 관련한 부대비용
②「전기사업법」,「도시가스사업법」,「집단에너지사업법」, 그 밖의 법률에 따라 전기·가스·열 등을 이용하는 자가 분담하는 비용
③ 이주비, 지장물 보상금 등 취득물건과는 별개의 권리에 관한 보상 성격으로 지급되는 비용
④ 부가가치세
⑤ 기타 이에 준하는 비용

판매비용과 그와 관련한 부대비용은 과세표준에 포함되지 아니한다. 주택분양보증수수료는 그 본질에 있어 주택 분양을 위한 비용에 해당하므로 공동주택의 신축에 따른 과세표준에는 포함되지 않는다.[361]

이주비, 지장물 보상금 등 취득물건과는 별개의 권리에 관한 보상 성격으로 지급되는 비

---

359) 대법원 2020두32937, 2020.5.14.
360)「지방세법 시행령」제18조 ②
361) 대법원 2010.12.23. 선고 2009두12150 판결

용은 취득가격에 포함되지 아니한다. 그것이 과세대상물건이 아닌 다른 물건이나 권리에 관하여 지급된 것이어서 과세대상물건 자체의 가격이라고 볼 수 없는 것이라면 과세대상물건을 취득하기 위하여 그 취득시기 이전에 그 지급원인이 발생 또는 확정된 것이라도 이는 과세대상물건의 취득가격에 포함되지 않는다. 이러한 비용에는 명도비용, 사업권양수비용, 조망권침해 보상금, 인접 피해보상금 등의 비용이 있다.

부가가치세는 취득가격에 포함하지 아니한다. 취득세 납세의무자가 과세물건 취득을 위하여 국가에 부담한 세금에 대하여 다시 지방자치단체가 취득세를 부담하게 하는 것은 세금에 세금을 과세하는 이중부담을 가져오므로 부가가치세는 취득세 과세표준이 되는 지급비용에서 제외한다. 그러나 부가가치세 이외의 세금에 대하여는 제외한다는 규정이 없으므로 조세법률주의의 원칙상 과세대상에 포함되는 것으로 보아야 한다.

4. 건설자금이자

건설자금에 충당한 차입금의 이자 또는 이와 유사한 금융비용은 사실상의 취득가액에 포함한다. 지방세와 법인세 및 기업회계상 건설자금이자의 자본화 여부를 비교하면 다음과 같다.

| 건설자금의 비교 |

구 분		취득세	법인세	기업회계	
				K-IFRS	일반기업회계기준
취득원가산입여부	특정차입	강제	강제	강제	선택
	일반차입	선택	선택	강제	선택
대상자산		과세대상	사업용 유형·무형자산	적격자산 (유형, 무형, 투자, 재고자산)	

과세대상물건의 취득자가 그 취득을 위하여 실질적으로 투자한 직접, 간접의 소요금액 자체를 취득세의 과세표준으로 삼는다고 해석하여야 하므로 법인이 부동산의 취득을 위한 차입금이 있었다면 이에 대한 이자 즉, 건설자금이자는 그 취득을 위하여 간접적으로 투자된 것이어서 취득세의 과세표준에 합산한다.[362]

특정의 자산을 취득하는 데에 사용할 목적으로 직접 차입한 자금의 경우 그 지급이자는 취득에 소요되는 비용으로서 취득세의 과세표준에 포함된다. 그러나 그 밖의 목적으로 차

---

362) 대법원 1989.1.31. 선고, 86누811 판결 ; 대법원 2009두17179, 2010.4.29.

입한 자금의 지급이자는 납세의무자가 자본화하여 취득가격에 적정하게 반영하는 등의 특별한 사정이 없는 한 그 차입한 자금이 과세물건의 취득을 위하여 간접적으로 소요되어 실질적으로 투자된 것으로 볼 수 있어야 취득세의 과세표준에 합산할 수 있다.

또한 과세요건사실의 존재 및 과세표준에 대한 증명책임은 과세관청에게 있으므로, 그 밖의 목적으로 차입한 자금의 지급이자가 과세물건의 취득을 위하여 소요되었다는 점에 관하여도 원칙적으로 과세관청이 그 증명책임을 부담한다.[363]

5. 부당행위계산의 부인

지방자치단체의 장은 특수관계인 간의 거래로 그 취득에 대한 조세부담을 부당하게 감소시키는 행위 또는 계산을 한 것으로 인정되는 경우 시가인정액을 취득당시가액으로 결정할 수 있다.[364] 부당행위계산은 특수관계인으로부터 시가인정액보다 낮은 가격으로 부동산을 취득한 경우로서 시가인정액과 사실상취득가격의 차액이 3억원 이상이거나 시가인정액의 100분의 5에 상당하는 금액 이상인 경우로 한다.[365]

Ⅳ 원시취득의 경우 과세표준

1. 원시취득의 과세표준 개요

부동산 등을 원시취득하는 경우 취득당시가액은 사실상 취득가격으로 한다. 다만, 법인이 아닌 자가 건축물을 건축하여 취득하는 경우로서 사실상 취득가격을 확인할 수 없는 경우의 취득당시가액은 시가표준액으로 한다.[366]

신축건물의 과세표준에는 분양을 위한 선전광고비(신문, TV, 잡지 등 분양광고비)는 제외하고 건축물의 주체구조부와 일체가 된 것은 과세표준으로 포함한다. 또한, 분양하는 건축물의 취득시기 이전에 당해 건축물과 빌트인(Built-in) 등을 선택품목으로 일체로 취득하는 경우 빌트인(Built-in) 제품의 취득에 소요된 비용은 취득가액에 포함한다. 임시사용승인을 받아 사용하는 신축건물에 대한 취득세 과세표준은 임시사용승인일을 기준으로 그 이전에 당해 건물취득을 위하여 지급하였거나 지급하여야 할 비용을 포함한다.[367]

---

363) 대법원 2014두46935, 2018.3.29.
364) 「지방세법 시행령」 제10조의 3 ②
365) 「지방세법 시행령」 제18조의 2
366) 「지방세법」 제10조의 4

2. 기존건축물 철거비용

나대지로 이용하거나 새로운 건축물을 신축할 목적으로 건축물이 있는 토지를 취득하는 경우 건축물에 대한 매매가격을 토지와 별도로 구분하여 명시하지 아니한 경우에도 건축물이 존재하는 한 당해 건축물은 취득세 과세대상이 되며 그 가액은 취득세 과세표준에 해당한다.

한편, 이러한 부동산을 취득한 후 실제로 건축물을 철거하는 경우 그 철거비에 대한 취득세 납세의무는 다음과 같다.

① 나대지로 이용하거나 토지를 매각한 경우

토지와 건물을 취득하여 그 토지상의 기존건물을 철거한 후 건축물 신·증축 공사를 하지 아니하고 나대지 상태로 토지를 제3자에게 매각하는 경우에는 토지만을 사용할 목적인 지상정착물 철거비는 토지 자체의 취득비용이 아니라 지목변경 비용으로 보아야 한다.[368] 그러므로 당해 토지상에 지목변경을 수반하지 않았다면 기존건축물에 대한 철거비용을 기업회계기준에 따라 토지매입원가에 산입하였다 하더라도 토지의 취득비용으로 볼 수 없어 토지의 취득가격에 포함되지 않는다.[369]

② 새로운 건축물의 신축

기존 건축물을 철거하고 당해 토지 위에 새로운 건축물을 신축하는 경우의 기존 건축물의 철거비용은 건축물 신축에 필수불가결한 준비행위에 소요된 비용으로 보아 신축건물의 취득가격에 포함한다.

Ⅴ 무상취득·유상승계취득·원시취득의 경우 과세표준에 대한 특례

1. 차량 또는 기계장비를 취득하는 경우 취득당시가액

차량 또는 기계장비를 취득하는 경우 취득당시가액은 다음의 구분에 따른 가격 또는 가액으로 한다.[370]

① 차량 또는 기계장비를 무상취득하는 경우 : 시가표준액

---

367) 「지방세법」 운영예규 10-1
368) 행정자치부 지방세정팀-5628, 2006.11.14.
369) 세정-5439, 2007.12.18.
370) 「지방세법」 제10조의 5 ①

214 제2장 취득세

② 차량 또는 기계장비를 유상승계취득하는 경우 : 사실상 취득가격. 다만, 사실상 취득가격에 대한 신고 또는 신고가액의 표시가 없거나 그 신고가액이 시가표준액보다 적은 경우 취득당시가액은 시가표준액으로 한다.

③ 차량 제조회사가 생산한 차량을 직접 사용하는 경우 : 사실상 취득가격

천재지변으로 피해를 입은 차량 또는 기계장비를 취득하여 그 사실상취득가격이 시가표준액보다 낮은 경우 등 다음에 해당하는 경우 그 차량 또는 기계장비의 취득당시가액은 사실상취득가액으로 한다. 다만, ⑤에 따른 중고 차량 또는 중고 기계장비로서 그 취득가격이 시가표준액보다 낮은 경우(①의 경우는 제외한다)에는 해당 시가표준액을 취득당시가액으로 한다.

① 천재지변, 화재, 교통사고 등으로 중고 차량이나 중고 기계장비의 가액이 시가표준액보다 낮은 것으로 시장·군수·구청장이 인정하는 경우

② 국가, 지방자치단체 또는 지방자치단체조합으로부터 취득하는 경우

③ 수입으로 취득하는 경우

④ 민사소송 및 행정소송의 확정 판결(화해·포기·인낙 또는 자백간주에 의한 것은 제외한다)에 따라 취득가격이 증명되는 경우

⑤ 법인장부(금융회사의 금융거래 내역서 또는 「감정평가 및 감정평가사에 관한 법률」 제6조에 따른 감정평가서 등 객관적 증거서류에 따라 법인이 작성한 원장·보조장·출납전표 또는 결산서를 말한다)에 따라 취득가격이 증명되는 경우

⑥ 경매 또는 공매로 취득하는 경우

2. 대물변제, 교환, 양도담보 등 유상거래를 원인으로 취득하는 경우

(1) 대물변제

대물변제액(대물변제액 외에 추가로 지급한 금액이 있는 경우에는 그 금액을 포함한다)을 취득당시가액으로 한다. 다만, 대물변제액이 시가인정액보다 적은 경우 취득당시가액은 시가인정액으로 한다.[371]

즉, 대물변제를 통한 취득세 탈루를 방지하기 위해 대물변제액이 시가인정액보다 높은 경우 과세표준은 대물변제액으로 하고, 대물변제액이 시가인정액보다 낮을 경우 과세표준

---

371) 「지방세법 시행령」 제18조의 4

은 시가인정액을 적용한다.

(2) 교환

교환을 원인으로 이전받는 부동산 등의 시가인정액과 이전하는 부동산 등의 시가인정액
(상대방에게 추가로 지급하는 금액과 상대방으로부터 승계받는 채무액이 있는 경우 그 금
액을 더하고, 상대방으로부터 추가로 지급받는 금액과 상대방에게 승계하는 채무액이 있는
경우 그 금액을 차감한다) 중 높은 가액을 취득당시가액으로 한다.[372]

(3) 양도담보

양도담보에 따른 채무액(채무액 외에 추가로 지급한 금액이 있는 경우 그 금액을 포함한
다)을 취득당시가액으로 한다. 다만, 그 채무액이 시가인정액보다 적은 경우 취득당시가액
은 시가인정액으로 한다.[373]

즉, 양도담보를 통한 취득세 탈루를 방지하기 위해 채무액이 시가인정액보다 높은 경우
과세표준은 채무액으로 하고, 채무액이 시가인정액보다 낮을 경우 과세표준은 시가인정액
을 적용한다.

(4) 법인의 합병·분할 및 조직변경을 원인으로 취득하는 경우

법인의 합병·분할 및 조직변경을 원인으로 취득하는 경우의 취득당시가액은 시가인정
액으로 한다. 다만, 시가인정액을 산정하기 어려운 경우 취득당시가액은 시가표준액으로
한다.[374]

(5) 주택조합 등의 취득

「도시 및 주거환경정비법」 제2조 제8호의 사업시행자, 「빈집 및 소규모주택 정비에 관한
특례법」 제2조 제1항 제5호의 사업시행자 및 「주택법」 제2조 제11호의 주택조합이 비조합
원용 부동산 또는 체비지·보류지를 취득한 경우에는 다음 계산식에 따라 산출한 가액을
취득당시의 가액으로 한다.[375]

---

372) 「지방세법 시행령」 제18조의 4
373) 「지방세법 시행령」 제18조의 4
374) 「지방세법 시행령」 제18조의 4
375) 「지방세법 시행령」 제18조의 4

$$가액 = A \times \left[B - \left(C \times \frac{B}{D} \right) \right]$$

A : 해당 토지의 제곱미터당 분양가액
B : 해당 토지의 면적
C : 사업시행자 또는 주택조합이 해당 사업 진행 중 취득한 토지면적
　　(조합으로부터 신탁받은 토지는 제외한다)
D: 해당 사업 대상 토지의 전체 면적

(6) 「도시개발법」에 따른 도시개발사업의 시행으로 인한 사업시행자의 체비지 또는 보류지의 취득

「도시개발법」에 따른 도시개발사업의 시행으로 사업시행자가 체비지 또는 보류지를 취득하는 경우에는 다음 계산식에 따라 산출한 가액을 취득당시의 가액으로 한다.[376]

$$가액 = A \times \left[B - \left(C \times \frac{B}{D} \right) - E \right]$$

A : 해당 토지의 제곱미터당 분양가액
B : 해당 토지의 면적
C : 사업시행자가 해당 사업 진행 중 취득한 토지면적
D : 해당 사업 대상 토지의 전체 면적
E : 토지의 지목변경에 따른 취득가액

(7) 조합원이 환지계획 또는 관리처분계획에 따라 공급받거나 토지상환채권으로 상환받는 토지

「도시개발법」에 따른 도시개발사업과 「도시 및 주거환경정비법」에 따른 정비사업의 시행으로 해당 사업의 대상이 되는 부동산의 소유자(상속인을 포함한다)가 환지계획 또는 관리처분계획에 따라 공급받거나 토지상환채권으로 상환받는 토지 중 당초 소유한 토지 면적을 초과하는 경우로서 그 초과한 면적에 해당하는 부분은 승계취득한 것으로 본다. 이 경우 다음 계산식에 따라 산출한 가액을 취득당시의 가액으로 한다.[377]

---

376) 「지방세법 시행령」 제18조의 4
377) 「지방세법 시행령」 제18조의 4

$$가액 = (A \times B) - C$$

A : 해당 토지의 제곱미터당 분양가액
B : 해당 토지의 면적
C : 토지의 지목변경에 따른 취득가액

취득으로 보는 경우의 과세표준

1. 지목변경 및 종류변경

토지의 지목을 사실상 변경한 경우 및 선박, 차량 또는 기계장비의 용도를 변경한 경우 취득당시가액은 그 변경으로 증가한 가액에 해당하는 사실상 취득가격으로 한다. 다만, 법인이 아닌 자가 지목변경 또는 종류변경을 한 경우로서 사실상 취득가격을 확인할 수 없는 경우 취득당시가액은 시가표준액을 대통령령으로 정하는 방법에 따라 계산한 가액으로 한다.[378]

사실상 취득가격의 범위에는 지목변경에 수반되는 조경공사비, 포장공사비, 교량공사비, 농지전용부담금, 대체농지조성비, 대체산림조림비, 대체초지조성비, 산림전용부담금, 허가 관련 면허세 등이 지목변경에 따른 취득세 과세표준에 포함된다. 그러나 취득일 이후에 공사의 완료로 인하여 수익이 전제가 되는 「개발이익환수에 관한 법률」에 의한 개발부담금은 제외된다. 또한, 지목변경 시 수목을 이식하는 경우로서 입목에 관한 법률에 의한 입목에 해당하는 경우에는 그 취득비용은 입목으로서 별도로 취득세가 과세되나 입목에 해당하지 않는 경우에는 토지의 정착물로서 토지와 일체가 되므로 지목변경에 소요된 비용에 포함되어 과세된다.

2. 건축물의 개수

건축물을 개수하는 경우 취득당시가액은 사실상 취득가격으로 한다. 다만, 법인이 아닌 자가 건축물을 개수하여 취득하는 경우로서 사실상 취득가격을 확인할 수 없는 경우의 취득당시가액은 시가표준액으로 한다.[379]

---

378) 「지방세법」 제10조의 6 ①, ②
379) 「지방세법」 제10조의 6 ③

3. 과점주주의 주식 취득

과점주주가 취득한 것으로 보는 해당 법인의 부동산 등의 취득당시가액은 해당 법인의 결산서와 그 밖의 장부 등에 따른 그 부동산 등의 총가액을 그 법인의 주식 또는 출자의 총수로 나눈 가액에 과점주주가 취득한 주식 또는 출자의 수를 곱한 금액으로 한다. 이 경우 과점주주는 조례로 정하는 바에 따라 취득당시가액과 그 밖에 필요한 사항을 신고하여야 한다.[380]

$$\text{과세표준} = \frac{\text{부동산등의 총가액}}{\text{발행주식총수}} \times \text{과점주주의 주식수}$$

과점주주의 납세의무는 과점주주 성립시점에 법인이 소유하고 있는 부동산 등이 되며, 이때 소유란 「지방세법」상 취득의 시기가 완성된 것을 의미한다. 따라서 미준공상태의 건물 및 계약상태의 취득 등에 대하여는 납세의무가 없다.

과점주주의 과세표준은 장부상 총가액을 기준으로 한다. 장부상 총가액이란 취득세 과세물건의 취득가액에 산입되는 모든 지출을 합산한 금액이다. 따라서 취득시기 이전에 발생한 건설자금이자 및 취득 직전 연도의 재평가차액 등은 과세표준에 산입한다. 반면, 취득시점에 재평가 착수는 하였으나 재평가액이 결정되지 않은 상태하에서의 재평가차액은 그 소급효과 여부에 불구하고 과세표준에 산입되지 아니한다. 부동산 등의 총가액은 회계상 장부가액을 말하며, 장부상 누락된 경우에는 이를 포함한다.

당해 법인의 주식을 취득하여 과점주주가 된 경우 과점주주의 취득일 현재 법인장부상 재고자산에 계상된 부동산 등의 가액도 과세표준에 포함된다. 그러므로 주택을 건설하여 분양하는 사업자가 미분양주택을 재고자산에 계상한 경우에 「지방세법」상 과세대상이 되는 부동산에 해당하므로 부동산 등의 총가액에 포함된다.

비상장법인이 연부로 취득하고 매회 연부금을 지급하고 있는 상태에서 과점주주 지분이 증가된 경우 과점주주 취득세 납세의무 성립시점까지 취득대금으로서 지급한 연부금액은 과점주주가 취득한 자산가액에 포함된다.

법인이 과세대상물건 취득 시 취득세 등을 감면받은 경우에도 과점주주의 간주취득 시에는 취득세 등이 감면되는 것은 아니므로 과세표준에 포함된다.[381] 그러나 국가 등에 기부채

---

380) 「지방세법」 제10조의 6 ④
381) 조심 2008지1036, 2009.8.27.

납 등을 조건으로 취득하여 취득세가 비과세된 부동산을 보유한 법인의 과점주주가 됨으로써 그 부동산을 취득한 것으로 간주되는 경우에는 그 과점주주가 기부채납 등의 효력을 부인할 수 없는 이상 그 간주취득 역시 국가 등에 기부채납 등을 조건으로 취득한 경우에 해당한다고 보아 과세표준에 포함하지 아니한다.

부동산 등의 일괄취득 시의 과세표준

1. 시가표준액비율에 의한 안분

부동산 등을 한꺼번에 취득하여 각 과세물건의 취득 당시의 가액이 구분되지 않는 경우에는 한꺼번에 취득한 가격을 각 과세물건별 시가표준액 비율로 나눈 금액을 각각의 취득 당시의 가액으로 한다. 시가표준액이 없는 과세물건이 포함되어 있으면 부동산 등의 감정가액 등을 고려하여 시장·군수·구청장이 결정한 비율로 나눈 금액을 각각의 취득 당시의 가액으로 한다.[382]

따라서 토지와 건축물 등을 일괄 취득하여 토지와 건축물 등의 취득가격이 구분되지 아니하는 경우에는 일괄 취득한 가격을 토지와 건축물 등의 시가표준액 비율로 나눈 금액을 각각의 취득가격으로 한다.

2. 주택, 건축물과 그 부속토지의 일괄취득

주택, 건축물과 그 부속토지를 한꺼번에 취득한 경우에는 다음의 계산식에 따라 주택 부분과 주택 외 부분의 취득 당시의 가액을 구분하여 산정한다. 따라서 주상복합건물과 부속토지를 일괄 취득한 경우에는 시가표준액을 기준으로 안분하여 주택부분과 주택외부분으로 구분한다.

$$\text{주택부분} = \text{전체 취득당시의 가액} \times \frac{\text{건축물 중 주택부분의 시가표준액} + \text{부속토지 중 주택부분의 시가표준액}}{\text{건축물과 부속토지 전체의 시가표준액}}$$

---

382) 「지방세법 시행령」 제19조 ①

$$\text{주택 외 부분} = \text{전체 취득당시의 가액} \times \frac{\text{건축물 중 주택 외 부분의 시가표준액} + \text{부속토지 중 주택 외 부분의 시가표준액}}{\text{건축물과 부속토지 전체의 시가표준액}}$$

| 〈적용례〉 주상복합건물의 일괄취득 |

사실관계	2층 상가주택을 10억원에 취득 건축물 시가표준액 : 100,000,000 (주택분 : 80,000,000, 상가분 : 20,000,000) 토지 시가표준액 : 400,000,000 (주택분 : 200,000,000, 상가분 : 200,000,000)
주택의 과세표준	(80,000,000 + 200,000,000)/(100,000,000＋400,000,000)＝560,000,000
상가의 과세표준	(20,000,000 + 200,000,000)/(100,000,000＋400,000,000)＝440,000,000

3. 주택과 주택 외 건축물의 원시취득

신축 또는 증축으로 주택과 주택 외의 건축물을 한꺼번에 취득한 경우에는 다음의 계산식에 따라 주택 부분과 주택 외 부분의 취득 당시의 가액을 구분하여 산정한다.

$$\text{주택부분} = \text{전체 취득당시의 가액} \times \frac{\text{건축물 중 주택 부분의 연면적}}{\text{건축물 전체의 연면적}}$$

$$\text{주택 외 부분} = \text{전체 취득당시의 가액} \times \frac{\text{건축물 중 주택 외 부분의 연면적}}{\text{건축물 전체의 연면적}}$$

| 〈적용례〉 주상복합건물의 신축 |

사실관계	아파트 100세대, 상가 5호를 총공사비 200억원에 신축 주택 연면적 : 2,700m², 상가 연면적 : 300m²
주택의 과세표준	2,700/(2,700 + 300)＝180억원
상가의 과세표준	300/(2,700 + 300)＝20억원

Ⅰ 취득세의 세율구조

1. 표준세율

"표준세율"이란 지방자치단체가 지방세를 부과할 경우에 통상 적용하여야 할 세율로서 재정상의 사유 또는 그 밖의 특별한 사유가 있는 경우에는 이에 따르지 아니할 수 있는 세율을 말한다.[383]

취득세와 등록세가 통합되기 전인 2010년까지의 취득세의 표준세율은 2%를 적용하였다. 그 후 2011년 취득세와 등록세가 통합되면서 취득세의 표준세율은 종전 취득세의 표준세율과 등록세의 표준세율을 합한 세율로 개정되었다. 두 세목의 통합 이후 「지방세법」은 부동산 등의 취득과 관련하여 기존의 취득세와 등록세를 통합하여 취득세로 규정하면서 취득에 따른 등기를 경료하지 아니한 경우에 대하여 별도의 규정을 두지 않았다. 따라서 부동산 등의 취득에 대하여 등기를 경료하지 아니하였다 하더라도 취득세 세액 중 취득세와 등록세가 통합되기 전 구 「지방세법」상의 등록세에 해당하는 세액을 따로 산정하여 이를 배제할 수는 없다.

2. 중과세율

사치성 재산의 규제를 통한 건전한 소비문화의 정착과 대도시내 과밀억제를 통한 지역간 균형발전이라는 정책적 목적을 실현하기 위하여 정책세제로서 취득세 중과세 규정을 두고 있다. 이러한 중과세 제도는 취득세의 비과세·감면과 함께 대표적인 정책목적의 세제이다. 취득세와 등록세가 통합되기 전 취득세 또는 등록세가 중과세되던 부분에 대하여 통합되기 전과 동일한 세율이 적용될 수 있도록 중과세규정을 개정하였다.[384]

3. 세율의 특례

2010년 3월 31일 「지방세법」 전면개정 시 종전의 「지방세법」상 등록세는 과세되고 취득

---

383) 「지방세기본법」 제2조
384) 「지방세법」 제13조, 제13조의 2

세는 과세되지 않는 과세대상과 취득세는 과세되고 등록세는 과세되지 않는 과세대상에 대한 지방세부담을 종전과 동일하게 하기 위하여 세율의 특례규정을 두었다.[385]

4. 중과기준세율

"중과기준세율"이란 중과세에 따른 세율에 가감하거나 세율의 특례의 적용기준이 되는 세율로서 1천분의 20을 말한다.[386]

5. 조례에 의한 세율의 가감

지방자치단체의 장은 조례로 정하는 바에 따라 취득세의 세율을 표준세율의 100분의 50의 범위에서 가감할 수 있다.[387] 표준세율이 적용되는 과세대상에 대하여는 각 지방자치단체에서 조례에 의하여 그 세율을 가감 조정할 수 있다. 그러나 세율특례나 중과세율은 지방자치단체의 조례로서 이를 가감조정할 수 없다.

Ⅱ 부동산 취득의 표준세율

1. 부동산 취득의 세율

부동산의 표준세율은 과세대상 물건별, 취득유형별 및 납세의무자별로 구분하여 규정하고 있다. 부동산 취득의 표준세율을 요약하면 다음과 같다.

| 부동산 취득의 표준세율[388] |

과세대상 물건	유상	상속	상속 이외 무상	원시취득
일반부동산	4%	2.8%	3.5% (비영리사업자 2.8%)	2.8%
농지	3%	2.3%	3.5% (비영리사업자 2.8%)	2.8%

---

385) 「지방세법」 제15조
386) 「지방세법」 제6조
387) 「지방세법」 제14조
388) 「지방세법」 제11조

과세대상 물건		유상	상속	상속 이외 무상	원시취득
주택	6억원 이하	1%	2.8%	3.5% (비영리사업자 2.8%)	2.8%
	6억원 초과 9억원 이하	1%~3%			
	9억원 초과	3%			

주택의 유상승계취득의 경우에는 과세표준 6억원 이하는 1%, 6억원 초과 9억원 이하구간은 1.01%부터 3%, 9억원 초과는 3%의 세율이 적용된다. 2019년 「지방세법」 개정 시 6억원과 9억원 직전 가격으로 거래가 집중(조장)되는 문턱효과를 해소하기 위해 6억원 초과 9억원 이하 구간의 세율을 1.01%부터 3%까지 사선형으로 세분화한 것이다. 6억원 초과 9억원 이하 구간의 취득세 세율은 다음 식과 같이 계산한다. 소수점 이하 다섯째 자리에서 반올림하여 소수점 넷째자리까지 계산한다.

$$\text{주택 취득세 세율} = \left(\text{취득가액} \times \frac{2}{3} - 3\right) \times \frac{1}{100} \quad \cdots\cdots\cdots \langle\text{세율계산식}\rangle$$

2. 공유물의 분할 시 세율

공유물의 분할 또는 「부동산 실권리자명의 등기에 관한 법률」 제2조 제1호 나목에서 규정하고 있는 부동산의 공유권 해소를 위한 지분 이전으로 인한 취득(등기부등본상 본인 지분을 초과하는 부분의 경우에는 제외한다)과 합유물 및 총유물의 분할로 인한 취득은 1천분의 23의 세율이 적용된다.[389]

세율의 특례를 적용한 「지방세법」 제15조 제1항에 의하여 공유물의 분할에 대하여는 표준세율에서 중과세기준세율을 뺀 세율을 적용하도록 하고 있다. 다만, 등기부등본상 본인 지분을 초과하는 부분의 경우에는 표준세율을 적용한다.

공유물의 분할 시 취득세율 = 표준세율(2.3%) − 중과세기준세율(2%)
                        = 0.3%

---

389) 「지방세법」 제11조 ①

3. 건축과 개수의 세율

부동산의 원시취득에 대하여는 1,000분의 28의 세율을 적용한다. 건축물을 개수한 경우에는 이를 원시취득으로 보아 세율을 적용한다. 부동산의 원시취득은 토지의 경우 공유수면의 매립, 간척을 말하며, 건물의 경우 건축을 말한다. 건축은 건축물을 신축·증축·개축·재축하거나 건축물을 이전하는 것을 말하며, 개수는 대수선과 건축물에 딸린 시설물을 설치·수선하는 것을 말한다.

「지방세법」 제15조 제2항에서 규정하는 세율의 특례규정에서 개수에 대하여는 중과세기준세율을 적용하도록 하고 있으므로 2%의 세율이 적용된다. 그러나 건축(신축과 재축은 제외한다) 또는 개수로 인하여 건축물 면적이 증가할 때에는 그 증가된 부분에 대하여 원시취득으로 보아 2.8%의 세율을 적용한다.[390]

「지방세법」 제15조 제1항 제5호에서는 건축물의 이전으로 인한 취득에 대하여는 원시취득의 세율(2.8%)에서 중과세기준세율(2%)을 차감한 세율(0.8%)을 적용하도록 세율의 특례를 두고 있다. 다만, 이전한 건축물의 가액이 종전 건축물의 가액을 초과하는 경우에 그 초과하는 가액에 대하여는 원시취득에 대한 세율(2.8%)을 적용한다.

4. 농지의 범위

취득세 세율을 적용함에 있어 농지는 다음의 토지로 한다.[391]

① 취득 당시 공부상 지목이 논, 밭 또는 과수원인 토지로서 실제 농작물의 경작이나 다년생식물의 재배지로 이용되는 토지. 이 경우 농지 경영에 직접 필요한 농막(農幕)·두엄간·양수장·못·늪·농도(農道)·수로 등이 차지하는 토지 부분을 포함한다.
② 취득 당시 공부상 지목이 논, 밭, 과수원 또는 목장용지인 토지로서 실제 축산용으로 사용되는 축사와 그 부대시설로 사용되는 토지, 초지 및 사료밭

취득세 세율을 적용함에 있어 농지는 취득 당시 공부상 농지이어야 하고 또한 실제로 농지로 사용하고 있어야 한다. 그러므로 공부상 지목은 농지가 아니나 「농지법」에 의한 농지로서 실제로 경작하고 있는 농지라 하더라도 농지에 따른 취득세 세율을 적용할 수 없다.[392]

공부상은 농지이나 농지 이외의 용도로 사용하는 경우에는 농지에 따른 취득세 세율을

---

390) 「지방세법」 제11조 ③
391) 「지방세법 시행령」 제21조
392) 도세 - 407, 2008.4.10.

적용할 수 없다. 또한, 토지에 일시적·잠정적으로 농작물 등을 심어 둔 경우에는 농지의 범위에 포함하지 아니한다.[393] 예를 들어, 공부상은 농지이나 토지에 비닐하우스 판매시설을 갖추고 판매사업장으로 이용하면서 판매 전 일시적으로 화분 등을 진열하는 상태로 이용되고 있는 경우에는 실제로 농작물의 경작이나 다년생식물의 재배지로 이용되는 것이 아니므로 농지에 해당하지 아니한다.

5. 비영리사업자의 범위

취득세 세율을 적용함에 있어 비영리사업자란 다음의 어느 하나에 해당하는 자를 말한다.[394]

① 종교 및 제사를 목적으로 하는 단체
② 「초·중등교육법」 및 「고등교육법」에 따른 학교, 「경제자유구역 및 제주국제자유도시의 외국교육기관 설립·운영에 관한 특별법」 또는 「기업도시개발 특별법」에 따른 외국교육기관을 경영하는 자 및 「평생교육법」에 따른 교육시설을 운영하는 평생교육단체
③ 「사회복지사업법」에 따라 설립된 사회복지법인
④ 「지방세특례제한법」 제22조 제1항에 따른 사회복지법인 등
⑤ 「정당법」에 따라 설립된 정당

6. 법인의 합병 또는 분할에 따른 부동산 취득

법인이 합병 또는 분할에 따라 부동산을 취득하는 경우에 농지외의 것은 4%의 세율을 적용하고, 농지의 경우에는 3%의 세율을 적용한다.

Ⅲ 부동산 외 취득의 표준세율

1. 선박

선박은 등기·등록대상과 소형선박으로 나누고, 취득의 유형에 따라 2%부터 3%까지의 비례세율이 적용된다.[395]

---

393) 「지방세법」 운영예규 법11…시행령21-1
394) 「지방세법 시행령」 제22조
395) 「지방세법」 제12조 ① 제1호

| 선박 취득의 표준세율[396] |

		세 율
등기·등록 대상	상속	2.5%
	상속 외 무상	3.0%
	원시취득	2.02%
	수입, 주문건조 취득	2.02%
	그 밖의 원인	3.0%
소형선박		2.02%
그 밖의 선박		2.0%

선박 종류변경의 경우와 외국인 소유의 선박을 직접 사용하거나 국내의 대여시설 이용자에게 대여하기 위하여 연부취득의 방식으로 임차하여 수입하는 경우에는 중과세기준세율(2%)을 적용한다.

2. 차량의 표준세율

차량은 승용과 비승용으로 구분하고, 또한 영업용과 비영업용으로 구분하여 표준세율을 각각 규정하고 있다. 승용자동차의 표준세율은 영업용은 4%, 비영업용은 7%이다. 승용 이외의 자동차의 경우 영업용은 4%, 비영업용은 5%의 표준세율이 적용된다. 또한, 경자동차는 영업용과 비영업용의 구분 없이 4%, 이륜자동차 및 궤도나 삭도 등 그 밖의 자동차는 2%가 적용된다.

| 차량의 표준세율[397] |

구 분	영업용[398]	비영업용
승용자동차	4%	7%
승용 이외의 자동차	4%	5%
경자동차	4%	
그 밖의 차량	2%	

---

396) 「지방세법」 제12조 ① 제1호
397) 「지방세법」 제12조 ① 제2호
398) 영업용 자동차는 개인 또는 법인이 「여객자동차 운수사업법」 또는 「화물자동차 운수사업법」에 따라 면허를 받거나 등록을 하고 일반의 수요에 제공하는 용도에 제공되는 「자동차관리법」 제2조 제1호에 따른 자동차로 한다.(「지방세법 시행령」 제23조)

다음과 같은 차량의 취득에 대하여는 세율의 특례를 적용하여 중과기준세율(2%)을 적용한다.

① 차량의 종류변경
② 외국인 소유의 차량을 직접 사용하거나 국내의 대여시설 이용자에게 대여하기 위하여 연부취득의 방식으로 임차하여 수입
③ 「여신전문금융업법」에 따른 시설대여업자가 차량의 시설대여를 하는 경우로 같은 법 제33조 제1항에 따라 대여시설이용자의 명의로 등록하는 경우의 시설대여업자의 취득
④ 「지방세법」 제7조 제10항에 의한 지입차량의 취득

3. 항공기의 표준세율

항공기는 등록대상은 2%, 그 밖의 항공기 중 최대이륙 중량 5,700kg 이상은 2.01%, 그 외의 항공기는 2.02%의 표준세율이 적용된다. 외국인 소유의 항공기를 직접 사용하거나 국내의 대여시설 이용자에게 대여하기 위하여 연부취득의 방식으로 임차하여 수입하는 경우에는 중과기준세율(2%)을 적용한다.

4. 기계장비의 표준세율

기계장비의 표준세율은 3%이다. 다만, 「건설기계관리법」에 따른 등록대상이 아닌 기계장비는 2%로 한다.
다음과 같은 기계장비의 취득에 대하여는 세율의 특례를 적용하여 중과기준세율(2%)을 적용한다.

① 기계장비의 종류변경
② 외국인 소유의 기계장비를 직접 사용하거나 국내의 대여시설 이용자에게 대여하기 위하여 연부취득의 방식으로 임차하여 수입
③ 「여신전문금융업법」에 따른 시설대여업자가 건설기계의 시설대여를 하는 경우로서 같은 법 제33조 제1항에 따라 대여시설이용자의 명의로 등록하는 경우의 시설대여업자의 취득
④ 「지방세법」 제7조 제10항에 의한 지입기계장비의 취득

5. 기타 입목 등의 표준세율

입목, 광업권·어업권·양식업권, 골프회원권·승마회원권·콘도미니엄 회원권·종합체육시설 이용회원권·요트회원권의 표준세율은 2%이다.[399)]

Ⅳ 본점 또는 주사무소의 사업용 부동산의 중과세

1. 중과세 대상

① 본점 사업용 부동산

「수도권정비계획법」 제6조에 따른 과밀억제권역에서 본점이나 주사무소의 사업용으로 신축하거나 증축하는 건축물과 그 부속토지의 취득은 취득세를 중과세한다. 「신탁법」에 따른 수탁자가 취득한 신탁재산 중 위탁자가 신탁기간 중 또는 신탁종료 후 위탁자의 본점이나 주사무소의 사업용으로 사용하기 위하여 신축하거나 증축하는 건축물을 포함한다.[400)]

② 공장의 건설

과밀억제권역(「산업집적활성화 및 공장설립에 관한 법률」을 적용받는 산업단지·유치지역 및 「국토의 계획 및 이용에 관한 법률」을 적용받는 공업지역은 제외한다)에서 공장을 신설하거나 증설하기 위하여 사업용 과세물건을 취득하는 경우 중과세한다.[401)]

2. 취득의 주체

중과세 대상은 법인의 본점이나 주사무소의 사업용부동산이므로 법인이 취득하는 경우에는 중과세 대상이나 법인이 아닌 자가 취득하는 경우에는 중과세 대상에 해당하지 않는다. 법인이라 함은 관계법령에 의하여 설립등기를 함으로써 법인격을 취득한 단체를 말하며, 법인격 없는 사단 또는 재단은 법인에 해당되지 아니한다. 그러므로 법인격이 없는 사단이나 재단이 비록 본점이나 주사무소용으로 사용한다고 하더라도 중과세되는 것은 아니다. 또한, 법인에는 영리법인과 비영리법인이 모두 포함되기 때문에 비영리법인의 주사무소용에 대하여는 중과세가 적용된다.

---

399) 「지방세법」 제12조
400) 「지방세법」 제13조 ①
401) 「지방세법」 제13조 ①

3. 중과세지역

「수도권정비계획법」 제6조에 따른 과밀억제권역 내에서 법인이 본점이나 주사무소용 부동산을 취득하는 경우 중과세한다. 「수도권정비계획법」에서는 수도권의 인구와 산업을 적정하게 배치하기 위하여 수도권을 과밀억제권역, 성장관리권역, 자연보전권역으로 구분한다.

4. 본점 또는 주사무소의 사업용 부동산의 범위

(1) 본점과 주사무소

「상법」상 본점이란 영리법인의 주된 사무소를 의미하며, 주사무소는 비영리법인의 주된 사무소를 의미한다. 본점이나 주사무소는 법인의 주된 기능을 수행하는 장소로 법인의 중추적인 의사결정 등이 행하여지는 장소를 의미한다. 따라서 본점사업용 부동산인지 여부는 본점등기 여부를 기준으로 판단하는 것이 아니며 법인의 본점으로서 중추적인 의사결정 기능을 수행하는 장소로 사용되는지의 여부로 판단한다. 이때 당해 법인의 조직 및 직제, 의사결정 실태, 예산집행현황 등을 종합적으로 감안하여 판단한다.

만약, 본점에서 사업부문을 총괄하는 인적 · 물적시설을 설치하여 기획 · 개발 · 자금조달 · 결산 · 대외홍보 등 법인의 중추적인 의사결정을 하고, 법인이 기업경영의 전문화 · 책임화 및 효율성을 제고하기 위하여 법인의 목적사업을 각 사업부문으로 구분하여 본점과 별도의 장소에 사업자 등록을 하고 예산 · 회계 · 인사 및 영업을 독립적으로 수행하는 경우라면 이는 본점으로 볼 수 없다.

또한, 본점 기능을 수행하는 장소가 반드시 하나의 부동산에 위치할 것을 요구하는 것은 아니므로 사무실의 형편상 일부 부서를 분산하여 여러 장소에 두는 경우라도 본점에 해당되는 경우에는 이들 모두를 본점으로 본다.

지점이나 분사무소용 부동산은 중과세 대상에 해당하지 아니한다. 지점이란 「법인세법」, 「부가가치세법」 또는 「소득세법」의 규정에 의하여 등록된 사업장으로서 그 명칭 여하를 불문하고 인적 · 물적설비를 갖추고 계속하여 당해 법인의 사무 또는 사업이 행하여지는 장소로 영업활동을 위한 의사결정 기능을 갖고, 예산 · 회계업무를 독립적으로 수행하면서 대외적인 거래업무가 행하는지는 본점 이외의 장소라 정의할 수 있다.[402]

---

402) 대법 99두3188, 1999.9.15.

(2) 본점 또는 주사무소의 사업용 부동산

중과세 대상 건축물은 법인의 본점 또는 주사무소의 사무소로 사용하는 부동산과 그 부대시설용 부동산을 말한다. 이 경우 기숙사, 합숙소, 사택, 연수시설, 체육시설 등 복지후생시설과 예비군 병기고 및 탄약고는 제외한다.[403]

여기서 열거한 복지후생시설은 예시적으로 열거한 것이므로 예시되지 않은 것이라 하더라도 종업원의 복지후생시설이라면 이를 본점용 부동산에서 제외해야 한다. 복지후생시설이란 당해 사업자의 통상의 업무와는 무관하게 계속적으로 직원들의 연수 또는 체력단련 등이 이뤄지는 후생복지시설을 의미하는 것이다. 그러므로 고유업무와 관련하여 교육장 등으로 사용하는 장소는 이를 본점사업용 부동산으로 보아야 한다. 만약, 도·소매업 법인의 본점 및 본점용 창고로 사용하는 경우 그 창고는 본점의 부대시설에 해당하므로 취득세 중과세 대상에 포함된다.[404]

법인의 본점 또는 주사무소의 사무소로 사용하는 부동산과 그 부대시설용 부동산에 대하여 중과세되므로 사무소용이 아닌 임대용 부동산, 영업장, 판매시설, 점포 등은 중과세 대상에 포함되지 않는다. 따라서 백화점과 같은 유통업체의 매장이나 은행본점에 설치한 영업장 또는 병원의 진료시설·수술실·병실과 같이 사무실 이외의 부분 등이 본점이나 주사무소에 함께 설치된 경우라 하더라도 그 영업장소 및 부대시설 부분은 취득세 중과세 대상에 해당하지 않는다. 또한 본점 또는 주사무소의 사무소로 직접 사용하는 경우 중과세되므로 타인이 임차하여 본점용으로 사용하더라도 취득세가 중과세되는 것은 아니다.

(3) 본점에 해당하는 경우의 예시

중과세 대상 본점에 해당하는 경우를 예시하면 다음과 같다.[405]

① 도시형공장을 영위하는 공장의 구내에서 본점용 사무실을 증축하는 경우
② 본점의 사무소전용 주차타워를 신·증축하는 경우
③ 임대한 토지에 공장을 신설하여 운영하다가 같은 토지 내에 본점 사업용 건축물을 신·증축하는 경우
④ 대도시 밖에 본점을 둔 법인이 대도시에 건축물을 신·증축한 후 5년 이내에 법인의 경영에 필수적이고 중요한 본점의 부서 중 일부 부서가 입주하여 사무를 처리하는 경우

---

403) 「지방세법 시행령」 제25조
404) 세정-621, 2004.3.29.
405) 「지방세법」 운영예규 13-2

⑤ 대도시 내에 본점을 가지고 있던 법인이 대도시 내에 건축물을 신·증축하여 기존 본점을 이전하는 경우

(4) 본점에 해당하지 않는 사례

중과세 대상 본점에 해당하지 않는 사례는 다음과 같은 것이 있다.[406]

① 병원의 병실을 증축 취득하는 경우
② 운수업체가 「자동차운수사업법」에 의한 차고용 토지만을 취득하는 경우
③ 임대업자가 임대하기 위하여 취득한 부동산과 당해 건축물을 임차하여 법인의 본점용으로 사용하는 경우

5. 중과세 대상 공장의 범위

(1) 공장의 범위

공장의 범위는 「지방세법 시행규칙」 별표 2에 규정된 업종의 공장(「산업집적활성화 및 공장설립에 관한 법률」 제28조에 따른 도시형 공장은 제외한다)으로서 생산설비를 갖춘 건축물의 연면적(옥외에 기계장치 또는 저장시설이 있는 경우에는 그 시설의 수평투영면적을 포함한다)이 500제곱미터 이상인 것을 말한다. 이 경우 건축물의 연면적에는 해당 공장의 제조시설을 지원하기 위하여 공장 경계 구역 안에 설치되는 부대시설(식당, 휴게실, 목욕실, 세탁장, 의료실, 옥외 체육시설 및 기숙사 등 종업원의 후생복지증진에 제공되는 시설과 대피소, 무기고, 탄약고 및 교육시설은 제외한다)의 연면적을 포함한다.[407]

(2) 공장의 중과세 적용기준

1) 중과세할 과세물건[408]

중과세 대상이 되는 과세물건은 다음과 같다.

① 과밀억제권역(산업단지 및 유치지역과 공업지역은 제외)에서 공장을 신설하거나 증설하는 경우에는 신설하거나 증설하는 공장용 건축물과 그 부속토지
② 과밀억제권역에서 공장을 신설하거나 증설(건축물 연면적의 100분의 20 이상을 증설

---

406) 「지방세법」 운영예규 13-2
407) 「지방세법 시행규칙」 제7조 ①
408) 「지방세법 시행규칙」 제7조 ② 제1호

하거나 건축물 연면적 330제곱미터를 초과하여 증설하는 경우만 해당한다)한 날부터 5년 이내에 취득하는 공장용 차량 및 기계장비

2) 중과세 대상에서 제외되는 취득[409]

다음의 어느 하나에 해당하는 경우에는 중과세 대상에서 제외한다.

① 기존 공장의 기계설비 및 동력장치를 포함한 모든 생산설비를 포괄적으로 승계취득하는 경우

② 해당 과밀억제권역에 있는 기존 공장을 폐쇄하고 해당 과밀억제권역의 다른 장소로 이전한 후 해당 사업을 계속하는 경우. 다만, 타인 소유의 공장을 임차하여 경영하던 자가 그 공장을 신설한 날부터 2년 이내에 이전하는 경우 및 서울특별시 외의 지역에서 서울특별시로 이전하는 경우에는 그러하지 아니하다.

③ 기존 공장(승계취득한 공장을 포함한다)의 업종을 변경하는 경우

④ 기존 공장을 철거한 후 1년 이내에 같은 규모로 재축(건축공사에 착공한 경우를 포함한다)하는 경우

⑤ 행정구역변경 등으로 새로 과밀억제권역으로 편입되는 지역은 편입되기 전에 「산업집적활성화 및 공장설립에 관한 법률」 제13조에 따른 공장설립 승인 또는 건축허가를 받은 경우

⑥ 부동산을 취득한 날부터 5년 이상 경과한 후 공장을 신설하거나 증설하는 경우

⑦ 차량 또는 기계장비를 노후 등의 사유로 대체취득하는 경우. 다만, 기존의 차량 또는 기계장비를 매각하거나 폐기처분하는 날을 기준으로 그 전후 30일 이내에 취득하는 경우만 해당한다.

3) 공장의 증설[410]

공장의 증설이란 다음의 어느 하나에 해당하는 경우를 말한다.

① 공장용으로 쓰는 건축물의 연면적 또는 그 공장의 부속토지 면적을 확장하는 경우

② 해당 과밀억제권역 안에서 공장을 이전하는 경우에는 종전의 규모를 초과하여 시설하는 경우

③ 레미콘제조공장 등 차량 또는 기계장비 등을 주로 사용하는 특수업종은 기존 차량 및

---

409) 「지방세법 시행규칙」 제7조 ② 제2호
410) 「지방세법 시행규칙」 제7조 ② 제3호

기계장비의 100분의 20 이상을 증가하는 경우

중과세 대상에 해당하는 경우와 해당하지 않는 경우를 분류하면 다음의 표와 같다.[411]

| 중과세 대상의 구분 |

중과대상에 해당하는 경우	중과대상에 해당하지 않는 경우
① 기존 공장의 승계취득 시 기계설비를 제외한 공장대지 및 건물과 동력장치만을 양수한 경우(포괄승계취득으로 보지 아니한다)	① 기존 공장의 토지, 건축물, 생산설비를 포괄적으로 그대로 승계하거나 시설규모를 축소하여 승계취득하는 경우
② 동일 대도시권 내에서 기존 공장의 시설 일체를 매각하고 이전하는 경우(이전지역에서는 공장의 신설로 본다)	② 타인소유의 토지와 건축물에 설치된 공장을 그 토지와 건축물은 임대인으로부터, 그 기계장치는 소유자로부터 취득한 경우

6. 중과세 대상 신축과 증축

중과세되는 사업용 부동산의 취득은 본점이나 주사무소용 건축물을 신축하거나 증축하는 경우와 그 부속토지만 해당한다. 그러므로 본점이나 주사무소로 사용하기 위하여 건축물을 승계취득하는 경우에는 중과세되지 아니한다. 또한, 신축 또는 증축한 경우라도 본점이나 주사무소용으로 사용하지 않는 경우에는 중과세 대상에서 제외된다.

신축 또는 증축에 한하여 중과세하도록 그 범위를 축소하였으므로 신축 또는 증축에 해당하면 그 본점을 과밀억제권역 안에서 이전하는 경우라도 중과세를 적용한다. 즉, 과밀억제권역 안에서 신축 또는 증축한 사업용 부동산으로 본점 또는 주사무소를 이전하면 동일한 과밀억제권역 안의 기존 사업용 부동산에서 이전해 오는 경우라 하더라도 취득세 중과세 대상에 해당한다.[412]

7. 중과세 세율

본점 또는 주사무소의 사업용 부동산의 취득에 대한 취득세율은 표준세율에 중과기준세율의 100분의 200을 합한 세율을 적용한다.

---

411) 「지방세법」 운영예규 13-3
412) 대법원 2012.7.12. 선고, 2012두6551 판결 ; 대법원 2012두25569, 2013.2.28. 참조

8. 취득 후 5년 이내 본점사업용으로 사용하는 경우의 추징

토지나 건축물을 취득한 후 5년 이내에 해당 토지나 건축물이 본점이나 주사무소의 사업용 부동산(본점 또는 주사무소용 건축물을 신축하거나 증축하는 경우와 그 부속토지만 해당)에 해당하는 경우에는 중과세 대상에 해당하여 이를 추징한다.[413)

이 규정에 따라 본점사무소용 토지 취득 및 건축물 신·증축과 관련한 취득세의 중과세 여부는 다음과 같이 구분된다.

① 부속토지 및 건축물 중과세율적용

토지를 취득하고 건축물 신·증축 후 토지의 취득일로부터 5년 이내에 해당 건축물이 본점이나 주사무소의 사업용 부동산으로 사용되는 경우에는 토지와 건축물에 대하여 취득세를 중과세한다.

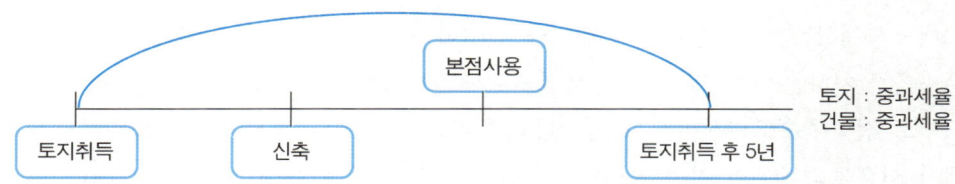

② 부속토지 일반세율, 건축물 중과세율

토지를 취득하고 토지 취득일로부터 5년 이내에 건축물 신·증축 후 토지의 취득일로부터 5년이 경과하고 건축물 신·증축일로부터 5년 이내에 해당 건축물이 본점이나 주사무소의 사업용 부동산으로 사용되는 경우에는 부속토지에 대하여는 일반세율을 적용하고 건축물에 대하여 취득세를 중과세한다.

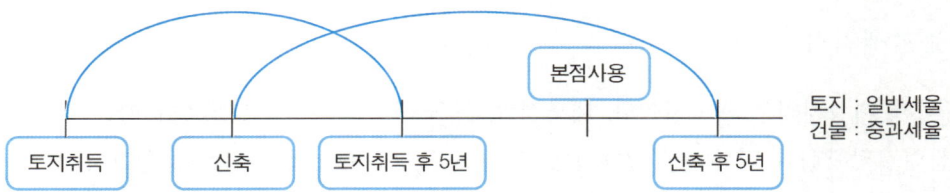

③ 부속토지 및 건축물에 대하여 일반세율적용

토지를 취득한 후 건축물을 신·증축하여 건축물의 신·증축일로부터 5년이 지나 해

---

413) 지방세법 제16조 ①

당 건축물이 본점이나 주사무소의 사업용 부동산으로 사용되는 경우에는 부속토지나 건축물에 대하여 일반세율이 적용된다.

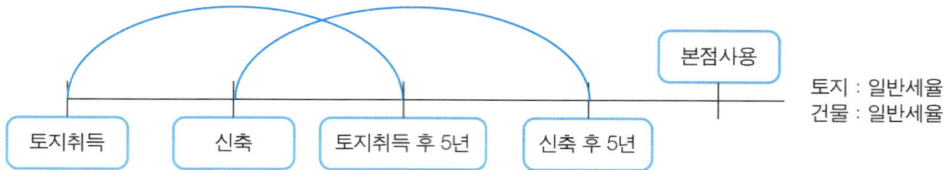

V 법인의 대도시 부동산 취득의 중과세

1. 중과세 대상

(1) 대도시 내 법인 설립 등

대도시에서 법인을 설립(휴면법인을 인수하는 경우를 포함한다)하거나 지점 또는 분사무소를 설치하는 경우 및 법인의 본점·주사무소·지점 또는 분사무소를 대도시 밖에서 대도시로 전입(「수도권정비계획법」 제2조에 따른 수도권의 경우에는 서울특별시 외의 지역에서 서울특별시로의 전입도 대도시로의 전입으로 본다)함에 따라 대도시의 부동산을 취득(그 설립·설치·전입 이후의 부동산 취득을 포함한다)하는 경우 중과세한다.[414]

(2) 공장의 신·증설

대도시(「산업집적활성화 및 공장설립에 관한 법률」을 적용받는 유치지역 및 「국토의 계획 및 이용에 관한 법률」을 적용받는 공업지역은 제외한다)에서 공장을 신설하거나 증설함에 따라 부동산을 취득하는 경우 중과세한다.[415]

2. 중과세지역

중과세 대상지역은 대도시이다. 대도시란 「수도권정비계획법」 제6조에 따른 과밀억제권역(산업집적활성화 및 공장설립에 관한 법률을 적용받는 산업단지는 제외한다)을 말한다. 공장신·증설의 경우 「산업집적활성화 및 공장설립에 관한 법률」을 적용받는 유치지역 및 「국토의 계획 및 이용에 관한 법률」을 적용받는 공업지역은 제외한다.

---

414) 「지방세법」 제13조 ②
415) 「지방세법」 제13조 ②

3. 법인설립 등

대도시에서 법인이 다음과 같은 법인설립 등에 해당하는 경우로서 법인의 부동산 취득에 대하여 취득세를 중과세한다.

① 대도시에서 법인을 설립
② 대도시에서 휴면법인의 인수
③ 대도시에서 지점 또는 분사무소를 설치
④ 법인의 본점·주사무소·지점 또는 분사무소를 대도시로 전입

4. 중과세 대상 부동산

(1) 설립, 설치 및 전입에 따른 취득

대도시에서의 법인 설립, 지점·분사무소 설치 및 법인의 본점·주사무소·지점·분사무소의 대도시 전입에 따른 부동산 취득은 해당 법인 또는 행정안전부령으로 정하는 사무소 또는 사업장이 그 설립·설치·전입 이전에 법인의 본점·주사무소·지점 또는 분사무소의 용도로 직접 사용하기 위한 부동산 취득으로 한다. 다만, 채권을 보전하거나 행사할 목적으로 하는 부동산 취득은 제외한다.[416] 채권을 보전하거나 행사할 목적의 부동산 취득이라 함은 불량채권 등의 회수를 위한 방편으로서 일시적으로 부동산을 취득하는 것을 말한다.

법인 또는 지점 등이 그 설립·설치·전입 이전에 법인의 본점·주사무소·지점 또는 분사무소의 용도로 직접 사용하기 위하여 취득하는 부동산이란 당해 본점 또는 지점용 사무실 및 그 부대시설용 등을 의미하는 것으로 직접 사용이 아닌 임대 등을 목적으로 취득한 부동산의 경우에는 취득세 중과대상에 해당하지 않는다.

설립 등 이전에 사무소의 용도로 직접 사용하기 위한 부동산에 대하여 중과세하는 바, 설립 몇 년 전에 취득한 것까지 중과세하느냐의 문제가 발생한다. 「지방세법」에서는 이에 대한 명문규정은 없다. 다만, 「지방세법」 제16조 제4항에서 "취득한 부동산이 대통령령으로 정하는 기간에 제13조 제2항에 따른 과세대상이 되는 경우에는 같은 항의 세율을 적용하여 취득세를 추징한다"고 하고 있고 「지방세법 시행령」 제31조에서 그 기간을 5년으로 규정하고 있으므로, 설립 등이 있기 이전 5년 이내에 취득한 부동산을 중과세 대상으로 보아야 할 것이다.

---

416) 「지방세법 시행령」 제27조 ③

(2) 설립·설치·전입 이후의 부동산 취득

그 설립·설치·전입 이후의 부동산 취득은 법인 또는 사무소 등이 설립·설치·전입 이후 5년 이내에 하는 업무용·비업무용 또는 사업용·비사업용의 모든 부동산 취득으로 한다. 이 경우 부동산 취득에는 공장의 신설·증설, 공장의 승계취득, 해당 대도시에서의 공장 이전 및 공장의 업종변경에 따르는 부동산 취득을 포함한다.[417] 다만, 채권을 보전하거나 행사할 목적으로 하는 부동산 취득은 제외한다.[418]

법인 또는 지점 등이 설립·설치·전입 이후 5년 이내에 취득하는 부동산에 대하여는 법인 또는 지점 등이 설립·설치·전입 이전의 취득과는 달리 직접 사용 여부와 관계없이 일체의 부동산취득이 중과세 대상이 된다. 따라서 고정자산적 성격, 재고자산, 유동자산 성격에 불문하고 채권보전목적 등의 취득이 아니라면 모두 중과세 대상이다.

그 부동산의 전부가 법인의 당해 본점 또는 당해 지점 등에 사용되어야 하는 것은 아니라 하더라도 다른 지점 등과 관계되어 취득한 부동산까지 포함하는 것은 아니다. 그러므로 대도시에서 설립 후 5년이 경과된 법인이 새로이 지점을 설치하고 지점과 그 지점과 관계하여 취득하는 부동산은 중과세에 해당하나, 새로이 설립되는 지점과 무관하게 기존의 설립 등 이후 5년이 경과한 본점 등과 관련하여 취득한 것이라면 중과세 대상에 포함되지 않는 것이다.

또한, 수도권 중 서울시 이외의 지역에서 서울시로의 전입은 중과세 대상에 포함되는 것으로 그 전입과 관련하여 서울시에 있는 부동산을 취득하는 경우에는 중과세되는 것이다. 반면, 서울시 이외의 대도시 내의 법인이 서울시로 전입한 경우 그 전입한 본점이나 지점과 관련하여 취득한 부동산이라 할지라도 그 부동산이 서울시 이외의 대도시 내의 것이라면 취득세가 중과세되지 아니한다.[419]

---

417) 「지방세법 시행령」 제27조 ③
418) 「지방세법 시행령」 제27조 ③
419) 대법원 2001두10974, 2003.8.19. 참조

대도시 내로 전입 등과 전입과 중과세 대상 취득

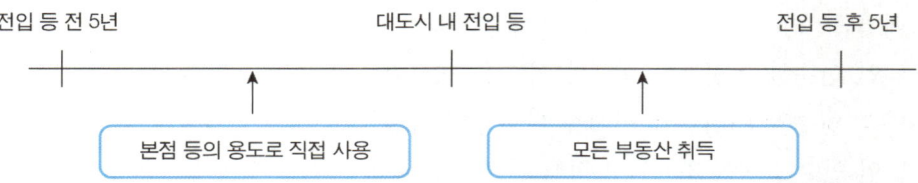

5. 법인의 설립 등

(1) 법인의 설립

법인의 설립에 관한 「민법」과 「상법」의 각 규정에 의하면, 법인의 설립에는 기본적으로 설립행위와 설립등기가 필요하고, 법인은 설립행위를 거쳐 설립등기를 함으로써 성립함과 동시에 법인격을 취득하게 된다. 법인의 설립에는 휴면(休眠)법인을 인수하는 경우를 포함한다.

그러나 조직변경은 회사의 설립에 포함되지 아니한다. 조직변경은 회사가 인격의 동일성을 보유하면서 법률상의 조직을 변경하여 다른 종류의 회사로 되는 것을 일컫는 것으로서 이는 영리를 목적으로 하는 하나의 단체를 형성함과 동시에 그 단체로 하여금 법률상의 인격을 갖추도록 하는 회사의 설립과는 구별되는 것이다. 즉, 조직변경 시 해산등기와 설립등기의 형식을 취하고 있다 하더라도 이는 새로운 설립행위로 볼 수 없는 것이다.

법인의 설립시기는 설립시기의 전후의 취득에 대하여 중과세 대상이 달라질 뿐만 아니라 설립 후 5년의 계산에 있어서도 중요한 의미를 갖는다. 법인설립에 따른 중과세를 적용함에 있어 법인의 설립은 「상법」에 의하여 법인등기부에 설립등기를 한 날로 보아야 한다. 해산법인의 경우 청산이 완료되어 청산등기 이전에는 법인격이 소멸되지 않으므로 설립일로부터 5년의 기간을 계산할 때에는 당초 설립일로부터 기산한다.

휴면법인의 경우 과점주주가 주식을 인수하면 그 지분에 대하여는 과점주주의 인수일이 새로운 설립일이 된다. 과거 5년이 경과된 휴면회사를 인수하여 중과세를 회피하는 사례가 많았다. 그래서 이를 방지하고자 휴면회사를 인수하는 경우 계속사업이 아닌 법인설립으로 보아 중과세할 수 있도록 이를 명문화한 것이다.

휴면법인이란 다음 중 어느 하나에 해당하는 법인을 말한다.[420]

① 해산법인

---

420) 「지방세법 시행령」 제27조 ①

② 해산간주법인

③ 폐업법인

④ 법인 인수일 이전 1년 이내에 계속등기를 한 해산법인 또는 해산간주법인

⑤ 법인 인수일 이전 1년 이내에 다시 사업자등록을 한 폐업법인

⑥ 법인 인수일 이전 2년 이상 사업 실적이 없고, 인수일 전후 1년 이내에 인수법인 임원의 100분의 50 이상을 교체한 법인

휴면법인의 인수는 휴면법인에서 최초로 그 법인의 과점주주(「지방세기본법」 제46조 제2호에 따른 과점주주를 말한다)가 된 때 이루어진 것으로 본다.[421] 법인의 과점주주가 된 때 과점주주가 인수한 주식 등의 비율에 대하여 휴면법인의 인수로 봄으로 인수시점의 과점주주의 지분비율에 대하여만 법인설립으로 보아 중과세를 적용하고, 과점주주 이외의 지분에 대하여는 법인설립으로 보지 아니한다. 휴면법인 인수 후 5년 이내 부동산을 취득등기하는 경우 인수시점의 과점주주비율과 부동산의 취득시점의 지분비율이 다른 경우에는 인수시점의 지분율에 상당하는 비율만 중과세 대상으로 하여야 한다. 그러나 지방세당국에서는 부동산 취득시의 과점주주비율을 적용하여 중과세하도록 하고 있다.[422]

분할등기일 현재 5년 이상 계속하여 사업을 한 대도시의 내국법인이 법인의 분할로 법인을 설립하는 경우에는 중과세 대상으로 보지 아니한다. 또한, 대도시에서 설립 후 5년이 경과한 법인이 다른 기존법인과 합병하는 경우에는 중과세 대상으로 보지 아니하며, 기존법인이 대도시에서 설립 후 5년이 경과되지 아니한 법인과 합병하여 기존법인 외의 법인이 합병 후 존속하는 법인이 되거나 새로운 법인을 신설하는 경우에는 합병 당시 기존법인에 대한 자산비율에 해당하는 부분을 중과세 대상으로 보지 아니한다.[423]

(2) 지점 또는 분사무소의 설치

취득세 중과세 요건인 지점 등의 설치에 있어서 지점에 해당하는 사무소 또는 사업장이란 「법인세법」, 「부가가치세법」 또는 「소득세법」에 따라 등록된 사업장으로서 인적 및 물적 설비를 갖추고 계속하여 사무 또는 사업이 행하여지는 장소를 말한다. 사무소 등에는 「법인세법」, 「부가가치세법」 또는 「소득세법」에 따른 비과세 또는 과세면제 대상 사업장과 「부가가치세법 시행령」 제7조 제1항 각 호 외의 부분 단서에 따라 등록된 사업자단위과세 적용사업장의 종된 사업장을 포함한다. 그러나 다음 각각의 장소는 사무소 등에서 제외한

---

421) 「지방세법 시행령」 제26조 ②
422) 지방세운영-2150, 2010.5.20.
423) 「지방세법 시행령」 제27조 ④, ⑤

다.[424)]

① 영업행위가 없는 단순한 제조·가공장소
② 물품의 보관만을 하는 보관창고
③ 물품의 적재와 반출만을 하는 하치장

여기서 '인적·물적 설비를 갖추고 계속하여 사무 또는 사업이 행하여지는 장소'라 함은 영업활동 내지 대외적인 거래업무를 처리하기 위한 인원을 상주시키고 이에 필요한 물적 시설을 갖추었으며, 실제로 그러한 활동이 행하여지고 있는 장소를 말한다. 그러므로 단순히 본점 이외의 장소에서 경리, 인사, 연구, 연수, 재산관리업무 등 영업활동, 대외적인 거래와 직접적인 관련이 없는 내부적 업무만을 처리하고 있는 경우는 「지방세법」상 지점 또는 분사무소에 해당하지 않는 것으로 보아야 한다.[425)]

인적설비란 당해 법인의 지휘·감독하에 인원이 상주하는 것을 뜻할 뿐이고, 그 고용형식이 반드시 당해 법인에 직속하는 형태를 취할 것을 요구하는 것은 아니다. 그러므로 위탁관리계약 등을 체결하고 위탁관리업체가 필요한 종업원을 채용하여 업무를 수행하는 경우에도 당해 법인의 지휘·감독 하에 행하여지는 경우에는 인적설비를 갖추었다고 할 수 있다.

임대용 건축물을 취득하여 임대와 관리업무를 수행하기 위하여 임대사업자등록을 하고 직원을 상주시켜 사무실을 사용하는 경우에는 지점 또는 분사무소에 해당하여 부동산 취득(부속토지 포함)에 대하여 중과세한다. 그러나 임대업무는 본점 소재지에서 관리하고 관리업무는 도급(용역)을 주고 법인의 사무실 등을 전혀 사용하지 않는다면 이를 독립된 기능을 수행하는 지점 또는 분사무소로 볼 수 없다.

「부가가치세법」상의 사업자등록을 하였으나 실질적으로 인적·물적설비를 갖추고 계속적으로 사무 또는 사업을 한 사실이 없다면 취득세의 중과대상이 되지 아니한다.[426)] 본점 설립 후 5년이 경과한 법인이 부동산매매 및 임대업을 영위하면서 본점 이외의 부동산을 취득하여 등기를 한 후 그 부동산을 임대하면서 그 장소에 「부가가치세법」상의 사업자등록을 하였으나 실질적으로 인적·물적설비를 갖추고 계속적으로 사무 또는 사업을 한 사실이 없다면 취득세의 중과대상이 되지 아니한다.

---

424) 「지방세법 시행규칙」 제6조
425) 대법 92누10029, 1993.6.11.
426) 세정 - 322, 2004.1.27.

(3) 대도시 내로의 전입

법인의 본점·주사무소·지점 또는 분사무소를 대도시로 전입함에 따라 대도시의 부동산을 취득하거나 전입 이후의 부동산 취득에 대하여 중과세한다.

여기서 대도시란 과밀억제권역을 말하며 산업단지는 제외한다. 따라서 과밀억제권역 안의 산업단지는 중과세 대상지역이 아니므로 시화공단이나 구로공단과 같은 산업단지에서 산업단지가 아닌 과밀억제권역으로의 이전은 중과세된다. 또한, 과밀억제권역에서 과밀억제권역으로의 이전은 중과세 대상 전입에 해당되지 아니하나, 과밀억제권역 내라 하더라도 서울특별시 외의 과밀억제권역에서 서울특별시로의 전입은 중과세된다.

대도시 내로의 본점 등의 전입은 전입등기와는 무관하게 실질적인 전입여부로 판단하여야 한다. 그러므로 본점 등의 전입등기는 이루어지지 아니하였지만 실질적으로 대도시 외에서 대도시 내로 본점 등을 전입한 법인이 사실상 본점 등의 전입일부터 5년 이내에 취득하는 부동산에 대하여는 취득세가 중과세된다.

서울특별시 이외의 과밀억제권역에서 서울특별시로 전입한 법인의 전입 이후의 부동산등기를 중과세하는 취지는 대도시 중에서도 특히 서울특별시 내로의 인구집중이나 경제집중으로 인한 폐단을 방지하기 위한 조세정책적인 목적으로 보여진다. 따라서 서울시로의 전입 후 취득하는 부동산이 새로 전입하는 당해 대도시인 서울특별시 내에 소재하고 있는 경우에 한하여 그 부동산등기가 취득세 중과세 대상이 된다고 보는 것이 법령의 취지에 부합하는 타당한 해석이라고 할 것이다.[427]

---

427) 대법원 2001두10974, 2003.8.19. 참조

| 대도시내로의 전입과 중과세 판단 |

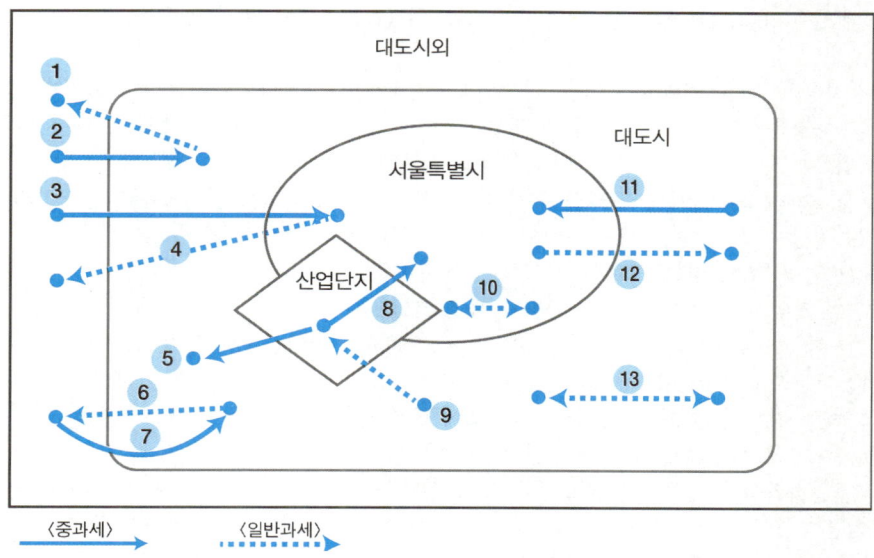

6. 대도시 중과 제외 업종

대도시에 설치가 불가피하다고 인정되는 업종으로서 대통령령으로 정하는 업종(대도시 중과 제외 업종)에 직접 사용할 목적으로 부동산을 취득하는 경우에는 중과세를 적용하지 아니하고 표준세율에 의한다.[428)]

"대통령령으로 정하는 업종"이란 다음 각 호에 해당하는 업종을 말한다.[429)]
1. 「사회기반시설에 대한 민간투자법」 제2조 제3호에 따른 사회기반시설사업(같은 조 제9호에 따른 부대사업을 포함한다)[430)]
2. 「한국은행법」 및 「한국수출입은행법」에 따른 은행업
3. 「해외건설촉진법」에 따라 신고된 해외건설업(해당 연도에 해외건설 실적이 있는 경우로서 해외건설에 직접 사용하는 사무실용 부동산만 해당한다) 및 「주택법」 제4조에 따라 국토교통부에 등록된 주택건설사업(주택건설용으로 취득한 후 3년 이내에 주택건설에 착공하는 부동산만 해당한다)[431)]
4. 「전기통신사업법」 제5조에 따른 전기통신사업
5. 「산업발전법」에 따라 산업통상자원부장관이 고시하는 첨단기술산업과 「산업집적활성화 및 공장설립에 관한 법률 시행령」 별표 1의 2 제2호 마목에 따른 첨단업종

---

428) 「지방세법」 제13조 ②

6. 「유통산업발전법」에 따른 유통산업, 「농수산물유통 및 가격안정에 관한 법률」에 따른 농수산물도매시장·농수산물공판장·농수산물종합유통센터·유통자회사 및 「축산법」에 따른 가축시장.[432)]

7. 「여객자동차 운수사업법」에 따른 여객자동차운송사업 및 「화물자동차 운수사업법」에 따른 화물자동차운송사업과 「물류시설의 개발 및 운영에 관한 법률」 제2조 제3호에 따른 물류터미널사업 및 「물류정책기본법 시행령」 제3조 및 별표 1에 따른 창고업

8. 정부출자법인 또는 정부출연법인(국가나 지방자치단체가 납입자본금 또는 기본재산의 100분의 20 이상을 직접 출자 또는 출연한 법인만 해당한다)이 경영하는 사업

9. 「의료법」 제3조에 따른 의료업

10. 개인이 경영하던 제조업(「소득세법」 제19조 제1항 제3호에 따른 제조업을 말한다). 다만, 행정안전부령으로 정하는 바에 따라 법인으로 전환하는 기업만 해당하며, 법인전환에 따라 취득한 부동산의 가액(법 제4조에 따른 시가표준액을 말한다)이 법인 전환 전의 부동산가액을 초과하는 경우에 그 초과부분과 법인으로 전환한 날 이후에 취득한 부동산은 법 제13조 제2항 각 호 외의 부분 본문을 적용한다.

11. 「산업집적활성화 및 공장설립에 관한 법률 시행령」 별표 1의 2 제3호 가목에 따른 자원재활용업종

12. 「소프트웨어 진흥법」 제2조 제3호에 따른 소프트웨어사업 및 같은 법 제61조에 따라 설립된 소프트웨어공제조합이 소프트웨어산업을 위하여 수행하는 사업

13. 「공연법」에 따른 공연장 등 문화예술시설운영사업

14. 「방송법」 제2조 제2호·제5호·제8호·제11호 및 제13호에 따른 방송사업·중계유선방송사업·음악유선방송사업·전광판방송사업 및 전송망사업

15. 「과학관의 설립·운영 및 육성에 관한 법률」에 따른 과학관시설운영사업

16. 「산업집적활성화 및 공장설립에 관한 법률」 제28조에 따른 도시형공장을 경영하는 사업

17. 「벤처투자 촉진에 관한 법률」 제37조에 따라 등록한 중소기업창업투자회사가 중소기업창업 지원을 위하여 수행하는 사업. 다만, 법인설립 후 1개월 이내에 같은 법에 따라 등록하는 경우만 해당한다.

18. 「한국광해광업공단법」에 따른 한국광해광업공단이 석탄산업합리화를 위하여 수행하는 사업

19. 「소비자기본법」 제33조에 따라 설립된 한국소비자원이 소비자 보호를 위하여 수행하는 사업

20. 「건설산업기본법」 제54조에 따라 설립된 공제조합이 건설업을 위하여 수행하는 사업

21. 「엔지니어링산업 진흥법」 제34조에 따라 설립된 공제조합이 그 설립 목적을 위하여 수행하는 사업

22. 「주택도시기금법」에 따른 주택도시보증공사가 주택건설업을 위하여 수행하는 사업

23. 「여신전문금융업법」 제2조 제12호에 따른 할부금융업

24. 「통계법」 제22조에 따라 통계청장이 고시하는 한국표준산업분류(이하 "한국표준산업분류"라 한다)에 따른 실내경기장·운동장 및 야구장 운영업

25. 「산업발전법」(법률 제9584호 산업발전법 전부개정법률로 개정되기 전의 것을 말한다) 제14조에 따라 등록된 기업구조조정전문회사가 그 설립 목적을 위하여 수행하는 사업. 다만, 법인 설립 후 1개월 이내에 같은 법에 따라 등록하는 경우만 해당한다.

26. 「지방세특례제한법」제21조 제1항에 따른 청소년단체, 같은 법 제45조에 따른 학술단체・장학법인 및 같은 법 제52조에 따른 문화예술단체・체육단체가 그 설립 목적을 위하여 수행하는 사업
27. 「중소기업진흥에 관한 법률」제69조에 따라 설립된 회사가 경영하는 사업
28. 「도시 및 주거환경정비법」제35조 또는 「빈집 및 소규모주택 정비에 관한 특례법」제23조에 따라 설립된 조합이 시행하는 「도시 및 주거환경정비법」제2조 제2호의 정비사업 또는 「빈집 및 소규모주택 정비에 관한 특례법」제2조 제1항 제3호의 소규모주택정비사업
29. 「방문판매 등에 관한 법률」제38조에 따라 설립된 공제조합이 경영하는 보상금지급책임의 보험사업 등 같은 법 제37조 제1항 제3호에 따른 공제사업
30. 「한국주택금융공사법」에 따라 설립된 한국주택금융공사가 같은 법 제22조에 따라 경영하는 사업
31. 「민간임대주택에 관한 특별법」제5조에 따라 등록을 한 임대사업자 또는 「공공주택 특별법」제4조에 따라 지정된 공공주택사업자가 경영하는 주택임대사업
32. 「전기공사공제조합법」에 따라 설립된 전기공사공제조합이 전기공사업을 위하여 수행하는 사업
33. 「소방산업의 진흥에 관한 법률」제23조에 따른 소방산업공제조합이 소방산업을 위하여 수행하는 사업
34. 「중소기업 기술혁신 촉진법」제15조 및 같은 법 시행령 제13조에 따라 기술혁신형 중소기업으로 선정된 기업이 경영하는 사업. 다만, 법인의 본점・주사무소・지점・분사무소를 대도시 밖에서 대도시로 전입하는 경우는 제외한다.
35. 「주택법」에 따른 리모델링주택조합이 시행하는 같은 법 제66조 제1항 및 제2항에 따른 리모델링사업
36. 「공공주택 특별법」에 따른 공공매입임대주택(같은 법 제4조 제1항 제2호 및 제3호에 따른 공공주택사업자와 공공매입임대주택을 건설하는 사업자가 공공매입임대주택을 건설하여 양도하기로 2022년 12월 31일까지 약정을 체결하고 약정일부터 3년 이내에 건설에 착공하는 주거용 오피스텔로 한정한다)을 건설하는 사업
37. 「공공주택 특별법」제4조 제1항에 따라 지정된 공공주택사업자가 같은 법에 따른 지분적립형 분양주택이나 이익공유형 분양주택을 공급・관리하는 사업

---

429) 「지방세법 시행령」제26조 ①
430) 「사회기반시설에 대한 민간투자법」제2조 제2호에 따른 사회기반시설사업이라고 규정함으로써 제2조 제2호를 직접적으로 원용하고 있는 점으로 볼 때, 취득세의 중과제외되는 사회기반시설사업은 반드시 민간투자사업의 방식과 절차에 따라 시행되는 사회기반시설사업만을 의미하는 것은 아니고 사회기반시설에 대한 민간투자법 제2조 제1호에 열거된 사회기반시설을 신설・증설・개량 또는 운영에 관한 사업이면 중과세 제외된다고 할 수 있다.
431) 등록된 주택건설사업이므로 주택건설사업으로 등록하기 전에 취득하는 부동산은 중과제외되지 아니한다. 연간 단독주택의 경우에는 20호, 공동주택의 경우에는 20세대(도시형 생활주택 등의 경우 30세대) 이상의 주택건설사업을 시행하려는 자 또는 연간 1만㎡ 이상의 대지조성사업을 시행하려는 자는 국토교통부장관에게 등록하여야 한다. 주택건설용지를 취득한 후 3년 이내에는 주택건설에 착공하여야 중과제외대상으로 보는 것이며, 3년 이내에 착공하지 않는 경우에는 정당한 이유가 있더라도 중과세된다.

7. 중과세 제외의 배제

중과세 배제 업종에도 불구하고 다음의 어느 하나에 해당하는 경우 그 해당 부분에 대하여는 중과세가 적용된다.[433] 다만, 대통령령으로 정하는 임대가 불가피하다고 인정되는 업종에 대하여는 직접 사용하는 것으로 본다.[434]

① 정당한 사유 없이 부동산 취득일부터 1년이 경과할 때까지 대도시 중과 제외 업종에 직접 사용하지 아니하는 경우
② 부동산 취득일부터 1년 이내에 다른 업종이나 다른 용도에 사용·겸용하는 경우
③ 부동산 취득일부터 2년 이상 해당 업종 또는 용도에 직접 사용하지 아니하고 매각하는 경우
④ 부동산 취득일부터 2년 이상 해당 업종 또는 용도에 직접 사용하지 아니하고 다른 업종이나 다른 용도에 사용·겸용하는 경우

③ ④의 규정은 중과 제외 업종에 직접 사용을 목적으로 취득한 부동산은 최소한 2년 이상은 중과 제외 업종에 직접 사용하여야 한다는 것으로서, 2년 미만 사용하고 매각하거나 다른 업종에 사용·겸용한 경우에는 중과세를 적용한다는 것이다. 여기서 2년 이상 중과 제외 업종에 사용하는 것은 계속하여 사용하여야 한다는 규정은 없으므로 총 사용기간이 2년 이상이면 되는 것으로 보인다. 또한, 다른 업종 또는 다른 용도라 함은 중과세제외업종 이외의 업종이나 용도라고 보아야 할 것이다.

주택건설사업에 직접 사용할 목적으로 부동산을 취득하는 경우에 중과세 제외되므로, 주택건설업등록 후 취득하는 토지 및 주택의 원시취득이 모두 중과제외된다.

주택건설사업에 근린상가 등 주택 이외의 건물이 함께 건축되는 경우에는 그 상가 중 일정부분은 주택건설 사업에 직접 사용으로 보아 중과제외되나 그 이외의 부분에 대하여는 중과세된다. 즉, 주택건설용으로 취득 하는 부동산에는 구 「주택건설촉진법」의 규정에 의하여 아파트 건설 시 의무적으로 설치하여야 하는 구매 시설과 설치가 가능한 생활시설을 의미하며, 그 면적은 같은 규정에서 규정한 매세대당 3㎡의 비율로 산정 한 면적을 초과하지 아니하도록 되어 있어 동 기준면적 범위 내의 구매 및 생활시설에 한하여 취득세 중과 대상에서 제외되는 주택건설용 부동산에 해당한다고 할 수 있다(감심 96-130, 1996.7.30.).

432) 「유통산업발전법」 제2조에 따르면 '유통산업'이라 함은 농산물·임산물·축산물·수산물 및 공산품의 도 매·소매 및 이를 영위하기 위한 보관·배송·포장과 이와 관련된 정보·용역의 제공 등을 목적으로 하는 산업을 말하는 것이다. 「유통산업발전법」에서는 대규모점포 등 일부 유통산업에 대하여 설치, 지정 및 등 록기준을 정하고 있다. 그러나 이러한 대규모점포 등에 대하여만 취득세 중과제외대상인 유통산업으로 보는 것은 아니며 유통산업에 해당하면 소매점 등에 대하여도 중과제외된다.

433) 「지방세법」 제13조 ③, ④

434) 「지방세법」 제13조 ④

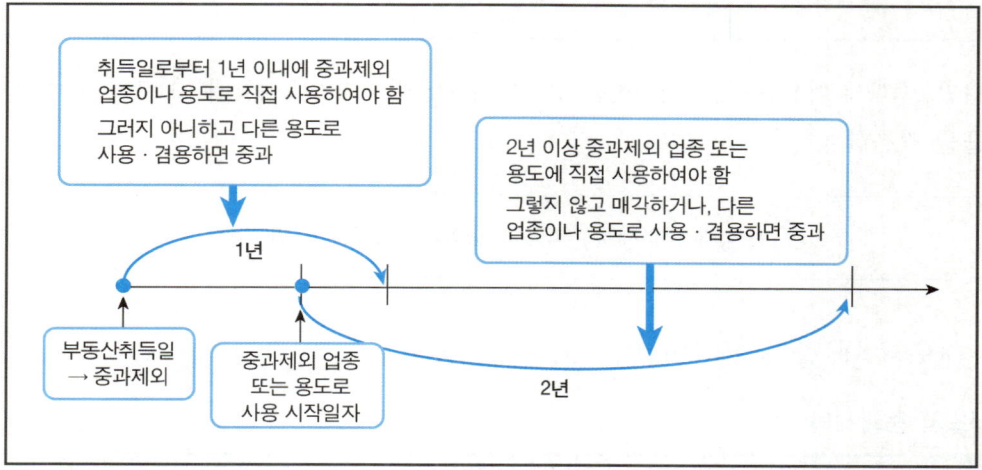

여기서 '정당한 사유'에 대하여는 구체적인 규정은 없다. 「국세기본법」상의 가산세 규정에서 정당한 사유에 관한 규정이 있어 이에 준하여 해석할 수 있을 것이다.

대통령령으로 정하는 임대가 불가피하다고 인정되는 업종이란 다음의 어느 하나에 해당하는 업종을 말한다.[435)]

① 전기통신사업(「전기통신사업법」에 따른 전기통신사업자가 같은 법 제41조에 따라 전기통신설비 또는 시설을 다른 전기통신사업자와 공동으로 사용하기 위하여 임대하는 경우로 한정한다)

② 유통산업, 농수산물도매시장·농수산물공판장·농수산물종합유통센터·유통자회사 및 가축시장(「유통산업발전법」 등 관계 법령에 따라 임대가 허용되는 매장 등의 전부 또는 일부를 임대하는 경우 임대하는 부분에 한정한다)

8. 중과세율

중과세 대상 부동산(「신탁법」에 따른 수탁자가 취득한 신탁재산을 포함한다)을 취득하는 경우의 취득세는 표준세율의 100분의 300에서 중과기준세율의 100분의 200을 뺀 세율을 적용한다.

---

435) 「지방세법 시행령」 제26조 ④

> 일반부동산 중과세율 = (표준세율 × 3배) − 중과기준세율(2%)의 2배

다만, 중과세 대상 주택을 취득하는 경우에는 4%에 중과기준세율의 100분의 400을 합한 세율을 적용한다.[436]

> 주택의 중과세율 = 4% + 중과기준세율(2%)의 4배

9. 대도시 내 중과세의 비교

| 대도시 중과세의 비교 |

구 분	본점 또는 주사무소의 사업용 부동산의 중과세	법인의 대도시 부동산 취득의 중과세
중과대상지역	과밀억제권역	대도시
중과세기간	시한 없음(계속적용)	설립 등 후 5년 이내 취득
중과세율	표준세율 + 중과기준세율(2%)의 2배	(표준세율 × 3배) − 중과기준세율(2%)의 2배
취득유형	신축·증축하는 경우만 해당	신축·증축 및 승계취득
취득대상	본점·주사무소	본점·주사무소·지점·분사무소
사용목적	본점·주사무소의 사업용부동산	설립 등 이전 : 본점 등에 직접 사용
		설립 등 이후 : 모든 부동산 취득

본점 또는 주사무소의 사업용 부동산의 중과세와 법인의 대도시 부동산 취득의 중과세가 동시에 적용되는 과세물건에 대하여는 표준세율의 100분의 300의 세율이 적용된다.

법인 설립 후 부동산을 취득하는 경우 본점·주사무소의 사업용부동산의 중과와 대도시 내 법인설립 등의 중과에 따라 중과세되는 취득세율을 요약하면 다음 표와 같다.

---

436) 「지방세법」 제13조 ②

| 법인의 부동산 취득시 세율비교 |

구 분		신축·증축	승계취득
설립 등 후 5년 이내	본점 주사무소용	2.8% × 3 = 8.4% (부속토지 : 4% × 3 = 12%)	4% × 3 − 2% × 2 = 8%
	본점 이외	2.8% × 3 − 2% × 2 = 4.4%	4% × 3 − 2% × 2 = 8%
설립 등 후 5년 이후	본점 주사무소용	2.8% + 2% × 2 = 6.8% (부속토지 : 4% + 2% × 2 = 8%)	4%
	본점 이외	2.8%	4%

※ 원시취득의 표준세율 : 2.8%

※ 유상승계취득의 표준세율 : 4%인 과세물건 가정

※ 본점 또는 주사무소용 부속토지는 그 토지의 취득일로부터 5년 이내에 신축·증축하는 경우에 중과세한다.

사치성 재산의 중과세

1. 중과세 대상 사치성 재산

(1) 골프장

「체육시설의 설치·이용에 관한 법률」에 따른 회원제 골프장용 부동산 중 구분등록의 대상이 되는 토지와 건축물 및 그 토지 상(上)의 입목은 중과세된다. 이 경우 골프장은 그 시설을 갖추어 「체육시설의 설치·이용에 관한 법률」에 따라 체육시설업의 등록(시설을 증설하여 변경등록하는 경우를 포함한다)을 하는 경우뿐만 아니라 등록을 하지 아니하더라도 사실상 골프장으로 사용하는 경우에도 적용한다.[437]

「체육시설의 설치·이용에 관한 법률」 및 동법 시행령의 관련 규정에 따르면 회원제골프장업의 등록을 하려는 자는 해당 골프장의 부동산 중 골프 코스, 주차장 및 도로, 관리시설 등을 구분하여 등록을 신청하여야 한다. 회원제골프장용 부동산 중 구분등록의 대상[438]이 되는 토

---

437) 「지방세법」 제13조 ⑤

438) 「체육시설의 설치·이용에 관한 법률 시행령」 제30조 제3항에 따른 구분등록의 대상이 되는 토지 및 골프장 안의 건축물은 다음과 같다.
① 골프코스(티그라운드·페어웨이·러프·해저드·그린 등을 포함한다)
② 주차장 및 도로
③ 조정지(골프코스와는 별도로 오수처리 등을 위하여 설치한 것은 제외)
④ 골프장의 운영 및 유지·관리에 활용되고 있는 조경지(골프장 조성을 위하여 산림훼손, 농지전용 등으로 토지의 형질을 변경한 후 경관을 조성한 지역을 말함)

지와 건축물의 취득에 대해서는 중과세율을 적용하되 이는 체육시설업의 등록을 하는 경우뿐만 아니라 등록을 하지 아니하더라도 사실상 골프장으로 사용하는 경우에도 적용된다고 규정되어 있으므로 구분등록대상이 되는 토지, 건축물 및 입목에 대해서는 취득 후 실제 구분등록이 이루어졌는지 관계없이 중과세율이 적용된다.

원형보존 토지가 골프장 경계구역 밖에 소재한 자연림 상태의 임야로 골프코스 등과는 상당한 거리를 두고 위치하고 있다면 주된 용도가 임야에 해당하는 것으로 보는 것이 타당하므로 중과세 대상에 해당하지 않는다.[439]

골프장의 취득세 과세문제는 일반적으로 부지의 매입, 지목변경, 건축물의 건축에 대하여 발생한다. 골프장 조성에 따른 토지의 지목변경에 의한 간주취득의 취득시기는 전·답·임야에 대한 산림훼손(임목의 벌채 등), 형질변경(절토, 성토, 벽공사 등), 농지전용 등의 공사뿐만 아니라 잔디의 파종 및 식재, 수목의 이식, 조경작업 등과 같은 골프장으로서의 효용에 공하는 모든 공사를 완료하여 골프장 조성공사가 준공됨으로써 체육용지로 지목변경이 되는 때이다.

그러므로 토목공사는 물론 잔디 파종 및 식재비용, 임목의 이식비용 등 골프장 조성에 들인 비용은 모두 토지의 지목변경으로 인한 가액증가에 소요된 비용으로서 지목변경에 의한 간주취득의 과세표준에 포함되고, 또한 중과세율이 적용된다.[440]

회원제골프장용 부동산 중 구분등록의 대상이 되는 토지 등에 대하여는 체육시설업의 등록을 하는 경우, 시설을 증설하여 변경등록하는 경우, 체육시설업의 등록을 하지 아니하더라도 사실상 골프장으로 사용하는 경우에 한하여 취득세를 중과세한다. 그러므로 이미 체육시설업의 등록을 하여 중과세율로 취득세를 신고·납부한 기존 골프장용 부동산을 양도, 증여, 영업의 양도, 합병 등에 의하여 승계취득하는 경우에는 취득세가 중과세 되지 않는다. 골프장의 경우 체육시설업의 등록을 하는 때에 한하여 중과세하도록 하여 신규 등록시 1회에 한해 중과세하고 기존 골프장의 부동산을 인수하여 인수자 명의로 변경등록하여도 시설의 증설을 수반하지 않으면 중과세 대상에 해당하지 않는다. 그러므로 이미 체육시설업의 등록을 한 기존 골프장용 토지를 일부 승계취득하여 골프장용지로 사용하는 경우 일부 골프장용지에 대하여 시설의 증설이 없다면 중과대상에서 제외된다. 다만, 시설을 증설하여

---

⑤ 관리시설(사무실·휴게시설·매점·창고와 그 밖에 골프장 안의 모든 건축물을 포함하되, 수영장·테니스장·골프연습장·연수시설·오수처리시설 및 태양열이용설비 등 골프장의 용도에 직접 사용되지 아니하는 건축물은 제외) 및 그 부속토지

⑥ 보수용 잔디 및 묘목·화훼 재배지 등 골프장의 유지·관리를 위한 용도로 사용되는 토지

439) 조심 2009지784, 2010.2.4. 참조
440) 대법원 2001.7.27. 선고, 99두9919 판결 참조

변경등록을 하는 경우 시설의 증설비용만 중과세 대상에 해당된다.

체육시설업의 등록 또는 변경등록 하는 때, 체육시설업의 등록을 하지 아니하더라도 사실상 골프장으로 사용하는 때에 구분등록대상에 한하여 중과세되므로 등록 전의 취득에 대하여는 일반세율에 의하여 신고·납부하고 등록시점에 중과세 대상에 대하여 중과세를 적용한다. 「지방세법」 제16조 제1항에 의하여 토지나 건축물을 취득한 후 5년 이내에 해당 토지나 건축물이 골프장에 해당하게 된 경우에는 중과세된다.

| 회원제 골프장용 부동산의 취득과 세율 적용 |

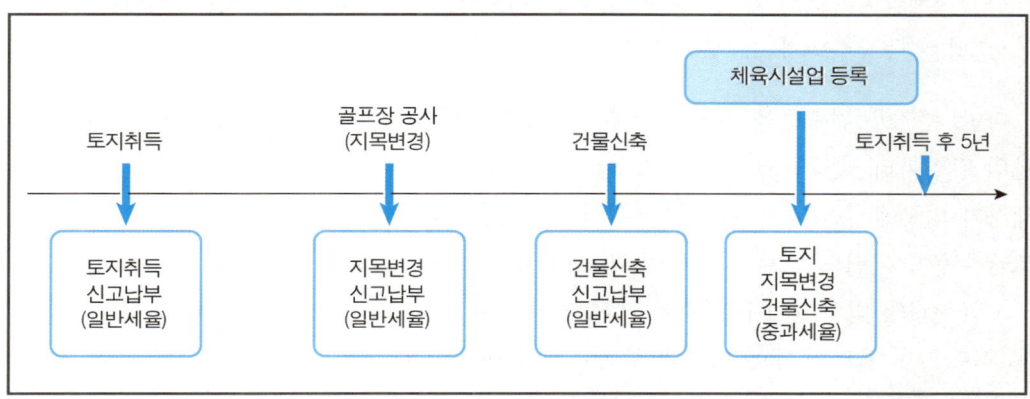

(2) 고급주택

주거용 건축물 또는 그 부속토지의 면적과 가액이 대통령령으로 정하는 기준을 초과하거나 해당 건축물에 67제곱미터 이상의 수영장 등 대통령령으로 정하는 부대시설을 설치한 주거용 건축물과 그 부속토지는 중과세한다. 고급주택에 부속된 토지의 경계가 명확하지 아니할 때에는 그 건축물 바닥면적의 10배에 해당하는 토지를 그 부속토지로 본다.[441]

고급주택으로 보는 주거용 건축물과 그 부속토지는 다음의 어느 하나에 해당하는 것으로 한다. 다만, ①, ②, ③, ⑤에서 정하는 주거용 건축물과 그 부속토지 또는 공동주택과 그 부속토지는 취득 당시의 시가표준액이 9억원을 초과하는 경우만 해당한다.[442]

① 1구(1세대가 독립하여 구분 사용할 수 있도록 구획된 부분을 말한다)의 건축물의 연면적(주차장면적은 제외한다)이 331제곱미터를 초과하는 주거용 건축물과 그 부속토지
② 1구의 건축물의 대지면적이 662제곱미터를 초과하는 주거용 건축물과 그 부속토지

---

441) 「지방세법」 제13조 ⑤
442) 「지방세법 시행령」 제28조 ④

③ 1구의 건축물에 엘리베이터(적재하중 200킬로그램 이하의 소형엘리베이터는 제외한다)가 설치된 주거용 건축물과 그 부속토지(공동주택과 그 부속토지는 제외한다)

④ 1구의 건축물에 에스컬레이터 또는 67제곱미터 이상의 수영장 중 1개 이상의 시설이 설치된 주거용 건축물과 그 부속토지(공동주택과 그 부속토지는 제외한다)

⑤ 1구의 공동주택(여러 가구가 한 건축물에 거주할 수 있도록 건축된 다가구용 주택을 포함하되, 이 경우 한 가구가 독립하여 거주할 수 있도록 구획된 부분을 각각 1구의 건축물로 본다)의 건축물 연면적(공용면적은 제외한다)이 245제곱미터(복층형은 274제곱미터로 하되, 한 층의 면적이 245제곱미터를 초과하는 것은 제외한다)를 초과하는 공동주택과 그 부속토지

다만, 주거용 건축물을 취득한 날부터 60일[상속으로 인한 경우는 상속개시일이 속하는 달의 말일부터, 실종으로 인한 경우는 실종선고일이 속하는 달의 말일부터 각각 6개월(납세자가 외국에 주소를 둔 경우에는 각각 9개월)] 이내에 주거용이 아닌 용도로 사용하거나 고급주택이 아닌 용도로 사용하기 위하여 용도변경공사를 착공하는 경우는 제외한다.

고급주택의 범위 중 1구란 주택 1단위로서의 한 울타리 의미로 해석되어야 할 것이나 비록 외형상 한 울타리 내에 다수의 주택이 배치되어 있다 하더라도 그 각각이 독립된 세대인 경우에는 그 각 세대별로 독립 거주할 수 있도록 구획된 부분을 기준으로 판정한다. 또한, 수 개의 건물로 나누어져 있다고 하더라도 그 수개의 건물이 동일지번, 동일구역 내에 있으면서 하나의 주거생활단위로 제공되고 있다면 전체로서 일괄하여 하나의 주거용 건물 등으로 보아야 한다. 즉, 그 구체적인 용도나 외형이 독립되어 있다고 하여도 현실적으로 일체를 이루어 사회경제적으로 하나의 건물로의 기능과 역할을 담당하고 있다면 이를 분리하여 별개의 건물 또는 공동주택이라고 할 수는 없다.

고급주택에 해당하는가의 여부는 그 대상건물 또는 대지의 연면적이나 가격이 일정한 범위를 초과하는 것인가의 여부에 따라 결정되는 것이고 그 건물과 대지가 동일인의 소유에 속하는 것인가의 여부에 따라 그 결론이 달라지는 것은 아니다.[443] 그러므로 고급주택에 해당하는 주택의 건축물이나 토지 중 어느 한 부분만을 취득한 경우에도 취득세가 중과세되는 것이다.

(3) 고급오락장

도박장, 유흥주점영업장, 특수목욕장, 그 밖에 이와 유사한 용도에 사용되는 건축물 중 대통령령으로 정하는 건축물과 그 부속토지는 중과세한다. 다만, 고급오락장용 건축물을

---

443) 대법 90누1915, 1990.11.13.

취득한 날부터 60일[상속으로 인한 경우는 상속개시일이 속하는 달의 말일부터, 실종으로 인한 경우는 실종선고일이 속하는 달의 말일부터 각각 6개월(납세자가 외국에 주소를 둔 경우에는 각각 9개월)] 이내에 고급오락장이 아닌 용도로 사용하거나 고급오락장이 아닌 용도로 사용하기 위하여 용도변경공사를 착공하는 경우는 제외한다. 고급오락장에 부속된 토지의 경계가 명확하지 아니할 때에는 그 건축물 바닥면적의 10배에 해당하는 토지를 그 부속토지로 본다.[444]

고급오락장으로 "대통령령으로 정하는 건축물과 그 부속토지"란 다음의 어느 하나에 해당하는 용도에 사용되는 건축물과 그 부속토지를 말한다. 이 경우 고급오락장이 건축물의 일부에 시설되었을 때에는 해당 건축물에 부속된 토지 중 그 건축물의 연면적에 대한 고급오락장용 건축물의 연면적 비율에 해당하는 토지를 고급오락장의 부속토지로 본다.[445]

① 당사자 상호 간에 재물을 걸고 우연한 결과에 따라 재물의 득실을 결정하는 카지노장 (「관광진흥법」에 따라 허가된 외국인전용 카지노장은 제외한다)
② 사행행위 또는 도박행위에 제공될 수 있도록 자동도박기[파친코, 슬롯머신(slot machine), 아케이드 이퀴프먼트(arcade equipment) 등을 말한다]를 설치한 장소
③ 머리와 얼굴에 대한 미용시설 외에 욕실 등을 부설한 장소로서 그 설비를 이용하기 위하여 정해진 요금을 지급하도록 시설된 미용실
④ 「식품위생법」 제37조에 따른 허가 대상인 유흥주점영업으로서 다음의 어느 하나에 해당하는 영업장소(공용면적을 포함한 영업장의 면적이 100제곱미터를 초과하는 것만 해당한다)
　가. 손님이 춤을 출 수 있도록 객석과 구분된 무도장을 설치한 영업장소(카바레·나이트클럽·디스코클럽 등을 말한다)
　나. 유흥접객원(남녀를 불문하며, 임시로 고용된 사람을 포함한다)을 두는 경우로, 별도로 반영구적으로 구획된 객실의 면적이 영업장 전용면적의 100분의 50 이상이거나 객실 수가 5개 이상인 영업장소(룸살롱, 요정 등을 말한다)

고급오락장은 영업허가 여부와는 별개로 영업장소의 현황에 의하여 판단한다. 고급오락장이 휴업 중에 있었더라도 고급오락장의 기본시설을 존치하여 둔 채 일시 휴업 중인 경우에는 그 실체를 구비하고 있는 것으로서 언제든지 고급오락장으로 사용할 수 있는 상태이므로 이를 취득한 경우에도 중과세 대상에 해당한다. 또한, 건물취득 당시 고급오락장의 시

---

444) 「지방세법」 제13조 ⑤
445) 「지방세법」 제13조 ⑤

설이 철거되고 그 곳에서 영업을 재개할 상황이 아닌 경우에는 비록 영업허가가 일시 존속하고 있었다고 하더라도 이를 고급오락장을 취득하였다고 할 수는 없는 것이다.

부동산을 취득한 후 임대하였으며 부동산을 취득한 후 5년 이내에 임차인이 부동산에 고급오락장을 설치하여 영업을 개시하여 당해 부동산이 고급오락장에 해당하게 된 경우에는 중과세되며 과세물건의 취득자가 납세의무자가 된다.

구분소유가 되지 않는 동일 건물 내에서 고급오락장으로 취득세를 중과세한 후 다른 층으로 이전하는 경우 영업장 면적의 증가가 없다면, 이를 다시 취득세 중과세 대상으로 보지 아니한다.[446]

(4) 고급선박

비업무용 자가용 선박으로서 시가표준액이 3억원을 초과하는 선박은 중과세한다. 다만, 실험·실습 등의 용도에 사용할 목적으로 취득하는 것은 제외한다.[447]

2. 사치성 재산의 중과세율

사치성 재산을 취득하는 경우(사치성 재산을 구분하여 그 일부를 취득하는 경우를 포함한다)의 취득세는 표준세율과 중과기준세율의 100분의 400을 합한 세율을 적용하여 계산한 금액을 그 세액으로 한다.[448]

> 사치성 재산의 중과세율 = 표준세율 + 중과기준세율(2%)의 4배

3. 취득 후 사치성 재산이 되는 경우 또는 사치성 재산의 증축 등

부동산의 취득 후 사치성 재산이 되는 경우와 사치성 재산의 증축 등에 대하여는 다음과 같은 구분에 따라 세율을 적용한다.

① 토지나 건축물을 취득한 후 5년 이내에 해당 토지나 건축물이 골프장, 고급주택 또는 고급오락장에 해당하게 된 경우에는 중과세 세율을 적용하여 취득세를 추징한다.[449]

② 고급주택, 골프장 또는 고급오락장용 건축물을 증축·개축 또는 개수한 경우와 일반건축물을 증축·개축 또는 개수하여 고급주택 또는 고급오락장이 된 경우에 그 증가되는 건축

---

446) 감심 2000-7, 2000.1.11. 참조
447) 「지방세법」 제13조 ⑤, 「지방세법 시행령」 제28조 ⑥
448) 「지방세법」 제13조 ⑤
449) 「지방세법」 제16조 ①

물의 가액에 대하여 중과세한다.[450] 이 규정은 취득 후 기간의 제한 없이 적용된다.

법인의 주택 취득 등 중과

1. 법인의 주택 취득의 중과세

법인(「국세기본법」 제13조에 따른 법인으로 보는 단체, 「부동산등기법」 제49조 제1항 제3호에 따른 법인 아닌 사단·재단 등 개인이 아닌 자를 포함한다)이 주택을 유상거래를 원인으로 취득하는 경우 4%의 세율을 표준세율로 하여 해당 세율에 중과기준세율의 100분의 400을 합한 세율을 적용한다. 즉, 법인이 주택을 취득하는 경우에는 12%의 세율을 적용한다.[451]

법인의 주택 유상취득 중 주택건설사업자 등 「지방세법 시행령」 제28조의 2에 해당하는 경우에는 중과세를 적용하지 아니한다.

「지방세법 시행령」 제28조의 2 【주택 유상거래 취득 중과세의 예외】
법 제13조의 2 제1항을 적용할 때 같은 항 각 호 외의 부분에 따른 주택(이하 이 조 및 제28조의 3부터 제28조의 6까지에서 "주택"이라 한다)으로서 다음 각 호의 어느 하나에 해당하는 주택은 중과세 대상으로 보지 않는다.
1. 법 제4조에 따른 시가표준액(지분이나 부속토지만을 취득한 경우에는 전체 주택의 시가표준액을 말한다)이 1억원 이하인 주택. 다만, 「도시 및 주거환경정비법」 제2조 제1호에 따른 정비구역(종전의 「주택건설촉진법」에 따라 설립인가를 받은 재건축조합의 사업부지를 포함한다)으로 지정·고시된 지역 또는 「빈집 및 소규모주택 정비에 관한 특례법」 제2조 제1항 제4호에 따른 사업시행구역에 소재하는 주택은 제외한다.
2. 「공공주택 특별법」 제4조 제1항에 따라 지정된 공공주택사업자가 다음 각 목의 어느 하나에 해당하는 주택을 공급(가목의 경우 신축·개축하여 공급하는 경우를 포함한다)하기 위하여 취득하는 주택
   가. 「공공주택 특별법」 제43조 제1항에 따라 공급하는 공공매입임대주택. 다만, 정당한 사유 없이 그 취득일부터 2년이 경과할 때까지 공공매입임대주택으로 공급하지 않거나 공공매입임대주택으로 공급한 기간이 3년 미만인 상태에서 매각·증여하거나 다른 용도로 사용하는 경우는 제외한다.
   나. 「공공주택 특별법」에 따른 지분적립형 분양주택이나 이익공유형 분양주택
2의 2. 「공공주택 특별법」 제4조 제1항에 따라 지정된 공공주택사업자가 제2호 나목의 주택을 분양받은 자로부터 환매하여 취득하는 주택
2의 3. 「공공주택 특별법」 제40조의 7 제2항 제2호에 따른 토지등소유자가 같은 법 제40조의 10

---

450) 「지방세법」 제16조 ②
451) 「지방세법」 제13조의 2 ①

제3항에 따라 공공주택사업자로부터 현물보상으로 공급받아 취득하는 주택

3. 「노인복지법」 제32조 제1항 제3호에 따른 노인복지주택으로 운영하기 위하여 취득하는 주택. 다만, 정당한 사유 없이 그 취득일부터 1년이 경과할 때까지 해당 용도에 직접 사용하지 않거나 해당 용도로 직접 사용한 기간이 3년 미만인 상태에서 매각·증여하거나 다른 용도로 사용하는 경우는 제외한다.

3의 2. 「도시재생 활성화 및 지원에 관한 특별법」 제55조의 3에 따른 토지등소유자가 같은 법 제45조 제1호에 따른 혁신지구사업시행자로부터 현물보상으로 공급받아 취득하는 주택

4. 「문화재보호법」 제2조 제3항에 따른 지정문화재 또는 같은 조 제4항에 따른 등록문화재에 해당하는 주택

5. 「민간임대주택에 관한 특별법」 제2조 제7호에 따른 임대사업자가 같은 조 제4호에 따른 공공지원민간임대주택으로 공급하기 위하여 취득하는 주택. 다만, 정당한 사유 없이 그 취득일부터 2년이 경과할 때까지 공공지원민간임대주택으로 공급하지 않거나 공공지원민간임대주택으로 공급한 기간이 3년 미만인 상태에서 매각·증여하거나 다른 용도로 사용하는 경우는 제외한다.

6. 「영유아보육법」 제10조 제5호에 따른 가정어린이집으로 운영하기 위하여 취득하는 주택. 다만, 정당한 사유 없이 그 취득일부터 1년이 경과할 때까지 해당 용도에 직접 사용하지 않거나 해당 용도로 직접 사용한 기간이 3년 미만인 상태에서 매각·증여하거나 다른 용도로 사용하는 경우는 제외하되, 가정어린이집을 「영유아보육법」 제10조 제1호에 따른 국공립어린이집으로 전환한 경우는 당초 용도대로 직접 사용하는 것으로 본다.

7. 「주택도시기금법」 제3조에 따른 주택도시기금과 「한국토지주택공사법」에 따라 설립된 한국토지주택공사가 공동으로 출자하여 설립한 부동산투자회사 또는 「한국자산관리공사 설립 등에 관한 법률」에 따라 설립된 한국자산관리공사가 출자하여 설립한 부동산투자회사가 취득하는 주택으로서 취득 당시 다음 각 목의 요건을 모두 갖춘 주택

가. 해당 주택의 매도자(이하 이 호에서 "매도자"라 한다)가 거주하고 있는 주택으로서 해당 주택 외에 매도자가 속한 세대가 보유하고 있는 주택이 없을 것

나. 매도자로부터 취득한 주택을 5년 이상 매도자에게 임대하고 임대기간 종료 후에 그 주택을 재매입할 수 있는 권리를 매도자에게 부여할 것

다. 법 제4조에 따른 시가표준액(지분이나 부속토지만을 취득한 경우에는 전체 주택의 시가표준액을 말한다)이 5억원 이하인 주택일 것

8. 다음 각 목의 어느 하나에 해당하는 주택으로서 멸실시킬 목적으로 취득하는 주택. 다만, 나목 5)의 경우에는 정당한 사유 없이 그 취득일부터 2년이 경과할 때까지 해당 주택을 멸실시키지 않거나 그 취득일부터 6년이 경과할 때까지 주택을 신축하지 않은 경우는 제외하고, 나목6)의 경우에는 정당한 사유 없이 그 취득일부터 1년이 경과할 때까지 해당 주택을 멸실시키지 않거나 그 취득일부터 3년이 경과할 때까지 주택을 신축하여 판매하지 않은 경우는 제외하며, 나목 5) 및 6) 외의 경우에는 정당한 사유 없이 그 취득일부터 3년이 경과할 때까지 해당 주택을 멸실시키지 않거나 그 취득일부터 7년이 경과할 때까지 주택을 신축하지 않은 경우는 제외한다.

가. 「공공기관의 운영에 관한 법률」 제4조에 따른 공공기관 또는 「지방공기업법」 제3조에 따른 지방공기업이 「공익사업을 위한 토지 등의 취득 및 보상에 관한 법률」 제4조에 따른

공익사업을 위하여 취득하는 주택

나. 다음 중 어느 하나에 해당하는 자가 주택건설사업을 위하여 취득하는 주택. 다만, 해당 주택건설사업이 주택과 주택이 아닌 건축물을 한꺼번에 신축하는 사업인 경우에는 신축하는 주택의 건축면적 등을 고려하여 행정안전부령으로 정하는 바에 따라 산정한 부분으로 한정한다.

   1) 「도시 및 주거환경정비법」 제2조 제8호에 따른 사업시행자

   2) 「빈집 및 소규모주택 정비에 관한 특례법」 제2조 제1항 제5호에 따른 사업시행자

   3) 「주택법」 제2조 제11호에 따른 주택조합(같은 법 제11조 제2항에 따른 "주택조합설립인가를 받으려는 자"를 포함한다)

   4) 「주택법」 제4조에 따라 등록한 주택건설사업자

   5) 「민간임대주택에 관한 특별법」 제23조에 따른 공공지원민간임대주택 개발사업 시행자

   6) 주택신축판매업[한국표준산업분류에 따른 주거용 건물 개발 및 공급업과 주거용 건물 건설업(자영건설업으로 한정한다)을 말한다]을 영위할 목적으로 「부가가치세법」 제8조 제1항에 따라 사업자 등록을 한 자

9. 주택의 시공자(「주택법」 제33조 제2항에 따른 시공자 및 「건축법」 제2조 제16호에 따른 공사시공자를 말한다)가 다음 각 목의 어느 하나에 해당하는 자로부터 해당 주택의 공사대금으로 취득한 미분양 주택(「주택법」 제54조에 따른 사업주체가 같은 조에 따라 공급하는 주택으로서 입주자모집공고에 따른 입주자의 계약일이 지난 주택단지에서 취득일 현재까지 분양계약이 체결되지 않아 선착순의 방법으로 공급하는 주택을 말한다. 이하 이 조 및 제28조의 6에서 같다). 다만, 가목의 자로부터 취득한 주택으로서 자기 또는 임대계약 등 권원을 불문하고 타인이 거주한 기간이 1년 이상인 경우는 제외한다.

가. 「건축법」 제11조에 따른 허가를 받은 자

나. 「주택법」 제15조에 따른 사업계획승인을 받은 자

10. 다음 각 목의 어느 하나에 해당하는 자가 저당권의 실행 또는 채권변제로 취득하는 주택. 다만, 취득일부터 3년이 경과할 때까지 해당 주택을 처분하지 않은 경우는 제외한다.

가. 「농업협동조합법」에 따라 설립된 조합

나. 「산림조합법」에 따라 설립된 산림조합 및 그 중앙회

다. 「상호저축은행법」에 따른 상호저축은행

라. 「새마을금고법」에 따라 설립된 새마을금고 및 그 중앙회

마. 「수산업협동조합법」에 따라 설립된 조합

바. 「신용협동조합법」에 따라 설립된 신용협동조합 및 그 중앙회

사. 「은행법」에 따른 은행

11. 다음 각 목의 요건을 갖춘 농어촌주택

가. 「지방자치법」 제3조 제3항 및 제4항에 따른 읍 또는 면에 있을 것

나. 대지면적이 660제곱미터 이내이고 건축물의 연면적이 150제곱미터 이내일 것

다. 건축물의 가액(제4조 제1항 제1호의 2를 준용하여 산출한 가액을 말한다)이 6천500만원 이내일 것

라. 다음의 어느 하나에 해당하는 지역에 있지 아니할 것

1) 광역시에 소속된 군지역 또는 「수도권정비계획법」 제2조 제1호에 따른 수도권지역. 다만, 「접경지역 지원 특별법」 제2조 제1호에 따른 접경지역과 「수도권정비계획법」에 따른 자연보전권역 중 행정안전부령으로 정하는 지역은 제외한다.

2) 「국토의 계획 및 이용에 관한 법률」 제6조에 따른 도시지역 및 「부동산 거래신고 등에 관한 법률」 제10조에 따른 허가구역

3) 「소득세법」 제104조의 2 제1항에 따라 기획재정부장관이 지정하는 지역

4) 「조세특례제한법」 제99조의 4 제1항 제1호 가목 5)에 따라 정하는 지역

12. 사원에 대한 임대용으로 직접 사용할 목적으로 취득하는 주택으로서 1구의 건축물의 연면적 (전용면적을 말한다)이 60제곱미터 이하인 공동주택(「건축법 시행령」 별표 1 제1호 다목에 따른 다가구주택으로서 「건축법」 제38조에 따른 건축물대장에 호수별로 전용면적이 구분되어 기재되어 있는 다가구주택을 포함한다). 다만, 다음 각 목의 어느 하나에 해당하는 주택은 제외한다.

   가. 취득하는 자가 개인인 경우로서 「지방세기본법 시행령」 제2조 제1항 각 호의 어느 하나에 해당하는 관계인 사람에게 제공하는 주택

   나. 취득하는 자가 법인인 경우로서 「지방세기본법」 제46조 제2호에 따른 과점주주에게 제공하는 주택

   다. 정당한 사유 없이 그 취득일부터 1년이 경과할 때까지 해당 용도에 직접 사용하지 않거나 해당 용도로 직접 사용한 기간이 3년 미만인 상태에서 매각·증여하거나 다른 용도로 사용하는 주택

13. 물적분할[「법인세법」 제46조 제2항 각 호의 요건(같은 항 제2호의 경우 전액이 주식등이어야 한다)을 갖춘 경우로 한정한다]로 인하여 분할신설법인이 분할법인으로부터 취득하는 미분양 주택. 다만, 분할등기일부터 3년 이내에 「법인세법」 제47조 제3항 각 호의 어느 하나에 해당하는 사유가 발생한 경우(같은 항 각 호 외의 부분 단서에 해당하는 경우는 제외한다)는 제외한다.

14. 「주택법」에 따른 리모델링주택조합이 같은 법 제22조 제2항에 따라 취득하는 주택

15. 「주택법」 제2조 제10호 나목의 사업주체가 취득하는 다음 각 목의 주택

   가. 「주택법」에 따른 토지임대부 분양주택을 공급하기 위하여 취득하는 주택

   나. 「주택법」에 따른 토지임대부 분양주택을 분양받은 자로부터 환매하여 취득하는 주택

2. 다주택 취득의 중과세

(1) 중과세율

1) 1세대 2주택 취득의 중과세

1세대 2주택(대통령령으로 정하는 일시적 2주택은 제외한다)에 해당하는 주택으로서 조정대상지역에 있는 주택을 취득하는 경우 또는 1세대 3주택에 해당하는 주택으로서 조정대상지역 외의 지역에 있는 주택을 유상거래를 원인으로 취득하는 경우에는 4%의 세율을 표

준세율로 하여 해당 세율에 중과기준세율의 100분의 200을 합한 세율을 적용한다. 즉, 8% 의 세율을 적용한다.[452]

"대통령령으로 정하는 일시적 2주택"이란 국내에 종전 주택 등을 소유한 상태에서 이사·학업·취업·직장 이전 및 이와 유사한 사유로 신규 주택을 추가로 취득한 후 3년 이내에 종전 주택 등(신규 주택이 조합원입주권 또는 주택분양권에 의한 주택이거나 종전 주택 등이 조합원입주권 또는 주택분양권인 경우에는 신규 주택을 포함한다)을 처분하는 경우 해당 신규 주택을 말한다.[453]

2) 1세대 3주택 취득의 중과세

1세대 3주택 이상에 해당하는 주택으로서 조정대상지역에 있는 주택을 취득하는 경우 또는 1세대 4주택 이상에 해당하는 주택으로서 조정대상지역 외의 지역에 있는 주택을 유상거래를 원인으로 취득하는 경우에는 4%의 세율을 표준세율로 하여 해당 세율에 중과기준세율의 100분의 400을 합한 세율을 적용한다. 즉, 12%의 세율이 적용된다.[454]

(2) 세대의 기준

취득세의 중과세를 적용함에 있어 1세대란 주택을 취득하는 사람과 세대별 주민등록표 또는 등록외국인기록표 등에 함께 기재되어 있는 가족(동거인은 제외한다)으로 구성된 세대를 말하며 주택을 취득하는 사람의 배우자(사실혼은 제외하며, 법률상 이혼을 했으나 생계를 같이 하는 등 사실상 이혼한 것으로 보기 어려운 관계에 있는 사람을 포함한다), 취득일 현재 미혼인 30세 미만의 자녀 또는 부모(주택을 취득하는 사람이 미혼이고 30세 미만인 경우로 한정한다)는 주택을 취득하는 사람과 같은 세대별 주민등록표 또는 등록외국인기록표 등에 기재되어 있지 않더라도 1세대에 속한 것으로 본다.[455]

다만, 다음의 어느 하나에 해당하는 경우에는 각각 별도의 세대로 본다.

① 부모와 같은 세대별 주민등록표에 기재되어 있지 않은 30세 미만의 자녀로서 주택 취득일이 속하는 달의 직전 12개월 동안 발생한 소득으로서 행정안전부장관이 정하는 소득이 「국민기초생활 보장법」에 따른 기준 중위소득을 12개월로 환산한 금액의 100분의 40 이상이고, 소유하고 있는 주택을 관리·유지하면서 독립된 생계를 유지할 수

---

452) 「지방세법」 제13조의 2 ①
453) 「지방세법 시행령」 제28조의 5 ①
454) 「지방세법」 제13조의 2 ①
455) 「지방세법 시행령」 제28조의 3

있는 경우. 다만, 미성년자인 경우는 제외한다.

② 취득일 현재 65세 이상의 직계존속(배우자의 직계존속을 포함하며, 직계존속 중 어느 한 사람이 65세 미만인 경우를 포함한다)을 동거봉양(同居奉養)하기 위하여 30세 이 상의 직계비속, 혼인한 직계비속 또는 제1호에 따른 소득요건을 충족하는 성년인 직 계비속이 합가(合家)한 경우

③ 취학 또는 근무상의 형편 등으로 세대전원이 90일 이상 출국하는 경우로서 「주민등록 법」 제10조의 3 제1항 본문에 따라 해당 세대가 출국 후에 속할 거주지를 다른 가족의 주소로 신고한 경우

④ 별도의 세대를 구성할 수 있는 사람이 주택을 취득한 날부터 60일 이내에 세대를 분리 하기 위하여 그 취득한 주택으로 주소지를 이전하는 경우

(3) 주택 수의 산정[456)]

1) 주택 수의 산정방법

세율 적용의 기준이 되는 1세대의 주택 수는 주택 취득일 현재 취득하는 주택을 포함하 여 1세대가 국내에 소유하는 주택, 조합원입주권, 주택분양권 및 오피스텔의 수를 말한다. 이 경우 조합원입주권 또는 주택분양권에 의하여 취득하는 주택의 경우에는 조합원입주권 또는 주택분양권의 취득일(분양사업자로부터 주택분양권을 취득하는 경우에는 분양계약 일)을 기준으로 해당 주택 취득 시의 세대별 주택 수를 산정한다.

주택, 조합원입주권, 주택분양권 또는 오피스텔을 동시에 2개 이상 취득하는 경우에는 납 세의무자가 정하는 바에 따라 순차적으로 취득하는 것으로 본다. 또한, 1세대 내에서 1개의 주택, 조합원입주권, 주택분양권 또는 오피스텔을 세대원이 공동으로 소유하는 경우에는 1 개의 주택, 조합원입주권, 주택분양권 또는 오피스텔을 소유한 것으로 본다.

상속으로 여러 사람이 공동으로 1개의 주택, 조합원입주권, 주택분양권 또는 오피스텔을 소유하는 경우 지분이 가장 큰 상속인을 그 주택, 조합원입주권, 주택분양권 또는 오피스텔 의 소유자로 보고, 지분이 가장 큰 상속인이 두 명 이상인 경우에는 그 중 다음의 순서에 따라 그 주택, 조합원입주권, 주택분양권 또는 오피스텔의 소유자를 판정한다. 이 경우, 미 등기 상속 주택 또는 오피스텔의 소유지분이 종전의 소유지분과 변경되어 등기되는 경우에 는 등기상 소유지분을 상속개시일에 취득한 것으로 본다.

① 그 주택 또는 오피스텔에 거주하는 사람

---

456) 「지방세법 시행령」 제28조의 4

② 나이가 가장 많은 사람

2) 주택 수에서 제외되는 주택[457)

1세대의 주택 수를 산정할 때 다음의 어느 하나에 해당하는 주택, 조합원입주권, 주택분양권 또는 오피스텔은 소유주택 수에서 제외한다.

① 다음 각 목의 어느 하나에 해당하는 주택

　가. 제28조의 2 제1호에 해당하는 주택으로서 주택 수 산정일 현재 같은 호에 따른 해당 주택의 시가표준액 기준을 충족하는 주택

　나. 제28조의 2 제3호·제5호·제6호 및 제12호에 해당하는 주택으로서 주택 수 산정일 현재 해당 용도에 직접 사용하고 있는 주택

　다. 제28조의 2 제4호에 해당하는 주택

　라. 제28조의 2 제8호 및 제9호에 해당하는 주택. 다만, 제28조의 2 제9호에 해당하는 주택의 경우에는 그 주택의 취득일부터 3년 이내의 기간으로 한정한다.

　마. 제28조의 2 제11호에 해당하는 주택으로서 주택 수 산정일 현재 제28조 제2항 제2호의 요건을 충족하는 주택

② 「통계법」 제22조에 따라 통계청장이 고시하는 산업에 관한 표준분류에 따른 주거용 건물 건설업을 영위하는 자가 신축하여 보유하는 주택. 다만, 자기 또는 임대계약 등 권원을 불문하고 타인이 거주한 기간이 1년 이상인 주택은 제외한다.

③ 상속을 원인으로 취득한 주택, 조합원입주권, 주택분양권 또는 오피스텔로서 상속개시일부터 5년이 지나지 않은 주택, 조합원입주권, 주택분양권 또는 오피스텔

④ 주택 수 산정일 현재 법 제4조에 따른 시가표준액(지분이나 부속토지만을 취득한 경우에는 전체 건축물과 그 부속토지의 시가표준액을 말한다)이 1억원 이하인 오피스텔

⑤ 주택 수 산정일 현재 법 제4조에 따른 시가표준액이 1억원 이하인 부속토지만을 소유한 경우 해당 부속토지

⑥ 혼인한 사람이 혼인 전 소유한 주택분양권으로 주택을 취득하는 경우 다른 배우자가 혼인 전부터 소유하고 있는 주택

3. 증여취득의 중과세

조정대상지역에 있는 주택으로서 시가표준액이 3억원 이상의 주택을 무상취득을 원인으

---

457) 「지방세법 시행령」 제28조의 4 ⑤

로 취득하는 경우에는 4%의 세율을 표준세율로 하여 해당 세율에 중과기준세율의 100분의 400을 합한 세율을 적용한다. 다만, 1세대 1주택자가 소유한 주택을 배우자 또는 직계존비속이 무상취득하는 등 다음의 경우는 제외한다.[458)]

① 1세대 1주택을 소유한 사람으로부터 해당 주택을 배우자 또는 직계존비속이 무상취득을 원인으로 취득하는 경우
② 합병 또는 건축물의 이전으로 인한 취득으로서 세율의 특례 적용대상에 해당하는 경우
③ 「법인세법」 제46조 제2항에 따른 적격분할로 인하여 분할신설법인이 분할법인으로부터 취득하는 미분양 주택

세율의 특례

1. 형식적 취득 등의 특례

다음의 어느 하나에 해당하는 취득에 대한 취득세는 표준세율에서 중과기준세율을 뺀 세율로 산출한 금액을 그 세액으로 한다. 다만, 주택의 취득에 대한 취득세는 해당 세율에 100분의 50을 곱한 세율을 적용하여 산출한 금액을 그 세액으로 한다.[459)]

> 취득세율 = 표준세율 − 중과기준세율(2%)

① 환매등기를 병행하는 부동산의 매매로서 환매기간 내에 매도자가 환매한 경우의 그 매도자와 매수자의 취득
② 상속으로 인한 취득 중 1가구 1주택의 취득과 「지방세특례제한법」 제6조 제1항에 따라 취득세의 감면대상이 되는 농지의 취득
③ 「법인세법」 제44조 제2항 또는 제3항에 해당하는 법인의 합병으로 인한 취득
④ 공유물·합유물의 분할 또는 「부동산 실권리자명의 등기에 관한 법률」 제2조 제1호 나목에서 규정하고 있는 부동산의 공유권 해소를 위한 지분이전으로 인한 취득(등기부등본상 본인 지분을 초과하는 부분의 경우에는 제외한다)
⑤ 건축물의 이전으로 인한 취득. 다만, 이전한 건축물의 가액이 종전 건축물의 가액을

---

458) 「지방세법」 제13조의 2 ②
459) 「지방세법」 제15조 ①

초과하는 경우에 그 초과하는 가액에 대하여는 그러하지 아니하다.

⑥ 「민법」 제834조, 제839조의 2 및 제840조에 따른 재산분할로 인한 취득

⑦ 벌채하여 원목을 생산하기 위한 입목의 취득

2. 등기·등록 대상이 아닌 취득 등

다음의 어느 하나에 해당하는 취득에 대한 취득세는 중과기준세율을 적용하여 계산한 금액을 그 세액으로 한다.[460]

취득세율 = 중과기준세율(2%)

① 개수로 인한 취득

② 선박·차량과 기계장비의 종류변경 및 토지의 지목변경

③ 과점주주의 취득

④ 외국인 소유의 취득세 과세대상 물건(차량, 기계장비, 항공기 및 선박만 해당한다)의 소유권을 이전 받는 조건으로 임차하여 수입하는 경우의 취득(연부로 취득하는 경우로 한정한다)

⑤ 시설대여업자의 건설기계 또는 차량 취득

⑥ 취득대금을 지급한 자의 기계장비 또는 차량 취득. 다만, 기계장비 또는 차량을 취득하면서 기계장비대여업체 또는 운수업체의 명의로 등록하는 경우로 한정한다.

⑦ 택지공사가 준공된 토지에 정원 또는 부속시설물 등을 조성·설치하는 경우

⑧ 그 밖에 레저시설의 취득 등 대통령령으로 정하는 취득

Ⅸ 세율 적용

1. 5년 이내 중과전용

토지나 건축물을 취득한 후 5년 이내에 해당 토지나 건축물이 다음의 어느 하나에 해당하게 된 경우에는 해당되는 중과세 세율을 적용하여 취득세를 추징한다.[461]

① 법 제13조 제1항에 따른 본점이나 주사무소의 사업용 부동산(본점 또는 주사무소용

---

460) 「지방세법」 제15조 ②
461) 「지방세법」 제16조 ①

건축물을 신축하거나 증축하는 경우와 그 부속토지만 해당)

② 법 제13조 제1항에 따른 공장의 신설용 또는 증설용 부동산

③ 법 제13조 제5항에 따른 골프장, 고급주택 또는 고급오락장

2. 사치성 재산의 증축 등

고급주택, 골프장 또는 고급오락장용 건축물을 증축·개축 또는 개수한 경우와 일반건축물을 증축·개축 또는 개수하여 고급주택 또는 고급오락장이 된 경우에 그 증가되는 건축물의 가액에 대하여 중과세 세율을 적용한다.[462]

| 5년 이내 중과전용과 사치성 재산의 증축 등의 비교 |

구 분	5년 이내 중과전용	사치성 재산의 증축 등
과세물건	토지·건축물	건축물
과세표준	물건가액의 전액	건축물가액의 증가액
유보기간	취득 후 5년 이내	기간 제한 없음

건축물을 신축한 후 증축 또는 개축 없이 고급오락장을 개설한 경우 건축물 사용승인일 당시의 건축물가액이 과세표준이 된다.[463] 사치성 재산의 증축 등의 경우에 있어 5년 이내 중과전용이 동시에 이루어진 경우에는 최초의 취득가액에 대해서는 중과전용에 따라 추징하고, 증축부분에 대하여는 증가된 가액을 중과세하여야 한다. 그러므로 건축물을 취득한 후 5년 이내에 고급오락장을 설치하면서 증축 또는 개축이 수반된 경우라면 당해 건축물의 취득 당시의 가액과 증축 또는 개축으로 인하여 증가된 가액을 합한 가액이 과세표준이 되는 것이며, 증축 또는 개축이 수반되지 아니한 경우라면 당해 건축물의 취득 당시의 가액이 과세표준이 된다.

---

462) 「지방세법」 제16조 ②
463) 세정 13407-1724, 1997.12.30.

토지(3억원), 건물(6억원)에 취득한 후 중과전용 또는 증축(2억원)하여 중과전용한 경우

| 중과전용 |

3층	3층 고급오락장 사용
2층	
1층	

중과전용시기		중과대상	
취득 후 5년 이내	토지(1/3)	1억원	
	건물(1/3)	2억원	
취득 후 5년 이후	중과대상 없음		

| 증축 후 중과전용 |

4층 증축	3층, 4층 고급오락장 사용
3층	
2층	
1층	

증축·중과전용		중과대상	
취득 후 5년 이내	토지(1/2)	1억 5,000만	
	건물(1/3)	2억원	
	증축비용	2억원	
취득 후 5년 이후	증축비용	2억원	

3. 공장의 신·증설시 소유자와 신·증설자가 다른 경우

「지방세법」 제13조 제1항에 따른 공장 신설 또는 증설의 경우에 사업용 과세물건의 소유자와 공장을 신설하거나 증설한 자가 다를 때에는 그 사업용 과세물건의 소유자가 공장을 신설하거나 증설한 것으로 보아 같은 항의 세율을 적용한다. 다만, 취득일부터 공장 신설 또는 증설을 시작한 날까지의 기간이 5년이 지난 사업용 과세물건은 제외한다.[464]

4. 5년 이내 법인설립 등과 관련한 부동산이 되는 경우

취득한 부동산이 취득한 날부터 5년 이내에 「지방세법」 제13조 제2항에 따른 과세대상이 되는 경우에는 중과세율을 적용하여 취득세를 추징한다. 대도시에서의 법인 설립 등의 이전에 취득한 부동산의 경우에는 법인의 본점·주사무소·지점 또는 분사무소의 용도로 직접 사용하기 위한 부동산 취득에 대하여만 중과세 대상이 된다. 그러므로 그 설립 등의 이전에 취득한 부동산에 있어서 취득 후 5년 이내에 본점 등을 설립하고 그 본점 등에 직접

---

464) 「지방세법」 제16조 ③

사용하는 경우에는 중과세 대상이 되나, 그 본점 등에 직접 사용하지 않는 부동산에 대하여는 취득세가 중과세되지 아니한다. 직접 사용하기 위하여 취득하는 부동산이란 당해 본점 또는 지점용 사무실 및 그 부대시설용 등을 의미하는 것으로 직접 사용이 아닌 임대 등을 목적으로 취득한 부동산의 경우에는 취득세 중과대상에 해당하지 않는다.

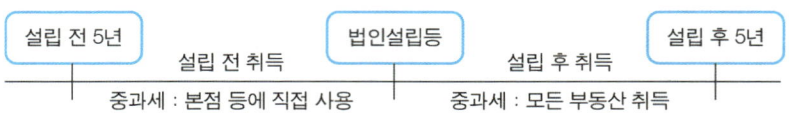

　납세지

1. 취득세의 납세지

"납세지"란 과세표준의 신고, 세액의 납부 또는 조사결정 및 징수 등 납세의무자의 제반 세무사항을 처리하는 장소적 개념이다. 또한, 「지방세법」상 납세지는 과세권을 행사하는 관할지방자치단체를 정하는 기준이 되는 바, 이는 과세권자의 입장에서 볼 때 과세지가 된다. 취득세의 납세지는 다음과 같다.[465)]

| 취득세의 납세지 |

부동산	부동산 소재지
차량	「자동차관리법」에 따른 등록지. 다만, 등록지가 사용본거지와 다른 경우에는 사용본거지를 납세지로 하고, 철도차량의 경우에는 해당 철도차량의 청소, 유치(留置), 조성, 검사, 수선 등을 주로 수행하는 철도차량기지의 소재지를 납세지로 한다.
기계장비	「건설기계관리법」에 따른 등록지
항공기	항공기의 정치장(定置場) 소재지
선박	선적항 소재지. 다만, 「수상레저기구의 등록 및 검사에 관한 법률」 제3조 각 호에 해당하는 동력수상레저기구의 경우에는 같은 법 제6조 제1항에 따른 등록지로 하고, 그 밖에 선적항이 없는 선박의 경우에는 정계장 소재지(정계장이 일정하지 아니한 경우에는 선박 소유자의 주소지)로 한다.
입목	입목의 소재지
광업권	광구소재지
어업권·양식업권	어장 소재지
회원권	골프장·승마장·콘도미니엄·종합체육시설 및 요트 보관소의 소재지

2. 납세지가 불분명한 경우

납세지가 분명하지 아니한 경우에는 해당 취득물건의 소재지를 그 납세지로 한다.

---

465) 「지방세법」 제8조

3. 둘 이상의 지방자치단체에 걸쳐 있는 경우

취득물건이 둘 이상의 지방자치단체에 걸쳐 있는 경우에는 소재지별로 안분(按分)한다. 같은 취득물건이 둘 이상의 시·군에 걸쳐 있는 경우 각 시·군에 납부할 취득세를 산출할 때 그 과세표준은 취득 당시의 가액을 취득물건의 소재지별 시가표준액 비율로 나누어 계산한다.

4. 차량의 납세지

차량의 납세지는 「자동차관리법」에 따른 등록지이다. 다만, 등록지가 사용본거지와 다른 경우에는 사용본거지이다. 「자동차등록령」 제2조 제2호 및 「자동차등록규칙」 제3조에 '사용본거지'란 자동차의 소유자가 자동차를 주로 보관·관리 또는 이용하는 곳으로서 자동차 소유자가 법인인 경우 그 법인 등의 주사무소 소재지를 말한다고 규정하면서 다른 장소를 자동차의 사용본거지로 인정받으려는 자동차 소유자는 그 사유를 증명하는 서류를 「자동차등록령」 제5조에 따른 등록관청에 제출하여야 한다고 규정되어 있다.

5. 리스물건의 취득세 납세지

「여신전문금융업법」에 따른 시설대여업자가 건설기계나 차량의 시설대여를 하는 경우로서 같은 법 제33조 제1항에 따라 대여시설이용자의 명의로 등록하는 경우라도 그 건설기계나 차량은 시설대여업자가 취득한 것으로 본다.[466] 리스물건의 등록명의에도 불구하고 시설대여업자를 취득세 납세의무자라고 규정하고 있더라도 시설대여업자는 리스물건을 대여할 뿐 대여시설이용자의 자기 계산과 위험부담 아래 리스물건을 독립적으로 이용 및 관리하므로 리스물건의 취득세 납세지는 취득 당시의 리스물건을 주로 관리하는 대여시설이용자의 사용본거지이다.[467]

6. 과점주주의 납세지

과점주주의 간주취득에 대한 취득세의 납세지는 취득자의 주소지 또는 해당 법인의 주소지로 볼 수 없으며, 해당 법인이 소유한 취득세 과세대상물건인 부동산 등의 소재지가 납세지가 된다.[468]

---

466) 「지방세법」 제7조 ⑨
467) 지방세운영－347, 2011.1.19.
468) 조심 2014지0583, 2014.9.17. 참조

Ⅱ 징수방법

취득세의 징수는 신고납부방법으로 한다.[469] 신고납부란 납세의무자가 그 납부할 지방세의 과세표준과 세액을 신고하고 그 신고한 세금을 납부하는 것을 말한다. 신고납부방식의 조세는 원칙적으로 납세의무자가 스스로 과세표준과 세액을 정하여 신고하는 행위에 의하여 납세의무가 구체적으로 확정된다.

취득세 징수방법은 납세의무자의 신고납부의 방법을 원칙으로 하며, 납세의무자가 신고납부를 하지 아니하는 경우 또는 부족하게 신고한 경우에는 보통징수방법에 의하여 징수한다. 보통징수란 세무공무원이 납세고지서를 해당 납세자에게 발급하여 지방세를 징수하는 것을 말한다.

취득세의 과세표준과 세액을 신고하지 않은 경우에는 신고납부기한의 다음날부터 제척기간이 진행된다. 그러나 납세의무자가 과세표준과 세액을 신고하고 납부하지 않은 경우 또는 지방자치단체가 취득세를 고지한 경우에는 소멸시효가 진행된다.

신고납부방식의 조세인 취득세에 있어서 과세관청이 자진신고납부서나 자납용고지서를 교부하는 행위는 납세의무자의 편의를 도모하기 위한 단순한 사무행위에 불과하므로 신고납부에 대한 책임은 근본적으로 납세자에게 있다.[470] 취득세는 신고납세방식의 조세로서 이러한 유형의 조세에 있어서는 원칙적으로 납세의무자가 스스로 과세표준과 세액을 정하여 신고하는 행위에 의하여 납세의무가 구체적으로 확정되는 것으로서 납세의무자의 신고행위가 중대하고 명백한 하자가 있지 않는 한 당연 무효로 되지는 않는다.[471]

Ⅲ 신고 및 납부

1. 신고 · 납부 기한

취득세 과세물건을 취득한 자는 다음 각각의 기간 이내에 그 과세표준에 세율을 적용하여 산출한 세액을 신고하고 납부하여야 한다.[472]

---

469) 「지방세법」 제18조
470) 대법 93누2117, 1993.8.24.
471) 대법원 2006.6.2. 선고, 2006두644 판결
472) 「지방세법」 제20조 ①

구 분	신고 · 납부 기한
일반적인 경우	그 취득한 날부터 60일
토지거래계약에 관한 허가구역에 있는 토지를 취득[473]	그 허가일이나 허가구역의 지정 해제일 또는 축소일로부터 60일
무상취득(상속은 제외) 또는 부담부증여로 인한 취득의 경우	취득일이 속하는 달의 말일부터 3개월
상속으로 인한 경우	상속개시일이 속하는 달의 말일부터 6개월
실종으로 인한 경우	실종선고일이 속하는 달의 말일부터 6개월
외국에 주소를 둔 상속인이 있는 경우	상속개시일이 속하는 달의 말일부터 9개월

자진 신고납부일을 계산하는 경우 취득 초일은 산입하지 아니한다. 또한, 신고 · 납부 또는 징수에 관한 기한이 토요일 · 일요일, 공휴일 · 대체공휴일 및 근로자의 날일 때에는 그 다음날을 기한으로 한다. 「국토의 계획 및 이용에 관한 법률」 제117조 제1항에 따른 토지거래계약에 관한 허가구역에 있는 토지를 취득하는 경우로서 같은 법 제118조에 따라 토지거래계약에 관한 허가를 받기 전에 거래대금을 완납한 경우에는 그 허가일이나 허가구역의 지정 해제일 또는 축소일이 취득일이 된다.[474]

건축물의 원시취득은 취득 시기를 기준으로 당해 건물의 취득을 위하여 거래상대방 또는 제3자에게 지급하였거나 지급하여야 할 일체의 비용이 취득세 과세표준에 포함된다. 따라서 임시사용의 경우 임시사용일이 취득일이 되므로 임시사용일을 기준으로 하여 취득세를 신고 · 납부하여야 하고, 그 이후의 준공시까지의 공사비는 당해 공사비를 장부에 기장한 날로부터 60일 이내에 취득세를 수정신고 · 납부하여야 한다.[475]

2. 취득 후 중과세 대상에 해당되는 경우

취득세 과세물건을 취득한 후에 그 과세물건이 중과세 세율의 적용대상이 되었을 때에는 대통령령으로 정하는 날부터 60일 이내에 중과세 세율을 적용하여 산출한 세액에서 이미 납부한 세액(가산세는 제외한다)을 공제한 금액을 세액으로 하여 신고하고 납부하여야 한

---

473) 토지거래계약에 관한 허가구역에 있는 토지를 취득하는 경우로서 같은 법 제11조에 따른 토지거래계약에 관한 허가를 받기 전에 거래대금을 완납한 경우
474) 「지방세법」 제20조 ①
475) 세정 13407-399, 2002.4.30.

다.[476] 대통령령으로 정하는 날은 다음과 같다.[477]

① 본점 또는 주사무소의 사업용 부동산을 취득한 경우 : 사무소로 최초로 사용한 날

② 공장의 신설 또는 증설을 위하여 사업용 과세물건을 취득하거나 공장의 신설 또는 증설에 따라 부동산을 취득한 경우 : 그 생산설비를 설치한 날. 다만, 그 이전에 영업 허가·인가 등을 받은 경우에는 영업허가·인가 등을 받은 날로 한다.

③ 대도시에서 법인을 설립, 법인의 지점 또는 분사무소를 설치, 대도시 밖에서 법인의 본점·주사무소·지점 또는 분사무소를 대도시로 전입하는 경우 : 해당 사무소 또는 사업장을 사실상 설치한 날

④ 대도시 중과 제외 업종에 직접 사용할 목적으로 부동산을 취득하거나, 법인이 사원에 대한 분양 또는 임대용으로 직접 사용할 목적으로 사원 주거용 목적 부동산을 취득한 후 중과세 대상에 해당하게 된 경우 : 그 사유가 발생한 날

⑤ 골프장·고급주택·고급오락장 및 고급선박을 취득한 경우

    가. 건축물을 증축하거나 개축하여 고급주택이 된 경우 : 그 증축 또는 개축의 사용승 인서 발급일. 다만, 그 밖의 사유로 고급주택이 된 경우에는 그 사유가 발생한 날 로 한다.

    나. 골프장 : 「체육시설의 설치·이용에 관한 법률」에 따라 체육시설업으로 등록(변 경등록을 포함한다)한 날. 다만, 등록을 하기 전에 사실상 골프장으로 사용하는 경우 그 부분에 대해서는 사실상 사용한 날로 한다.

    다. 건축물의 사용승인서 발급일 이후에 관계 법령에 따라 고급오락장이 된 경우 : 그 대상 업종의 영업허가·인가 등을 받은 날. 다만, 영업허가·인가 등을 받지 아니 하고 고급오락장이 된 경우에는 고급오락장 영업을 사실상 시작한 날로 한다.

    라. 선박의 종류를 변경하여 고급선박이 된 경우 : 사실상 선박의 종류를 변경한 날

3. 감면 후 추징대상

취득세를 비과세, 과세면제 또는 경감받은 후에 해당 과세물건이 취득세 부과대상 또는 추징 대상이 되었을 때에는 그 사유 발생일부터 60일 이내에 해당 과세표준에 세율을 적용 하여 산출한 세액[경감받은 경우에는 이미 납부한 세액(가산세는 제외한다)을 공제한 세 액을 말한다]을 신고하고 납부하여야 한다.[478]

---

476) 「지방세법」 제20조 ②
477) 「지방세법 시행령」 제34조

존치기간이 1년을 초과하는 임시용 건축물에 대하여는 취득세를 부과하도록 규정하고 있고, 지방세법운용세칙 107－2에서는 임시용 건축물에 대한 '존속기간 1년 초과' 판단의 기산점은 「건축법」 제15조의 규정에 의하여 시장·군수에게 신고한 가설건축물 축조신고서상 존치기간의 시기(그 이전에 사실상 사용한 경우는 그 사실상 사용일)가 되고, 신고가 없는 경우에는 사실상 사용일이 된다.

그러므로 임시용 건축물에 대한 가설건축물 축조신고상의 존치기간이 1년 이상으로 표기되어 있는 경우 당해 건축물에 대한 취득세는 존치기간의 기산일으로부터 60일 이내에 신고·납부하여야 한다.[479] 그러나 당초 임시건축물 축조신고서상 존속기간을 1년 이하로 신고하였다가 1년을 초과하는 것으로 연장신고하는 경우에는 연장신고일(사유발생일)로부터 60일 이내, 연장신고를 하지 않고 존속기간이 1년을 초과하는 경우에는 1년을 초과한 날(사유발생일)로부터 60일 이내에 신고·납부를 하여야 한다.

4. 등기·등록 신청 시

취득세의 신고·납부기한 이내에 재산권과 그 밖의 권리의 취득·이전에 관한 사항을 공부(公簿)에 등기하거나 등록[등재(登載)를 포함한다]하려는 경우에는 등기 또는 등록 신청서를 등기·등록관서에 접수하는 날까지 취득세를 신고·납부하여야 한다.[480]

5. 채권자대위자

「부동산등기법」 제28조에 따라 채권자대위권에 의한 등기신청을 하려는 채권자대위자는 납세의무자를 대위하여 부동산의 취득에 대한 취득세를 신고·납부할 수 있다. 이 경우 채권자대위자는 행정안전부령으로 정하는 바에 따라 납부확인서를 발급받을 수 있다.[481]

Ⅳ 부족세액의 추징 및 가산세

1. 신고불성실가산세 및 납부지연가산세

취득세 납세의무자가 신고 또는 납부의무를 다하지 아니한 경우에는 산출세액 또는 그

---

478) 「지방세법」 제20조 ③
479) 세정 13407－655, 2001.12.11.
480) 「지방세법」 제20조 ④
481) 「지방세법」 제20조 ⑤

부족세액에 「지방세기본법」 제53조부터 제55조까지의 규정에 따라 산출한 가산세를 합한 금액을 세액으로 하여 보통징수의 방법으로 징수한다.[482)

다만, 납세의무자가 신고기한까지 취득세를 시가인정액으로 신고한 후 지방자치단체의 장이 세액을 경정하기 전에 그 시가인정액을 수정신고한 경우에는 「지방세기본법」상의 무신고가산세 및 과소신고가산세·초과환급신고가산세를 부과하지 아니한다.[483)

가산세는 종전에는 「지방세법」에서 각 세목별로 규정을 두고 있었으나, 2013. 1. 1.부터는 「지방세기본법」에서 일괄 규정하고 「지방세법」에서는 「지방세기본법」의 가산세 규정을 인용하여 세목별로 가산세 과세의 근거만을 두고 있다.

2. 종전주택 미처분 시의 가산세

일시적 2주택으로 신고하였으나 그 취득일로부터 대통령령으로 정하는 기간 내에 대통령령으로 정하는 종전 주택을 처분하지 못하여 1주택으로 되지 아니한 경우에는 산출세액 또는 그 부족세액에 「지방세기본법」 제53조부터 제55조까지의 규정에 따라 산출한 가산세를 합한 금액을 세액으로 하여 보통징수의 방법으로 징수한다.[484) "그 취득일로부터 대통령령으로 정하는 기간"이란 신규 주택(종전 주택등이 조합원입주권 또는 주택분양권인 경우에는 해당 입주권 또는 주택분양권에 의한 주택)을 취득한 날부터 3년을 말한다.[485)

3. 미등기전매 시의 가산세

납세의무자가 취득세 과세물건을 사실상 취득한 후 신고를 하지 아니하고 매각하는 경우에는 산출세액에 100분의 80을 가산한 금액을 세액으로 하여 보통징수의 방법으로 징수한다. 미등기 전매행위로 인한 부동산의 투기적 거래와 조세포탈을 방지하기 위하여 미등기 전매하는 경우 80%의 중가산세를 부과하도록 하고 있는 것이다.[486)

다만, 등기·등록이 필요하지 아니한 과세물건 등 대통령령으로 정하는 과세물건에 대하여는 그러하지 아니하다. 대통령령으로 정하는 과세물건은 다음과 같다.

① 취득세 과세물건 중 등기 또는 등록이 필요하지 아니하는 과세물건(골프회원권, 승마회원권, 콘도미니엄 회원권, 종합체육시설 이용회원권 및 요트회원권은 제외한다)

---

482) 「지방세법」 제21조 ①
483) 「지방세법」 제21조 ③
484) 「지방세법」 제21조 ①
485) 「지방세법 시행령」 제36조의 3
486) 이에 대하여 헌법재판소(2000헌바86, 2001.7.19.)는 동 가산세 규정이 평등의 원칙이나 과잉금지원칙에 위반하지 않는다고 판시하고 있다.

② 지목변경, 차량·기계장비 또는 선박의 종류 변경, 주식 등의 취득 등 취득으로 보는 과세물건

 ## 등기자료의 통보 등

1. 통보 등

다음의 자는 취득세 과세물건을 매각(연부로 매각한 것을 포함한다)하면 매각일부터 30일 이내에 그 물건 소재지를 관할하는 지방자치단체의 장에게 통보하거나 신고하여야 한다.[487]

① 국가, 지방자치단체 또는 지방자치단체조합
② 국가 또는 지방자치단체의 투자기관(재투자기관을 포함한다)
③ 그 밖에 이에 준하는 기관 및 단체로서 대통령령으로 정하는 자

시장·군수·구청장이 과점주주에 대한 취득세를 부과하기 위하여 관할 세무서장에게 법인의 주식등변동상황명세서에 관한 자료의 열람을 요청하거나 구체적으로 그 대상을 밝혀 관련 자료를 요청하는 경우에는 관할 세무서장은 특별한 사유가 없으면 그 요청에 따라야 한다. 시장·군수·구청장이 취득세를 중과하기 위하여 관할 세무서장에게 법인의 지점 또는 분사무소의 사업자등록신청 관련 자료의 열람을 요청하거나 구체적으로 그 대상을 밝혀 관련 자료를 요청하는 경우에는 관할 세무서장은 특별한 사유가 없으면 그 요청에 따라야 한다.[488]

2. 등기자료의 통보[489]

등기·등록관서의 장은 취득세가 납부되지 아니하였거나 납부부족액을 발견하였을 때에는 납세지를 관할하는 지방자치단체의 장에게 통보하여야 한다. 등기·등록관서의 장이 등기·등록을 마친 경우에는 취득세의 납세지를 관할하는 지방자치단체의 장에게 그 등기·등록의 신청서 부본(副本)에 접수연월일 및 접수번호를 기재하여 등기·등록일부터 7일 내에 통보하여야 한다. 다만, 등기·등록사업을 전산처리하는 경우에는 전산처리된 등기·

---

487) 「지방세법」 제19조
488) 「지방세법 시행령」 제32조
489) 「지방세법」 제22조

등록자료를 통보하여야 한다.

「자동차관리법」 제5조에 따라 자동차의 사용본거지를 관할하지 아니하는 지방자치단체의 장이 자동차의 등록사무(신규등록, 변경등록 및 이전등록을 말한다)를 처리한 경우에는 자동차의 취득가격 등 행정안전부령으로 정하는 사항을 다음 달 10일까지 자동차의 사용본거지를 관할하는 지방자치단체의 장에게 통보하여야 한다.

3. 장부 등의 작성과 보존[490]

취득세 납세의무가 있는 법인은 취득당시가액을 증명할 수 있는 장부와 관련 증거서류를 작성하여 갖춰 두어야 한다. 이 경우 다음의 장부 및 증거서류를 포함하여야 한다.

① 사업의 재산 상태와 그 거래내용의 변동을 기록한 장부 및 증거서류
② 「신탁법」에 따른 수탁자가 위탁자로부터 취득세 과세대상 물건의 취득과 관련하여 지급받은 신탁수수료와 그 밖의 대가가 있는 경우 이를 종류·목적·용도별로 구분하여 기록한 장부 및 증거서류

지방자치단체의 장은 취득세 납세의무가 있는 법인이 장부 등의 작성과 보존 의무를 이행하지 아니하는 경우에는 산출된 세액 또는 부족세액의 100분의 10에 상당하는 금액을 징수하여야 할 세액에 가산한다.

4. 증여세 관련 자료의 통보[491]

세무서장 또는 지방국세청장은 「국세기본법」 또는 「상속세 및 증여세법」에 따른 부동산에 대한 증여세의 부과·징수 등에 관한 자료를 행정안전부장관 또는 지방자치단체의 장에게 통보하여야 한다.

---

490) 「지방세법」 제22조의 2
491) 「지방세법」 제22조의 4

제 **3** 장

재산세

I 재산세의 의의

재산세(Property Tax)는 재산의 보유사실에 대하여 부과하는 조세이다. 재산세는 과세대상 물건인 토지, 건축물, 주택, 선박 및 항공기의 소유사실에 대하여 그 소유자에게 과세한다. 재산세는 매년 도래하는 과세기준일 현재의 현황에 따라 납세의무가 성립하는 조세이다.

담세력의 존재를 표상하는 과세물건을 기준으로 분류할 때 조세는 수득세, 재산세, 소비세 및 유통세로 분류할 수 있다. 이중 "재산세(財産稅)"는 재산을 소유한다는 사실에 착안하여 부과하는 조세, 즉 사람이 어떤 재산을 소유하고 있다는 사실 그 자체에 담세력을 인정하여 부과하는 조세이다.[492]

재산보유과세의 이론적 근거에 관해서는 여러 가지의 견해가 있다. 첫째, 자본이득세 및 귀속소득의 보완기능에 과세근거를 두는 견해이다. 둘째, 소비세의 보완세적 기능에 과세근거를 두는 견해이다. 셋째, 부의 집중억제나 투기억제 등 정책목적의 실현에 근거를 두는 견해이다. 넷째, 편익원칙에 근거한 응익세로 보는 견해 등이 있다. 전통적으로 재산보유과세의 성격은 응익세로 보는 견해가 지배적이다. 재산의 보유는 중앙정부나 지방정부가 제공하는 공공서비스 등의 직접적인 수혜대상이기 때문에 보유세를 부담해야 한다는 것이다.

II 재산세의 성격

재산세는 과세대상 물건의 소재지를 관할하는 시·군·구에서 부과하는 지방세이다. 재산세는 그 과세대상인 세원이 어느 시·군·구에나 널리 보편적으로 존재하고 또 계속 증가하는 안정성이 우수하며 세수확보가 용이하여 지방세로서의 성격을 잘 구비하고 있다. 이렇게 재산세는 지방세로서 매우 이상적인 성격을 가지고 있기 때문에 대부분의 나라에서도 지방세로 채택하고 있다.

재산세의 본질은 재산의 가치를 조세부담능력으로 파악하여 과세하는 것이다. 따라서 과세대상 재산의 소득 발생 여부는 따질 필요가 없다. 즉, 재산세는 토지, 건축물, 주택, 선박, 항공기의 소유자 또는 사실상의 소유자에게 부과하는 것으로 보유재산의 담세력에 입각하

---

492) 헌재 1994.8.31. 91헌가 1

여 과세한다. 따라서 과세대상 건축물 등으로부터의 구체적인 소득 발생 유무와 관계없이 부과되는 조세이다. 또한, 재산의 가치를 측정하는 시점을 통일시킬 필요는 있지만 재산보유기간을 따질 필요는 없다.[493]

재산세는 납세의무자가 소유하는 재산보유행위를 과세객체로 하여 재산가액을 기준으로 하여 부과하는 조세로서 그 운영형태에 따라 물세(物稅)로서의 재산세와 인세(人稅)로서의 재산세로 나뉜다. 물세로서의 재산세는 재산 건별로 재산가액을 과세표준으로 하여 재산소유자의 인적사항을 고려하지 않고 동일한 재산가치에 대해 동일하게 취급하는 재산세를 말한다. 인세로서의 재산세는 납세자 개인별로 모든 재산을 종합하여 재산소유자의 개인적 사정을 고려하고, 재산가액에 따라 누진세율로 과세하는 재산세를 말한다. 이 경우 재산세를 흔히 종합재산세라 한다.

재산세 또는 종합부동산세는 보유하는 재산에 담세력을 인정하여 과세하는 수익세적 성격을 지닌 보유세로서 그 납세의무는 당해 재산을 보유하는 동안 매년 독립적으로 발생하는 것이므로, 그에 대한 종전 부과처분들과 후행 부과처분은 각각 별개의 처분일 뿐만 아니라, 납세의무자와 과세대상물건이 동일하다고 하더라도, 매년 과세대상물건의 가액의 변동에 따라 그 과세표준도 달라진다.

Ⅲ 재산보유세의 연혁

1950년 「지세법」이 제정되어 전·답·염전 등을 과세대상으로 하여 시행되었으며, 1951년 「토지수득세법」이 제정되어 「지세법」은 시행이 정지되고 토지수득세로 단일화되었다. 이 시기에 보유세는 국세로서 지세와 광구세, 지방세로서 가옥세·임야세·면세지특별지세 등이 있었다.

1961년 「국세와 지방세 조정 등에 관한 법률」이 제정되고, 같은 해 12월 8일 「지방세법」이 제정되었다. 이에 따라 국세였던 대지세·광구세, 지방세였던 가옥세·선세를 통합하여 시·군세인 재산세가 신설되어 국세와 지방세의 여러 세목으로 분산되어 있던 재산보유 관련세를 일원화하였다.

1973년 별장, 골프장, 법인의 비업무용토지, 대도시 내 공장의 신설에 대하여 재산세 중과세제도가 도입되었으며, 주택에 대하여는 4단계 초과누진세율이 도입되었다. 1974년 고급오락장과 공한지에 대한 개념을 도입하고, 법인의 비업무용토지와 함께 중과세율을 적용

---

493) 헌재 2008.9.25. 2006헌바111

하였고, 1985년부터 항공기를 과세대상에 추가하였다.

　1988년부터 공한지와 법인의 비업무용토지를 재산세에서 분리하여, 신설된 별도의 세목인 토지과다보유세로 과세하였다. 토지과다보유세는 2년간 시행된 후 1989년 신설된 종합토지세에 흡수·통합되었다. 종합토지세는 재산세의 토지분과 토지과다보유세의 과세대상인 공한지 및 비업무용토지를 통·폐합하여 전국에 있는 모든 토지를 소유자별로 합산한 후 누진세율을 적용하였다. 이처럼 종합토지세가 독립세목으로 신설되면서 토지분 재산세가 폐지되어 종합토지세로 이관되었다. 이로써 보유세는 모두 지방세인 재산세와 종합토지세로 분리되어 토지에 대하여는 종합토지세, 건축물 등에 대하여는 재산세가 과세되었다.

　한편, 1988년 조세법상의 공평이념을 실현하고, 조세를 수단으로 하여 유휴토지 등에 대한 투기적 수요를 억제하기 위하여 개발이익 등 불로소득을 조세로 환수하는 「토지초과이득세법」이 제정되어 시행되었으나 헌법불합치판정[494] 및 지가안정 등에 따른 정책적 실효성이 없어져 1998년 폐지되었다.

　종합토지세의 시행은 전국의 모든 토지를 지방자치단체가 과세함에 따라 행정상 비능률과 정책수행의 문제점이 발생하였다. 이에 따라 2005년부터 종합토지세를 폐지하고, 지방세인 재산세와 국세인 종합부동산세로 이원화하였다. 이로써 재산세는 토지, 주택, 건축물 등으로 구분하여 과세하고, 일정가액 이상의 부동산에 대하여는 국세인 종합부동산세를 과세하게 되었다.

　2010년 3월 31일 「지방세법」 개정 시 토지·건축물 등 재산에 과세하는 세목(재산세, 도시계획세)을 재산세로 통·폐합하고, 세율체계는 종전 재산세율을 기본세율로 하고 종전 도시계획세는 자치단체 조례로 필요한 경우 추가로 과세할 수 있도록 규정하였다.

　2023년 2월 27일 「지방세법」 개정 시 별장을 재산세 중과세대상에서 제외하였다.

 ## Ⅳ 재산세 과세요건의 요약

　현행 재산세의 과세대상과 과세표준 및 세율을 요약하면 다음과 같다.

---

494) 헌재 1994.7.29. 92헌바49
　　토초세법 중 일부는 헌법(憲法)에 위반되고, 일부는 헌법(憲法)에 합치(合致)되지 아니하여 개정입법(改正立法)을 촉구할 대상이지만, 위 각 위헌적(違憲的) 규정(規定)들 중 지가(地價)에 관한 제11조 제2항과 세율(稅率)에 관한 제12조는 모두 토초세제도의 기본요소로서 그 중 한 조항(條項)이라도 위헌결정(違憲決定)으로 인하여 그 효력(效力)을 상실한다면 토초세법 전부를 시행(施行)할 수 없게 될 것이므로, 이 사건에서는 헌법재판소법(憲法裁判所法) 제45조 단서 규정(規定)에 따라 토초세법 전부에 대하여 위헌결정(違憲決定)을 선고(宣告)할 수밖에 없다.

| 재산세 과세대상, 과세표준 및 세율 요약 |

구 분	과세대상	과세표준	세 율		
재산세	토지	시가표준액 × 70% (공정시장 가액비율)	종합합산 과세대상	5천만원 이하	2/1,000
				5천만원 초과 ~1억원 이하	10만원＋5,000만원 초 과금액의 3/1,000
				1억원 초과	25만원＋1억원 초과금 액의 5/1,000
			별도합산 과세대상	2억원 이하	2/1,000
				2억원 초과 10억원 이하	40만원＋2억원 초과금 액의 3/1,000
				10억원 초과	280만원＋10억원 초과 금액의 4/1,000
			분리과세대상	전·답·과수원· 목장용지 및 임야	과세표준의 0.7/1,000
				골프장 및 고급오락장용 토지	과세표준의 40/1,000
				그 밖의 토지	과세표준의 2/1,000
	건축물		골프장, 고급오락장용 건축물	과세표준의 40/1,000	
			법소정 공장용 건축물	과세표준의 5/1,000	
			그 밖의 건축물	과세표준의 2.5/1,000	
	주택	시가표준액 × 60% (공정시장 가액비율)	주택	6천만원 이하	1/1,000
				6천만원 초과 1억5천만원 이하	60,000원＋6천만원 초 과금액의 1.5/1,000
				1억5천만원 초과 3억원 이하	195,000원＋1억5천만원 초과금액의 2.5/1,000
				3억원 초과	570,000원＋3억원 초과 금액의 4/1,000

구 분	과세대상	과세표준	세 율	
재산세	선박·항공기	시가표준액	고급선박	과세표준의 50/1,000
			그 외 선박	과세표준의 3/1,000
			항공기	과세표준의 3/1,000
	기타	과밀억제권역 안에서의 법소정 공장 신설·증설	최초의 과세기준일부터 5년간 0.25%의 500/100배	
도시지역분	토지·건축물 또는 주택의 재산세 과세표준		표준세율 1.4/1,000 (탄력세율 적용 시, 그 가액의 2.3/1,000 초과적용 금지)	

 ## V 정의

재산세에서 사용하는 용어의 뜻은 다음과 같다.[495)]

1. 토지

"토지"란 「공간정보의 구축 및 관리 등에 관한 법률」에 따라 지적공부의 등록대상이 되는 토지와 그 밖에 사용되고 있는 사실상의 토지를 말한다. 「사실상의 토지」라 함은 매립·간척 등으로 준공인가 전에 사용승낙 또는 허가를 받거나 사실상으로 사용하는 토지 등 토지대장에 등재되어 있지 않는 토지를 포함한다.[496)]

2. 건축물

"건축물"이란 제6조 제4호에 따른 건축물을 말한다. 오피스텔은 「건축법」상 일반 업무시설에 해당하므로 일반적으로 건축물로 과세하나, 현황과세의 원칙에 따라 주거용(주민등록, 취학여부, 임대주택 등록 여부 등)으로 사용하는 경우에 한해 주택으로 과세한다. 이 경우 해당 건물부분과 그 부속토지부분을 각각 구분하여 산출한 시가표준액의 합을 주택의 시가표준액으로 보아 이 금액에 주택분 공정시장가액 비율을 적용한 금액을 과세표준으로 한다.[497)]

---

495) 「지방세법」 제104조
496) 「지방세법」 운영예규 법104-1
497) 「지방세법」 운영예규 법104-2

3. 주택

"주택"이란 「주택법」 제2조 제1호에 따른 주택을 말한다. 이 경우 토지와 건축물의 범위에서 주택은 제외한다. 영유아보육시설이 설치된 주택이 주택법에 따른 주택의 구조를 유지하는 경우, 주택분 과세대상에 해당된다.[498]

4. 항공기

"항공기"란 제6조 제9호에 따른 항공기를 말한다. 「지방세법」 제6조 제9호에 따른 항공기를 말하므로 사람이 탑승·조종하여 항공에 사용하는 비행기, 비행선, 활공기, 회전익 항공기 및 그 밖에 이와 유사한 비행기구로서 대통령령으로 정하는 것을 말한다. 그런데 사람이 탑승, 조정하지 아니하는 원격조정 장치에 의한 항공기(농약살포 항공기 등)는 제외된다.

5. 선박

"선박"이란 제6조 제10호에 따른 선박을 말한다. 「지방세법」 제6조 제10호에 따른 선박을 말하므로 기선, 범선, 부선(艀船) 및 그 밖에 명칭에 관계없이 모든 배를 말한다.

재산세는 토지, 건축물, 주택, 항공기 및 선박에 대하여 과세한다. 그리고 이들 과세대상의 정의는 취득세 과세대상(「지방세법」 제6조)의 정의와 동일하다.

---

498) 「지방세법」 운영예규 법104-3

제2절 재산세의 과세대상

I 재산세의 과세대상

1. 재산세의 과세대상

재산세는 재산을 과세대상으로 한다. 재산세의 과세대상 재산은 토지, 건축물, 주택, 항공기 및 선박이다.[499] 재산세는 보유하는 재산에 담세력을 인정하여 부과되는 수익세적 성격을 지닌 보유세로서, 재산가액을 그 과세표준으로 하고 있어 그 본질은 재산소유 자체를 과세요건으로 하는 것이다.

그러므로 당해 재산이 훼손되거나 일부 멸실 혹은 붕괴되고 그 복구가 사회통념상 거의 불가능하게 된 정도에 이르러 재산적 가치를 전부 상실하게 된 때에는 재산세 과세대상이 되지 아니한다. 그러나 재산세에 있어 현실적으로 당해 재산을 그 본래의 용도에 따라 사용·수익하였는지 여부는 과세요건의 판단에 영향을 미치지 않는다.[500]

2. 취득세, 재산세, 종합부동산세 과세대상의 비교

취득세와 재산세 및 국세인 종합부동산세의 과세대상은 그 범위 및 정의가 유사하다. 이들의 과세대상은 다음의 그림과 같다.

〈그림〉취득세, 재산세, 종합부동산세 과세대상

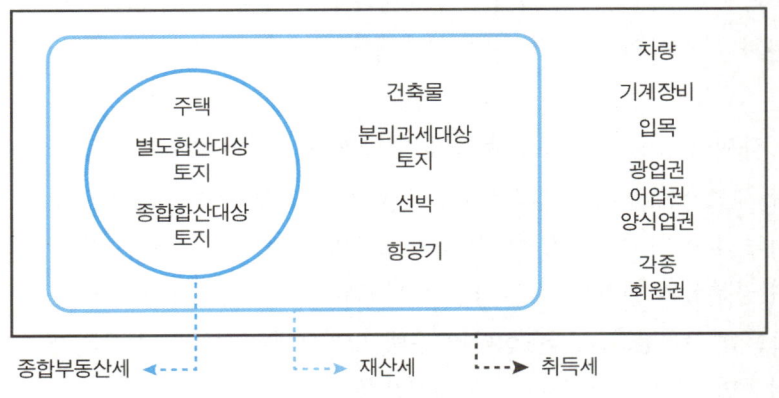

---

499)「지방세법」제105조
500) 대법원 1984.4.10. 선고, 83누682 판결 ; 대법원 2001.4.24. 선고, 99두110 판결 등 참조

취득세의 과세대상 자산은 부동산, 차량, 기계장비, 항공기, 선박, 입목, 광업권, 어업권, 양식업권, 골프회원권, 승마회원권, 콘도미니엄 회원권, 종합체육시설 이용회원권 또는 요트회원권이다. 취득세 과세대상 자산인 부동산은 토지와 건축물로 구분된다. 즉, 취득세에 있어서는 과세대상 자산을 열거하면서 부동산을 토지와 건축물로만 구분하고 주택을 별도로 구분하지 않고, 과세표준이나 세율과 관련된 규정에서 주택을 다른 부동산과 구분하고 있다.

재산세의 과세대상은 토지, 건축물, 주택, 항공기 및 선박이다. 그리고 토지는 종합합산과세대상, 별도합산과세대상, 분리과세대상으로 구분한다.

재산세 과세대상의 개념은 취득세 과세대상물건의 개념과 일치한다고 할 수 있으며, 예외적으로 그 세목의 성격상의 차이에서 구체적인 규정상의 차이가 발생하는 부분이 있다. 취득세는 재산권이나 재산가치의 이전 또는 가치변동이 발생할 경우 그 사실에 대하여 과세하는 유통세이므로 유통행위인 "취득행위" 사실이 과세대상이 되나, 취득행위의 대상 물건은 "토지, 건물, 차량 등"이다. 재산세의 경우 "주택, 토지, 건축물, 선박, 항공기"를 과세대상 물건으로 하여 동 과세물건의 "보유사실"이 과세대상이 된다.

한편, 재산보유세로서 국세인 종합부동산세는 주택과 토지 중 재산세 종합합산과세대상과 별도합산과세대상만을 과세대상으로 하고 분리과세대상토지는 과세하지 않는다. 또한, 종합부동산세는 과세대상 구분별로 국내에 있는 재산세 과세대상인 재산의 공시가격을 합한 금액이 일정가액을 초과하는 경우에만 과세한다는 점에서 재산세와 다른 점이다.

3. 재산세의 현황부과

재산세의 과세대상 물건이 토지대장, 건축물대장 등 공부상 등재되지 아니하였거나 공부상 등재현황과 사실상의 현황이 다른 경우에는 사실상의 현황에 따라 재산세를 부과한다.[501]

재산세의 과세대상 물건이 공부상 등재 현황과 사실상의 현황이 다른 경우에는 사실상현황에 따라 재산세를 부과하므로 공부상 농지이나 실제 영농에 사용되지 아니하고 타 용도로 사용되는 경우에는 분리과세대상 농지에 해당하지 않는 것이다. 또한, 과세대상 물건의 임차인이 공부상의 현황과 달리 사용하는 경우에도 사실상의 현황에 따라 과세한다. 오피스텔을 사실상 주거용으로 사용한다면 주택분 재산세가 과세되고 주거가 아닌 사무실 등으로 사용한다면 일반 건축물로 보아 재산세를 과세한다.

---

501) 「지방세법」 제106조 ③

Ⅱ 토지

1. 「민법」상의 토지의 개념

「민법」은 권리의 객체로서 물건에 관한 규정을 두고 있다. 「민법」은 물건을 '유체물 및 전기 기타 관리할 수 있는 자연력'이라 정의하고, 부동산과 동산, 주물과 종물, 천연과실과 법정과실 등으로 분류하고 있다.[502] 토지와 그 정착물은 부동산에 해당하며, 부동산 이외의 물건은 동산이 된다.[503]

동산과 부동산에 대한 법적 취급을 달리하는 기본적인 이유는 동산은 그 소재가 쉽게 변하는데 비하여 부동산은 그 장소가 고정되어 있기 때문에 공시가 쉽다는 점, 부동산은 통상 동산에 비하여 경제적 가치가 크므로 특별한 보호를 필요로 한다는 점 때문이다.[504], [505]

토지의 소유권은 정당한 이익이 있는 범위 내에서 토지의 상하에 미친다.[506] 따라서 토지의 구성물인 토사·암석·지하수 등은 당연히 토지의 일부분에 지나지 않는다.

토지의 개수는 필(筆)로써 계산된다. 1필의 토지를 여러개의 필로 분할하거나 여러 필의 토지를 1필로 합병하려면 「공간정보의 구축 및 관리 등에 관한 법률」상의 분필 또는 합필의 절차를 밟아야 하고, 1필의 토지의 일부분을 분필하기 전에는 토지의 일부를 양도하거나 제한물권을 설정하거나 시효취득을 할 수 없고 분필한 후에야 가능하다. 왜냐하면 분필하기 전까지는 등기할 수 없기 때문이다.[507]

토지의 정착물은 원칙적으로 토지에 부합하여 토지와 일체를 이루는 것으로 취급되므로 토지와 별개의 물건으로 인정되지 않는다. 다만, 토지의 정착물 중 일부는 토지와는 독립한 부동산으로 취급된다. 토지 정착물의 종류에 따라 그 취급유형을 분류하면 다음 표와 같다.

---

[502] 「민법」 제98조, 제99조, 제100조, 제101조
[503] 「민법」 제99조
[504] 박기현·정일배 공저 〈핵심정리 민법〉 p158
[505] 「민법」상 동산과 부동산의 차이는 다음과 같다.(정병용 〈민법과 세법〉 p140)
　　　첫째, 물권변동의 공시방법의 차이로 부동산은 등기, 동산은 점유의 이전 즉, 인도에 의한다.
　　　둘째, 공시방법에 대한 공신력 유무면에서 부동산의 등기에는 공신력이 인정되지 않지만, 동산의 점유에
　　　　　대하여는 공신력이 인정된다.
　　　셋째, 부동산의 취득시효는 10년 또는 20년인데 반하여 동산은 10년 또는 5년이다.
　　　넷째, 무주물 선점과 부합에 있어서 법률효과의 차이가 있다.
　　　다섯째, 강제집행절차와 방법이 동산과 부동산에 따라 다르다.
[506] 「민법」 제212조
[507] 정병용 〈민법과 세법〉 p141

| 토지 정착물의 분류 |

구 분	내 용	종 류
종속 정착물	항상 토지의 구성부분으로 취급 토지와 별개의 물건으로 인정되지 않음.	돌담, 터널, 다리, 우물
독립 정착물	토지에 부합하지 않고 언제나 독립한 물건으로 취급	건물
반독립 정착물	원래는 토지의 일부에 지나지 않으나 별도의 공시방 법을 갖춘 경우에는 토지와 독립한 부동산으로 취급	수목, 미분리과실, 동상, 정원석

2. 재산세 과세대상 토지

토지는 「공간정보의 구축 및 관리 등에 관한 법률」[508]에 따라 지적공부의 등록대상이
되는 토지와 그 밖에 사용되고 있는 사실상의 토지를 말한다.[509] 이 경우 토지의 범위에서
주택의 부수토지는 제외한다.

「지방세법」 제107조에서 재산세 과세기준일 현재 재산을 사실상 소유하고 있는 자는 재
산세를 납부할 의무가 있다고 규정하고 있으나 재산의 실질적인 소유권을 가진 자를 판단
함에 있어 그 취득의 시기에 대하여 별도의 규정이 없으므로 취득세에서 규정하고 있는 취
득의 시기에 관한 규정을 준용한다. 따라서 공유수면매립과 같은 원시취득의 경우 과세기
준일 현재 원시취득시기가 도래했다면 지적공부에 등록되기 전이라도 토지로서 과세대상
이 된다.

"지적공부"란 토지대장, 임야대장, 공유지연명부, 대지권등록부, 지적도, 임야도 및 경계
점좌표등록부 등 지적측량 등을 통하여 조사된 토지의 표시와 해당 토지의 소유자 등을 기
록한 대장 및 도면(정보처리시스템을 통하여 기록·저장된 것을 포함한다)을 말한다.[510]

국토교통부장관은 모든 토지에 대하여 필지별로 소재·지번·지목·면적·경계 또는 좌
표 등을 조사·측량하여 지적공부에 등록하여야 한다. 지적공부에 등록하는 지번·지목·
면적·경계 또는 좌표는 토지의 이동이 있을 때 토지소유자의 신청을 받아 지적소관청이
결정한다. 다만, 신청이 없으면 지적소관청이 직권으로 조사·측량하여 결정할 수 있다.[511]

---

508) 1950년부터 59년간 사용하여 오던 「지적법」은 2009년 「측량법」과 「수로업무법」을 통합하여 「측량 수로조
   사 및 지적에 관한 법률」로 변경하였고, 2014년 「공간정보의 구축 및 관리 등에 관한 법률」로 법제명이
   변경되었다. 기존의 「국가공간정보에 관한 법률」을 「국가공간정보 기본법」으로 변경하여 「공간정보산업 진
   흥법」과 더불어 3가지 법률이 현재 시행되고 있다.
509) 「지방세법」 제104조
510) 「공간정보의 구축 및 관리 등에 관한 법률」 제2조

"지목"이란 토지의 주된 용도에 따라 토지의 종류를 구분하여 지적공부에 등록한 것을 말하는 바[512], 「공간정보의 구축 및 관리 등에 관한 법률」 제67조 제1항에서 "지목은 전·답·과수원·목장용지·임야·광천지·염전·대(垈)·공장용지·학교용지·주차장·주유소용지·창고용지·도로·철도용지·제방(堤防)·하천·구거(溝渠)·유지(溜池)·양어장·수도용지·공원·체육용지·유원지·종교용지·사적지·묘지·잡종지로 구분하여 정한다."고 하여 총 28개의 지목을 규정하고 있다.

3. 사실상의 토지

재산세는 지적공부에 등재여부에 불구하고 '그 밖의 사실상의 토지'도 재산세 과세대상에 포함된다. 「사실상 토지」라 함은 매립·간척 등으로 준공인가 전에 사실상으로 사용하는 토지 등 토지대장에 등재되어 있지 않는 토지를 포함한다.[513] 그리고 그 대상에 아무런 제한이 없다. 그러므로 지적공부상 등재되어 있지 않는 토지라도 객관적으로 보아 해당 재산을 배타적으로 사용·수익·처분할 수 있고 언제라도 공부상 소유자로 등재될 수 있는 상태에 있다면 재산을 사실상 소유하고 있다고 할 수 있다.

공유수면매립에 의하여 원시취득하는 토지는 원시취득시기가 도래하면 지적공부에 등록되었는지 여부를 불문하고 재산세의 과세대상이 된다. 그러므로 매립이나 간척으로 새롭게 토지가 조성된 경우 사실상의 토지에 해당하면 준공인가 등이 있기 전이라도 재산세의 과세대상이 된다. 공유수면매립공사 준공인가 전에 사용허가를 받은 경우에는 그 허가일을 사실상 소유자가 되는 취득시기로 보아야 할 것이다.

또한, 가 지번으로 택지개발 사업 중에 있는 토지도 사실상의 토지에 해당하며, 지적공부에 등록되었는지 여부를 불문하고 재산세의 과세대상이 된다.[514] 가 지번으로 택지개발사업 중에 있는 토지의 납세의무자 판단에 있어 택지의 수분양자가 잔금을 지급한 날을 기준으로 판단하여야 하므로 잔금지급 전에는 택지개발사업의 시행자가, 잔금지급 후에는 택지의 수분양자가 재산세의 납세의무자가 된다.[515]

---

511) 「공간정보의 구축 및 관리 등에 관한 법률」 제64조
512) 「공간정보의 구축 및 관리 등에 관한 법률」 제2조 제22호
513) 「지방세법」 기본통칙 104-1
514) 지방세운영과-16, 2014.11.24.
515) 조심 2009지0025, 2009.5.14.

Ⅲ 건축물

1. 건물의 개념

토지의 정착물 중 건물은 토지와는 독립한 별개의 부동산으로 취급되며, 토지에 부합되지 않는다. 건물의 개수는 동(棟)으로 표시한다. 그리고 1동(棟)의 건물의 일부도 독립하여 소유권의 객체가 될 수 있는 바, 이를 구분소유라 한다.[516) 그러므로 등기부상 1개의 건물로서 하나의 필지에 기재되어 있더라도 2개 또는 그 이상의 건물로서 각각 소유권의 객체가 될 수 있다.

건물의 개수는 토지와 달리 공부상의 등록에 의하여 결정되는 것이 아니라 사회통념에 의하여 결정된다. 건물의 개수를 판단함에 있어서는 물리적 구조뿐만 아니라 거래 또는 이용의 목적물로서 관찰한 건물상태 등 객관적 사정은 물론 건축한 자의 의사와 같은 주관적 사정도 고려하여 판단하여야 한다.[517)

건축물이 토지에 부합되지 않고 독립된 건물로 취급되는데에 대한 일정한 표준이 있는 것은 아니다. 그러므로 신축 중인 건물이나 철거 중인 건물의 경우 건물여부의 판단은 사회통념에 의하여 판단하여야 한다. 독립된 부동산으로서의 건물이라고 하기 위해서는 최소한의 기둥과 지붕 그리고 주벽으로 이루어지면 법률상 건물이라고 할 수 있다.[518)

2. 재산세 과세대상 건축물의 범위

재산세 과세대상 건축물의 범위는 취득세편에서의 건축물의 범위와 동일하다. 다만, 취득세와 달리 건축물의 범위에서 주택은 제외한다.

건축물은 「건축법」 제2조 제1항 제2호에 따른 건축물(이와 유사한 형태의 건축물을 포함한다)과 토지에 정착하거나 지하 또는 다른 구조물에 설치하는 레저시설, 저장시설, 도크(dock)시설, 접안시설, 도관시설, 급수·배수시설, 에너지 공급시설 및 그 밖에 이와 유사한 시설(이에 딸린 시설을 포함한다)로서 대통령령으로 정하는 것을 말한다.[519) 따라서 재산세 과세대상이 되는 건축물은 다음과 같이 분류할 수 있다.

① 「건축법」상의 건축물

---

516) 「민법」 제215조
517) 대법원 1990.1.12. 선고 88다카28518 판결
518) 대법원 1996.6.14. 선고 94다53006 판결
519) 「지방세법」 제104조

「건축법」 제2조 제1항 제2호에 따른 건축물(이와 유사한 형태의 건축물을 포함한다)을 말한다.

② 특정시설물

토지에 정착하거나 지하 또는 다른 구조물에 설치하는 레저시설, 저장시설, 도크(dock)시설, 접안시설, 도관시설, 급수·배수시설, 에너지 공급시설 및 그 밖에 이와 유사한 시설을 말한다.[520] 재산세 과세대상인 특정시설물은 「지방세법」 제6조 제4호에 열거되어 있고, 또한 「지방세법 시행령」 제5조에 구체적으로 열거되어 있으므로 동 규정에 열거되지 아니한 것은 재산세 과세대상 시설물로 볼 수 없다.

3. 재산세 과세대상 건축물의 판단

(1) 신축·증축 시 재산세 과세대상 건축물의 판단

재산세는 소유권의 대상이 되는 토지·건축물 등에 대하여 과세되는 것으로서 건축물 신축의 경우 그 신축행위에 의하여 소유권의 대상이 될 수 있는 독립된 부동산이 되었을 때에 재산세 과세대상이 될 수 있는 건축물이라고 할 수 있다. 구체적으로 건축물을 신축·증축하는 경우 언제부터 재산세 과세대상 건축물로 볼 것인지가 문제이다. 신축·증축과 같은 원시취득에 대하여는 취득세 납세의무성립일인 취득의 시기를 기준으로 재산세의 과세대상 여부를 판단하는 것이 가장 합리적이라 본다.

취득세편에서는 건축물을 건축 또는 개수하여 취득하는 경우 사용승인서를 내주는 날(사용승인서를 내주기 전에 임시사용승인을 받은 경우에는 그 임시사용승인일을 말하고, 사용승인서 또는 임시사용승인서를 받을 수 없는 건축물의 경우에는 사실상 사용이 가능한 날을 말한다)과 사실상의 사용일 중 빠른 날을 취득일로 본다. 그러므로 과세기준일 현재 원시취득으로 인한 취득세의 취득시기가 도래한 건축물은 재산세의 과세대상이 된다. 즉, 취득세의 취득시기가 도래한 경우에 재산세의 과세대상 건축물로 보는 것이며, 그 건축물이 현실적으로 그 건축물 본래의 용도에 따른 사용·수익이 가능할 정도로 완성될 것을 과세요건으로 하는 것은 아니다.

(2) 사용·수익이 제한된 건축물

재산세는 재산소유 자체를 과세요건으로 하는 것이므로, 당해 재산이 훼손되거나 일부

---

520) 「지방세법」 제6조 제4호

멸실 혹은 붕괴되고 그 복구가 사회통념상 거의 불가능하게 된 정도에 이르러 재산적 가치를 전부 상실하게 된 때에는 재산세 과세대상이 되지 아니한다.[521] 그러나 현실적으로 당해 재산을 그 본래의 용도에 따라 사용·수익하였는지 여부는 그 과세요건의 판단기준에 해당하지 아니한다.[522] 그러므로 건물이 노후화되었다거나, 건물붕괴의 우려가 있다는 이유로 거주자에 대한 대피명령과 함께 건물에 대한 정밀안전진단의 실시를 명하여 정밀안전진단 결과 안전하다고 판단될 때까지 사용금지를 명함으로써 현재 건축물이 그 사용·수익이 제한된 상태에 있다고 하여 과세대상에서 제외되는 것은 아니다.[523]

한편, 재산세를 부과하는 해당 연도에 철거하기로 계획이 확정되어 재산세 과세기준일 현재 행정관청으로부터 철거명령을 받았거나 철거보상계약이 체결된 건축물 또는 주택은 재산세가 비과세된다. 따라서 과세기준일 이후에 철거명령를 받은 경우에는 비과세 대상에 해당하지 아니하고, 소유자가 철거계획을 가지고 있다하여 재산세 과세대상 건축물에서 제외되는 것은 아니다.[524]

(3) 무허가 건축물

무허가 건축물의 경우 건물부분은 건축물로서 재산세가 과세되고, 부속토지는 종합합산 과세대상 토지로 분류된다.

(4) 수상구조물의 분류

수상구조물은 건축물로 분류되느냐 또는 선박으로 분류되느냐에 따라 재산세 과세표준과 세율에 차이가 있어 이를 구분할 실익이 있다.[525] 수상구조물이 건축물에 해당하는지 또는 선박에 해당하는지를 살펴보면, 재산세 과세대상이 되는 선박은 수상 또는 수중에서 항행용으로 사용하거나 사용할 수 있는 모든 배를 말하고, 여기에는 자력항행능력(自力航行能力)이 없어 다른 선박에 의하여 끌리거나 밀려서 항행되는 부선도 이에 포함된다. 반면, 부선 중 항구적으로 고정되어 항행용으로 사용할 수 없는 것은 선박으로 볼 수 없고 건축물로 보아야 한다.[526]

---

521) 대법원 1995.4.11. 선고, 94누 9757 판결 참조
522) 대법원 1984.4.10. 선고, 83누 682 판결 등 참조
523) 대법원 99두0110, 2001.4.24.
524) 「지방세법」 제109조 ③ 제5호, 동법 시행령 ③
525) 일반 건축물의 재산세 세율은 1천분의 2.5, 일반선박의 세율은 1천분의 3
526) 조심 2012지423, 2012.10.16. 참조

(5) 구분소유권과 재산세 과세대상

1동의 건물의 일부분이 구분소유권의 객체가 될 수 있고, 그 전유부분에 대한 법률적인 소유권 또는 실질적인 소유권을 가질 수 있는 경우에 그 전유부분이 별도의 재산세 과세대상에 해당한다. 1동의 건물의 일부분이 구분소유권의 객체가 될 수 있으려면 그 부분이 구조상으로나 이용상으로 다른 부분과 구분되는 독립성이 있어야 하고, 구조상의 독립성은 주로 소유권의 목적이 되는 객체에 대한 물적 지배의 범위를 명확히 할 필요성 때문에 요구된다. 그러므로 구조상의 구분에 의하여 구분소유권의 객체 범위를 확정할 수 없는 경우에는 구조상의 독립성이 있다고 할 수 없다.

그리고 구분소유권의 객체로서 적합한 물리적 요건을 갖추지 못한 건물의 일부는 그에 관한 구분소유권이 성립될 수 없는 것이어서, 건축물관리대장상 독립한 별개의 구분 건물로 등재되고 등기부상에도 구분소유권의 목적으로 등기되어 있어 이러한 등기에 기초하여 소유권을 취득하였다 하더라도, 그 등기는 그 자체로 무효이므로 취득자는 그 소유권을 취득할 수 없다.[527] 따라서 그 취득자는 전유부분에 대한 법률적인 소유권은 물론 실질적인 소유권도 가진 자라고 할 수 없어 재산세의 납세의무자에 해당하지 않는다.[528]

Ⅳ 주택

1. 재산세 과세대상 주택의 정의

재산세 과세대상이 되는 주택은 「주택법」 제2조 제1호에 따른 주택을 말한다. 이 경우 토지와 건축물의 범위에서 주택은 제외한다.[529] 「주택법」 제2조 제1호에서는 "주택이란 세대(世帶)의 구성원이 장기간 독립된 주거생활을 할 수 있는 구조로 된 건축물의 전부 또는 일부 및 그 부속토지를 말하며, 단독주택과 공동주택으로 구분한다."고 규정하고 있다.

주택은 "1구(1構)"를 과세단위로 하여 과세대상으로서 구분된다. 여기에서 1구의 주택을 이루는지 여부는 그것이 전체로서의 경제적 용법에 따라 하나의 주거생활단위로 제공되는 것인지 여부에 의하여 합목적적으로 결정된다.[530]

---

527) 대법원 1999.11.9. 선고, 99다46096 판결 ; 대법원 2008.9.11.자 2008마696 결정 참조
528) 수원지법 2011구합6760, 2011.9.8.
529) 「지방세법」 제104조
530) 대법원 90누7425, 1991.5.10.

2. 주택의 분류

(1) 단독주택

"단독주택"이란 1세대가 하나의 건축물 안에서 독립된 주거생활을 할 수 있는 구조로 된 주택을 말하며, 그 종류는 다음 표와 같다.[531]

| 단독주택의 종류와 범위 |

종류	요 건
단독주택	다중주택과 다가구주택을 제외한 주택
다중주택	다음과 같은 세 가지의 요건을 모두 갖춘 주택을 말한다. ① 학생 또는 직장인 등 여러 사람이 장기간 거주할 수 있는 구조로 되어 있는 것 ② 독립된 주거의 형태를 갖추지 아니한 것(각 실별로 욕실은 설치할 수 있으나, 취사시설은 설치하지 아니한 것을 말한다) ③ 1개 동의 주택으로 쓰이는 바닥면적의 합계가 330제곱미터 이하이고 주택으로 쓰는 층수(지하층은 제외한다)가 3개 층 이하일 것
다가구주택	다음의 요건을 모두 갖춘 주택으로서 공동주택에 해당하지 아니하는 것을 말한다. ① 주택으로 쓰는 층수(지하층은 제외한다)가 3개 층 이하일 것. 다만, 1층의 전부 또는 일부를 필로티 구조로 하여 주차장으로 사용하고 나머지 부분을 주택 외의 용도로 쓰는 경우에는 해당 층을 주택의 층수에서 제외한다. ② 1개 동의 주택으로 쓰이는 바닥면적(부설 주차장 면적은 제외한다)의 합계가 660제곱미터 이하일 것 ③ 19세대(대지 내 동별 세대수를 합한 세대를 말한다) 이하가 거주할 수 있을 것

단독주택의 형태를 갖춘 가정어린이집·공동생활가정·지역아동센터 및 노인복지시설(노인복지주택은 제외한다)에 대하여 「주택법」에서는 단독주택에 포함한다는 내용이 없으나 「건축법 시행령」 별표1에서 이를 단독주택에 포함하고 있으므로 재산세 과세대상의 구분에 있어서 단독주택으로 분류되어야 할 것이다.

다가구주택은 1가구가 독립하여 구분사용할 수 있도록 분리된 부분을 1구의 주택으로 본다. 이 경우 그 부속토지는 건물면적의 비율에 따라 각각 나눈 면적을 1구의 부속토지로 본다.[532] 이 경우 '1구의 주택'이라 함은 소유상의 기준이 아니고 점유상의 독립성을 기준으로 판단하되 합숙소·기숙사 등의 경우에는 방 1개를 1구의 주택으로 보며, 다가구주택은 침실, 부엌, 출입문이 독립되어 있어야 1구의 주택으로 본다.[533]

---

531) 「주택법」 제2조, 「주택법 시행령」 제2조 및 「건축법 시행령」 별표1
532) 「지방세법 시행령」 제112조
533) 「지방세법」 기본통칙 111…112-1

(2) 공동주택

"공동주택"이란 건축물의 벽·복도·계단이나 그 밖의 설비 등의 전부 또는 일부를 공동으로 사용하는 각 세대가 하나의 건축물 안에서 각각 독립된 주거생활을 할 수 있는 구조로 된 주택을 말하며, 그 종류는 다음 표와 같다.[534)

| 공동주택의 종류와 범위 |

공동주택의 종류	요 건
아파트	주택으로 쓰는 층수가 5개 층 이상인 주택
연립주택	주택으로 쓰는 1개 동의 바닥면적(2개 이상의 동을 지하주차장으로 연결하는 경우에는 각각의 동으로 본다) 합계가 660제곱미터를 초과하고, 층수가 4개 층 이하인 주택
다세대주택	주택으로 쓰는 1개 동의 바닥면적 합계가 660제곱미터 이하이고, 층수가 4개 층 이하인 주택(2개 이상의 동을 지하주차장으로 연결하는 경우에는 각각의 동으로 본다)

공동주택의 층수를 산정할 때 지하층을 주택의 층수에서 제외하며, 아파트와 연립주택의 층수를 산정할 때 1층 전부를 필로티 구조로 하여 주차장으로 사용하는 경우에는 필로티 부분을 층수에서 제외하고, 다세대주택에서 층수를 산정할 때 1층의 전부 또는 일부를 필로티 구조로 하여 주차장으로 사용하고 나머지 부분을 주택 외의 용도로 쓰는 경우에는 해당 층을 주택의 층수에서 제외한다.

"공동주택"이란 건축물의 벽·복도·계단이나 그 밖의 설비 등의 전부 또는 일부를 공동으로 사용하는 각 세대가 하나의 건축물 안에서 각각 독립된 주거생활을 할 수 있는 구조로 된 주택으로서 사회관념상 독립한 거래의 객체가 될 정도가 되어 그 실질에 있어 공동주택에 해당한다면, 비록 단독주택으로 건축허가를 받아 건축물관리대장상 단독주택으로 등재되었다거나 건축주 한사람 앞으로 소유권보존등기가 경료되었다 하더라도 공동주택에 해당한다.[535)

여기서 사회관념상 독립한 거래의 객체가 될 정도라 함은 구분소유권의 객체가 될 수 있는 것을 뜻한다. 그리고 건물의 일부분이 구분소유권의 객체가 될 수 있으려면 그 부분이 구조상으로나 이용상으로 다른 부분과 구분되는 독립성이 있어야 하고, 구조상의 독립성은 주로 소유권의 목적이 되는 객체에 대한 물적 지배의 범위를 명확히 할 필요성 때문에 요구

---

534) 「주택법」 제2조, 「주택법 시행령」 제3조 및 「건축법 시행령」 별표1
535) 대법원 1993.8.24. 선고, 92누15994 전원합의체 판결 ; 1993.8.24. 선고, 93누7075 전원합의체 판결

된다.[536)]

(3) 준주택

"준주택"이란 주택 외의 건축물과 그 부속토지로서 주거시설로 이용가능한 시설 등을 말하며, 그 범위와 종류는 다음표와 같다.[537)]

| 준주택의 종류와 범위 |

준주택 종류	요 건
기숙사	학교 또는 공장 등의 학생 또는 종업원 등을 위하여 쓰는 것으로서 1개 동의 공동취사시설 이용 세대 수가 전체의 50퍼센트 이상인 것(「교육기본법」 제27조 제2항에 따른 학생복지주택을 포함한다)
다중생활시설	다중이용업 중 고시원업의 시설로서 건축물에 해당 용도로 쓰는 바닥면적의 합계가 500제곱미터 미만인 것. 숙박시설 중 제2종 근린생활시설에 해당하지 아니하는 다중생활시설
노인복지주택	노인복지시설 중 「노인복지법」 제32조 제1항 제3호의 노인복지주택
오피스텔	업무를 주로 하며, 분양하거나 임대하는 구획 중 일부 구획에서 숙식을 할 수 있도록 한 건축물로서 국토교통부장관이 고시하는 기준에 적합한 것을 말한다.

「지방세법」 제104조 제3호에서 주택이란 「주택법」 제2조 제1호에 따른 주택을 말한다고 규정하고 있고, 「주택법」 제2조 제1호에서는 주택을 단독주택과 공동주택만으로 구분하고 있다. 따라서 「주택법」에서는 준주택을 주택과 별도로 구분하여 정의함으로써 주택에 포함되지 않은 것으로 하고 있다.

재산세 과세대상과 관련하여 준주택을 주택으로 과세하여야 할 것인지, 건축물로 과세하여야 할 것이지가 불분명하다. 「지방세법」 제106조 제3항[538)]의 규정에서는 재산세는 사실상 현황에 따라 부과하는 것이라 규정하고 있으므로 준주택의 경우에도 사실상 현황이 주거로 사용되고 있는 경우에는 공부상 등재 현황에도 불구하고 주택분 재산세를 과세하여야 할 것이고, 사실상 현황이 주택이 아닌 경우에는 건축물로서 과세하여야 할 것이다.

---

536) 대법원 1993.3.9. 선고, 92다 41214 판결
537) 「주택법」 제2조, 「주택법 시행령」 제4조 및 「건축법 시행령」 별표1
538) 재산세의 과세대상 물건이 토지대장, 건축물대장 등 공부상 등재되지 아니하였거나 공부상 등재현황과 사실상의 현황이 다른 경우에는 사실상의 현황에 따라 재산세를 부과한다. 다만, 재산세의 과세대상 물건을 공부상 등재현황과 달리 이용함으로써 재산세 부담이 낮아지는 경우 등 대통령령으로 정하는 경우에는 공부상 등재현황에 따라 재산세를 부과한다.

또한 공관(公館)에 대하여 「주택법」에서는 단독주택에 포함한다는 내용이 없으나 「건축법 시행령」 별표1에서 이를 단독주택에 포함하고 있으므로 재산세과세대상의 구분에 있어서 단독주택으로 분류되어야 한다.

3. 주택과 건축물의 구분

재산세 과세대상은 취득세 과세대상의 구분과는 다르게 건축물을 주택과 주택 이외의 건축물로 구분하고 있다. 그리고 과세표준 및 세율을 달리 규정하고 있으므로 그 건축물이 주택으로 분류되느냐 또는 일반건축물로 분류되느냐에 따라 그 세액에 차이가 발생한다. 재산세의 과세대상은 1동(棟) 또는 1구(1構)를 과세단위로 하여 과세대상을 구분한다. 「지방세법」[539]의 규정에서는 재산세는 사실상 현황에 따라 부과하는 것이라 규정하고 있으므로 준주택에서 설명한 바와 같이 건축물의 사실상 현황에 따라 주택과 건축물로 분류한다.

오피스텔은 「건축법」상 일반 업무시설에 해당하므로 일반적으로 건축물로 과세하나, 현황과세의 원칙에 따라 주거용(주민등록, 취학여부, 임대주택 등록 여부 등)으로 사용하는 경우에 한해 주택으로 과세한다. 이 경우 해당 건물부분과 그 부속토지부분을 각각 구분하여 산출한 시가표준액의 합을 주택의 시가표준액으로 보아 이 금액에 주택분 공정시장가액비율을 적용한 금액을 과세표준으로 한다.[540]

또한, 영유아보육시설이 설치된 주택이 주택법에 따른 주택의 구조를 유지하는 경우, 주택분 재산세 과세대상에 해당된다.[541]

4. 겸용주택의 구분

(1) 1동(棟)의 건물 겸용

1동(棟)의 건물이 주거와 주거 외의 용도로 사용되고 있는 경우에는 주거용으로 사용되는 부분만을 주택으로 본다. 이 경우 건물의 부속토지는 주거와 주거 외의 용도로 사용되는 건물의 면적비율에 따라 각각 안분하여 주택의 부속토지와 건축물의 부속토지로 구분한다.[542]

---

539) 「지방세법」 제106조 ③
540) 「지방세법」 운영예규 법104-2
541) 「지방세법」 운영예규 법104-3
542) 「지방세법」 제106조 ②

(2) 1구(構)의 건물 겸용

1구(構)의 건물이 주거와 주거 외의 용도로 사용되고 있는 경우에는 주거용으로 사용되는 면적이 전체의 100분의 50 이상인 경우에는 주택으로 본다.[543)]

지방세법령상 1구는 "점유상의 독립성을 기준으로 독립된 주거생활을 영위할 수 있도록 구획된 한 덩어리의 건물"로 정의될 수 있다.[544)] '1구(構)'의 건물의 범위는 그 건물이 전체로서 경제적 용법에 따라 하나의 주거생활용으로 제공된 것이냐의 여부에 의하여 합목적적으로 결정되어야 하므로, 그 부대시설이 본 건물인 주택의 효용과 편익을 위한 시설로서 하나의 주거용 생활단위로 제공된다면 건물의 연면적에 포함하여야 한다. 다만, 그 부대시설이 단독주택의 울타리 내에 있는 경우 1구(構)의 건물에 해당되나, 울타리 밖에 독립적으로 존재하는 경우에는 1구로 볼 수 없다.[545)]

5. 무허가주택

건축물에서 허가 등이나 사용승인(임시사용승인을 포함한다)을 받지 아니하고 주거용으로 사용하는 면적이 전체 건축물 면적(허가 등이나 사용승인을 받은 면적을 포함한다)의 100분의 50 이상인 경우에는 그 건축물 전체를 주택으로 보지 아니하고, 그 부속토지는 종합합산과세대상으로 본다.[546)]

6. 주택재건축정비사업구역 내에 소재하는 주택

재산세의 특성상 주택은 재산세 과세기준일(6월 1일) 현재 시점에서 멸실되지 않고 사실상 존재하고 있으면, 거주 여부나 건물의 노후 정도 및 공부상 등재 여부 등에 관계없이 재산세의 과세대상에 해당한다.

주택재건축정비사업구역 내에 소재하는 주택의 경우 주택으로서의 완전한 외형을 갖추고 있을 뿐만 아니라 세대의 세대원이 실제 독립된 주거생활을 영위하고 있는 등 사실상 주거기능을 완전히 상실하지 않은 경우에는 재산세 과세대상인 주택으로 보아야 한다.

다만, 주택재건축정비사업 등을 위해 세대의 세대원이 퇴거·이주하여 단전·단수 및 출입문 봉쇄 등 폐쇄조치가 이루어진 경우에는 비록 외형적으로 주택의 형태를 가지고 있다

---

543) 「지방세법」 제106조 ②
544) 조심 2013지0692, 2013.11.11. ; 조심 2012지481, 2013.3.21.
545) 대법원 2009.9.10. 선고, 2009두9208 판결
546) 「지방세법」 제106조 ②

고 하여도 곧 철거될 것이기 때문에 이미 그 주택은 사용가치를 상실한 것이므로 재산세 과세대상인 주택에 해당한다고 보기는 어렵다. 그러므로 이러한 경우에는 주택분 재산세가 아닌 토지분 재산세를 과세하여야 한다.[547]

7. 주택의 부수토지

주택 부속토지 여부는 토지의 권리관계·소유형태 또는 필지수를 불문하고 당해 토지가 이용되고 있는 실태가 하나의 주거생활에 제공되는 건물의 효용과 편익을 위하여 사용되는 지 여부에 따라 결정되어야 한다.[548] 따라서, 주택의 부속토지 판단은 공부상 면적에 따라 획일적으로 결정하지 않고, 토지의 이용실태가 해당 주택의 효용과 편익을 위해 사용되는 것이 확인된다면 현황부과원칙에 따라 주택의 부속토지로 본다.

1구(構)의 건물의 대지 면적은 건물의 소유자가 건물 사용을 위하여 사실상 공여하는 부속토지의 면적을 뜻하고, 1구의 건물의 대지인지 여부를 판단함에 있어서는 당해 주택과 경제적 일체를 이루고 있는 토지로서 사회통념상 주거생활공간으로 인정되는 대지를 뜻한다. 따라서 1필지가 아닌 수필지로 이루어 질 수 있으며, 수필지로 이루어진 경우 소유자가 동일할 필요도 없다.

주택의 부속토지의 경계가 명백하지 아니한 경우에는 그 주택의 바닥면적의 10배에 해당하는 토지를 주택의 부속토지로 한다.[549]

겸용주택의 경우 1동(棟)의 건물이 주거와 주거 외의 용도로 사용되고 있는 경우에는 주거용으로 사용되는 부분만을 주택으로 본다. 이 경우 건물의 부속토지는 주거와 주거 외의 용도로 사용되는 건물의 면적비율에 따라 각각 안분하여 주택의 부속토지와 건축물의 부속토지로 구분한다.

 항공기와 선박

1. 항공기

항공기는 사람이 탑승·조종하여 항공에 사용하는 비행기, 비행선, 활공기(滑空機), 회전익(回轉翼) 항공기 및 그 밖에 이와 유사한 비행기구로서 대통령령으로 정하는 것을 말한

---

547) 조심 2009지1143, 2010.11.5. ; 조심 2014지162, 2014.2.21.
548) 대법원 92누18535, 1993.9.14.
549) 「지방세법 시행령」 제105조

다.[550]

현재 시행령으로 정한 항공에 사용할 수 있는 기기는 없다. 항공기는 사람이 탑승·조정하여야 하므로 사람이 탑승, 조정하지 아니하는 원격조정장치에 의한 항공기(농약살포 항공기 등)는 제외된다.[551] 「지방세법」상 비행기, 비행선, 활공기(滑空機), 회전익(回轉翼) 항공기에 대한 구체적인 정의규정은 없으나, 「지방세법」에 그에 대한 보완규정으로서 타법을 준용한다는 규정이 없는 한 항공법의 규정을 차용하는 것은 아니다.

2. 선박

선박은 기선, 범선, 부선(艀船) 및 그 밖에 명칭에 관계없이 모든 배를 말한다.[552] 선박에는 해저관광 또는 학술연구를 위한 잠수캡슐의 모선으로 이용하는 부선과 석유시추선도 포함한다.[553]

「지방세법」 제6조 제10호에서 '선박이란 기선, 범선, 부선(艀船) 및 그 밖에 명칭에 관계없이 모든 배'로 규정하고 있기 때문에 모든 배가 과세대상이 되며 앞의 열거는 예시적 열거에 불과한 것이다.

선박은 물위에 뜨는 부양성과 여객이나 화물을 실을 수 있는 적재성 그리고 적재된 것을 원하는 위치로 운반할 수 있는 이동성의 세 가지 성질을 가지고 있다.

재산세 과세대상으로서의 선박의 개념에 대하여는 특별한 정의규정을 두고 있지 아니하므로, 「선박등기법」이나 「선박법」상의 선박은 모두 포함되며, 기선·범선·부선은 물론 요트·보트·잠수유람선·수상스쿠터·수상오토바이·카누·카약은 물론 수상호텔·수상식당·수상공연장 등 부유식 수상구조물도 선박에 해당된다.

재산세 과세대상이 되는 선박은 수상 또는 수중에서 항행용으로 사용하거나 사용할 수 있는 모든 배를 말하고, 여기에는 자력항행능력이 없어 다른 선박에 의하여 끌리거나 밀려서 항행되는 부선도 이에 포함되나, 부선 중 항구적으로 고정되어 항행용으로 사용할 수 없는 것은 선박으로 볼 수 없다. 그러므로 수상 식당, 수상공연장, 수상호텔 등 수상구조물은 고정성 여부, 항행성 여부 등에 따라 건축물 또는 선박으로 분류된다.

---

550) 「지방세법」 제104조
551) 「지방세법」 기본통칙 6-6
552) 「지방세법」 제104조
553) 「지방세법」 기본통칙 6-7

I 토지의 과세대상구분

1. 토지의 과세대상구분 개요

「지방세법」에서는 토지를 많이 보유한 자가 많은 세금을 부담하는 응능과세원칙을 확립하고, 세제를 통하여 토지의 과다보유 억제와 토지의 수급을 원활히 하며, 지가안정과 토지소유의 저변확대를 도모하기 위하여 종합토지세제도를 채택하고 있다. 이에 따라 시·군별로 소유자가 가지고 있는 토지를 대상별로 구분하여 과세한다.

재산세의 과세대상이 되는 모든 토지를 합산과세대상과 분리과세대상으로 구분하고, 합산과세대상 중에서 일정한 건축물의 부속토지 등은 별도합산과세대상으로 분류하여 종합합산과세대상보다 낮은 세율이 적용되도록 하고 있다.

또한, 정책적 고려에 따라 중과세 또는 저율과세의 필요가 있는 토지는 합산과세하지 아니하고 예외적으로 별도의 기준에 의하여 분리과세함으로써 합산과세에서 오는 불합리를 보완하고 있다. 생산용에 직접 공여되는 토지 또는 공익적 목적에 사용되는 토지 등은 저율의 세율에 의하여 분리과세 하고, 골프장용 토지와 고급오락장용 토지 등에 대하여는 고율의 세율로 분리과세하도록 하고 있다. 이는 사치성 재산이라 할 수 있는 과세대상에 대한 중과세를 통하여 경제생활에 있어서 사치·낭비풍조를 억제하고 국민계층 간의 위화감을 해소하여 건전한 사회기풍을 조성하는 한편, 국가 전체적으로 한정된 자원이 비생산적인 부문보다 생산적인 분야에 효율적으로 투자되도록 유도하고자 하는 데에 그 입법취지가 있다.

2. 과세대상의 구분

토지에 대한 재산세 과세대상은 종합합산과세대상, 별도합산과세대상 및 분리과세대상으로 구분한다. 과세기준일 현재 납세의무자가 소유하고 있는 토지 중 별도합산과세대상 또는 분리과세대상이 되는 토지를 제외한 토지는 종합합산과세한다.[554] 과세기준일 현재 납세의무자가 소유하고 있는 토지 중 국가의 보호·지원이 필요하거나 또는 중과세가 필요

---

554) 「지방세법」 제106조 ①

한 토지는 분리과세한다.

　토지에 대한 재산세는 보유하는 토지에 담세력을 인정하여 과세하는 수익세적 성격을 지닌 것으로 당해 토지를 보유하는 동안 매년 독립적으로 발생하므로 토지의 과세대상구분 또한 매년 과세기준일 현재의 토지의 현황이나 이용상황에 따라 구분된다.

「지방세법」 제106조【과세대상의 구분 등】

① 토지에 대한 재산세 과세대상은 다음 각 호에 따라 종합합산과세대상, 별도합산과세대상 및 분리과세대상으로 구분한다.

1. 종합합산과세대상 : 과세기준일 현재 납세의무자가 소유하고 있는 토지 중 별도합산과세대상 또는 분리과세대상이 되는 토지를 제외한 토지

2. 별도합산과세대상 : 과세기준일 현재 납세의무자가 소유하고 있는 토지 중 다음 각 목의 어느 하나에 해당하는 토지

　가. 공장용 건축물의 부속토지 등 대통령령으로 정하는 건축물의 부속토지

　나. 차고용 토지, 보세창고용 토지, 시험·연구·검사용 토지, 물류단지시설용 토지 등 공지상태(空地狀態)나 해당 토지의 이용에 필요한 시설 등을 설치하여 업무 또는 경제활동에 활용되는 토지로서 대통령령으로 정하는 토지

　다. 철거·멸실된 건축물 또는 주택의 부속토지로서 대통령령으로 정하는 부속토지

3. 분리과세대상 : 과세기준일 현재 납세의무자가 소유하고 있는 토지 중 국가의 보호·지원 또는 중과가 필요한 토지로서 다음 각 목의 어느 하나에 해당하는 토지

　가. 공장용지·전·답·과수원 및 목장용지로서 대통령령으로 정하는 토지

　나. 산림의 보호육성을 위하여 필요한 임야 및 종중 소유 임야로서 대통령령으로 정하는 임야

　다. 제13조 제5항에 따른 골프장용 토지와 같은 항에 따른 고급오락장용 토지로서 대통령령으로 정하는 토지

　라. 「산업집적활성화 및 공장설립에 관한 법률」 제2조 제1호에 따른 공장의 부속토지로서 개발제한구역의 지정이 있기 이전에 그 부지취득이 완료된 곳으로서 대통령령으로 정하는 토지

　마. 국가 및 지방자치단체 지원을 위한 특정목적 사업용 토지로서 대통령령으로 정하는 토지

　바. 에너지·자원의 공급 및 방송·통신·교통 등의 기반시설용 토지로서 대통령령으로 정하는 토지

　사. 국토의 효율적 이용을 위한 개발사업용 토지로서 대통령령으로 정하는 토지

　아. 그 밖에 지역경제의 발전, 공익성의 정도 등을 고려하여 분리과세하여야 할 타당한 이유가 있는 토지로서 대통령령으로 정하는 토지

② 주거용과 주거 외의 용도를 겸하는 건물 등에서 주택의 범위를 구분하는 방법, 주택 부속토지의 범위 산정은 다음 각 호에서 정하는 바에 따른다.

1. 1동(棟)의 건물이 주거와 주거 외의 용도로 사용되고 있는 경우에는 주거용으로 사용되는 부분만을 주택으로 본다. 이 경우 건물의 부속토지는 주거와 주거 외의 용도로 사용되는 건물의 면적비율에 따라 각각 안분하여 주택의 부속토지와 건축물의 부속토지로 구분한다.

2. 1구(構)의 건물이 주거와 주거 외의 용도로 사용되고 있는 경우에는 주거용으로 사용되는 면

적이 전체의 100분의 50 이상인 경우에는 주택으로 본다.

2의 2. 건축물에서 허가 등이나 사용승인(임시사용승인을 포함한다. 이하 이 항에서 같다)을 받지 아니하고 주거용으로 사용하는 면적이 전체 건축물 면적(허가 등이나 사용승인을 받은 면적을 포함한다)의 100분의 50 이상인 경우에는 그 건축물 전체를 주택으로 보지 아니하고, 그 부속토지는 제1항 제1호에 해당하는 토지로 본다.

3. 주택 부속토지의 경계가 명백하지 아니한 경우 주택 부속토지의 범위 산정에 필요한 사항은 대통령령으로 정한다.

③ 재산세의 과세대상 물건이 토지대장, 건축물대장 등 공부상 등재되지 아니하였거나 공부상 등재현황과 사실상의 현황이 다른 경우에는 사실상의 현황에 따라 재산세를 부과한다. 다만, 재산세의 과세대상 물건을 공부상 등재현황과 달리 이용함으로써 재산세 부담이 낮아지는 경우 등 대통령령으로 정하는 경우에는 공부상 등재현황에 따라 재산세를 부과한다.

3. 토지의 이용 현황이 혼재된 경우

한 필의 토지의 이용 현황이 혼재되어 있어서 과세대상구분이 모두 적용될 수 있는 경우에는 각 열거된 기준에 따라 별도합산과세 또는 분리과세를 중복하여 적용할 수 있다. 그러나 그 별도합산과세대상 또는 분리과세대상으로 열거된 부분이 건축물의 부속토지 또는 정책목적에 따른 건축물의 부속토지 등 그 기준이 동일하거나 유사한 경우에는 각 과세대상구분을 병렬적으로 적용하기는 어렵고 우선 납세자에게 유리한 분리과세를 적용한 후 나머지에 대하여 별도합산과세를 적용한다.[555]

예시

- 부속토지면적 : 11,000㎡
- 건축물연면적 : 8,000㎡ (전기통신설비설치 : 6,000㎡, 기타 2,000㎡)
- 건축물 바닥면적 : 2,500㎡
- 용도지역별 적용배율 : 3배

- 건축물의 부속토지 = 2,500㎡ × 3배 = 7,500㎡
- 전기통신설비비율 = 6,000㎡/8,000㎡ = 75%
- 분리과세대상 토지 = 7,500㎡ × 75% = 5,625㎡
- 별도합산과세대상 토지 = 7,500㎡ − 5,625㎡ = 1,875㎡
- 종합합산과세대상 토지 = 11,000㎡ − 7,500㎡ = 3,500㎡

---

555) 조심 2017지0708, 2017.12.26.

4. 분리과세대상 토지의 타당성 평가 등

행정안전부장관은 분리과세대상 토지를 축소·정비 등을 하려는 경우 또는 분리과세대상 토지를 확대·추가하려는 경우에는 분리과세의 목적, 과세 형평성, 지방자치단체의 재정여건 및 다른 지원제도와의 중복 여부 등을 종합적으로 고려하여 분리과세의 타당성을 평가할 수 있다. 타당성 평가 결과에 따라 분리과세대상 토지를 확대·추가하려는 경우에는 「지방재정법」제27조의 2에 따른 지방재정관리위원회의 심의를 거쳐야 한다. 타당성 평가의 평가대상, 분리과세 적용의 필요성 등 평가기준, 분리과세 확대·추가 요청방법 등 평가절차 및 그 밖에 필요한 사항은 대통령령으로 정한다.[556]

Ⅱ 종합합산과세대상 토지

과세기준일 현재 납세의무자가 소유하고 있는 토지 중 별도합산과세대상 또는 분리과세대상이 되는 토지를 제외한 토지는 종합합산과세대상이 된다.[557]

Ⅲ 별도합산과세대상 토지

1. 별도합산과세대상 토지의 범위

토지에 대한 재산세 과세대상 중 건축물의 부속토지 등은 별도합산과세대상으로 분류하여 종합합산과세대상보다 낮은 세율을 적용한다. 이는 나대지의 보유를 억제하고 국토의 효율적인 이용을 도모하고자 하는데 그 입법취지가 있다.

과세기준일 현재 납세의무자가 소유하고 있는 토지 중 다음의 어느 하나에 해당하는 토지는 별도합산과세대상에 해당한다.[558]

① 공장용 건축물의 부속토지 등
② 업무 또는 경제활동에 활용되는 공지
③ 철거·멸실된 건축물 또는 주택의 부속토지

재산세 과세대상 토지가 위의 ①과 ②가 동시에 적용되는 경우에 중복적용이 가능한지에

---

556) 「지방세법」제106조의 2
557) 「지방세법」제106조 ① 제1호
558) 「지방세법」제106조 ① 제2호

대해서 문제를 제기하는 경우가 있다. 「지방세법 시행령」제101조 제1항 및 제3항에서 별도합산과세대상을 건축물 부속토지와 업무 또는 경제활동에 활용되는 토지로 각각 규정하고 있는 바, 이는 별도합산과세대상 토지를 건축물의 부속토지(용도지역별 배율범위 내의 토지)와 "별도합산과세하여야 할 상당한 이유가 있는 토지"로 구분하고 있는 것으로 보아야 할 것으로, "별도합산과세하여야 할 상당한 이유가 있는 토지"는 건축물이 없는 경우에도 그 공익적 성격이나 특정 사업용 토지에 대한 입법 취지 등을 반영하여 별도합산과세대상 토지로 분류하고 있는 것이다. 결국, 위 조항은 별도합산과세대상 토지의 범위를 병렬적으로 나열한 조항으로 별도합산과세대상 토지를 중복적으로 적용할 수 없다는 조문이 없으므로 중복적용이 가능한 것이다.[559]

| 적용예시 |

사실관계	− 부속토지 면적 : 10,000㎡ − 별도합산 건축물부속토지면적 : 4,000㎡ − 별도합산 부설주차장 설치기준면적 : 3,000㎡
토지의 구분	− 별도합산과세대상 토지 = 4,000㎡ + 3,000㎡ = 7,000㎡ − 종합합산과세대상 토지 = 10,000㎡ − 7,000㎡ = 3,000㎡

2. 공장용 건축물의 부속토지 등

(1) 별도합산과세대상 공장용 건축물의 부속토지의 범위

별도합산대상 공장용 건축물의 부속토지 등은 다음의 어느 하나에 해당하는 건축물의 부속토지를 말한다.

① 공장용 건축물의 부속토지
② 건축물의 부속토지

「건축법」등 관계 법령에 따라 허가 등을 받아야 할 건축물로서 허가 등을 받지 아니한 건축물 또는 사용승인을 받아야 할 건축물로서 사용승인(임시사용승인을 포함한다)을 받지 아니하고 사용 중인 건축물의 부속토지는 별도합산과세대상 토지에서 제외한다.[560] 그러므로 별도합산대상에 제외되는 무허가 건축물 등의 부속토지는 종합합산과세된다.

「건축법 시행령」제15조 제5항에서 축조신고의 대상이 되는 재해복구, 흥행, 전람회, 공

---

559) 조심 2012지0403, 2012.12.5. ; 조심 2017지0708, 2017.12.26.
560) 「지방세법 시행령」제101조 ①

사용 가설건축물을 열거하고 있다. 이러한 축조신고의 대상이 되는 가설건축물은 신고나 허가의 대상이 되지 아니하기 때문에 신고나 허가를 받거나 사용승인을 받지 아니한 경우에도 별도합산과세대상 건축물의 부속토지에서 제외되지 아니한다.[561]

재산세는 매년 과세기준일(6. 1.) 현재 사실상의 현황에 따라 부과하므로, 공장용 건축물로 사용되던 건축물이 과세기준일 현재 생산설비가 갖추어지지 않은 공실상태인 경우에는 별도합산과세대상인 공장용 건축물로 볼 수 없다.[562]

별도합산과세대상이 되는 건축물의 부속토지는 건축물의 효용을 위하여 공여되는 토지로서 건축물과 불가분의 관계에 있는 토지를 말한다. 건축물의 효용에 공여되는 토지인지 여부는 건축물 신축 당시 토지와 건축물과의 관계, 건축물과 토지의 불가분성이 있는지 여부, 외부울타리 등으로 건축물과 토지가 다른 부동산과 확연히 구분되어 동일한 경제적 효용을 위하여 사용되는 부동산인지 여부 등을 종합하여 판단한다.[563]

건축물 등의 부속토지란 공부상이나 건축허가상 건축물의 부지로 되어 있는 토지를 말하는 것이 아니라 당해 건축물과 경제적 일체를 이루고 있는 토지로서 사회통념상 건축물 용도에 따른 토지의 객관적 이용현황에 따라 결정되는 것이므로, 일단의 토지가 1구의 건축물에 부속되는지 여부에 대한 판단은 담장·철책·도로·인접 여부·이용현황·사용권 유무 등 객관적인 사실에 의하여야 하고, 그 구내의 토지 중 용도지역별 적용배율 이내의 토지를 건축물의 부속토지로 보아야 하며, 설사 토지가 개설된 도로를 경계로 하여 분리되어 있다 하더라도 당해 토지의 객관적인 이용현황이 건축물과 유기적인 관계가 있다면 1구의 건축물의 부속토지로 인정된다.[564]

(2) 공장용 건축물의 부속토지

1) 공장용 건축물의 부속토지의 범위

특별시·광역시(군 지역은 제외한다)·특별자치시·특별자치도 및 시지역(다음의 어느 하나에 해당하는 지역은 제외한다)의 공장용 건축물의 부속토지로서 공장용 건축물의 바닥면적(건축물 외의 시설의 경우에는 그 수평투영면적을 말한다)에 용도지역별 적용배율을 곱하여 산정한 범위의 토지는 별도합산과세한다.[565]

---

561) 대법 2011두22372, 2011.12.8.
562) 조심 2015지0494, 2015.10.22.
563) 조심 2014지0539, 2015.7.23.
564) 조심 2010지39, 2010.12.21.
565) 「지방세법 시행령」 제101조 ① 제1호

① 읍·면지역

② 「산업입지 및 개발에 관한 법률」에 따라 지정된 산업단지

③ 「국토의 계획 및 이용에 관한 법률」에 따라 지정된 공업지역

별도합산대상 공장용 건축물의 부속토지 적용대상이 아닌 지역(읍·면지역, 산업단지, 공업지역)에 있는 공장용 건축물의 부속토지로서 공장입지기준면적 범위의 토지는 분리과세한다.[566]

〈그림〉 공장용지의 재산세 과세대상구분

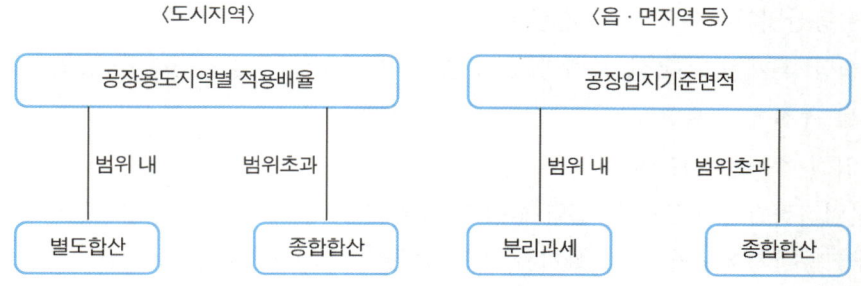

그림에서와 같이 특별시·광역시 및 시 지역 중 분리과세대상이 되는 지역(읍·면지역, 산업단지, 공업지역)을 제외한 지역에 있는 공장의 부속토지로서 용도지역별 적용배율 이내의 토지는 별도합산과세한다. 다만, 레미콘 제조업용 토지는 공장입지기준면적 이내의 토지를 별도합산과세한다.[567] 읍·면지역, 산업단지 및 공업지역에 소재하는 공장의 부속토지로서 공장입지기준면적 이내의 토지는 분리과세(0.2%)한다. 용도지역별 적용배율 또는 공장입지기준면적을 초과하는 토지는 종합합산과세한다.

2) 공장용 건축물의 범위

별도합산대상 공장용 건축물의 부속토지를 산정함에 있어 기준이 되는 공장용 건축물의 범위에는 다음과 같은 것이 포함된다.[568]

① 제조시설용 건축물

공장용 건축물은 영업을 목적으로 물품의 제조·가공·수선이나 인쇄 등의 목적에 사용할 수 있도록 생산설비를 갖춘 제조시설용 건축물을 말한다.[569]

---

566) 「지방세법 시행령」 제102조 ① 제1호
567) 「지방세법 시행령」 제101조 ③ 제8호
568) 「지방세법 시행규칙」 제52조

② 부대시설용 건축물

그 제조시설을 지원하기 위하여 공장 경계구역 안에 설치되는 다음과 같은 부대시설용 건축물을 말한다.

- 사무실, 창고, 경비실, 전망대, 주차장, 화장실 및 자전거 보관시설
- 수조, 저유조, 저장창고, 저장조 등 저장용 옥외구축물
- 송유관, 옥외 주유시설, 급수·배수시설 및 변전실
- 폐기물 처리시설 및 환경오염 방지시설
- 시험연구시설 및 에너지이용 효율 증대를 위한 시설
- 공동산업안전시설 및 보건관리시설
- 식당, 휴게실, 목욕실, 세탁장, 의료실, 옥외 체육시설 및 기숙사 등 종업원의 복지후생 증진에 필요한 시설

③ 종업원 주거용 건축물

「산업집적활성화 및 공장설립에 관한 법률」 제33조에 따른 산업단지관리기본계획에 따라 공장경계구역 밖에 설치된 종업원의 주거용 건축물을 말한다.

(3) 일반 건축물의 부속토지

1) 별도합산과세대상 건축물의 부속토지

건축물(공장용 건축물은 제외)의 부속토지 중 다음의 어느 하나에 해당하는 건축물의 부속토지를 제외한 건축물의 부속토지로서 건축물의 바닥면적(건축물 외의 시설의 경우에는 그 수평투영면적을 말한다)에 용도지역별 적용배율을 곱하여 산정한 면적 범위의 토지는 별도합산과세한다.[570]

① 분리과세대상 토지 안의 건축물의 부속토지
② 건축물의 시가표준액이 해당 부속토지의 시가표준액의 100분의 2에 미달하는 건축물의 부속토지 중 그 건축물의 바닥면적을 제외한 부속토지

토지에 대한 재산세 과세대상 구분은 토지대장 등 관련 공부가 아니라 당해 토지의 실제이용 현황에 따른다. 따라서 공부상에는 대지가 아닌 농지 등으로 되어 있으나 실제용도가 건축물의 부속토지로 사용되고 있다면 건축물 용도지역별 적용배율 이내의 토지는 별도합

---

569) 공장용 건축물의 판단기준인 제조시설은 통계청장이 고시하는 "한국산업분류"에 의한 제조업을 영위함에 필요한 제조시설을 말한다.(「지방세법」 기본통칙 106-103…55…1)
570) 「지방세법 시행령」 제101조 ① 제2호

산과세한다.

또한, 필지수와는 무관하므로 다수의 필지가 하나의 건축물의 부속토지로 사용되는 경우에도 용도지역별 적용배율 범위 내의 토지에 대하여는 별도합산과세한다.[571]

재산세 별도합산과세대상인 건축물의 부속토지란 건축물의 효용과 편익을 위해 사용되고 있는 토지를 말한다. 그러므로 부속토지인지 여부는 토지의 이용현황에 따라 객관적으로 결정되는 것이므로 건축물의 효용과 편익을 위해서가 아니라 명백히 별도의 용도로 사용되고 있는 경우에는 그 부분은 건축물의 부속토지라고 볼 수 없다.

2) 별도합산과세대상 부속토지에서 제외되는 건축물의 부속토지

① 골프장용 토지와 고급오락장용 토지 안의 건축물의 부속토지

「체육시설의 설치·이용에 관한 법률」에 따른 회원제골프장의 구분등록 대상이 되는 시설의 부속토지(골프코스, 주차장 및 도로, 조정지, 조경지, 관리시설부지 등)는 별도합산과세되지 아니하고 고율의 세율로 분리과세된다.[572]

회원제골프장의 관리시설은 구분등록대상이므로 그 부속토지는 별도합산과세대상에 해당되지 아니한다. 관리시설에는 사무실·휴게시설·매점·창고와 그 밖에 골프장 안의 모든 건축물을 포함하되, 수영장·테니스장·골프연습장·연수시설·오수처리시설 및 태양열이용설비 등 골프장의 용도에 직접 사용되지 아니하는 건축물은 제외한다.[573] 그러므로 골프장의 용도에 직접 사용되지 아니하는 직원의 후생복지시설, 종업원식당 등으로 사용하는 건축물의 부속토지는 별도합산과세대상에 해당한다.[574]

② 시가표준액의 100분의 2에 미달하는 건축물의 부속토지

건축물의 시가표준액이 해당 부속토지의 시가표준액의 100분의 2에 미달하는 건축물의 부속토지 중 그 건축물의 바닥면적을 제외한 부속토지는 별도합산과세대상에서 제외한다. 그러므로 시가표준액의 100분의 2에 미달하는 경우라도 건축물의 바닥면적에 해당하는 부속토지는 별도합산과세한다. 또한, 동 규정은 건축물에 대하여 적용되는 것으로서 주택의 경우에는 적용되지 아니한다.

건축물의 시가표준액이 당해 부속토지의 시가표준액의 100분의 2에 미달하는 건축물의 부속토지인지 여부를 판단할 때 건물의 시가표준액은 당해 건축물이 실제 신축될 당시가 아니라 과세기준일 당시의 시가표준액을 의미한다. 또한, 건물에 딸린 시설물

---

571) 조심 2016지0612, 2016.10.14.
572) 「지방세법 시행령」 제101조 ① 제2호
573) 「체육시설의 설치·이용에 관한 법률 시행령」 제20조 ③ 제5호
574) 조심 2017지0157, 2017.7.20. ; 조심 2014지230, 2015.5.13.

이 재산세과세대상 건축물에 해당하는 경우에는 건물의 시가표준액에 동 시설물의 시가표준액을 포함시켜 건축물의 시가표준액을 계산한다.[575]

과세기준일 현재 건축물 또는 주택이 사실상 철거·멸실된 날부터 6개월이 지나지 아니한 건축물 또는 주택의 부속토지는 별도합산과세된다.[576] 여기서 멸실 건축물의 재산세 과세표준액이 부속토지가액의 100분의 2에 미달하는 경우 멸실 건축물의 바닥면적만 별도합산과세대상으로 볼지 또는 그 전체의 부속토지를 별도합산과세대상으로 볼지에 대해서는 명확한 규정이 없다.

기존 심판례를 토대로 합리적으로 해석해 보면 과세기준일 현재 6개월이 경과되지 않은 멸실 건축물의 토지는 건축물의 부속토지에 해당된다고 보아야 하지만, 멸실 건축물의 재산세 과세표준액이 부속토지가액의 100분의 2에 미달하는 경우에는 멸실 건축물의 바닥면적에 해당하는 부속토지에 대하여만 별도합산과세대상에 해당된다 할 것이다.[577] 다만, 주택의 경우에는 100분의 2규정이 적용되지 아니하므로 철거·멸실된 후 6월이 경과되지 아니한 주택의 부속토지는 전체가 별도합산과세대상에 해당된다고 보아야 할 것이다.

③ 무허가 건축물

「건축법」등 관계 법령에 따라 허가 등을 받아야 할 건축물로서 허가 등을 받지 아니한 건축물 또는 사용승인을 받아야 할 건축물로서 사용승인(임시사용승인을 포함한다)을 받지 아니하고 사용 중인 건축물의 부속토지는 제외한다.[578]

(4) 건축물의 범위에 포함되는 건축물[579]

1) 착공이 제한된 건축물

건축허가를 받았으나 「건축법」 제18조에 따라 착공이 제한된 건축물은 부속토지를 산정함에 있어 건축물의 범위에 포함된다. 건축허가를 받았으나 「건축법」 제18조에 따라 착공이 제한된 건축물을 부속토지를 산정함에 있어 건축물의 범위에 포함시키는 것으로, 관련 법령에 따라 건축이 제한된 토지를 별도합산과세대상 토지로 보도록 규정하고 있는 것은 아니다.[580]

---

575) 대법 2012두13825, 2012.10.11.
576) 「지방세법」 제106조 ① 제2호 다목
577) 조심 2012지0058, 2012.4.3.
578) 「지방세법 시행령」 제101조 ① 단서
579) 「지방세법 시행령」 제103조 ①
580) 조심 2009지183, 2009.9.10. ; 조심 2012서1668, 2012.5.30.

2) 건축 중인 건축물

「건축법」에 따른 건축허가를 받거나 건축신고를 한 건축물로서 같은 법에 따른 공사계획을 신고하고 공사에 착수한 건축물은 부속토지를 산정함에 있어 건축물의 범위에 포함된다.

이 경우 개발사업 관계법령에 따른 개발사업의 시행자가 소유하고 있는 토지로서 같은 법령에 따른 개발사업 실시계획의 승인을 받아 그 개발사업에 제공하는 토지(법 제106조 제1항 제3호에 따른 분리과세대상이 되는 토지는 제외한다)로서 건축물의 부속토지로 사용하기 위하여 토지조성공사에 착수하여 준공검사 또는 사용허가를 받기 전까지의 토지에 건축이 예정된 건축물(관계 행정기관이 허가 등으로 그 건축물의 용도 및 바닥면적을 확인한 건축물을 말한다)을 포함한다. 다만, 과세기준일 현재 정당한 사유 없이 6개월 이상 공사가 중단된 경우는 제외한다.

여기에서 건축 중인 건축물이라 함은 과세기준일 현재 건축공사에 착수하여 건축을 하고 있는 건축물을 말한다. 착공에 필요한 단순한 준비작업을 하고 있는 데 지나지 않은 경우는 건축 중이라고 할 수 없다. 터파기나 구조물 공사와 같이 건물을 신축하기 위한 공사에 착수한 경우는 물론, 그보다 앞서 건물의 신축에 필수적으로 전제되는 작업을 하는 경우에도 건물의 신축공사를 실질적으로 실행한 것으로 볼 수 있다면 그 시점에 이미 공사에 착수한 것으로 보아야 한다.[581]

과세기준일 현재 착공을 하지 못한 것에 정당한 사유가 있다 하더라도 건축하고자 하는 건축물의 부속토지는 건축 중인 건축물의 부속토지에 해당한다고 볼 수 없다.[582] 또한, 당해 토지상의 기존 건물의 철거를 시작한 시점을 건축착공일로 볼 수는 없고, 착공신고서가 제출된 날을 착공일로 보아야 한다.[583] 그러므로 안전조치를 이유로 공사중지명령을 받아 건축공사를 진행하지 못하였다 하더라도 그 토지는 건축 중인 건축물의 부속토지로 볼 수 없고, 건축을 준비 중인 나대지 상태의 토지에 해당하는 것으로 보아야 한다.[584]

정당한 사유 없이 6개월 이상 공사가 중단된 경우에는 건축 중인 건축물에서 제외하도록 하고 있는 바, 정당한 사유를 판단하기 위해서는, 법령상·사실상의 장애사유 및 장애정도, 공사를 진행하기 위한 진지한 노력을 다하였음에도 이를 진행할 수 없었는지 여부, 행정관청의 귀책사유가 있었는지 여부 등을 종합적으로 고려하여, 불가피한 사정으로 공사가 중단되었는지를 판단하여야 한다.

---

581) 대법원 1995.9.26. 선고, 95누7857 판결 등 참조
582) 대법원 1995.9.26. 선고, 95누7857 판결 등 참조
583) 대법원 1997.10.28. 선고, 96누7304 판결
584) 조심 2017지0639, 2018.1.10.

한편, 주택의 부속토지에 해당하여 주택으로 재산세가 부과되었으나, 이후 해당 주택을 멸실하고 재산세 과세기준일 현재에는 건축물을 신축 중인 경우에는 건축 중인 건축물의 부속토지로 보아 별도합산과세대상으로 구분하여 재산세를 부과한다.[585]

3) 가스배관시설 등 지상정착물

가스배관시설 등 행정안전부령으로 정하는 지상정착물은 건축물의 범위에 포함한다. "행정안전부령으로 정하는 지상정착물"이란 가스배관시설 및 옥외배전시설,「전파법」에 따라 방송전파를 송수신하거나 전기통신역무를 제공하기 위한 무선국 허가를 받아 설치한 송수신시설 및 중계시설을 말한다.[586]

(5) 별도합산과세대상 부속토지면적의 산정

건축물의 부속토지로서 건축물의 바닥면적(건축물 외의 시설의 경우에는 그 수평투영면적을 말한다)에 용도지역별 적용배율을 곱하여 산정한 범위의 토지가 별도합산과세대상에 해당한다. 용도지역별 적용배율은 다음과 같다.[587]

| 용도지역별 적용배율 |

용도지역		적용배율
도시지역	전용주거지역	5배
	준주거지역, 상업지역	3배
	일반주거지역, 공업지역	4배
	녹지지역	7배
	미계획지역	4배
도시지역 외의 용도지역		7배

용도지역별 적용배율을 곱하여 기준면적을 산출하는 경우 등에 있어서 부속토지가 여러 필지로서 필지별 과세표준이 다를 경우에는 총 과세표준을 산정한 후 기준면적 이내의 토지와 기준면적 초과토지의 각 필지별 면적에 따라 안분하여 각각 과세표준을 산출한다.[588]

---

585) 조심 2016지1184, 2016.12.30.
586) 「지방세법 시행규칙」 제51조
587) 「지방세법 시행령」 제101조 ②
588) 「지방세법」 운영예규 법106…영101-1

3. 업무 또는 경제활동에 활용되는 공지상태의 토지

차고용 토지, 보세창고용 토지, 시험·연구·검사용 토지, 물류단지시설용 토지 등 공지 상태(空地狀態)나 해당 토지의 이용에 필요한 시설 등을 설치하여 업무 또는 경제활동에 활용되는 토지는 별도합산과세한다.[589] 별도합산과세대상이 되는 토지는 대통령령으로 정 하는 토지를 말한다.[590] 이는 예시적 조항이 아니라 열거적 조항으로서 열거되지 아니한 토지는 이에 해당되지 아니한다.

「지방세법 시행령」 제101조 【별도합산과세대상 토지의 범위】
③ 법 제106조 제1항 제2호 나목에서 "대통령령으로 정하는 토지"란 다음 각 호의 어느 하나에 해당하는 토지를 말한다.
1. 「여객자동차 운수사업법」 또는 「화물자동차 운수사업법」에 따라 여객자동차운송사업 또는 화물자동차 운송사업의 면허·등록 또는 자동차대여사업의 등록을 받은 자가 그 면허·등록조건에 따라 사용하는 차고용 토지로서 자동차운송 또는 대여사업의 최저보유차고면적기준의 1.5배에 해당하는 면적 이내의 토지
2. 「건설기계관리법」에 따라 건설기계사업의 등록을 한 자가 그 등록조건에 따라 사용하는 건설기계대여업, 건설기계정비업, 건설기계매매업 또는 건설기계폐기업의 등록기준에 맞는 주기장 또는 옥외작업장용 토지로서 그 시설의 최저면적기준의 1.5배에 해당하는 면적 이내의 토지
3. 「도로교통법」에 따라 등록된 자동차운전학원의 자동차운전학원용 토지로서 같은 법에서 정하는 시설을 갖춘 구역 안의 토지
4. 「항만법」에 따라 해양수산부장관 또는 시·도지사가 지정하거나 고시한 야적장 및 컨테이너장치장용 토지와 「관세법」에 따라 세관장의 특허를 받는 특허보세구역 중 보세창고용 토지로서 해당 사업연도 및 직전 2개 사업연도 중 물품 등의 보관·관리에 사용된 최대면적의 1.2배 이내의 토지
5. 「자동차관리법」에 따라 자동차관리사업의 등록을 한 자가 그 시설기준에 따라 사용하는 자동차관리사업용 토지(자동차정비사업장용, 자동차해체재활용사업장용, 자동차매매사업장용 또는 자동차경매장용 토지만 해당한다)로서 그 시설의 최저면적기준의 1.5배에 해당하는 면적 이내의 토지
6. 「한국교통안전공단법」에 따른 한국교통안전공단이 같은 법 제6조 제6호에 따른 자동차의 성능 및 안전도에 관한 시험·연구의 용도로 사용하는 토지 및 「자동차관리법」 제44조에 따라 자동차검사대행자로 지정된 자, 같은 법 제44조의 2에 따라 자동차 종합검사대행자로 지정된 자, 같은 법 제45조에 따라 지정정비사업자로 지정된 자 및 제45조의 2에 따라 종합검사 지정정비사업자로 지정된 자, 「건설기계관리법」 제14조에 따라 건설기계 검사대행 업무의 지정을 받은 자 및 「대기환경보전법」 제64조에 따라 운행차 배출가스 정밀검사 업무의 지정을 받은 자가 자동차 또는 건설기계 검사용 및 운행차 배출가스 정밀검사용으로 사용하는 토지

---

589) 「지방세법」 제106조 ①
590) 「지방세법 시행령」 제101조 ③

7. 「물류시설의 개발 및 운영에 관한 법률」 제22조에 따른 물류단지 안의 토지로서 같은 법 제2조 제7호 각 목의 어느 하나에 해당하는 물류단지시설용 토지 및 「유통산업발전법」 제2조 제16호에 따른 공동집배송센터로서 행정안전부장관이 산업통상자원부장관과 협의하여 정하는 토지

8. 특별시·광역시(군 지역은 제외한다)·특별자치시·특별자치도 및 시지역(읍·면 지역은 제외한다)에 위치한 「산업집적활성화 및 공장설립에 관한 법률」의 적용을 받는 레미콘 제조업용 토지(「산업입지 및 개발에 관한 법률」에 따라 지정된 산업단지 및 「국토의 계획 및 이용에 관한 법률」에 따라 지정된 공업지역에 있는 토지는 제외한다)로서 제102조 제1항 제1호에 따른 공장입지기준면적 이내의 토지

9. 경기 및 스포츠업을 경영하기 위하여 「부가가치세법」 제8조에 따라 사업자등록을 한 자의 사업에 이용되고 있는 「체육시설의 설치·이용에 관한 법률 시행령」 제2조에 따른 체육시설용 토지(골프장의 경우에는 「체육시설의 설치·이용에 관한 법률」 제10조의 2 제2항에 따른 대중형 골프장용 토지로 한정한다)로서 사실상 운동시설에 이용되고 있는 토지

10. 「관광진흥법」에 따른 관광사업자가 「박물관 및 미술관 진흥법」에 따른 시설기준을 갖추어 설치한 박물관·미술관·동물원·식물원의 야외전시장용 토지

11. 「주차장법 시행령」 제6조에 따른 부설주차장 설치기준면적 이내의 토지(법 제106조 제1항 제3호 다목에 따른 토지 안의 부설주차장은 제외한다). 다만, 「관광진흥법 시행령」 제2조 제1항 제3호 가목·나목에 따른 전문휴양업·종합휴양업 및 같은 항 제5호에 따른 유원시설업에 해당하는 시설의 부설주차장으로서 「도시교통정비 촉진법」 제15조 및 제17조에 따른 교통영향평가서의 심의 결과에 따라 설치된 주차장의 경우에는 해당 검토 결과에 규정된 범위 이내의 주차장용 토지를 말한다.

12. 「장사 등에 관한 법률」 제14조 제3항에 따른 설치·관리허가를 받은 법인묘지용 토지로서 지적공부상 지목이 묘지인 토지

13. 다음 각 목에 규정된 임야.
    가. 「체육시설의 설치·이용에 관한 법률 시행령」 제12조에 따른 스키장 및 골프장용 토지 중 원형이 보전되는 임야
    나. 「관광진흥법」 제2조 제7호에 따른 관광단지 안의 토지와 「관광진흥법 시행령」 제2조 제1항 제3호 가목·나목 및 같은 항 제5호에 따른 전문휴양업·종합휴양업 및 유원시설업용 토지 중 「환경영향평가법」 제22조 및 제27조에 따른 환경영향평가의 협의 결과에 따라 원형이 보전되는 임야
    다. 「산지관리법」 제4조 제1항 제2호에 따른 준보전산지에 있는 토지 중 「산림자원의 조성 및 관리에 관한 법률」 제13조에 따른 산림경영계획의 인가를 받아 실행 중인 임야. 다만, 도시지역의 임야는 제외한다.

14. 「종자산업법」 제37조 제1항에 따라 종자업 등록을 한 종자업자가 소유하는 농지로서 종자연구 및 생산에 직접 이용되고 있는 시험·연구·실습지 또는 종자생산용 토지

15. 「양식산업발전법」에 따라 면허·허가를 받은 자 또는 「수산종자산업육성법」에 따라 수산종자생산업의 허가를 받은 자가 소유하는 토지로서 양식어업 또는 수산종자생산업에 직접 이용되고 있는 토지

16. 「도로교통법」에 따라 견인된 차를 보관하는 토지로서 같은 법에서 정하는 시설을 갖춘 토지
17. 「폐기물관리법」 제25조 제3항에 따라 폐기물 최종처리업 또는 폐기물 종합처리업의 허가를 받은 자가 소유하는 토지 중 폐기물 매립용에 직접 사용되고 있는 토지

체육시설용 토지로서 사실상 운동시설에 이용되고 있는 토지란 운동을 위한 목적과 그 기능을 수행하기 위해 설치되는 시설에 직접 이용되고 있는 토지를 말한다고 할 수 있어, 운동시설의 접근 편의를 위한 목적으로 설치되어 있는 주차장에 사용되는 토지와 같이 운동시설에 직접 사용되지 아니하는 토지는 별도합산과세대상에 해당되지 않는다.[591]

회원제골프장용 토지 안의 운동시설용 토지는 별도합산과세대상에 포함되지 아니하고 분리과세된다. 비회원제 골프장의 경우 대중형 골프장용 토지로서 사실상 운동시설에 이용되고 있는 토지는 별도합산과세하며, 대중형 골프장을 제외한 비회원제 골프장의 부속토지는 종합합산과세한다. 다만, 대중형 골프장의 경우 체육시설업의 종류별 기준에 다른 필수시설에 해당하는 운동시설(골프코스 등) 및 관리시설(조경지 등)을 별도합산 대상으로 한정하고 이와 무관한 토지는 종합합산 토지로 과세한다.[592]

| 골프장 토지의 과세대상 구분 |[593]

구 분		필수시설	필수시설 이외	수영장 등*	원형보전 임야
회원제		분리과세	종합합산	별도합산	별도합산
비회원제	대중형	별도합산	종합합산	별도합산	별도합산
	기타	종합합산	종합합산	별도합산	별도합산

* 수영장 등 : 수영장·테니스장·골프연습장·연수시설·오수처리시설 및 태양열이용시설 등 골프장의 용도에 직접 사용되지 아니하는 건축물의 부속토지

「지방세법」은 건축물 부속토지와 「주차장법 시행령」 제6조에 따른 부설주차장 설치기준면

---

591) 지방세운영과-685, 2016.3.16.
592) 감심 2010-85, 2010.8.19.
593) 「체육시설의 설치·이용에 관한 법률」 제10조의 2
　① 골프장업의 세부 종류는 다음 각 호와 같다.
　1. 회원제 골프장업 : 회원을 모집하여 경영하는 골프장업
　2. 비회원제 골프장업 : 회원을 모집하지 아니하고 경영하는 골프장업
　② 문화체육관광부장관은 국민체육진흥을 위하여 제1항 제2호에 따른 비회원제 골프장(이하 "비회원제 골프장"이라 한다) 중에서 대통령령으로 정하는 바에 따라 이용료 등의 요건을 충족하는 골프장을 대중형 골프장으로 지정할 수 있다.
　③ 국가와 지방자치단체는 제2항에 따라 지정된 대중형골프장에 대하여 필요한 지원을 할 수 있다.

적 이내의 토지를 각각 별도합산과세대상으로 규정하고 있다. 이 규정은 별도합산과세대상 토지의 범위를 병렬적으로 나열한 것으로서 달리 별도합산과세대상 규정을 중복하여 적용할 수 없다는 규정이 존재하지 아니하는 이상 건축물의 부속토지(용도지역별 배율 적용) 면적과 「주차장법」에 의하여 설치된 주차장 면적은 각각 모두 별도합산과세대상으로 본다.[594]

| 별도합산과세대상 건축물의 부속토지와 부설주차장용 토지의 계산 예시 |

토지현황	대지면적 : 20,000㎡
	건축물 연면적 : 30,000㎡(건물 내 주차장 면적 : 2,000㎡)
	건축물 바닥면적 : 4,000㎡
	용도지역별 적용배율 : 3배
	부설주차장 설치기준 : 시설면적 200㎡당 1대
	1대당 주차면적 30㎡(1대당 법정 주차구획 면적 + 1대당 차로 면적)
별도합산 과세대상 토지의 계산	법정주차대수의 계산 = (건축물연면적 − 주차장건축면적)/부설주차장 설치기준 = (30,000㎡ − 2,000㎡)/200 = 140대
	부설주차장용 토지 = 법정주차대수 × 주차대수 1대당 주차면적 = 140대 × 30㎡ = 4,200㎡
	건축물 부속토지 = 건축물 바닥면적 × 용도지역별 적용배율 = 4,000㎡ × 3배 = 12,000㎡
	별도합산과세대상 토지 = 건축물 부속토지 + 부설주차장용 토지 = 12,000㎡ + 4,200㎡ = 16,200㎡

4. 철거·멸실된 건축물 또는 주택의 부속토지

(1) 별도합산과세대상 철거·멸실된 건축물 또는 주택의 부속토지

과세기준일 현재 건축물 또는 주택이 사실상 철거·멸실된 날(사실상 철거·멸실된 날을 알 수 없는 경우에는 공부상 철거·멸실된 날을 말한다)부터 6개월[「빈집 및 소규모주택 정비에 관한 특례법」에 따른 빈집정비사업 또는 「농어촌정비법」에 따른 생활환경정비사업(빈집의 정비에 관한 사업만 해당한다)의 시행으로 빈집이 철거된 경우에는 3년]이 지나지 아니한 건축물 또는 주택의 부속토지는 별도합산과세한다.[595] 이 경우 「건축법」 등 관계 법령에 따라 허가 등을 받아야 하는 건축물 또는 주택으로서 허가 등을 받지 않은 건축물 또는 주택이거나 사용승인을 받아야 하는 건축물 또는 주택으로서 사용승인(임시사

---

594) 조심 2012지0404, 2012.12.27.
595) 「지방세법 시행령」 제102조의 2

용승인을 포함한다)을 받지 않은 경우는 제외한다.[596)]

건물 철거·멸실된 날부터 6월이 경과하지 아니한 건축물의 부속토지를 별도합산과세대상으로 분류하는 입법 취지는 「건축법」 등 관련규정에 따라 정상적인 사용승인을 득하고 지어진 건물이 멸실되었더라도 일정기간(6개월) 동안은 건물을 다시 신축하기 위한 준비기간으로 보아 과세기준일 현재 건물이 없지만, 예외적으로 건물이 존재하는 것으로 인정하여 별도합산을 적용하는 등 납세자의 세부담을 완화해주고자 하는 데 있다.

재산세 과세기준일 현재 건축물의 철거작업 진행으로 인하여 사회통념상 건축물로서의 기능을 할 수 없는 상태라면 건축물분 재산세는 과세할 수 없다. 그리고 그 부속토지에 대하여는 사실상 철거·멸실된 날을 기준으로 하여 6월이 경과되지 아니한 경우에는 별도합산과세대상으로 과세하고, 철거·멸실된 날을 기준으로 하여 6월이 경과된 경우에는 나대지로 보아 종합합산과세한다.

(2) 건축물의 철거·멸실 및 건축 단계별 부속토지의 과세대상 구분

건축 중인 건축물은 부속토지를 산정함에 있어 건축물의 범위에 포함된다. 그러므로 재산세 과세기준일 현재 건축공사에 착공한 경우 그 부속토지는 별도합산과세대상이 된다. 건축물 부속토지의 건축경과별 재산세 과세대상 구분은 다음 그림과 같다.

〈그림〉 건축물 부속토지의 재산세 과세대상 구분

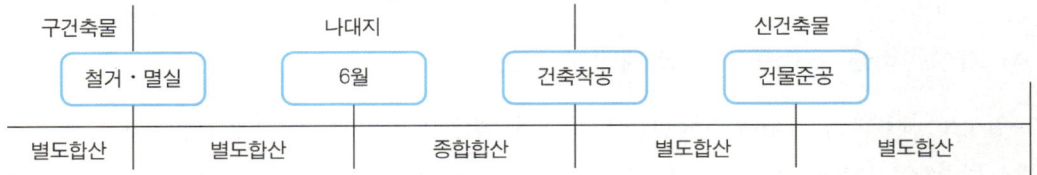

(3) 주택의 철거·멸실 및 신축 단계별 부속토지의 과세대상 구분

주택의 부속토지에 해당하여 주택으로 재산세가 부과되었으나, 이후 해당 주택을 멸실하고 재산세 과세기준일 현재에는 주택이나 건축물을 신축 중인 경우에는 건축 중인 건축물

---

596) 동 규정은 별도합산과세대상 건축물의 부속토지에 포함되는 항목으로서 「지방세법 시행령」 제103조 제1항 제1호에 규정하고 있던 것을 2015년 12월 29일 「지방세법」 개정 시 법 제106조 제1항 제2호 다목을 신설하여 규정하고, 2015년 12월 31일 「지방세법 시행령」에서 삭제하였다. 시행령에 규정하던 때에는 철거·멸실된 건축물의 부속토지만 해당되었으나, 2015년 12월 29일 법 개정시 주택멸실 부속토지에 대한 토지분 재산세 과세대상의 구분도 건축물멸실 부속토지와 동일하게 별도합산을 적용하도록 명확히 규정하였으며, 동 개정규정은 2016년 1월 1일 이후 납세의무가 성립하는 분부터 적용하도록 하였다.

의 부속토지로 보아 별도합산과세대상으로 구분하여 재산세를 부과한다.[597]

다만, 주택이나 건축물을 철거·멸실하고 새로운 주택을 건축 중에 있는 경우에는 주택건설사업계획승인 대상과 건축허가대상이 달리 적용된다. 즉, 주택건설사업계획의 승인을 받은 토지로서 주택건설사업에 제공되고 있는 토지에 해당되는 경우에는 분리과세되고,[598] 「주택법」에 따른 사업계획승인 대상에서 제외되어 「건축법」상 건축허가를 받아 주택을 건축 중인 경우에는 별도합산과세대상인 일반 건축물 부속토지로 보아 과세한다.

과세당국은 2001. 6. 13. 행정해석에서 건축 중인 주상복합건물 주거부분 부속토지를 별도합산과세대상에 해당한다고 해석한 이래 별도합산과세대상으로 보고 과세하였고, 대법원도 「주택법」에 따른 사업계획승인 대상에서 제외되어 「건축법」상 건축허가를 받은 주상복합건축물 주거부분을 건축 중인 경우 종합합산과세대상 주거용 건축물 부속토지가 아닌 별도합산과세대상인 일반 건축물 부속토지로 보아 과세하여야 한다고 판시하였다.[599] 주택 부속토지의 건축경과별 재산세 과세대상 구분은 다음 그림과 같다.

〈그림〉 주택 부수토지의 재산세 과세대상 구분

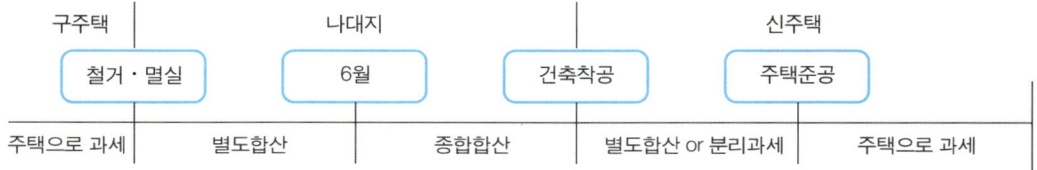

(4) 가설건축물 부속토지의 과세대상 구분

임시로 사용하기 위하여 건축된 건축물로서 재산세 과세기준일 현재 1년 미만의 것은 비과세된다. 그 외의 가설건축물에 대하여는 존치기간까지는 건축물분 재산세로 과세하고, 그 부속토지에 대하여는 별도합산과세대상에 해당한다. 그러나 가설건축물은 법정 존치기간이 한시적으로서 일반건축물보다 낮은 수준의 「건축법」 규정을 적용받고, 법정 존치기간 경과 시 가설건축물이 비록 존치하더라도 무허가 건물이 된다. 그러므로 가설건축물이 멸실된 후 6월이 경과하지 않은 경우에도 그 부속토지는 별도합산과세대상에 해당되는 것은 아니다.[600]

597) 조심 2016지1184, 2016.12.30.
598) 「지방세법 시행령」 제102조 ⑦ 제7호
599) 대법원 2008.2.29. 선고, 2007두14237 판결
600) 지방세운영과-4072, 2009.9.25.

| 가설건축물과 부속토지의 과세대상 구분 |

구 분	1년 미만	1년 이상	멸 실
건축물	비과세	과세	과세대상 아님
부속토지	별도합산	별도합산	종합합산*

* 멸실일로부터 6월 경과여부에 불구하고 종합합산

 Ⅳ 분리과세대상 토지

1. 분리과세의 의의

토지에 대한 재산세의 분리과세제도는 정책적 고려에 따라 중과세 또는 저율과세의 필요가 있는 토지에 대하여 예외적으로 별도의 기준에 의하여 분리과세함으로써 종합합산과세에서 오는 불합리를 보완하고자 하는 데에 그 취지가 있다.

분리과세대상 여부를 판단함에 있어 과세기준일 현재 해당 토지가 분리과세대상 등의 요건에 해당하지 아니하는 이상 그 요건에 해당하지 아니한 데에 정당한 사유가 있는지 여부는 과세대상 토지의 구분에 있어 고려사유가 되지 못한다.[601]

2. 분리과세대상 토지의 구분

과세기준일 현재 납세의무자가 소유하고 있는 토지 중 국가의 보호·지원 또는 중과가 필요한 토지로서 다음의 어느 하나에 해당하는 토지는 분리과세대상 토지로 한다.[602]

① 공장용지·전·답·과수원 및 목장용지
② 산림의 보호육성을 위하여 필요한 임야 및 종중 소유 임야
③ 골프장용 토지와 고급오락장용 토지
④ 공장의 부속토지로서 개발제한구역의 지정이 있기 이전에 그 부지취득이 완료된 토지
⑤ 국가 및 지방자치단체 지원을 위한 특정목적 사업용 토지
⑥ 에너지·자원의 공급 및 방송·통신·교통 등의 기반시설용 토지
⑦ 국토의 효율적 이용을 위한 개발사업용 토지
⑧ 그 밖에 지역경제의 발전, 공익성의 정도 등을 고려하여 분리과세하여야 할 타당한

---

601) 대법 2013두24235, 2014.2.27.
602) 「지방세법」 제106조 ① 제3호

이유가 있는 토지

분리과세대상 토지를 열거하고 있는「지방세법」제106조 제1항 제3호 및「지방세법 시행령」제102조는 예시적 규정이 아니라 한정적 규정으로 보아야 할 것이므로,[603] 과세대상 토지가 분리과세대상 토지로 열거되지 아니한 경우에는 분리과세대상에 해당한다고 볼 수 없다.

3. 분리과세대상 토지의 세율

분리과대상 토지에 적용되는 세율은 다음과 같이 3가지가 있다.[604]

| 분리과세대상 토지의 세율 |

구 분	과세대상토지	세 율
저율 분리과세대상	농지(전·답·과수원) 목장용지 임야	1천분의 0.7
일반 분리과세대상	분리과세대상 공장용지 개발제한구역지정 전 취득 공장용 토지 국가등 지원을 위한 특정목적 사업용 토지 에너지·자원의 공급, 기반시설용 토지 개발사업용 토지 지역경제의 발전 및 공익목적 토지	1천분의 2
고율 분리과세대상	골프장용 토지 고급오락장용 토지	1천분의 40

4. 저율 분리과세대상 토지

(1) 분리과세대상 농지

전·답·과수원(농지)은 분리과세한다. 원칙적으로 개인이 소유하는 농지에 대하여 분리과세하고 있으나 특수한 목적의 경우에는 특정법인이 소유하는 농지도 분리과세대상으로 열거하고 있다. 분리과세되는 농지는 다음과 같다.[605]

---

603) 대법원 2001.5.29. 선고, 99두7265 판결
604)「지방세법」제111조 ① 제1호 다목
605)「지방세법 시행령」제102조 ① 제2호

지역구분 없이 분리과세	지역에 따라 분리과세
① 한국농어촌공사가 농가에 공급하기 위하여 소유하는 농지 ② 사회복지사업자가 소유하는 농지 ③ 종중(宗中)이 소유하는 농지	① 개인이 소유하는 농지 ② 농업법인이 소유하는 농지 ③ 법인이 매립·간척으로 취득한 농지

한국농어촌공사가 농가에 공급하기 위하여 소유하는 농지, 사회복지사업자가 소유하는 농지 및 종중(宗中)이 소유하는 농지는 지역과 무관하게 분리과세가 적용된다.

그리고 분리과세대상으로 열거된 농지 중 개인이 소유하는 농지, 농업법인이 소유하는 농지, 법인이 매립·간척으로 취득한 농지의 경우에는 도시지역을 제외한 지역에 한하여 분리과세되고, 도시지역은 분리과세대상에 포함되지 않으나 도시지역 안에 있는 개발제한구역과 녹지지역의 농지에 한하여 분리과세된다.

| 개인소유, 농업법인소유 및 법인이 매립·간척으로 취득한 농지의 지역별 구분 |

지 역 구 분			분리과세여부
일반지역			○
도시지역	특별시 광역시	군지역	○
		개발제한구역	○
		녹지지역	○
		용도가 미지정된 지역	○
		기타지역	×
	특별자치시 특별자치도 시지역	읍·면지역	○
		개발제한구역	○
		녹지지역	○
		용도가 미지정된 지역	○
		기타지역	×

* 용도가 지정된 지역 : 주거·상업·공업·녹지지역

재산세 분리과세대상이 되는 전·답·과수원은 공부상 등재된 지목에 관계없이 적어도 그 사실상의 현황이 농작물 등의 경작에 이용되는 토지일 것을 요한다.[606] 「지방세법」은 '재산세의 과세대상 물건이 공부상 등재 현황과 사실상의 현황이 다른 경우에는 사실상 현황에

---

606) 대법원 2002.2.8. 선고, 2000두9847 판결 등 참조

따라 재산세를 부과한다.'고 규정함으로써 사실상의 현황에 따른 과세를 강조하고 있다.

"실제 영농에 사용되고 있는 농지"의 의미와 관련하여, 실제 농작물의 경작이나 다년생 식물의 재배지로 이용되는 토지라 할 것이며, '실제 농작물의 경작이나 다년생식물의 재배 지로 이용되는 토지'란 농작물 등의 경작, 재배 즉 '땅을 갈아서 농사를 짓는 것'에 이용되는 토지를 말하는 것으로 일시적·잠정적으로 토지에 농작물 등을 심어 둔 것만으로 농사를 짓는다고 할 수 없고, 일정기간 동안 농작물 등에 농작물경작자의 노동력 등을 투입하여 농작물이 성장할 수 있도록 당해 토지를 이용하는 경우를 의미한다.[607]

또한, 농지에 해당하는지 여부의 판단에 있어, 해당 토지의 장기적인 주된 사업목적과 그에 적합한 위치, 형상, 이용현황 등을 객관적으로 평가하여 결정하여야 하고, 그 일시적인 사용관계에 구애되는 것은 아니다.[608]

이와 같이 사실상의 현황이 영농에 사용되고 있는지의 여부는 토지 전체의 이용 상황을 종합적으로 참작하여 구체적·개별적으로 판단하여야 한다. 그러므로 공부상 농지위에 비닐하우스 등을 설치하고 그 주된 용도가 화훼 등을 보관·판매하는 데 있다면 사실상의 이용현황이 농작물 등의 경작에 이용된다고 볼 수는 없다.[609]

그리고 농지를 임대한 경우에는 임차인이 영농에 사용하고 있는지의 여부에 따라 분리과세대상 여부를 판단한다. 임차인이 임대인의 의사에 반하여 이를 농지가 아닌 타 용도로 사용하고 있는 것은 분리과세대상으로 규정하고 있는 '실제 영농에 사용되고 있는 농지'에 해당되지 않는다.[610]

또한, 창고용 건축물을 농업용 창고로 사용한다고 하더라도 그 부속토지를 농지와 같이 저율의 분리과세대상으로 구분하는 것은 아니고, 건축물의 부속토지로서 별도합산과세한다.[611]

종중(宗中)이 소유하는 농지는 분리과세한다. 종중은 「민법」상 특정한 목적을 위해 두 사람 이상이 결합한 사단으로서 개개의 구성원을 초월하여 독립된 단체로 존재하고 활동하는 권리능력 없는 사단 또는 사단법인에 해당하므로,[612] 공익적 또는 사회적 목적을 위하여 출연된 재산을 구성요소로 하는 재단으로서 법인격을 갖춘 재단법인은 그 법인격이 종중과는 다르다. 그러므로 종중이 재단법인을 설립하여 농지를 관리하는 경우 당해 재단법인 소

---

607) 법제처 2010.10.1. 법령해석총괄과-4628호 참조
608) 대법원 1985.9.10. 선고, 85누234 판결
609) 대법 2012두6926, 2012.6.28. 참조
610) 수원지법 2007구합9915, 2008.6.18.
611) 조심 2014지1432, 2014.11.10.
612) 안전행정부 지방세운영과-2166, 2013.9.4.

유의 농지를 분리과세 대상 종중(宗中)이 소유하는 농지로 볼 수 없다.[613] 다만, 종중이 소유하는 농지는 1990년 5월 31일 이전부터 소유(1990년 6월 1일 이후에 해당 농지를 상속받아 소유하는 경우와 법인합병으로 인하여 취득하여 소유하는 경우를 포함한다)하는 것으로 한정한다.

개인이 소유한 공부상 지목이 전·답·과수원(농지)으로서 일반 사람들이 수목을 관람하면서 휴식을 취하는 용도로 이용되는 토지는 개인이 소유한 분리과세대상 농지에 해당하지 않는다.[614]

(2) 분리과세대상 목장용지

개인이나 법인이 축산용으로 사용하는 도시지역 안의 개발제한구역·녹지지역과 도시지역 밖의 목장용지로서 과세기준일이 속하는 해의 직전 연도를 기준으로 축산용 토지 및 건축물의 기준을 적용하여 계산한 토지면적의 범위에서 소유하는 토지는 분리과세한다.

다만, 도시지역의 목장용지는 1989년 12월 31일 이전부터 소유(1990년 1월 1일 이후에 해당 목장용지를 상속받아 소유하는 경우와 법인합병으로 인하여 취득하여 소유하는 경우를 포함한다)하는 것으로 한정한다.

| 축산용 토지 및 건축물의 기준 |

구 분	사업	마릿수[*1]	축사 및 부대시설		초지 또는 사료밭	
			축사 (㎡)	부대시설 (㎡)	초지 (헥타르)	사료밭 (헥타르)
한우(육우)	사육	1마리당	7.5	5	0.5	0.25
한우(육우)	비육	1마리당	7.5	5	0.2	0.1
젖소	목장	1마리당	11	7	0.5	0.25
양	목장	10마리당	8	3	0.5	0.25
사슴	목장	10마리당	66	16	0.5	0.25
토끼	사육	100마리당	33	7	0.2	0.1
돼지	양돈	5마리당	50	13	–	–
가금	양계	100마리당	33	16	–	–
밍크	사육	5마리당	7	7	–	–

---

613) 지방세운영과-346, 2015.1.29.
614) 「지방세법」 운영예규 법106…시행령102-3

*1) 마릿수 : 연중 최고 마릿수를 말한다.
*2) 한우 사육사업에는 말·노새·당나귀 사육을 포함한다.
*3) 토끼 사육사업에는 친칠라 사육을 포함한다.
*3) 돼지 양돈사업에는 개 사육을 포함한다.
*4) 밍크 사육사업에는 여우 사육을 포함한다.

(3) 분리과세대상 임야

산림의 보호육성을 위하여 필요한 임야 및 종중 소유 임야로서 대통령령으로 정하는 임야는 분리과세한다.[615] "대통령령으로 정하는 임야"란 다음과 같은 임야를 말한다.[616]

① 산림경영계획의 인가를 받아 실행 중인 임야

② 지정문화재보호구역 안의 임야

③ 공원자연환경지구의 임야

④ 종중이 소유하고 있는 임야

⑤ 개발제한구역의 임야 등

⑥ 상수원보호구역의 임야

「지방세법 시행령」 제102조 【분리과세 대상 토지의 범위】
② 법 제106조 제1항 제3호 나목에서 "대통령령으로 정하는 임야"란 다음 각 호에서 정하는 임야를 말한다.
1. 「산림자원의 조성 및 관리에 관한 법률」 제28조에 따라 특수산림사업지구로 지정된 임야와 「산지관리법」 제4조 제1항 제1호에 따른 보전산지에 있는 임야로서 「산림자원의 조성 및 관리에 관한 법률」 제13조에 따른 산림경영계획의 인가를 받아 실행 중인 임야. 다만, 도시지역의 임야는 제외하되, 도시지역으로 편입된 날부터 2년이 지나지 아니한 임야와 「국토의 계획 및 이용에 관한 법률 시행령」 제30조에 따른 보전녹지지역(「국토의 계획 및 이용에 관한 법률」 제6조 제1호에 따른 도시지역 중 같은 법 제36조 제1항 제1호 각 목의 구분에 따른 세부 용도지역이 지정되지 않은 지역을 포함한다)의 임야로서 「산림자원의 조성 및 관리에 관한 법률」 제13조에 따른 산림경영계획의 인가를 받아 실행 중인 임야를 포함한다.
2. 「문화재보호법」 제2조 제3항에 따른 지정문화재 및 같은 조 제5항에 따른 보호구역 안의 임야
3. 「자연공원법」에 따라 지정된 공원자연환경지구의 임야
4. 종중이 소유하고 있는 임야
5. 다음 각 목의 어느 하나에 해당하는 임야
가. 「개발제한구역의 지정 및 관리에 관한 특별조치법」에 따른 개발제한구역의 임야

---

615) 「지방세법」 제106조 ① 제3호 나목
616) 「지방세법 시행령」 제102조 ②

나. 「군사기지 및 군사시설 보호법」에 따른 군사기지 및 군사시설 보호구역 중 제한보호구역의 임야 및 그 제한보호구역에서 해제된 날부터 2년이 지나지 아니한 임야
다. 「도로법」에 따라 지정된 접도구역의 임야
라. 「철도안전법」 제45조에 따른 철도보호지구의 임야
마. 「도시공원 및 녹지 등에 관한 법률」 제2조 제3호에 따른 도시공원의 임야
바. 「국토의 계획 및 이용에 관한 법률」 제38조의 2에 따른 도시자연공원구역의 임야
사. 「하천법」 제12조에 따라 홍수관리구역으로 고시된 지역의 임야
6. 「수도법」에 따른 상수원보호구역의 임야

5. 일반 분리과세대상 토지

(1) 분리과세대상 공장용지

다음의 지역에 있는 공장용 건축물의 부속토지로서 공장입지기준면적 범위의 토지는 분리과세한다. 다만, 「건축법」 등 관계 법령에 따라 허가 등을 받아야 하는 건축물로서 허가 등을 받지 않은 공장용 건축물이나 사용승인을 받아야 하는 건축물로서 사용승인(임시사용승인을 포함한다)을 받지 않고 사용 중인 공장용 건축물의 부속토지는 제외한다. 공장용 건축물의 부속토지에는 건축허가를 받았으나 착공이 제한된 건축물과 건축 중인 경우를 포함하되, 과세기준일 현재 정당한 사유 없이 6개월 이상 공사가 중단된 경우는 제외한다.[617]

① 읍·면지역
② 「산업입지 및 개발에 관한 법률」에 따라 지정된 산업단지
③ 「국토의 계획 및 이용에 관한 법률」에 따라 지정된 공업지역

읍·면지역 등에 위치하는 공장용 건축물의 부속토지로서 공장입지기준면적 범위의 토지는 분리과세한다. 공장입지기준면적은 「지방세법 시행규칙」 별표 6에 규정하고 있다.

공장시설을 갖춘 건물을 가동이 중단되어 공장으로 사용하지 아니하고 사무실이나 창고 등 다른 용도로 사용하고 있는 경우에는 분리과세하지 아니한다. 이러한 경우에는 일반건축물의 부속토지로 보아 기준면적 이내의 토지에 대하여는 별도합산과세하고, 기준면적을 초과하는 경우에는 종합합산과세한다.[618]

---

617) 「지방세법 시행령」 제102조 ① 제1호
618) 조심 2013지0340, 2013.7.16.

(2) 개발제한구역지정 전에 취득한 공장용 토지

「산업집적활성화 및 공장설립에 관한 법률」 제2조 제1호에 따른 공장의 부속토지로서 개발제한구역의 지정이 있기 이전에 그 부지취득이 완료된 곳으로서 대통령령으로 정하는 토지는 분리과세한다.[619] "대통령령으로 정하는 토지"란 행정안전부령으로 정하는 공장입지 기준면적 범위의 토지를 말한다.[620]

(3) 국가 등 지원을 위한 특정목적 사업용 토지

국가 및 지방자치단체 지원을 위한 특정목적 사업용 토지로서 대통령령으로 정하는 토지는 분리과세한다.[621] 다만, 고율에 의해 재산세가 분리과세되는 골프장용 토지와 고급오락장용 토지는 제외한다. "대통령령으로 정하는 토지"란 다음의 토지를 말한다.

① 국가 등에 의해 그 사용 및 처분 등을 제한하는 공장 구내의 토지
② 국가 등에 무상귀속되는 개발사업용 토지
③ 군용화약류시험장용 토지
④ 한국농어촌공사의 특정부동산
⑤ 한국수자원공사의 특정부동산

(4) 에너지·자원의 공급 및 방송·통신·교통 등의 기반시설용 토지

에너지·자원의 공급 및 방송·통신·교통 등의 기반시설용 토지로서 대통령령으로 정하는 토지는 분리과세한다.[622] "대통령령으로 정하는 토지"란 다음의 토지(골프장용 토지와 고급오락장용 토지는 제외한다)를 말한다.

① 염전
② 광구의 토지
③ 한국방송공사의 중계시설의 부속토지
④ 여객자동차터미널 및 물류터미널용 토지
⑤ 전기사업자의 발전시설 또는 송전·변전시설용 토지
⑥ 전기통신설비의 설치·보전용 토지

---

619) 「지방세법」 제106조 ① 제3호 라목
620) 「지방세법 시행령」 제102조 ④
621) 「지방세법」 제106조 ① 제3호 마목
622) 「지방세법」 제106조 ① 제3호 바목

⑦ 한국지역난방공사가 열생산설비에 직접 사용하고 있는 토지 및 한국지역난방공사를 제외한 사업자가 직접 사용하기 위하여 소유하고 있는 공급시설용 토지

⑧ 한국가스공사가 제조한 가스의 공급설비에 사용하는 토지

⑨ 석유비축시설용 토지 등

⑩ 한국철도공사의 철도용지

⑪ 항만공사의 항만시설용 토지

⑫ 한국공항공사가 소유하고 있는 공항시설용 토지로서 공항 이용객을 위한 주차시설용 토지와 지원시설용 토지 중 수익사업에 사용되는 부분을 제외한 토지

(5) 개발사업용 토지

국토의 효율적 이용을 위한 개발사업용 토지로서 대통령령으로 정하는 토지는 분리과세한다.[623] 다음과 같은 토지는 국토의 효율적 이용을 위한 개발사업용 토지로서 분리과세한다.[624] 다만, 골프장용 토지와 고급오락장용 토지는 제외한다.

① 공유수면 매립토지

② 한국자산관리공사, 농업협동조합자산관리회사의 일시소유 토지

③ 농어촌정비사업 시행자의 공급목적 토지

④ 도시개발사업·토지구획정리사업·경제자유구역개발사업용 토지

⑤ 산업단지개발사업의 시행자가 소유하고 있는 토지

⑥ 한국산업단지공단이 타인에게 공급할 목적으로 소유하고 있는 토지

⑦ 주택건설사업에 제공되고 있는 토지

⑧ 중소기업진흥공단이 분양·임대목적으로 소유는 토지

⑨ 지방공사가 분양·임대목적으로 소유하는 토지

⑩ 한국수자원공사가 소유하고 있는 토지

⑪ 한국토지주택공사가 분양·임대할 목적으로 소유하고 있는 토지 등

⑫ 한국토지주택공사가 소유하고 있는 비축용 토지

주택건설에 수반되는 시설인 공공시설 또는 기반시설로서 도시개발사업 시행자에 의하여 기부채납 할 예정인 경우 그 부속토지는 주택건설용 토지로 본다.[625]

---

623) 「지방세법」 제106조 ① 제3호 사목
624) 「지방세법 시행령」 제102조 ⑦
625) 「지방세법」 운영예규 법106…시행령102-2

(6) 지역경제의 발전 및 공익목적 토지

지역경제의 발전, 공익성의 정도 등을 고려하여 분리과세하여야 할 타당한 이유가 있는 토지로서 대통령령으로 정하는 토지는 분리과세한다.[626] 다음과 같은 토지는 지역경제의 발전, 공익성의 정도 등을 고려하여 분리과세하여야 할 타당한 이유가 있는 토지로서 분리과세한다.[627] 다만, 골프장용 토지와 고급오락장용 토지는 제외한다.

① 비영리사업자가 1995년 12월 31일 이전부터 소유하는 토지
② 농수산물 유통시설로 사용하는 토지
③ 부동산투자회사가 소유하고 있는 토지
④ 산업단지, 유치지역, 산업기술단지 내의 토지
⑤ 지식산업센터용 토지
⑥ 지식산업센터를 입주자가 분양받은 토지
⑦ 특구관리계획에 따라 원형지로 지정된 토지
⑧ 인천국제공항공사가 소유하고 있는 공항시설용 토지
⑨ 부동산집합투자기구, 부동산간접투자기구의 토지
⑩ 「전시산업발전법 시행령」상의 토지
⑪ 전통사찰보존지 및 향교재산 중 토지

6. 고율 분리과세대상 토지

(1) 골프장용 토지

골프장용 토지는 분리과세대상에 해당하여 1,000분의 40의 세율로 분리과세된다.[628] 골프장용 토지란 「체육시설의 설치·이용에 관한 법률」에 따른 회원제 골프장용 부동산 중 구분등록의 대상이 되는 토지를 말한다.[629]

(2) 고급오락장용 토지

고급오락장용 토지는 분리과세대상에 해당하여 1,000분의 40의 세율로 재산세가 중과세된다.[630] "고급오락장용 토지"란 취득세가 중과세되는 도박장, 유흥주점영업장, 특수목욕

---

626) 「지방세법」 제106조 ① 제3호 아목
627) 「지방세법 시행령」 제102조 ⑧
628) 「지방세법」 제106조 ① 제3호 다목
629) 취득세의 중과세 참조

장, 그 밖에 이와 유사한 용도에 사용되는 부속토지를 말한다.[631]

Ⅴ 겸용주택의 구분

주거용과 주거 외의 용도를 겸하는 건물 등에서 주택의 범위를 구분하는 방법, 주택 부속토지의 범위 산정은 다음과 같다.[632]

① 1동(棟)의 건물이 주거와 주거 외의 용도로 사용되고 있는 경우에는 주거용으로 사용되는 부분만을 주택으로 본다. 이 경우 건물의 부속토지는 주거와 주거 외의 용도로 사용되는 건물의 면적비율에 따라 각각 안분하여 주택의 부속토지와 건축물의 부속토지로 구분한다.

② 1구(構)의 건물이 주거와 주거 외의 용도로 사용되고 있는 경우에는 주거용으로 사용되는 면적이 전체의 100분의 50 이상인 경우에는 주택으로 본다.

③ 건축물에서 허가 등이나 사용승인(임시사용승인을 포함)을 받지 아니하고 주거용으로 사용하는 면적이 전체 건축물 면적(허가 등이나 사용승인을 받은 면적을 포함한다)의 100분의 50 이상인 경우에는 그 건축물 전체를 주택으로 보지 아니하고, 그 부속토지는 종합합산과세대상 토지로 본다.

④ 주택 부속토지의 경계가 명백하지 아니한 경우에는 그 주택의 바닥면적의 10배에 해당하는 토지를 주택의 부속토지로 한다.

Ⅵ 재산세의 현황부과

재산세의 과세대상 물건이 토지대장, 건축물대장 등 공부상 등재되지 아니하였거나 공부상 등재현황과 사실상의 현황이 다른 경우에는 사실상의 현황에 따라 재산세를 부과한다. 다만, 다음과 같은 경우에는 공부상 등재현황에 따라 재산세를 부과한다.[633]

① 관계 법령에 따라 허가 등을 받아야 함에도 불구하고 허가 등을 받지 않고 재산세의 과세대상 물건을 이용하는 경우로서 사실상 현황에 따라 재산세를 부과하면 오히려

---

630) 「지방세법」 제106조 ① 제3호 다목
631) 취득세의 중과세 참조
632) 「지방세법」 제106조 ②
633) 「지방세법」 제106조 ③

재산세 부담이 낮아지는 경우

② 재산세 과세기준일 현재의 사용이 일시적으로 공부상 등재현황과 달리 사용하는 것
  으로 인정되는 경우

I 재산세의 납세의무자

1. 재산세의 납세의무자

재산세 과세기준일 현재 재산을 사실상 소유하고 있는 자는 재산세를 납부할 의무가 있다.[634] 재산세의 과세기준일은 매년 6월 1일이다.[635] 그러므로 재산세의 납세의무자는 매년 6월 1일 현재 재산을 사실상 소유하고 있는 자이다.

재산세 납세의무자인 사실상 소유자라 함은 공부상 소유자로 등재한 여부를 불문하고 해당 재산에 대한 실질적인 소유권을 가진 자를 말한다.[636], [637] 또한, 재산세의 납세의무는 점유에 상관없이 사실상 소유자에게 있다.

따라서 공부상 등재되어 있지 않더라고 객관적으로 보아 해당 재산을 배타적으로 사용·수익·처분할 수 있고 언제라도 공부상 소유자로 등재될 수 있는 상태에 있다면 재산을 사실상 소유하고 있다고 할 수 있다. 재산에 관하여 매매 등 유상양도가 있었으나 아직 공부상 소유자의 명의 변경이 되어 있지 아니한 경우에는 다른 특별한 사정이 없는 한 양수인이 잔금을 지급한 날을 기준으로 사실상 소유 여부를 판단한다.

재산세는 매년 과세기준일 현재의 재산세 과세대상 재산의 소유자에게 1년분의 세액을 부과·징수한다. 그러므로 소유자가 변동된 경우 1년분의 세액을 소유자별로 안분하여 과세하는 것은 아니다. 과세당국은 많은 납세의무자를 대상으로 하여 세액결정·납세고지서의 작성·발송이라는 일련의 징세사무를 매년 단기간에 처리하여야 한다. 또한, 그 과세대상인 재산의 소유자가 수시로 변동된다. 이러한 사정을 감안하여 조세 부과행정의 편의상 일정한 과세기준일을 정하여 그 당시의 소유자에게 1년간의 세액을 부과하는 것이다.

---

634) 「지방세법」 제107조 ①
635) 「지방세법」 제114조
636) 대법원 2006.3.23. 선고, 2005두15045 판결
637) 관리자, 사용자, 경작자, 점유자 등도 재산세의 납세의무자가 될 수 있다. 〈세정 – 352, 2007.2.23.〉

「지방세법」제107조 【납세의무자】

① 재산세 과세기준일 현재 재산을 사실상 소유하고 있는 자는 재산세를 납부할 의무가 있다. 다만, 다음 각 호의 어느 하나에 해당하는 경우에는 해당 각 호의 자를 납세의무자로 본다.

1. 공유재산인 경우 : 그 지분에 해당하는 부분(지분의 표시가 없는 경우에는 지분이 균등한 것으로 본다)에 대해서는 그 지분권자

2. 주택의 건물과 부속토지의 소유자가 다를 경우 : 그 주택에 대한 산출세액을 제4조 제1항 및 제2항에 따른 건축물과 그 부속토지의 시가표준액 비율로 안분계산(按分計算)한 부분에 대해서는 그 소유자

② 제1항에도 불구하고 재산세 과세기준일 현재 다음 각 호의 어느 하나에 해당하는 자는 재산세를 납부할 의무가 있다.

1. 공부상의 소유자가 매매 등의 사유로 소유권이 변동되었는데도 신고하지 아니하여 사실상의 소유자를 알 수 없을 때에는 공부상 소유자

2. 상속이 개시된 재산으로서 상속등기가 이행되지 아니하고 사실상의 소유자를 신고하지 아니하였을 때에는 행정안전부령으로 정하는 주된 상속자

3. 공부상에 개인 등의 명의로 등재되어 있는 사실상의 종중재산으로서 종중소유임을 신고하지 아니하였을 때에는 공부상 소유자

4. 국가, 지방자치단체, 지방자치단체조합과 재산세 과세대상 재산을 연부(年賦)로 매매계약을 체결하고 그 재산의 사용권을 무상으로 받은 경우에는 그 매수계약자

5. 「신탁법」제2조에 따른 수탁자(이하 이 장에서 "수탁자"라 한다)의 명의로 등기 또는 등록된 신탁재산의 경우에는 제1항에도 불구하고 같은 조에 따른 위탁자(「주택법」제2조 제11호 가목에 따른 지역주택조합 및 같은 호 나목에 따른 직장주택조합이 조합원이 납부한 금전으로 매수하여 소유하고 있는 신탁재산의 경우에는 해당 지역주택조합 및 직장주택조합을 말하며, 이하 이 장에서 "위탁자"라 한다). 이 경우 위탁자가 신탁재산을 소유한 것으로 본다.

6. 「도시개발법」에 따라 시행하는 환지(換地) 방식에 의한 도시개발사업 및 「도시 및 주거환경정비법」에 따른 정비사업(재개발사업만 해당한다)의 시행에 따른 환지계획에서 일정한 토지를 환지로 정하지 아니하고 체비지 또는 보류지로 정한 경우에는 사업시행자

7. 외국인 소유의 항공기 또는 선박을 임차하여 수입하는 경우에는 수입하는 자

8. 「채무자 회생 및 파산에 관한 법률」에 따른 파산선고 이후 파산종결의 결정까지 파산재단에 속하는 재산의 경우 공부상 소유자

③ 재산세 과세기준일 현재 소유권의 귀속이 분명하지 아니하여 사실상의 소유자를 확인할 수 없는 경우에는 그 사용자가 재산세를 납부할 의무가 있다.

2. 공유재산의 경우 납세의무자

공유재산인 경우에는 그 지분에 해당하는 부분(지분의 표시가 없는 경우에는 지분이 균등한 것으로 본다)에 대해서는 그 지분권자가 납세의무자가 된다.[638]

---

638) 「지방세법」제107조 ① 제1호

재산세는 토지, 건축물 등을 과세대상으로 하고 있으므로 건축물의 경우 전용부분뿐만 아니라 건축물의 공유부분도 재산세 과세대상에 해당한다. 집합건축물의 공유부분의 지분이 구분표시되어 있는 경우에는 그 지분권자가 납세의무자가 된다. 반면, 공유부분의 지분표시가 없는 경우에는 지분이 균등한 것으로 본다. 한편, 집합건축물의 공용부분의 경우 그 용도는 당해 집합건축물의 전유부분의 용도에 따라 판단한다.[639]

여러 개의 전유부분으로 통하는 복도, 계단, 그 밖에 구조상 구분소유자 전원 또는 일부의 공용(共用)에 제공되는 건물부분은 구분소유권의 목적으로 할 수 없다.[640] 공용부분은 구분소유자 전원의 공유에 속한다. 다만, 일부의 구분소유자만이 공용하도록 제공되는 것임이 명백한 공용부분은 그들 구분소유자의 공유에 속한다.[641] 집합건축물의 경우 전용부분에 대해 재산세를 부과하는 것이 아니라 「건축법」 제38조에 따라 건축물의 집합건축물대장에 따라 건축물의 전용면적 및 공용면적을 합한 면적에 대해 재산세를 부과한다.[642]

3. 주택의 건물과 부속토지의 소유자가 다른 경우 납세의무자

주택의 건물과 부속토지의 소유자가 다를 경우에는 그 주택에 대한 산출세액을 건축물과 그 부속토지의 시가표준액 비율로 안분계산(按分計算)한 부분에 대해서 그 소유자가 납세의무를 진다.[643] 따라서 이 경우에는 토지의 개별공시지가와 건축물 시가표준액의 비율에 따라 그 주택에 대한 재산세 산출세액을 안분계산한다.

4. 소유권의 귀속이 불분명한 경우

재산세 과세기준일 현재 소유권의 귀속이 분명하지 아니하여 사실상의 소유자를 확인할 수 없는 경우에는 그 사용자가 재산세를 납부할 의무가 있다.[644] 소유권의 귀속이 분명하지 아니한 재산에 대하여 사용자를 납세의무자로 보아 재산세를 부과하려는 경우에는 그 사실을 사용자에게 미리 통지하여야 한다.[645]

소유권의 귀속이 분명하지 아니하여 사실상의 소유자를 확인할 수 없는 경우란 소유권 귀속 자체에 분쟁이 생겨 소송 중에 있거나 공부상 소유자가 생사불명 또는 행방불명되어

---

639) 조심 2014지1237, 2014.9.24.
640) 「집합건물의 소유 및 관리에 관한 법률」(집합건물법) 제3조 제1항
641) 「집합건물의 소유 및 관리에 관한 법률」(집합건물법) 제10조 제1항
642) 조심 2013지1053, 2014.4.16.
643) 「지방세법」 제107조 ① 제2호
644) 「지방세법」 제107조 ③
645) 「지방세법 시행령」 제106조 ③

오랫동안 그 소유자가 관리하고 있지 아니한 상태에 있는 재산 등을 말하며, 그 사용자에는 당해 재산을 일시 관리하는 지위에 있는 자는 해당하지 않는다.[646]

5. 취득시기와 재산세 납세의무자의 판단

재산세는 재산의 보유사실에 대하여 부과하는 지방세로서 재산의 사용·수익에 따라 부과하는 것이 아니며, 이러한 재산세의 특성을 감안하여 「지방세법」에서는 재산세를 일정시점을 기준으로 재산의 소유사실을 확인하여 과세하도록 규정하고 있다. 즉, 재산세 과세기준일 현재 재산을 사실상 소유하고 있는 자는 재산세를 납부할 의무가 있고, 여기서 말하는 "사실상 소유자"란 지방세 관계법령에 따른 취득이 전제되어야 한다. 따라서 취득시점이 재산세의 과세기준일 이전인 경우에는 취득자가, 취득시점이 과세기준일 이후인 경우에는 원소유자가 재산세의 납세의무자가 된다.

과세기준일인 매년 6월 1일 현재 재산을 사실상 소유하고 있는 자는 재산세를 납부할 의무가 있다고 규정하고 있으나 재산의 실질적인 소유권을 가진 자를 판단함에 있어 그 취득의 시기에 대하여 별도의 규정이 없다. 따라서 취득세 조항에서 규정하고 있는 취득의 시기에 관한 규정을 준용하여야 할 것이다.

「지방세법 시행령」 제20조에서는 취득의 시기를 규정하고 있다. 무상승계취득의 경우에는 그 계약일(상속 또는 유증으로 인한 취득의 경우에는 상속 또는 유증 개시일을 말한다)에 취득한 것으로 본다. 취득일 전에 등기 또는 등록을 한 경우에는 그 등기일 또는 등록일에 취득한 것으로 본다. 유상승계취득의 경우에는 잔금을 모두 지급하여 사실상 당해 재산에 대한 처분권을 취득했다고 할 수 있는 시점에 사실상의 소유자로서 재산세 납세의무자가 된다.

연도 중에 신축한 건축물의 경우 건축물의 완공시점(원시취득시점)에 따라 재산세의 납세의무를 판단한다. 즉, 재산세의 과세기준일 이전에 원시취득이 이루어진 경우에는 과세표준과 세율에 따라 재산세의 납세의무를 부담하며, 재산세의 과세기준일 이후에 원시취득한 경우에는 원시취득연도의 재산세는 부담하지 아니한다. 즉, 건축물을 완공하여 원시취득한 이후의 기간에 대하여 그 소유한 기간에 따라 안분하여 재산세를 부과하는 것은 아니다. 건축물을 건축 또는 개수하여 취득하는 경우에는 사용승인서를 내주는 날과 사실상의 사용일 중 빠른 날을 취득일로 본다.

---

646) 대법원 1996.4.18. 선고, 93누1022 전원합의체 판결 등, 서울행법 2009구합31908, 2009.12.3.

Ⅱ 특수한 경우의 납세의무자

1. 특수한 경우의 의미

재산세 납세의무자를 판단함에 있어서 원칙적으로 재산세 납세의무자는 과세대상 물건의 사실상 소유자이고, 「지방세법」 제107조 제2항 각 호의 규정은 사실상의 소유자를 재산세 납세의무자로 보는 원칙에 대한 예외 규정으로서 이를 적용함에 있어서 사실상의 소유자를 재산세 납세의무자로 보도록 한 제1항의 규정을 적용하기 어려운 특별한 사정이 있는 경우에 한하여 예외적으로 적용하여야 한다.

2. 소유권변동 미신고

공부상의 소유자가 매매 등의 사유로 소유권이 변동되었는데도 신고하지 아니하여 사실상의 소유자를 알 수 없을 때에는 공부상 소유자가 재산세의 납세의무자가 된다.[647] 재산의 소유권 변동 또는 과세대상 재산의 변동 사유가 발생하였으나 과세기준일까지 그 등기가 되지 아니한 재산의 공부상 소유자는 과세기준일부터 15일 이내에 그 소재지를 관할하는 지방자치단체의 장에게 그 사실을 알 수 있는 증거자료를 갖추어 신고하도록 하고 있다.[648]

재산세 납세의무자에 대한 재산세 관련 신고의무를 규정하고 있지만 당해 신고의무불이행에 대한 가산세의 제재규정이 없다. 다만, 공부상의 소유자가 재산세의 납세의무를 면하기 위해서는 신고의무를 이행하여야 하며, 그 신고의무를 불이행한 경우에 공부상 소유자가 납세의무자가 되는 것이다.

소유권과 관련하여 법원의 조정결정을 받았다 하더라도 과세기준일 현재 그로 인한 소유권이전 등기를 실제로 경료하지 아니한 경우에는 당해 부동산을 사실상 취득한 것으로 볼 수 없으므로 과세기준일 현재 공부상 소유자가 재산세의 납세의무자가 된다.[649]

'매매 등의 사유로 소유권이 변동되었는데도 신고하지 아니하여 사실상의 소유자를 알 수 없을 때'라 함은 재산세가 부과방식의 지방세로서 수익세적 성격의 세목인 점을 고려하

---

647) 「지방세법」 제107조 ② 제1호
648) 「지방세법」 제120조【신고의무】참조
649) 조심 2010지604, 2011.7.7. : 조심 2011지573, 2011.12.28.
　　　조정조서에 확정판결과 같은 효력이 부여되어 있다 하더라도 그 효력은 사적자치 범위 안의 사인의 행위가 근간이 되고 있다는 점에서 국가기관인 법원이 법률에 의거하여 실체적 진실을 찾아내는 판결과는 현저한 차이가 있고, 판결에서와 같은 정도의 사실의 정확한 인정과 법규의 적용을 바라기는 힘들다 할 것(헌법재판소 2002헌바71, 2003.4.24. 같은 뜻)

면, 매매 등으로 인하여 소유권이 변동되었음에도 이를 신고하지 아니하였다는 사유만으로 사실상 소유자를 알 수 없는 경우에 해당된다고 볼 수는 없고, 실제 거래가 이루어졌음에도 잔금의 지급 여부, 거래당사자 등을 실질적으로 확인할 수 없는 경우 등에 한하여 예외적으로 공부상 소유자를 재산세 납세의무자로 보아야 한다.[650]

공부상의 소유자가 매매 등의 사유로 소유권이 변동된 사실을 신고하면 공부상 명의에 불구하고 사실상의 소유자를 재산세납세의무자로 보는 것이나, 이와 반대로 소유권이 변동되지 않았음에도 불구하고 소유권변동을 신고한 경우라면 공부상 소유자가 재산세의 납세의무자가 된다.

3. 상속등기의 미이행

상속이 개시된 재산으로서 상속등기가 이행되지 아니하고 사실상의 소유자를 신고하지 아니하였을 때에는 주된 상속자가 납세의무자가 된다.[651] 주된 상속자란 「민법」상 상속지분이 가장 높은 사람으로 하되, 상속지분이 가장 높은 사람이 두 명 이상이면 그 중 나이가 가장 많은 사람으로 한다.[652]

법률행위에 의한 부동산에 관한 물권의 취득은 등기를 하여야 효력이 발생한다. 이에 반해 상속과 같은 법률의 규정에 의한 부동산에 관한 물권의 취득은 등기를 요하지 아니한다.[653] 그러므로 상속등기가 미이행된 경우라도 상속개시와 동시에 상속 부동산의 소유권은 상속인에게 이전되므로 상속인이 재산세의 납세의무자가 된다. 상속개시일 이후 상속등기 이전에는 사실상의 소유자를 신고하면 신고에 의한 사실상의 소유자가 재산세의 납세의무자가 된다. 그러나 사실상의 소유자를 신고하지 아니하였을 때에는 주된 상속자가 재산세의 납세의무자가 된다.

상속에 있어서는 피상속인의 직계비속, 피상속인의 직계존속, 피상속인의 형제자매, 피상속인의 4촌 이내의 방계혈족의 순위로 상속인이 된다. 동순위의 상속인이 수인인 때에는 최근친을 선순위로 하고, 동친등의 상속인이 수인인 때에는 공동상속인이 된다.[654] 피상속인의 배우자는 피상속인의 직계비속, 피상속인의 직계존속이 있는 경우에는 그 상속인과

---

650) 조심 2015지1972, 2016.3.31.
651) 「지방세법」 제107조 ② 제2호
652) 「지방세법 시행규칙」 제53조
653) 「민법」 제187조 【등기를 요하지 아니하는 부동산물권 취득】 상속, 공용징수, 판결, 경매 기타 법률의 규정에 의한 부동산에 관한 물권의 취득은 등기를 요하지 아니한다. 그러나 등기를 하지 아니하면 이를 처분하지 못한다.
654) 「민법」 제1000조

동순위로 공동상속인이 되고 그 상속인이 없는 때에는 단독상속인이 된다.[655] 동순위의 상속인이 수인인 때에는 그 상속분은 균분으로 한다. 피상속인의 배우자의 상속분은 직계비속과 공동으로 상속하는 때에는 직계비속의 상속분의 5할을 가산하고, 직계존속과 공동으로 상속하는 때에는 직계존속의 상속분의 5할을 가산한다.[656]

상속이 개시된 재산으로서 상속등기가 되지 아니한 경우에는 주된 상속자는 과세기준일부터 15일 이내에 그 소재지를 관할하는 지방자치단체의 장에게 그 사실을 알 수 있는 증거자료를 갖추어 신고하여야 한다.[657] 사실상의 소유자를 신고하지 아니하였을 때에 주된 상속자가 재산세를 납부할 의무가 있는 바, 상속재산에 대한 공동상속인들 간의 분할협의가 성립되지 아니하여 공동상속인 간 실제 귀속되는 상속분이 확정되지 않은 상태에서 일부 상속인들의 법정 상속분만 한정하여 관할 지자체장에게 신고한 경우에는「지방세법」제120조에 따라 상속재산의 사실상의 소유자를 신고한 것으로 볼 수 없다.[658]

상속인은 상속으로 인하여 취득할 피상속인의 적극적 재산의 한도에서 소극적 재산을 변제할 것을 조건으로 한정상속할 수 있다고 규정하고 있다.[659] 상속인이 법원으로부터 한정상속을 받았다고 하더라도 상속개시일 이후 상속인을 납세의무자로 하여 새로이 성립된 재산세 등은 피상속인의 소극적 재산에 해당하지 아니하므로 상속인의 재산세의 납세의무는 한정상속여부와 관련이 없다.[660]

4. 개인명의 종중재산

공부상에 개인 등의 명의로 등재되어 있는 사실상의 종중재산으로서 종중소유임을 신고하지 아니하였을 때에는 공부상 소유자가 재산세의 납세의무자가 된다.[661]

5. 연부매매에 의해 사용권을 무상으로 받은 경우

국가, 지방자치단체, 지방자치단체조합과 재산세 과세대상 재산을 연부(年賦)로 매매계약을 체결하고 그 재산의 사용권을 무상으로 받은 경우에는 그 매수계약자가 재산세의 납세의무자가 된다.[662] 국가, 지방자치단체 및 지방자치단체조합이 선수금을 받아 조성하는

---

655)「민법」제1003조
656)「민법」제1009조
657)「지방세법」제120조 ① 제2호
658) 지방세운영과-992, 2016.4.19.
659)「민법」제1028조
660) 조심 2015지0110, 2015.1.30.
661)「지방세법」제107조 ② 제3호

매매용 토지로서 사실상 조성이 완료된 토지의 사용권을 무상으로 받은 자가 있는 경우에는 그 자를 매수계약자로 본다.[663]

국가・지방자치단체・지방자치단체조합의 소유에 속하는 재산은 재산세가 비과세된다. 국가 등으로부터 연부로 매매계약을 체결한 자가 매매대금을 완납하지 아니하여 아직 사용・수익・처분에 관한 실질적인 소유권을 취득하지 못하였다 하더라도, 연부매매계약의 특성과 재산세의 수익세적 성격 등에 비추어 당해 재산을 무상으로 사용・수익할 수 있는 권리를 부여받은 경우에는 사실상 소유자와 유사한 담세력이 있다고 보아 예외적으로 그를 재산세 납세의무자로 보는 것이다.

국가・지방자치단체・지방자치단체조합으로부터 연부로 매수한 당해 재산을 이용・관리할 수 있는 승낙을 받았다고 하더라도, 그것이 당해 재산을 잠정적으로 보존・유지・관리한다거나 제한적인 목적에서 일시적으로 이용하도록 하는 승낙을 받은 것에 불과하고 당해 재산을 독자적으로 사용・수익할 수 있는 권리를 부여받은 것이 아닌 경우에는 그 매수계약자가 재산세 납세의무를 진다고 할 수 없다. 그러므로 건축허가를 받는 데 필요한 범위 내에서 토지사용승인서를 발급하여 준데 불과할 뿐 토지를 해당 용도에 이용할 수 있는 권능을 부여한 것이 아니라면 연부취득자에게 재산세의 납세의무가 있다고는 할 수 없다.[664]

연부(年賦) 매매계약내용에 소유권이 매수인에게 이전되기 전에는 매도인의 승인 없이 계약재산의 전대, 양도, 저당권 기타 제한물건의 설정, 원형 또는 사용목적 변경을 제한하는 내용이 포함되어 있다하더라도 그 재산의 사용권을 무상으로 받은 경우에는 매수인이 재산세의 납세의무를 부담한다.

재산세 과세대상 재산을 연부(年賦)로 매매계약을 체결하고 그 재산의 사용권을 무상으로 받아 매수인이 재산세의 납세의무자가 된 후 연부매매계약이 해제된 경우 기 성립된 납세의무에 어떠한 영향을 미치는지가 문제이다. 조세심판례에 의하면 매매계약을 해제한 경우라도 이미 성립한 납세의무에는 영향을 미치지 않는다고 보고 있다.[665]

6. 신탁재산의 납세의무

(1) 신탁재산의 납세의무 개요

수탁자의 명의로 등기 또는 등록된 신탁재산의 경우에는 위탁자(지역주택조합 및 직장

---

662) 「지방세법」 제107조 ② 제4호
663) 「지방세법 시행령」 제106조
664) 대법 2013두15675, 2014.4.24.
665) 조심 2014지0422, 2014.5.2.

주택조합이 조합원이 납부한 금전으로 매수하여 소유하고 있는 신탁재산의 경우에는 해당 지역주택조합 및 직장주택조합을 말한다)가 재산세의 납세의무자가 된다. 이 경우 위탁자가 신탁재산을 소유한 것으로 본다.[666]

신탁이란 위탁자와 수탁자 간의 신임관계에 기하여 위탁자가 수탁자에게 특정의 재산을 이전하거나 담보권의 설정 또는 그 밖의 처분을 하고 수탁자로 하여금 수익자의 이익 또는 특정의 목적을 위하여 그 재산의 관리, 처분, 운용, 개발, 그 밖에 신탁 목적의 달성을 위하여 필요한 행위를 하게 하는 법률관계를 말한다.[667]

「지방세법」에 신탁재산에 관한 별도 규정을 마련하기 전에는 "재산세 과세대장에 재산의 소유자로 등재되어 있는 자"를 납세의무자로 규정하여 수탁자를 납세의무자로 보았고,[668] 1993년 12월 27일 「지방세법」을 개정하여 신탁재산에 관한 별도 규정을 마련하면서는 위탁자를 납세의무자로 규정하였다가, 2014년 1월 1일 법률 제12153호로 개정하면서는 다시 수탁자를 납세의무자로 규정하였다.

그 후 2020년 12월 29일 「지방세법」 개정 시 신탁재산의 재산세 납세의무자를 종전 수탁자에서 위탁자로 변경하였으며, 동 개정규정은 2021년 1월 1일 이후 납세의무가 성립하는 분부터 적용한다. 2020년 12월 31일 이전에 재산세 납세의무가 성립된 경우에는 같은 개정규정에도 불구하고 종전의 규정에 따른다. 또한, 2020년 12월 31일 이전에 재산을 취득한 경우로서 「조세특례제한법」 및 「지방세특례제한법」에 따라 감면하여야 할 재산세에 대해서는 그 감면기한이 종료될 때까지 동 개정규정에 따른 위탁자에게 해당 감면규정을 적용한다.

2014년 「지방세법」 개정 전에는 신탁재산에 대한 재산세의 납세의무자를 위탁자로 규정하였는데, 대법원이 신탁재산에 대하여 예외적으로 체납처분이 가능한 권리인 「신탁법」 제22조 제1항 소정의 "신탁사무의 처리상 발생한 권리"에는 수탁자를 채무자로 하는 것만이 포함되고, 위탁자를 채무자로 하는 것은 포함되지 않는다고 봄으로써,[669] 위탁자에 대한 재산세에 대해서는 신탁재산에 대하여 체납처분을 할 수 없었다. 2014년 「지방세법」 개정규정은 신탁재산에 대한 재산세의 납세의무자를 수탁자로 규정함으로써 수탁자에 대한 재산세에 대해서는 신탁재산에 대한 압류 등 체납처분을 할 수 있도록 하여 세수를 확보하고자 하는 입법취지에 따른 것이다.

2020년 12월 29일 「지방세법」 개정에 따라 신탁재산의 재산세 납세의무자는 위탁자로

---

666) 「지방세법」 제107조 ② 제5호
667) 「신탁법」 제2조
668) 대법원 1993.4.27. 선고, 92누8163 판결
669) 대법원 2012.4.12. 선고, 2010두4612 판결

변경되었다. 해당 재산에 대한 재산세 등이 체납된 경우 수탁자를 통해 재산세 등을 체납처분으로 징수할 수 있도록 수탁자의 물적납세의무와 그 납부고지 및 징수 등에 관한 특례를 신설하였다.

(2) 지역주택조합 및 직장주택조합의 신탁재산

「주택법」에 따른 지역주택조합 및 직장주택조합이 조합원이 납부한 금전으로 매수하여 소유하고 있는 신탁재산의 경우에는 해당 지역주택조합 및 직장주택조합이 재산세의 납세의무자가 된다.

7. 체비지 또는 보류지

「도시개발법」에 따라 시행하는 환지(換地) 방식에 의한 도시개발사업 및 「도시 및 주거환경정비법」에 따른 정비사업(재개발사업만 해당한다)의 시행에 따른 환지계획에서 일정한 토지를 환지로 정하지 아니하고 체비지 또는 보류지로 정한 경우에는 사업시행자가 재산세의 납세의무자가 된다.[670]

체비지는 도시개발사업의 경비에 충당할 목적으로 설정되는 것으로서 사업진행의 원활한 경비조달을 위한 것일 뿐, 체비지로 지정되었다 하여 재산세의 과세대상에서 당연히 제외되는 것으로 그 성격이 전환된다고 볼 수 없다. 「도시개발법」에 따른 사업시행자는 체비지에 대하여 사업목적에 의한 제한은 있지만 「도시개발법」이 정하는 바에 따라 경제적 소유권의 객관적 징표인 사용수익권과 그 처분권을 갖추고 있다고 할 수 있고, 또한 보류지에 대하여도 비록 제한적이기는 하지만 경제적 소유권의 객관적 징표인 일반적인 사용·수익의 가능성을 인정할 수 있어, 「도시개발법」이 정한 체비지·보류지라고 하더라도 「지방세법」상의 재산세가 예정하고 있는 일정한 담세력을 가지고 있다고 볼 수 있다. 이 경우 사업시행자가 재산세의 납세의무자가 된다.[671]

8. 외국인 소유의 항공기 또는 선박의 임차

외국인 소유의 항공기 또는 선박을 임차하여 수입하는 경우에는 수입하는 자가 재산세의 납세의무자가 된다.[672]

---

670) 「지방세법」 제107조 ② 제6호
671) 서울고법 2011누31941, 2012.6.28.
672) 「지방세법」 제107조 ② 제7호

9. 파산재단에 속하는 재산

「채무자 회생 및 파산에 관한 법률」에 따른 파산선고 이후 파산종결의 결정까지 파산재단에 속하는 재산의 경우 공부상 소유자가 재산세의 납세의무자가 된다.[673]

---

673) 「지방세법」 제107조 ② 제8호

I 재산세의 비과세 대상

각 세법에서는 과세대상이 되는 과세물건 중 특정의 것을 과세대상에서 의도적으로 제외시키고 있으며 이는 대개 조세정책적 목적에서 비롯된다. 따라서 이러한 비과세는 조세채권이 처음부터 성립되지 않은 것이며, 비과세규정을 적용받기 위한 별도의 특별한 절차를 요하지도 않는다.

다음과 같은 재산에 대하여는 재산세를 비과세한다.[674] 재산세 비과세 대상에 해당하는 경우 재산세 도시지역분 및 지역자원시설세도 비과세된다.[675]

| 재산세 비과세 대상 |

구 분	비과세 대상
국가 등에 대한 비과세	국가 등이 소유하는 재산
	국가 등이 1년 이상 공용으로 사용하는 재산
용도구분에 의한 비과세	도로·하천·제방·구거·유지 및 묘지
	산림보호구역 등의 토지
	비상재해구조용 등으로 사용하는 선박
임시사용 건축물 등	임시사용 건축물
	철거명령 받은 건축물

II 국가 등에 대한 비과세

1. 국가 등이 소유하는 재산의 비과세

국가, 지방자치단체, 지방자치단체조합, 외국정부 및 주한국제기구의 소유에 속하는 재산에 대하여는 재산세를 부과하지 아니한다. 다만, 다음의 어느 하나에 해당하는 재산에 대하여는 재산세를 부과한다.[676]

---

674) 「지방세법」 제109조
675) 「지방세법」 제145조

① 대한민국 정부기관의 재산에 대하여 과세하는 외국정부의 재산

② 매수계약자에게 납세의무가 있는 재산[677]

비과세되는 국가는 「정부조직법」상의 중앙행정기관과 국립학교나 국립의료원 등 국가가 설치한 각종 기관을 말한다. "지방자치단체"란 특별시·광역시·도·시·군·구(자치구)·특별자치도·특별자치시를 말한다. "지방자치단체조합"이란 「지방자치법」 제159조 제1항에 따른 지방자치단체조합을 말한다.

국가에 귀속되는 재산이라 하더라도 과세기준일(6. 1.) 현재를 기준으로 비과세여부를 판단한다. 「신탁법」에 따라 수탁자 명의로 등기·등록된 신탁재산의 경우에는 재산세 납세의무자가 위탁자이므로, 국유 재산을 부동산 신탁을 통해 수탁자 명의로 등기한 경우라도 해당 재산은 국가의 소유에 속하는 재산으로 볼 수 있다. 그러므로 재산세의 비과세 대상에 해당한다.

2. 국가 등이 1년 이상 공용으로 사용하는 재산의 비과세

(1) 비과세 대상

국가, 지방자치단체 또는 지방자치단체조합이 1년 이상 공용 또는 공공용으로 사용(1년 이상 사용할 것이 계약서 등에 의하여 입증되는 경우를 포함한다)하는 재산에 대하여는 재산세를 부과하지 아니한다. 다만, 다음의 어느 하나에 해당하는 경우에는 재산세를 부과한다.[678]

① 유료로 사용하는 경우

② 소유권의 유상이전을 약정한 경우로서 그 재산을 취득하기 전에 미리 사용하는 경우

이는 비록 국가 등이 소유하는 재산은 아니나 국가 등이 공공용으로 사용하는 재산에 대하여 비과세하는 것이다. 이를 비과세하는 취지는 국가 등이 상당 기간 공용으로 사용하는 재산의 경우 당해 재산은 국가 등이 소유하는 경우와 유사하게 그 이익이 국가 등에 귀속되므로 과세주체와 당해 재산의 실질적인 향유 주체가 일치하는 결과가 되고, 반면 당해 재산의 소유자는 당해 재산에 대하여 실질적인 재산권을 행사하지 못하고 있어 담세능력이나

---

676) 「지방세법」 제109조 ①
677) 국가, 지방자치단체, 지방자치단체조합과 재산세 과세대상 재산을 연부(年賦)로 매매계약을 체결하고 그 재산의 사용권을 무상으로 받은 경우에는 그 매수계약자가 납세의무자가 된다.
678) 「지방세법」 제109조 ②

과세사유가 없다고 보기 때문이다.[679]

(2) 비과세 요건

동 규정에 의해 재산세가 비과세되기 위해서는 대상 재산의 사용 주체가 국가 또는 지방자치단체 또는 지방자치단체조합이어야 하고, 그 사용 현황이 1년 이상 공용 또는 공공용으로 제공되어야 한다. 또한, 무료로 사용되어야 한다. 비과세 요건을 요약하면 다음과 같다.

① 사용주체

비과세 대상으로 행정주체 중 국가, 지방자치단체, 지방자치단체조합만을 규정하고 있으므로, 행정주체로부터 업무를 위탁받아 재산을 공용 또는 공공용으로 제공하더라도 이는 재산세의 비과세 대상에 해당되지 않는다.[680]

② 사용기간

1년 이상 사용하여야 한다. 재산세 비과세 대상인 '1년 이상 공용 또는 공공용으로 사용하는 재산'이란 행정주체가 직접 일반 공중의 공동사용에 제공한 재산이거나 직접적으로 행정주체 자신의 사용에 제공한 재산으로서,[681] 과세기준일 현재 1년 이상 계속하여 공용 또는 공공용으로 실제 사용하였거나 사용할 것이 계약서 등에 의하여 입증되는 경우를 말한다.[682] 즉, 1년 이상 사용과 관련하여 재산세 과세기준일 현재 공용 또는 공공용으로 사용하는 기간이 실제로 1년 이상 되었거나, 1년 미만 사용하였다 하더라도 국가·지방자치단체 등과 1년 이상 사용하기로 한 사실이 계약서 등에 의해 입증되는 재산은 비과세 대상에 해당된다.[683] 또한, 그 사용에 있어 지속성이 요구되어야 하며, 일시적·임시적 사용인 경우에는 이에 포함되지 않는다.[684]

③ 사용용도

공공용도로 사용되어야 한다. 「지방세법」에 "공공용으로 사용하는 재산"에 대한 정의조항이 없어 이견이 있을 수 있으나, 공용 또는 공공용재산은 지방자치단체 등 소유의 재산을 「공유재산 및 물품관리법」 제5조 제2항에 따라 구분한 행정재산의 종류이므로, 다른 특별한 규정이 없다면, 「공유재산 및 물품관리법」상의 정의규정을 준용하여야 한다고 판단된다.

---

679) 대법원 2017.8.24. 선고, 2017두46011 판결
680) 조심 2017지0116, 2017.4.14.
681) 서울행정법원 2009구합19762, 2010.8.20.
682) 「지방세법」 기본통칙 109-1, 대법원 2017.8.24. 선고, 2017두46011 판결
683) 조심 2012지214, 2012.6.13. ; 조심 2016지0177, 2016.5.19.
684) 대법 2002두4631, 2003.9.23.

「공유재산 및 물품관리법」에 의하면, "공용재산"이란 지방자치단체가 직접 사무용·사업용 또는 공무원의 거주용으로 사용하거나 사용하기로 결정한 재산과 사용을 목적으로 건설 중인 재산을 말하고, "공공용재산"이란 지방자치단체가 직접 공공용으로 사용하거나 사용하기로 결정한 재산과 사용을 목적으로 건설 중인 재산을 말한다.[685] 따라서 토지에 대한 재산세의 비과세를 적용할 때 직접 사용의 범위에는 해당 비과세대상 업무에 사용할 건축물을 건축 중인 경우를 포함한다.

공용 및 공공용으로 사용하는 재산에 해당하는지 여부는 국가 등의 공용 사용여부, 공용재산을 이용할 필요가 있는지 여부 등을 종합적으로 고려하여 판단하여야 하며, 당해 시설의 종류보다는 사용현황을 기준으로 실질적으로 판단한다.

「건축법」 제43조는 지역의 환경을 쾌적하게 조성하기 위하여 특정의 용도와 규모의 건축물은 일반이 사용할 수 있도록 법정기준에 따라 소규모의 휴게시설 등의 공개공지(공지 : 공터) 또는 공개 공간을 설치하도록 하고 있다. 이러한 공개공지는 사유지 내 공지의 일부를 공공이 효과적으로 이용할 수 있도록 개방된 공간으로서 대형건축물의 이용과 관련 없는 일반인들이 공개공지를 이용할 수 있다 하더라도 이를 공용 또는 공공용으로 사용한다고 볼 수 없다.[686]

④ 무상성

국가 등이 무료로 사용하는 재산에 한하여 재산세가 비과세되므로 유료로 사용하는 경우에는 재산세를 부과한다. 이는 당해 재산의 소유자가 국가 등으로부터 당해 재산의 사용대가를 받는 이상 그 소유자가 실질적으로 당해 재산에서 수익을 얻는 등으로 재산권을 행사하고 있으므로 이에 대하여는 비과세를 적용하지 않는 것이다.

유료로 사용되는 경우라 함은 어떤 명목으로든 당해 재산의 사용에 대하여 대가가 지급되는 경우를 말하고, 그 사용이 대가적 의미를 갖는다면 그 사용기간의 장단이나 그 대가의 지급이 1회적인지 또는 정기적이거나 반복적인 것인지를 묻지 아니한다.[687] 또한, 대가의 다과 혹은 대가의 산출 방식 여하를 묻지 아니한다.[688] 국가나 지방자치단체가 재산을 1년 이상 무상으로 임차하여 사용하는 경우에는 재산세가 비과세된다.

---

685) 「공유재산 및 물품관리법」 제5조
686) 조심 2018지0206, 2018.5.4.
687) 대법원 2012.12.13. 선고, 2010두4964 판결
688) 대법원 1993.9.14. 선고, 92누15505 판결

Ⅲ 용도구분에 의한 비과세

1. 용도구분에 의한 비과세 범위

　도로・하천・제방・구거・유지 및 묘지 등의 재산에 대하여는 재산세를 부과하지 아니한다. 다만, 수익사업에 사용하는 경우와 해당 재산이 유료로 사용되는 경우의 그 재산 및 해당 재산의 일부가 그 목적에 직접 사용되지 아니하는 경우의 그 일부 재산에 대하여는 재산세를 부과한다.[689] 이 경우 취득세가 중과세되는 사치성 재산은 제외한다.

　여기서 수익사업이란 「법인세법」 제4조 제3항에 따른 수익사업을 말한다.[690] 어느 사업이 수익사업에 해당하는지 여부는 그 사업이 수익성을 가지거나 수익을 목적으로 하면서 그 규모, 횟수, 태양 등에 비추어 사업활동으로 볼 수 있는 정도의 계속성과 반복성이 있는지 등을 고려하여 사회통념에 따라 합리적으로 판단한다.[691] 그리고 법률에 의하여 설립된 공법인의 경우 그 사업에서 얻는 수익이 종국적으로 설립 목적을 달성하기 위한 재원으로 사용된다고 하더라도 그 수익성을 부정할 것은 아니다.[692]

　해당 재산이 유료로 사용되는 경우란 당해 재산 또는 토지의 사용에 대하여 사용자가 대가를 지급하는 경우를 말하는 것으로서, 그 사용이 대가적 의미를 갖는다면 사용기간의 장단이나 대가의 지급방법 및 그 대가의 다과 등은 묻지 않는다.[693]

　재산세의 과세대상 물건이 공부상 등재 현황과 사실상의 현황이 다른 경우에는 그 사실상의 현황에 따라 재산세를 부과한다. 그러므로 공부상 등재현황에도 불구하고 사실상 현황에 따라 비과세여부를 판단한다. 다만, 묘지의 경우 사실상 묘지로서 지적공부상 지목이 묘지로 등재되어 있는 경우에 한하여 비과세가 적용된다.[694]

2. 용도구분에 의한 비과세 대상

(1) 도로

　「도로법」에 따른 도로(같은 법 제2조 제2호에 따른 도로의 부속물 중 도로관리 시설, 휴게시설, 주유소, 충전소, 교통・관광안내소 및 도로에 연접하여 설치한 연구시설은 제외한

---

689) 「지방세법」 제109조 ③
690) 「지방세법 시행령」 제107조
691) 대법원 1997.2.28. 선고, 96누14845 판결 ; 대법원 2006.5.12. 선고, 2005두16109 판결 등 참조
692) 대법원 1991.5.10. 선고, 90누4327 판결 등 참조
693) 대법원 1997.2.28. 선고, 96누14845 판결 ; 1993.9.14. 선고, 92누15505 판결 등 참조
694) 「지방세법 시행령」 제108조 ① 제6호

다)와 그 밖에 일반인의 자유로운 통행을 위하여 제공할 목적으로 개설한 사설 도로는 재산세를 비과세한다. 다만, 「건축법 시행령」 제80조의 2에 따른 대지 안의 공지는 제외한다.[695] 재산세가 비과세되는 도로를 요약하면 다음과 같다.

① 「도로법」에 따른 도로

「도로법」에 따른 도로란 차도, 보도(步道), 자전거도로, 측도(側道), 터널, 교량, 육교 등 도로구성시설[696]로 구성된 것으로서 이에는 도로의 부속물을 포함한다.[697], [698] 도로의 부속물이란 도로관리청이 도로의 편리한 이용과 안전 및 원활한 도로교통의 확보, 그 밖에 도로의 관리를 위하여 설치하는 시설 또는 공작물을 말한다. 도로의 부속물 중 도로관리 시설, 휴게시설, 주유소, 충전소, 교통·관광안내소 및 도로에 연접하여 설치한 연구시설은 비과세 대상에서 제외한다.

도로는 도로의 형태를 갖추고 「도로법」에 따른 노선 지정 또는 인정 공고 및 도로구역 결정·고시를 한 때 또는 「도시계획법」이나 「도시재개발법」에서 정한 절차를 거쳐야 비로소 「도로법」 적용을 받는 도로가 된다.[699] 그러므로 도로나 도로의 부속물을 설치하기 위한 건설 예정 부지(도로구역, 도로구역 예정지 등)는 재산세 비과세 대상인 도로에 해당하지 않는다.[700]

② 일반인의 자유로운 통행을 위하여 제공할 목적으로 개설한 사설 도로

'일반인의 자유로운 통행을 위하여 제공할 목적으로 개설한 사설 도로'란 「사도법」 제4조에 의한 허가를 받아 개설된 사도에 한정되는 것이 아니고, 일반인의 자유로운 통

---

695) 「지방세법 시행령」 제108조 ① 제1호
696) 도로의 구성시설(「도로법 시행령」 제2조)
　　① 차도·보도·자전거도로 및 측도
　　② 터널·교량·지하도 및 육교(해당 시설에 설치된 엘리베이터를 포함한다)
　　③ 궤도
　　④ 옹벽·배수로·길도랑·지하통로 및 무넘기시설
　　⑤ 도선장 및 도선의 교통을 위하여 수면에 설치하는 시설
697) 「도로법」 제2조 제1호
698) 도로의 종류와 등급(「도로법」 제10조)
　　① 고속국도(고속국도의 지선 포함)
　　② 일반국도(일반국도의 지선 포함)
　　③ 특별시도(特別市道)·광역시도(廣域市道)
　　④ 지방도
　　⑤ 시도
　　⑥ 군도
　　⑦ 구도
699) 대법원 2011.5.26. 선고, 2010두28106 판결 등 참조
700) 대법 2015두59167, 2016.3.24.

행을 위하여 제공할 목적으로 개설한 사도는 물론 사도의 소유자가 당초 특정한 용도에 제공할 목적으로 설치한 사도라고 하더라도 당해 사도의 이용실태, 사도의 공도에의 연결 상황, 주위의 택지의 상황 등 제반 사정에 비추어 사도의 소유자가 일반인의 통행에 대하여 아무런 제약을 가하지 않고 있고, 실제로도 널리 불특정 다수인의 통행에 이용되고 있다면 그러한 사도는 비과세 대상 도로에 포함된다.[701]

「건축법 시행령」 제80조의 2에 따른 대지 안의 공지는 재산세 비과세 대상 도로에 해당하지 않는다. 「건축법」 제58조에서는 '건축물을 건축하는 경우에는 「국토의 계획 및 이용에 관한 법률」에 따른 용도지역·용도지구, 건축물의 용도 및 규모 등에 따라 건축선 및 인접 대지경계선으로부터 6미터 이내의 범위에서 대통령령으로 정하는 바에 따라 해당 지방자치단체의 조례로 정하는 거리 이상을 띄워야 한다.'고 하여 대지 안의 공지에 대하여 규정하고 동 법 시행령 제80조의 2에서 띄워야 하는 거리의 기준을 규정하고 있다.

재산세 비과세 대상인 사도 중에서 건축법의 규정에 의한 건축선 또는 인접대지 경계선으로부터 일정거리를 띄워 건축함으로써 생긴 대지 안의 공지를 비과세 대상에서 제외하고 있다. 대지 안의 공지를 비과세 대상에서 제외하는 것으로 규정한 취지는 건축법 등 관계 규정에 의하여 건축선이나 인접대지경계선으로부터 띄워야 할 거리를 둠으로 인하여 생긴 공지에 대하여 당해 대지소유자가 그 소유건물의 개방감과 안정성을 확보하고 고객을 유치하기 위한 목적 등으로 그 사용·수익 방법의 하나로 임의로 일반 공중의 통행로로 제공하는 경우 등과 같이 계속하여 독점적이고 배타적인 지배권(사용수익권)을 행사할 가능성이 있는 것을 전제로 한 것이다.

그러나 대지 안 공지의 이용현황, 사도의 조성경위, 대지소유자의 배타적인 사용가능성 등을 객관적·종합적으로 살펴보아 대지 소유자가 그 소유 대지 주위에 일반인들이 통행할 수 있는 공적인 통행로가 없거나 부족하여 부득이하게 그 소유 공지를 불특정 다수인의 통행로로 제공하게 된 결과 더 이상 당해 공지를 독점적·배타적으로 사용·수익할 가능성이 없는 경우에 대지 안의 공지에 해당하지 않는 것으로 보아야 한다.[702] 그러므로 그러한 대지 안의 공도가 일반인의 통행에 대하여 아무런 제약이 없고 불특정 다수인의 통행에 이용되고 있다면 재산세의 비과세 대상에 해당할 수 있는 것이다.

---

701) 대법원 1993.4.23. 선고, 92누9456 판결 ; 2001.5.8. 선고, 99두8633 판결 ; 2005.1.28. 선고, 2002두2871 판결 ; 대법 2009두8984, 2009.9.10. 등 참조
702) 대법원 2005.1.28. 선고, 2002두2871 판결 ; 서울행법 2007구합17984, 2007.10.23.

(2) 하천

「하천법」에 따른 하천과 「소하천정비법」에 따른 소하천은 재산세를 비과세한다.[703] "하천"이란 지표면에 내린 빗물 등이 모여 흐르는 물길로서 공공의 이해에 밀접한 관계가 있어 국가하천 또는 지방하천으로 지정된 것을 말하며, 하천구역과 하천시설을 포함한다.

"하천구역"이란 하천관리청이 결정하는 토지의 구역을 말한다. "하천시설"이란 하천의 기능을 보전하고 효용을 증진하며 홍수피해를 줄이기 위하여 설치하는 다음 각각의 시설을 말한다. 다만, 하천관리청이 아닌 자가 설치한 시설에 관하여는 하천관리청이 해당 시설을 하천시설로 관리하기 위하여 그 시설을 설치한 자의 동의를 얻은 것에 한한다.[704]

① 제방·호안(護岸)·수제(水制) 등 물길의 안정을 위한 시설
② 댐·하구둑(「방조제관리법」에 따라 설치한 방조제를 포함한다)·홍수조절지·저류지·지하하천·방수로·배수펌프장(「농어촌정비법」에 따른 농업생산기반시설인 배수장과 「하수도법」에 따른 하수를 배제(排除)하기 위하여 설치한 펌프장을 제외한다)·수문(水門) 등 하천수위의 조절을 위한 시설
③ 운하·안벽(岸壁)·물양장(物揚場)·선착장·갑문 등 선박의 운항과 관련된 시설
④ 그 밖에 대통령령으로 정하는 시설

"소하천"이란 「하천법」의 적용 또는 준용을 받지 아니하는 하천으로서 「소하천법」 제3조에 따라 그 명칭과 구간이 지정·고시된 하천을 말한다.[705] 공부상 등재 현황에도 불구하고 사실상의 현황이 하천인 경우에는 비과세 대상에 해당된다.

(3) 제방

「공간정보의 구축 및 관리 등에 관한 법률」에 따른 제방은 재산세를 비과세한다. 다만, 특정인이 전용하는 제방은 제외한다.[706] "제방"이란 조수·자연유수(自然流水)·모래·바람 등을 막기 위하여 설치된 방조제·방수제·방사제·방파제 등의 부지를 말한다.[707] 공부상 등재 현황에도 불구하고 사실상의 현황이 제방인 경우에는 비과세 대상에 해당된다.

---

703) 「지방세법 시행령」 제108조 ① 제2호
704) 「하천법」 제2조
705) 「소하천법」 제2조
706) 「지방세법 시행령」 제108조 ① 제3호
707) 「공간정보의 구축 및 관리 등에 관한 법률 시행령」 제58조 제16호

(4) 구거(溝渠)

농업용 구거와 자연유수의 배수처리에 제공하는 구거는 재산세를 비과세한다.[708] "구거"란 용수(用水) 또는 배수(排水)를 위하여 일정한 형태를 갖춘 인공적인 수로·둑 및 그 부속시설물의 부지와 자연의 유수(流水)가 있거나 있을 것으로 예상되는 소규모 수로부지를 말한다.[709] 공부상 등재 현황에도 불구하고 사실상의 현황이 구거인 경우에는 비과세 대상에 해당된다.

(5) 유지

농업용 및 발전용에 제공하는 댐·저수지·소류지와 자연적으로 형성된 호수·늪은 재산세를 비과세한다.[710] "유지"란 물이 고이거나 상시적으로 물을 저장하고 있는 댐·저수지·소류지(沼溜地)·호수·연못 등의 토지와 연·왕골 등이 자생하는 배수가 잘 되지 아니하는 토지를 말한다.[711]

유지에 대한 재산세 비과세 요건인 "자연적으로 형성" 되었다는 것은 어느 일정 상태에서 시작하여 사람의 손길이 가지 아니한 채 시간의 흐름에 따라 비·바람 및 빛 등에 의하여 형성된 것을 의미한다. 공부상 등재 현황에도 불구하고 사실상의 현황이 유지인 경우에는 비과세 대상에 해당된다.

(6) 묘지

무덤과 이에 접속된 부속시설물의 부지로 사용되는 토지로서 지적공부상 지목이 묘지인 토지는 재산세를 비과세한다.[712]

"묘지"란 사람의 시체나 유골이 매장된 토지, 「도시공원 및 녹지 등어 관한 법률」에 따른 묘지공원으로 결정·고시된 토지 및 「장사 등에 관한 법률」 제2조 제9호에 따른 봉안시설과 이에 접속된 부속시설물의 부지를 말한다. 다만, 묘지의 관리를 위한 건축물의 부지는 "대"로 한다.[713]

도로·하천·제방·구거 및 유지의 경우에는 사실상의 현황에 따라 비과세 여부를 판단한다. 반면, 묘지의 경우에는 사실상 현황이 묘지임을 전제로 지적공부상 지목이 묘지여야

---

708) 「지방세법 시행령」 제108조 ① 제4호
709) 「공간정보의 구축 및 관리 등에 관한 법률 시행령」 제58조 제18호
710) 「지방세법 시행령」 제108조 ① 제5호
711) 「공간정보의 구축 및 관리 등에 관한 법률 시행령」 제58조 제19호
712) 「지방세법 시행령」 제108조 ① 제6호
713) 「공간정보의 구축 및 관리 등에 관한 법률 시행령」 제58조 제27호

한다.

「장사 등에 관한 법률」은 국토 훼손을 방지하기 위하여 사설묘지의 설치에는 원칙적으로 특별자치도지사·시장·군수·구청장의 허가를 받도록 하고 있으며, 적법하게 설치된 묘지 외의 구역에서는 시체나 유골을 매장할 수 없도록 하고 있다. 이와 같은 소정의 절차를 거치지 아니한 채 위법하게 설치된 묘지에 대해서까지 현황이 묘지라는 이유만으로 재산세 비과세 혜택이 부여된다면 묘지 증가에 따른 국토 훼손 방지라는 국가 및 지방자치단체의 책무에 반하는 결과가 되므로 위법하게 설치된 묘지를 비과세 대상에서 제외할 필요가 있다. 한편, 「측량·수로조사 및 지적에 관한 법률」은 적법하게 설치된 묘지에 대해서만 지적 공부상의 지목을 묘지로 변경할 수 있도록 하고 있다.

(7) 산림보호구역 등의 토지

「산림보호법」 제7조에 따른 산림보호구역, 그 밖에 공익상 재산세를 부과하지 아니할 타당한 이유가 있는 것으로서 대통령령으로 정하는 토지는 재산세를 비과세한다.[714] "대통령령으로 정하는 토지"란 다음의 토지를 말한다.[715]

① 「군사기지 및 군사시설 보호법」에 따른 군사기지 및 군사시설 보호구역 중 통제보호구역에 있는 토지. 다만, 전·답·과수원 및 대지는 제외한다.
② 「산림보호법」에 따라 지정된 산림보호구역 및 「산림자원의 조성 및 관리에 관한 법률」에 따라 지정된 채종림·시험림
③ 「자연공원법」에 따른 공원자연보존지구의 임야

(8) 비상재해구조용 등으로 사용하는 선박

비상재해구조용, 무료도선용, 선교(船橋) 구성용 및 본선에 속하는 전마용(傳馬用) 등으로 사용하는 선박은 재산세를 비과세한다.[716]

---

714) 「지방세법」 제109조 ② 제2호
715) 「지방세법 시행령」 제108조 ②
716) 「지방세법」 제109조 ② 제4호

Ⅳ 임시사용 건축물, 철거명령 받은 건축물

1. 임시사용 건축물의 비과세

임시로 사용하기 위하여 건축된 건축물로서 재산세 과세기준일 현재 1년 미만의 것은 재산세를 비과세한다.[717] 임시용 건축물은 수익사업 또는 유료사용 여부와 관계없이 비과세가 적용된다.

2. 철거명령 받은 건축물의 비과세

행정기관으로부터 철거명령을 받은 건축물 등 재산세를 부과하는 것이 적절하지 아니한 건축물 또는 주택(「건축법」 제2조 제1항 제2호에 따른 건축물 부분으로 한정한다)으로서 대통령령으로 정하는 것은 재산세를 비과세한다.[718] 철거명령 받은 건축물은 수익사업 또는 유료사용 여부와 관계없이 비과세가 적용된다.

"대통령령으로 정하는 것"이란 재산세를 부과하는 해당 연도에 철거하기로 계획이 확정되어 재산세 과세기준일 현재 행정관청으로부터 철거명령을 받았거나 철거보상계약이 체결된 건축물 또는 주택(「건축법」 제2조 제1항 제2호에 따른 건축물 부분으로 한정한다)을 말한다. 이 경우 건축물 또는 주택의 일부분을 철거하는 때에는 그 철거하는 부분으로 한정한다.[719]

재산세가 비과세되기 위해서는 과세기준일 현재 철거명령 받았거나 철거보상계약이 체결되어 있어야 하고, 해당 연도 내에 철거하기로 계획이 확정되어 있어야 한다. 그러므로 과세기준일 이후 철거명령을 받고 해당 연도에 철거하기로 확정된 건축물이나 과세기준일 이전에 철거명령 받았으나 해당 연도 이후에 철거하기로 확정된 건축물의 경우에는 비과세되지 않는다.

2010년 12월 27일 「지방세법」 개정 시 비과세 대상 철거명령을 받은 건축물의 범위에 주택의 건축물을 포함하였다. 이에 따라 철거명령을 받은 주택의 부속토지는 건축물 부분(주택의 일부분을 철거시에는 그 철거하는 부분으로 한정함)을 공제한 주택분으로 재산세가 과세된다.

철거대상 건축물로서 재산세 비과세 대상이 되기 위해서는 철거명령의 주체 또는 철거보

---

717) 「지방세법」 제109조 ② 제3호
718) 「지방세법」 제109조 ② 제5호
719) 「지방세법 시행령」 제108조 ③

상계약의 상대방이 행정관청에 해당되어야 하므로, 행정관청 이외의 자와 철거보상계약이 체결된 경우라면 당해 건축물은 재산세가 비과세되지 않는다. 특별법에 의하여 특정사업과 관련하여 공사 등을 행정관청으로 의제하는 경우에 당해 공사 등은 행정관청으로 볼 수 있으므로, 당해 공사 등과 철거보상계약이 체결된 건축물 또는 주택은 재산세가 비과세된다.

과세기준일 이후에 철거명령를 받은 경우에는 비과세 대상에 해당하지 아니하고, 소유자가 철거계획을 가지고 있다하여 재산세 과세대상 건축물에서 제외되는 것은 아니다.[720]

---

720) 「지방세법」 제109조 ③ 제5호, 동법 시행령 ③

I 재산세의 과세표준

1. 재산세 과세표준의 개요

재산세 과세표준은 재산의 시가표준액을 기준으로 계산한다. 즉, 재산의 과세표준을 계산함에 있어서는 원칙적 뿐만 아니라 보충적으로도 시가를 사용하지 않는다. 즉, 재산세는 과세대상 물건의 소유사실에 대하여 담세력을 인정하여 그 소유자에게 과세하는 것으로, 재산의 취득·이전이라는 사실 자체에 담세력을 인정하여 부과하는 이른바 유통세에 해당하는 취득세와는 본질적인 차이가 있다. 따라서 재산세를 과세함에 있어 취득 당시의 실거래가액은 고려 대상이 될 수 없고, 오직 시가표준액을 기준으로 과세표준을 계산한다.

그러므로 시가표준액 보다 취득 당시의 실거래가액 내지 시가가 낮을 경우라도 낮은 실거래가액 내지 시가에 따라 재산세를 과세하는 것은 아니다. 「지방세법」이나 「부동산 가격 공시에 관한 법률」 등 관계 법령은 객관적인 평가가치인 시가표준액이 시가를 정확하게 반영할 수 있도록 하는 장치를 마련하고 있고, 납세의무자는 시가표준액 결정 자체를 다투거나 부과처분취소소송에서 시가표준액 결정의 위법을 독립된 위법사유로 다툴 수 있는 등 시가표준액을 다툴 수 있는 방법이 있으므로, 시가표준액이 취득 당시의 실거래가액 내지 시가보다 현저히 높다고 하여 재산세과세표준을 실거래가액이나 시가에 의할 수는 없는 것이다.[721]

재산세는 매년 과세기준일의 과세대상재산에 대하여 일제히 과세해야 하므로 과세시가표준액을 기준으로 개별 부동산 등의 실제 가액을 일일이 조사하기보다 획일적인 시가표준액에 의해서 과세표준을 산정함으로써 안정된 세수를 확보하며 실질적인 조세부담의 공평을 실현하고자 하는 것이다.

재산세의 납세의무는 당해 재산을 보유하는 동안 매년 독립적으로 발생한다. 그러므로 그에 대한 종전 부과처분들과 후행 부과처분은 각각 별개의 처분일뿐만 아니라 납세의무자와 과세대상물건이 동일하다고 하더라도 매년 과세대상물건의 가액의 변동에 따라 그 과세표준도 달라진다. 즉, 그 과세표준은 매년 독립적으로 과세기준일 현재의 재산의 현황이나

---

721) 의정부지방법원 2016.6.7. 선고 2014구합2152 판결

이용상황에 따라 구분하여야 한다.

2. 과세대상별 재산세의 과세표준

(1) 부동산의 과세표준

토지·건축물·주택에 대한 재산세의 과세표준은 시가표준액에 공정시장가액비율을 곱하여 산정한 가액으로 한다.[722]

부동산의 과세표준 = 시가표준액 × 공정시장가액비율

| 공정시장가액비율 |

구 분	공정시장가액비율 범위	현행 공정시장가액비율[723]
토지 및 건축물	50%부터 90%	70%
주택	40%부터 80% (1세대 1주택은 30%부터 70%)	60% (1세대 1주택 43~45%)

현행 주택의 공정시장가액비율은 60%이다. 다만, 2023년도에 납세의무가 성립하는 재산세의 과세표준을 산정하는 경우 1세대 1주택으로 인정되는 주택(시가표준액이 9억원을 초과하는 주택을 포함한다)에 대해서는 다음의 구분에 따른다.

① 시가표준액이 3억원 이하인 주택 : 시가표준액의 100분의 43
② 시가표준액이 3억원을 초과하고 6억원 이하인 주택 : 시가표준액의 100분의 44
③ 시가표준액이 6억원을 초과하는 주택 : 시가표준액의 100분의 45

공정시장가액비율을 「지방세법」이 정한 일정범위 내에서 「지방세법 시행령」에서 규정할 수 있도록 함으로써 부동산가격 변동 등에 탄력적으로 대응하여 국민들의 안정적인 세부담이 가능하도록 하였다. 즉, 공정시장가액제도를 도입하여 부동산가격 변동에 따른 재산세 부담의 적정성을 도모하고 있다.

집합건축물의 과세표준은 전용면적과 공유면적을 합한 면적에 시가표준액을 적용하여 계산한다. 집합건물의 공용부분에는 구분소유자 전원의 공유에 속하는 부분과 일부의 구분소유자만이 공용하도록 제공되는 일부공용부분이 있다. 1동의 구분소유 건물의 공유자라고

---

722) 「지방세법」 제110조 ①
723) 「지방세법 시행령」 제109조

하더라도 일부의 구분소유자만의 공용에 속하는 일부공용부분들이 있는 경우에는 그 일부공용부분이 일부의 구분소유자의 집단별로 달리 제공될 수 있고, 그 제공되는 일부공용부분의 면적도 다를 수 있음에 따라 각 구분소유자의 공용부분의 면적 비율은 전유부분의 면적 비율과 비례하지 않을 수 있다.

공유자의 지분권에 관한 사항은 규약으로 달리 정할 수 있는데, 규약으로 정한 바가 없다면 개별 공유자의 공용부분의 면적은 구분소유자 전원의 공용에 제공되는 공용부분을 전유부분의 면적 비율에 따라 배분한 면적과 일부공용부분이 있는 경우 그 구분소유자의 전유부분의 면적 비율에 따라 배분한 면적을 합산하여 산정한다.[724] 이렇게 산정된 공용면적에 전용면적을 합산한 면적에 시가표준액을 적용하여 재산세의 과세표준을 계산한다.

(2) 주택의 과세표준 상한액

주택의 과세표준이 다음 계산식에 따른 과세표준 상한액보다 큰 경우에는 해당 주택의 과세표준은 과세표준상한액으로 한다.

> 과세표준 상한액 = 대통령령으로 정하는 직전 연도 해당 주택의 과세표준 상당액
>   + (과세기준일 당시 시가표준액으로 산정한 과세표준 × 과세표준상한율)

> 과세표준 상한율 = 소비자물가지수, 주택가격변동률, 지방재정여건 등을 고려하여 0에서 100분의 5 범위 이내로 대통령령으로 정하는 비율

주택의 과세표준 상한제 제도는 공시가격의 급등 시에도 과세표준을 안정적으로 관리할 목적으로 도입되었다. 주택 재산세의 과세표준 상한제 도입에 따라 주택의 세부담 상한제는 폐지되었다.[725]

(3) 선박 및 항공기

선박 및 항공기에 대한 재산세의 과세표준은 시가표준액으로 한다.[726]

---

724) 「집합건물법」 제10조, 제12조
725) 주택 과세표준 상한제는 2024년 1월 1일 이후부터 시행한다. 또한, 주택 재산세 세부담 상한제는 5년간 유지(2024년~2028년) 후 폐지한다.
726) 「지방세법」 제110조 ②

3. 시가표준액[727]

(1) 시가표준액의 의의

"시가표준액"이란 부동산 관련 조세에서 과세표준을 정하기 위하여, 부동산의 시가 그 자체는 아니지만 과세관청이 표준적인 자료를 검토하여 시가로 고시·의제한 가격을 말한다. 따라서 시가표준액은 과세표준의 하위개념이고, 부동산 관련 조세의 과세표준을 산정하기 위한 하나의 개념적 도구이다.

시가표준액이라는 용어는 구「지방세법」제111조 취득세 과세표준 조항에서 정의하고 있다가, 2010년 3월 31일 법률 제10221호로 전부 개정된「지방세법」부터는 제4조에 부동산 등의 시가표준액이라는 규정을 별도로 두고 있다. 시가표준액은 취득세, 재산세 등 여러 개별세목에서 공통으로 적용되기 때문에「지방세법」총칙에서 일괄 규정하고 있다.

「지방세법」에서 시가표준액 제도를 도입하여 일정한 요건 아래에서 시가표준액을 재산세의 과세표준으로 보고 있는 취지는, 재산세는 재산의 크기를 과세표준으로 하는 조세로서 재산세의 과세표준은 재산을 일정하게 평가하여 금전적으로 환산한 가액이 될 수밖에 없으므로,[728] 매번 객관적인 재산의 가치를 조사한다는 것은 업무가 과중할 뿐만 아니라 담당공무원의 능력이나 자세에 따라 납세자의 세부담이 달라져 오히려 실질적으로는 조세부담의 공평을 해칠 수도 있다. 따라서 획일적인 시가표준액에 의하여 재산세의 과세표준을 산정함으로써 법의 집행과정에 개재될 수 있는 부정을 배제하고, 시가표준액을 기준으로 하여 일정한 세수를 확보하며, 실질적인 조세부담의 공평을 실현하고자 하는 데 있다.[729]

주택의 경우에는 주택과 주택의 부수토지에 대하여 고시된 개별주택가격 또는 공동주택가격에 의하고, 주택 이외의 건물의 경우에는 건물과 부속토지로 분류하여 각각 건물시가표준액과 개별공시지가에 의하여 시가표준액을 계산한다.

| 건물의 시가표준액 |

구 분	주 택	비거주용 건물
부속토지	개별주택가격, 공동주택가격	개별공시지가
건물		건물시가표준액

---

727) 총칙편 "시가표준액" 참조
728) 헌재 2001.4.26. 99헌바99 참조
729) 헌재 2012헌바432, 2014.5.29.

주택과 건축물 및 토지 이외의 기타 과세대상에 대하여는 거래가격, 수입가격, 신축·건조·제조가격 등을 고려하여 정한 기준가격에 종류, 구조, 용도, 경과연수 등 과세대상별 특성을 고려하여 산정한다.

Ⅱ 재산세의 세율

1. 재산세의 세율 개요

재산세의 세율은 표준세율에 지방자치단체의 장이 일정한 범위 내에서 세율을 가감할 수 있도록 함으로써 탄력세율제도를 채택하고 있다. 지방자치단체의 장은 특별한 재정수요나 재해 등의 발생으로 재산세의 세율 조정이 불가피하다고 인정되는 경우 조례로 정하는 바에 따라 표준세율의 100분의 50의 범위에서 가감할 수 있다. 다만, 가감한 세율은 해당 연도에만 적용한다.[730]

재산세의 세율은 토지, 건축물, 주택, 선박·항공기로 분류하여 정하고 있다. 토지의 경우 종합합산대상토지와 별도합산대상토지는 누진세율구조로 과세하며, 분리과세대상 토지는 비례세율로 과세한다. 건축물은 비례세율을 적용한다. 주택에 대하여는 누진세율을 적용한다. 그리고 선박과 항공기는 비례세율을 적용하도록 하고 있다.

재산세의 과세대상 물건이 공부상 등재 현황과 사실상의 현황이 다른 경우에는 사실상 현황에 따라 재산세를 부과한다. 따라서 세율 적용에 있어서도 공부상 등재 현황과 사실상의 현황이 다른 경우 사실상의 현황에 따라 세율을 적용한다.

2. 재산세 세율의 적용

재산세는 구세, 시·군세, 특별자치시세 및 특별자치도세에 해당한다. 그러므로 해당 지방자치단체에 소재하는 재산세 과세대상 자산별로 세율을 적용한다. 재산세는 여타 다른 세목에 비하여 복잡한 세율구조를 가지고 있다. 이는 과세대상 자산이 비례세율을 적용하는 자산과 누진세율을 적용하는 자산으로 나누어 지고, 지방자치단체의 세목 구분에 따라 해당 지방자치단체별로 과세대상 자산을 집계하여야 하기 때문이다.

누진세율을 적용하는 경우에 있어서도 토지의 경우에는 종합합산과세대상과 별도합산과세대상으로 나누어 납세의무자별로 해당 지방자치단체에 소재하는 토지의 가액을 합산한

---

730) 「지방세법」 제111조 ③

가액을 과세표준으로 하여 세율을 적용한다. 반면, 주택의 경우에는 합산하지 아니하고 각 주택별로 누진세율을 적용한다.

분리과세대상 토지는 토지별로 분리과세 세율을 적용하고, 건축물의 경우에는 건축물별로 단일세율을 적용한다. 또한, 선박과 항공기의 경우에는 합산하지 아니하고 각각의 재산별로 단일세율을 적용한다.

세율의 적용이 과세대상 자산별로 상이하기 때문에 납세고지서를 발급하는 경우 토지에 대한 재산세는 한 장의 납세고지서로 발급하며, 토지 외의 재산에 대한 재산세는 건축물·주택·선박 및 항공기로 구분하여 과세대상 물건마다 각각 한 장의 납세고지서로 발급하거나, 물건의 종류별로 한 장의 고지서로 발급할 수 있다.[731]

3. 토지의 재산세 표준세율

(1) 종합합산과세대상 토지의 세율

종합합산과세대상 토지는 납세의무자가 소유하고 있는 해당 지방자치단체 관할구역에 있는 종합합산과세대상이 되는 토지의 가액을 모두 합한 금액을 과세표준으로 하여 아래와 같은 누진세율을 적용한다.[732]

| 종합합산과세대상 토지의 재산세 세율 |

과세표준	세　율
5,000만원 이하	1,000분의 2
5,000만원 초과 1억원 이하	10만원+5,000만원 초과금액의 1,000분의 3
1억원 초과	25만원+1억원 초과금액의 1,000분의 5

(2) 별도합산과세대상

별도합산과세대상이 되는 토지는 납세의무자가 소유하고 있는 해당 지방자치단체 관할구역에 있는 별도합산과세대상이 되는 토지의 가액을 모두 합한 금액을 과세표준으로 하여 다음과 같은 누진세율을 적용한다.[733]

---

731)「지방세법 시행규칙」제58조
732)「지방세법」제111조 ① 제1호
733)「지방세법」제111조 ① 제1호

과세표준	세 율
2억원 이하	1,000분의 2
2억원 초과 10억원 이하	40만원+2억원 초과금액의 1,000분의 3
10억원 초과	280만원+10억원 초과금액의 1,000분의 4

(3) 분리과세대상 토지

분리과세대상 토지는 분리과세대상이 되는 해당 토지의 가액을 과세표준으로 하여 다음과 같은 단일세율을 적용한다.[734)]

| 분리과세대상 토지의 재산세 세율 |

구 분	세 율
전·답·과수원·목장용지 및 임야	과세표준의 1천분의 0.7
골프장 및 고급오락장용 토지	과세표준의 1천분의 40
그 밖의 토지	과세표준의 1천분의 2

4. 건축물의 재산세 세율

건축물은 과세표준의 1천분의 2.5의 세율을 적용한다. 다만, 골프장, 고급오락장용 건축물에 대하여는 과세표준의 1천분의 40의 중과세율이 적용되며, 주거지역 등에 위치하는 공장용 건축물에 대하여는 과세표준의 1천분의 5의 세율을 적용한다.[735)]

| 건출물의 재산세 세율 |

구 분	세 율
골프장, 고급오락장용 건축물	과세표준의 1천분의 40
주거지역의 공장용 건축물	과세표준의 1천분의 5
그 밖의 건축물	과세표준의 1천분의 2.5

---

734) 「지방세법」 제111조 ① 제1호
735) 「지방세법」 제111조 ① 제2호

5. 주택의 재산세 세율

(1) 주택에 대한 재산세의 세율

주택에 대하여는 다음과 같은 누진세율을 적용한다.[736]

| 주택의 재산세 세율 |

과세표준	세 율
6천만원 이하	1,000분의 1
6천만원 초과 1억 5천만원 이하	60,000원+6천만원 초과금액의 1,000분의 1.5
1억 5천만원 초과 3억원 이하	195,000원+1억 5천만원 초과금액의 1,000분의 2.5
3억원 초과	570,000원+3억원 초과금액의 1,000분의 4

취득세의 경우 고급주택에 대하여 중과세를 적용한다. 그러나 재산세를 과세함에는 고급주택에 대한 중과세 규정이 없다. 이는 취득세의 경우 단일세율이 적용되기 때문에 고급주택에 대하여 중과세율을 적용할 필요성이 있으나 재산세의 경우 주택분 재산세가 누진세율이 적용됨에 따라 별도의 중과세 규정을 마련할 의미가 없기 때문이다.

(2) 1세대 1주택에 대한 주택 세율 특례

1) 특례 세율

1세대 1주택(시가표준액이 9억원 이하인 주택에 한정한다)에 대해서는 다음의 세율을 적용한다.[737]

| 1세대 1주택에 대한 세율 특례 |

과세표준	세 율
6천만원 이하	1,000분의 0.5
6천만원 초과 1억 5천만원 이하	30,000원+6천만원 초과금액의 1,000분의 1
1억 5천만원 초과 3억원 이하	120,000원+1억 5천만원 초과금액의 1,000분의 2
3억원 초과	420,000원+3억원 초과금액의 1,000분의 3.5

지방자치단체의 장이 조례로 정하는 바에 따라 가감한 세율을 적용한 세액이 1세대 1주택의 특례세율을 적용한 세액보다 적은 경우에는 특례세율을 적용하지 아니한다.[738]

---

736) 「지방세법」 제111조 ① 제3호
737) 「지방세법」 제111조의 2 ①

1세대 1주택 해당 여부를 판단할 때「신탁법」에 따라 신탁된 주택은 위탁자의 주택 수에 가산한다.[739]

2) 세율 특례대상 1세대 1주택의 범위[740]

재산세 세율 특례대상 1세대 1주택이란 과세기준일 현재 세대별 주민등록표에 함께 기재되어 있는 가족(동거인은 제외한다)으로 구성된 1세대가 국내에 다음의 어느 하나에 해당하는 주택이 아닌 주택을 1개만 소유하는 경우 그 주택을 말한다.

① 종업원에게 무상이나 저가로 제공하는 사용자 소유의 주택으로서 과세기준일 현재 다음의 어느 하나에 해당하는 주택. 다만,「지방세기본법 시행령」제2조 제1항 각 호의 어느 하나에 해당하는 관계에 있는 사람에게 제공하는 주택은 제외한다.
   가. 법 제4조 제1항에 따른 시가표준액이 3억원 이하인 주택
   나. 면적이「주택법」제2조 제6호에 따른 국민주택규모 이하인 주택
②「건축법 시행령」별표 1 제2호 라목의 기숙사
③ 과세기준일 현재 사업자등록을 한 다음의 어느 하나에 해당하는 자가 건축하여 소유하는 미분양 주택으로서 재산세 납세의무가 최초로 성립한 날부터 5년이 경과하지 않은 주택. 다만, 가목의 자가 건축하여 소유하는 미분양 주택으로서「주택법」제54조에 따라 공급하지 않은 주택인 경우에는 자기 또는 임대계약 등 권원을 불문하고 다른 사람이 거주한 기간이 1년 이상인 주택은 제외한다.
   가.「건축법」제11조에 따른 허가를 받은 자
   나.「주택법」제15조에 따른 사업계획승인을 받은 자
④ 세대원이「영유아보육법」제13조에 따라 인가를 받고「소득세법」제168조 제5항에 따른 고유번호를 부여받은 이후「영유아보육법」제10조 제5호에 따른 가정어린이집으로 운영하는 주택(가정어린이집을「영유아보육법」제10조 제1호에 따른 국공립어린이집으로 전환하여 운영하는 주택을 포함한다)
⑤ 주택의 시공자가 ③의 가목 또는 나목의 자로부터 해당 주택의 공사대금으로 받은 같은 호에 해당하는 주택(과세기준일 현재 해당 주택을 공사대금으로 받은 날 이후 해당 주택의 재산세의 납세의무가 최초로 성립한 날부터 5년이 경과하지 않은 주택으로 한정한다). 다만, ③의 가목의 자로부터 받은 주택으로서「주택법」제54조에 따라 공

---

738)「지방세법」제111조의 2 ③
739)「지방세법」제111조의 2 ②
740)「지방세법 시행령」제110조의 2

급하지 않은 주택인 경우에는 자기 또는 임대계약 등 권원을 불문하고 다른 사람이 거주한 기간이 1년 이상인 주택은 제외한다.

⑥ 「문화재보호법」 제2조 제3항에 따른 지정문화재 또는 같은 조 제4항에 따른 등록문화재에 해당하는 주택

⑦ 「노인복지법」 제32조 제1항 제3호에 따른 노인복지주택으로서 같은 법 제33조 제2항에 따라 설치한 사람이 소유한 해당 노인복지주택

⑧ 상속을 원인으로 취득한 주택(조합원입주권 또는 주택분양권을 상속받아 취득한 신축주택을 포함한다)으로서 과세기준일 현재 상속개시일부터 5년이 경과하지 않은 주택

⑨ 혼인 전부터 소유한 주택으로서 과세기준일 현재 혼인일로부터 5년이 경과하지 않은 주택. 다만, 혼인 전부터 각각 최대 1개의 주택만 소유한 경우로서 혼인 후 주택을 추가로 취득하지 않은 경우로 한정한다.

⑩ 세대원이 소유하고 있는 토지 위에 토지를 사용할 수 있는 정당한 권원이 없는 자가 「건축법」에 따른 허가 · 신고 등(다른 법률에 따라 의제되는 경우를 포함한다)을 받지 않고 건축하여 사용(건축한 자와 다른 자가 사용하고 있는 경우를 포함한다) 중인 주택(부속토지만을 소유하고 있는 자로 한정한다)

배우자, 과세기준일 현재 미혼인 19세 미만의 자녀 또는 부모(주택의 소유자가 미혼이고 19세 미만인 경우로 한정한다)는 주택 소유자와 같은 세대별 주민등록표에 기재되어 있지 않더라도 1세대에 속한 것으로 보고, 다음의 어느 하나에 해당하는 경우에는 각각 별도의 세대로 본다.

① 과세기준일 현재 65세 이상의 직계존속(배우자의 직계존속을 포함하며, 직계존속 중 어느 한 사람이 65세 미만인 경우를 포함한다)을 동거봉양하기 위하여 19세 이상의 직계비속 또는 혼인한 직계비속이 합가한 경우

② 취학 또는 근무상의 형편 등으로 세대 전원이 90일 이상 출국하는 경우로서 「주민등록법」 제10조의 3 제1항 본문에 따라 해당 세대가 출국 후에 속할 거주지를 다른 가족의 주소로 신고한 경우

주택의 공유지분이나 부속토지만을 소유한 경우에도 각각 1개의 주택으로 보아 주택 수를 산정한다. 다만, 1개의 주택을 같은 세대 내에서 공동소유하는 경우에는 1개의 주택으로 본다.

6. 선박과 항공기의 재산세 세율

취득세가 중과세되는 고급선박은 과세표준의 1천분의 50, 그 밖의 선박은 과세표준의 1천분의 3의 세율을 적용한다. 항공기의 표준세율은 과세표준의 1천분의 3을 적용한다.[741]

7. 과밀억제권역 안 공장의 신설·증설

「수도권정비계획법」 제6조에 따른 과밀억제권역(「산업집적활성화 및 공장설립에 관한 법률」을 적용받는 산업단지 및 유치지역과 「국토의 계획 및 이용에 관한 법률」을 적용받는 공업지역은 제외한다)에서 행정안전부령으로 정하는 공장 신설·증설에 해당하는 경우 그 건축물에 대한 재산세의 세율은 최초의 과세기준일부터 5년간 표준세율(1,000분의 2.5)의 100분의 500에 해당하는 세율로 한다.

 Ⅲ 재산세의 중과세율

1. 재산세 중과세 대상과 세율

골프장 등에 대하여는 중과세 세율을 적용하고 있다. 이는 국민경제발전에 기여하는 생산시설이 아닌 과소비를 조장하는 향락시설에 대하여 사치성 소비를 억제하여 국가 전체적으로 한정된 자원이 보다 더 생산적인 분야에 투자되도록 유도하고 국민의 건전한 소비생활을 정착시키고자 하는 입법취지에 의한 것이다.

취득세가 중과세되는 골프장·고급오락장용 토지와 건축물은 1천분의 40, 고급선박은 1천분의 50의 중과세율이 적용된다. 그리고 과밀억제권역 안에서 공장을 신·증설하는 경우 해당 공장의 건축물에 대해서 신·증설 후 5년간 1천분의 2.5의 세율의 5배의 중과세율이 적용된다.

재산세가 중과세되는 재산 및 세율을 요약하면 다음과 같다.

---

741) 「지방세법」 제111조 ① 제4호, 제5호

토지	골프장 및 고급오락장용 토지	1천분의 40
건축물	골프장, 고급오락장용 건축물	1천분의 40
	과밀억제권역 공장 신·증설	(1천분의 2.5) × 5배
선박	고급선박	1천분의 50

2. 골프장의 중과세

(1) 중과세 대상 골프장

골프장용 토지는 고율의 세율로 분리과세하는 바, 골프장용 토지는 「지방세법」 제106조 (과세대상의 구분)에서 규정하고 있고, 재산세가 중과세되는 골프장용 건축물은 「지방세법」 제111조(세율)에서 규정하고 있다. 그러나 이들 「지방세법」 제106조와 제111조 모두 취득 세 중과세 대상을 규정하고 있는 「지방세법」 제13조 제5항에 따른 골프장의 규정을 준용하 고 있다.

「지방세법」 제13조 제5항 제2호에서는 「체육시설의 설치·이용에 관한 법률」에 따른 회 원제 골프장용 부동산 중 구분등록의 대상이 되는 토지와 건축물을 중과세 대상으로 하고 있다.

「체육시설의 설치·이용에 관한 법률」에 따른 회원제 골프장용 부동산 중 구분등록의 대 상이 되는 토지와 건축물은 재산세가 중과세된다. 그러므로 대중제 골프장의 경우에는 재 산세가 중과세되지 아니하며, 회원제 골프장용 부동산이라 하더라도 구분등록의 대상이 되 지 아니하는 재산은 중과세되지 아니한다.

(2) 회원제 골프장

회원제체육시설업은 회원을 모집하여 경영하는 체육시설업을 말하고, 대중체육시설업은 회원을 모집하지 아니하고 경영하는 체육시설업을 말한다.[742] 여기서 "회원"이란 체육시설 업의 시설을 일반이용자보다 우선적으로 이용하거나 유리한 조건으로 이용하기로 체육시 설업자와 약정한 자를 말한다.

회원제 골프장업은 「체육시설의 설치·이용에 관한 법률」에서 정하는 바에 따라 회원을 모집하여 체육시설을 경영하는 업을 말하며, 회원을 모집하고자 하는 자는 회원모집계획서

---

742) 「체육시설의 설치·이용에 관한 법률 시행령」 제7조

등을 첨부하여 시·도지사에게 제출하도록 규정하고 있다.

　재산세가 고율로 분리과세되는 회원제 골프장용은 특별한 사정이 없는 이상 실제로 회원제 골프장으로 사용되고 있어야 한다. 그러므로, 「체육시설의 설치·이용에 관한 법률」에 따라 회원제 골프장업으로 체육시설업의 등록을 하였다 하더라도 실제로는 대중제 골프장으로만 운영한 경우 그 부동산은 중과세율 적용대상에 해당되지 않는다.

　자금조달을 목적으로 주주를 모집하는 행위 등을 회원제 골프장으로 볼 것인가가 문제이다. 대중제 골프장으로 사업승인 및 등록을 하였으나 공사대금 확보를 목적으로 자금모집에 응한 우선주주와 계열회사에게 골프장의 우선이용권 및 그린피 할인 혜택을 부여하고 있는 경우에 이를 회원모집으로 보는 것은 무리가 있다. 문화체육관광부에서도 자금조달을 목적으로 주주를 모집하는 행위를 회원모집이라 할 수 없으므로 대중제 골프장을 회원제 골프장으로 변경 등록하도록 조치 할 사안이 아니라 우선 이용권을 주는 등의 혜택부여에 대해 시정명령을 해야 할 사안이라고 판단하고 있다.[743] 자금조달 목적의 우선주 발행 등에 참여한 우선주주 또는 자금대여 계열회사에게 골프장을 우선적으로 이용할 수 있는 기회를 제공하는 경우라도 대중제 골프장으로 보아 별도합산과세하는 것이 타당할 것이다.[744]

(3) 구분등록대상 골프장용 부동산

　「체육시설의 설치·이용에 관한 법률」 및 동법 시행령의 관련 규정에 따르면 회원제 골프장업의 등록을 하려는 자는 해당 골프장의 부동산 중 골프코스, 주차장 및 도로, 관리시설 등을 구분하여 등록을 신청하여야 한다.

　골프장 토지 및 건축물에 관한 구분등록 제도는 1994년 처음 도입되었고,[745] 구 「지방세법 시행령」[746]은 원래 골프장을 골프연습장을 제외한 모든 골프장 안 토지와 건축물이라고 정의하고 있었다. 1990년 6월 29일 대통령령 제13033호로 중과세 대상이 되는 골프장 범위를 「체육시설법 시행령」 제4조 제2항 규정에 의한 구분등록대상이 되는 모든 토지와 건축물로 개정하였다.

　이러한 제·개정이 있기 전에는 모든 골프장 안 토지와 건축물이 「지방세법」상 중과세 대상이었으나, '모든 골프장 안 토지와 건축물' 범위가 불명확할 뿐만 아니라, 골프장 용도

---

743) 체육진흥과－5146, 2013.12.12.
744) 지방세운영과－89, 2014.1.9.
745) 「체육시설의 설치·이용에 관한 법률 시행령」(1994.6.17. 대통령령 14284호로 전문개정되기 전 것) 제4조 ②
746) 1990.6.29. 대통령령 제13033호로 개정되기 전 것

에 직접 사용되지 아니하는 시설물에 대하여도 지방세가 중과세되는 문제점이 발생하였다. 즉, 「체육시설의 설치·이용에 관한 법률 시행령」, 「지방세법 시행령」을 제·개정한 취지는 「체육시설의 설치·이용에 관한 법률 시행령」상 회원제 골프장에 관하여 구분등록 제도를 시행으로 회원제 골프장업 등록 시에 지방세 중과세 대상이 되는 토지와 건축물을 구분등록하도록 함으로써 중과세 대상이 되는 골프장 토지와 건축물 범위를 명확히 하기 위함이었다.

「체육시설의 설치·이용에 관한 법률 시행령」 제30조 제3항에 따른 구분등록의 대상이 되는 토지 및 골프장 안의 건축물은 다음과 같다.

① 골프코스(티그라운드·페어웨이·러프·해저드·그린 등을 포함한다)

② 주차장 및 도로

③ 조정지(골프코스와는 별도로 오수처리 등을 위하여 설치한 것은 제외한다)

④ 골프장의 운영 및 유지·관리에 활용되고 있는 조경지(골프장 조성을 위하여 산림훼손, 농지전용 등으로 토지의 형질을 변경한 후 경관을 조성한 지역을 말한다)

⑤ 관리시설(사무실·휴게시설·매점·창고와 그 밖에 골프장 안의 모든 건축물을 포함하되, 수영장·테니스장·골프연습장·연수시설·오수처리시설 및 태양열이용설비 등 골프장의 용도에 직접 사용되지 아니하는 건축물은 제외한다) 및 그 부속토지

⑥ 보수용 잔디 및 묘목·화훼 재배지 등 골프장의 유지·관리를 위한 용도로 사용되는 토지

(4) 골프장용 토지의 세율구분

회원제 골프장용 토지 중 구분등록의 대상이 되는 토지에 대해서는 중과세를 적용하되 이는 체육시설업의 등록을 하는 경우뿐만 아니라 등록을 하지 아니하더라도 사실상 골프장으로 사용하는 경우에도 적용된다[747]고 규정되어 있으므로 구분등록대상이 되는 토지에 대해서는 취득 후 실제 구분등록이 이루어졌는지와 관계없이 분리과세가 적용된다.

재산세 분리과세대상이 되는 회원제 골프장용 토지는 특별한 사정이 없는 이상 실제로 회원제 골프장으로 사용되고 있는 토지를 말하며, 「체육시설의 설치·이용에 관한 법률」에 따라 회원제 골프장업으로 체육시설업 등록을 하였더라도 실제로는 대중골프장으로만 운영한 경우 그 토지는 재산세가 중과세되지 않는다.[748]

---

747) 「지방세법」 제13조 ⑤

748) 대법원 2013.2.15. 선고, 2012두11904 판결

또한, 재산세는 당해연도 과세기준일 현재 그 현황에 따라 부과하여야 하므로 회원제 골프장의 시설에 대하여도 구분등록에 관계없이 그 사실상 현황에 따라 재산세를 부과한다. 따라서 체육시설법 상의 구분등록대상이 아닌 재산을 구분등록한 경우에는 중과세 대상으로 볼 수 없고, 구분등록대상에 해당하는 부동산을 구분등록하지 않은 경우에는 중과세 대상으로 보아 재산세를 과세한다.

경기 및 스포츠업을 경영하기 위하여 「부가가치세법」 제8조에 따라 사업자등록을 한 자의 사업에 이용되고 있는 「체육시설의 설치·이용에 관한 법률 시행령」 제2조에 따른 체육시설용 토지로서 사실상 운동시설에 이용되고 있는 토지는 별도합산과세한다. 체육시설용지로서 별도합산과세대상을 판단함에 있어 골프장의 경우에는 「체육시설의 설치·이용에 관한 법률」 제10조의 2 제2항에 따른 대중형 골프장용 토지로 한정한다.[749] 비회원제 골프장 중 대중형 골프장용 토지에 한하여 별도합산과세되므로 대중형에 해당하지 아니하는 비회원제 골프장용 토지는 종합합산과세된다.

그러므로 회원제 골프장이 아닌 대중골프장의 경우 체육시설용 토지로서 사실상 운동시설에 이용되고 있는 토지는 별도합산과세 또는 종합합산과세한다. 다만, 대중형 골프장의 경우 체육시설업의 종류별 기준에 따른 필수시설에 해당하는 운동시설(골프코스 등) 및 관리시설(조경지 등)을 별도합산 대상으로 한정하고 이와 무관한 토지는 종합합산 토지로 과세한다.[750]

체육시설용 토지로서 사실상 운동시설에 이용되고 있는 토지란 운동을 위한 목적과 그 기능을 수행하기 위해 설치되는 시설에 직접 이용되고 있는 토지를 말한다고 할 수 있어, 운동시설의 접근 편의를 위한 목적으로 설치되어 있는 주차장에 사용되는 토지와 같이 운동시설에 직접 사용되지 아니하는 토지는 별도합산과세대상에 해당되지 않아 종합합산과세된다.[751]

「주차장법 시행령」 제6조에 따른 부설주차장 설치기준면적 이내의 토지는 별도합산과세한다. 다만, 재산세가 중과세되는 골프장용 토지와 고급오락장용 토지 안의 부설주차장은 제외한다.[752] 회원제 골프장용 건축물의 부설주차장용 토지는 별도합산과세대상에서 제외되므로 중과세세율에 의해 분리과세되나, 대중제 골프장의 부설주차장에 대하여 세율적용상 논란의 여지가 있을 수 있다. 저자의 의견으로는 대중제 골프장의 주차장은 「지방세법

---

749) 「지방세법 시행령」 제101조 ③
750) 감심 2010-85, 2010.8.19.
751) 지방세운영과-685, 2016.3.16.
752) 「지방세법 시행령」 제101조 ③ 제11호

시행령」 제101조 제3항 제9호에 의하여 별도합산과세되는 체육시설용 토지에는 해당하지 아니하나, 제11호에 따라 부설주차장 설치기준면적 이내의 토지는 별도합산과세되는 것이고, 기준면적을 초과하는 주차장용 토지는 종합합산과세된다고 보여진다.

(5) 골프장용 건축물의 세율구분

「체육시설의 설치·이용에 관한 법률」의 규정에 의한 회원제 골프장용 부동산 중 구분등록의 대상이 되는 건축물 등에 대하여는 중과세율을 적용하도록 규정하고 있다.[753] 이 경우 골프장은 그 시설을 갖추어 「체육시설의 설치·이용에 관한 법률」에 따라 체육시설업의 등록(시설을 증설하여 변경 등록하는 경우를 포함한다)을 하는 경우뿐만 아니라 등록을 하지 아니하더라도 사실상 골프장으로 사용하는 경우에도 적용되므로 구분등록대상이 되는 건축물에 대해서는 실제 구분등록이 되어 있는지와 관계없이 중과세율이 적용된다.

재산세의 과세대상인 건축물에 「건축법」상의 건축물뿐 아니라 토지에 정착하거나 지하 또는 다른 구조물에 설치하는 급·배수시설 등 일정한 시설물도 포함되는 것으로 규정하고 있다. 따라서 재산세 과세대상인 건축물에 포함되는 급·배수시설 등의 시설물이 체육시설법이 정한 회원제 골프장의 용도에 직접 사용되는 경우에는 실제로 따로 구분 등록되었는지 여부와 상관없이 중과세율이 적용되는 회원제 골프장용 건축물에 해당된다.[754]

3. 고급오락장용 토지와 건축물의 중과세

(1) 고급오락장의 중과세

사치·향락적 소비시설의 유통을 억제하고자 고급오락장의 부속토지와 건축물에 대하여 1,000분의 40의 세율로 분리과세한다.

재산세가 중과세되는 고급오락장은 도박장, 유흥주점영업장, 특수목욕장, 그 밖에 이와 유사한 용도에 사용되는 건축물 중 대통령령으로 정하는 건축물과 그 부속토지를 말한다.[755]

고급오락장용 토지란 고급오락장의 부속토지를 말한다. 고급오락장에 부속된 토지의 경계가 명확하지 아니할 때에는 그 건축물 바닥면적의 10배에 해당하는 토지를 그 부속토지로 본다. 또한, 고급오락장이 건축물의 일부에 시설되었을 때에는 해당 건축물에 부속된 토지 중 그 건축물의 연면적에 대한 고급오락장용 건축물의 연면적 비율에 해당하는 토지를

---

753) 「지방세법」 제13조 ⑤ 제1호
754) 대법 2012두15906, 2013.10.31.
755) 「지방세법」 제13조 ⑤

고급오락장의 부속토지로 본다.

부동산이 고급오락장에 해당하면 재산세의 납세의무자에게 재산세를 중과세한다. 그러므로 임차인이 임차하여 고급오락장으로 사용하는 경우에도 그 부동산의 소유자에게 재산세를 중과세하며, 당초 임대목적과 다르게 용도변경 후 고급오락장으로 사용한 경우라도 부동산의 관리책임은 소유자에게 있으므로 중과세 대상에서 제외되지 아니한다.

(2) 고급오락장의 종류

재산세 중과세대상 고급오락장의 건축물과 그 부속토지는 취득세 중과세가 적용되는 토지 및 건축물과 동일하다. 따라서 취득세 중과세편에서 기술한 바와 같다.

재산세가 중과세되는 고급오락장에 해당되는지 여부는 과세기준일 현재의 현황을 객관적으로 판단하여 고급오락장으로서의 실체를 갖추고 있었는지 여부에 따라 판단한다. 그러므로 고급오락장에 해당하는지 여부는 허가의 내용이 아니라 실제 영업현황에 의하여 판단한다.

과세기준일 현재 고급오락장이 휴업 중으로 영업이 이루어지지 않더라도 그 실체를 구비하고 있어 언제든지 고급오락장으로 사용할 수 있는 상태로서 가까운 시일 내에 영업을 재개하는 것이 가능하고, 영업하는데 법률적인 문제가 없다면 고급오락장으로 보아야 한다.

재산세 중과세율이 적용되는 카바레·나이트클럽·디스코클럽 등 무도유흥주점은 그 영업형태나 춤을 출 수 있는 공간의 규모 등을 고려하여 손님들이 춤을 출 수 있도록 하는 것을 주된 영업형태로 하고 또 그에 상응하는 규모로 객석과 구분된 무도장이 설치된 유흥주점의 영업장소를 말한다.[756] 그러므로 손님이 아닌 유흥종사자만이 가무행위를 할 수 있도록 무대시설을 한 극장식 식당 등은 이에 해당하지 아니한다. 또한, 객석과 구분된 무도장이란 휴식 등을 위하여 설치된 객석과 구분되는 것을 말하고, 이에 해당하는 지의 판단은 바닥재질의 차이, 의자 및 탁자의 설치여부 등 객관적으로 판단한다.

"룸살롱"이란 일단의 손님들이 그 밖의 손님과 격리된 장소에서 유흥을 즐길 수 있도록 객실이 설치된 것을 말한다. 그러나 실제로 유흥종사자를 두고 있는지 여부는 룸살롱 영업장소 여부를 정하는 기준이 되는 것은 아니며, 유흥주점이 룸살롱으로서의 실체를 가지고 합법적으로 유흥접객원을 둘 수 있는 유흥주점영업허가를 받아 영업을 해 오고 있는 경우에는 중과세 대상이 된다. 즉, 유흥접객원은 당해 업주가 마음만 먹으면 언제라도 고용할 수 있고, 유흥접객원에는 상시 고용되지 않은 자를 포함하는 것이므로 유흥접객원이 일시적으로 확인되지 아니한다 하더라도 달리 볼 것은 아니다.

---

756) 대법원 2006.3.10. 선고, 2005두197 판결

(3) 고급오락장의 용도변경공사착공과 중과세 문제

「지방세법」 제13조 제5항 제4호에서는 고급오락장을 '도박장, 유흥주점영업장, 특수목욕장, 그 밖에 이와 유사한 용도에 사용되는 건축물 중 대통령령으로 정하는 건축물과 그 부속토지'로 규정하고 그 단서규정에서 '다만, 고급오락장용 건축물을 취득한 날부터 60일[상속으로 인한 경우는 상속개시일이 속하는 달의 말일부터, 실종으로 인한 경우는 실종선고일이 속하는 달의 말일부터 각각 6개월(납세자가 외국에 주소를 둔 경우에는 각각 9개월)]이내에 고급오락장이 아닌 용도로 사용하거나 고급오락장이 아닌 용도로 사용하기 위하여 용도변경공사를 착공하는 경우는 제외한다.'고 규정하고 있다.

문제는 이 단서규정이 재산세 중과세 대상 고급오락장 여부를 판단함에 있어 적용되는지의 여부이다. 만약, 재산세에도 적용된다면 재산세 과세기준일인(6월 1일) 이후 용도변경공사에 착공한 경우라도 그 착공일이 취득일로부터 60일 등 이내인 경우에는 재산세가 중과세되는 고급오락장에서 제외될 수 있는 것이다. 그러나 재산세는 그 중과세 배제 여부도 과세기준일을 기준으로 판단하여야 한다고 본다. 따라서 고급오락장을 취득하고 취득일로부터 60일 등 이내라고 하더라도 과세기준일 이후에 고급오락장이 아닌 용도로 사용하거나 고급오락장이 아닌 용도로 사용하기 위하여 용도변경공사를 착공하는 경우에는 재산세의 중과세 대상에 해당한다고 보여진다.

즉, 취득세규정에서는 취득일로부터 60일 등 이내에 철거 또는 용도변경공사 착공 시 중과세대상에서 제외하고 있으나, 재산세의 경우에는 과세기준일 현재를 기준으로 고급오락장이 아닌 용도로 사용하거나 고급오락장을 철거하기 위하여 용도변경공사를 착공한 경우에는 중과세 대상에서 제외하여야 할 것이다.

한편, 재산세는 매년 과세기준일을 기준으로 그 현황에 따라 과세하므로 취득세에 있어서와 같이 중과세전환에 따른 추징문제 등이 발생할 여지가 없이, 전환된 시점 이후에 도래하는 과세기준일부터 중과세하는 것이다.

4. 고급선박의 중과세

일반선박에 대하여는 과세표준의 1천분의 3의 세율로 재산세를 과세하고, 고급선박에 대한 재산세는 과세표준의 1천분의 50을 적용하여 계산한 금액을 세액으로 한다.[757] 고급선박이란 비업무용 자가용 선박으로서 대통령령으로 정하는 기준을 초과하는 선박을 말한

---

757) 「지방세법」 제111조 ① 제4호

다.[758] "대통령령으로 정하는 기준을 초과하는 선박"이란 과세기준일 현재 시가표준액이 3억원을 초과하는 선박을 말한다. 다만, 실험·실습 등의 용도에 사용할 목적으로 취득하는 것은 제외한다.[759]

5. 주거지역의 공장용 건축물의 중과세

특별시·광역시(군 지역은 제외한다)·특별자치시(읍·면지역은 제외한다)·특별자치도(읍·면지역은 제외한다) 또는 시(읍·면지역은 제외한다) 지역에서 「국토의 계획 및 이용에 관한 법률」과 그 밖의 관계 법령에 따라 지정된 주거지역 및 해당 지방자치단체의 조례로 정하는 지역의 대통령령으로 정하는 공장용 건축물은 과세표준의 1천분의 5의 세율을 적용한다.[760]

| 공장용 건축물의 중과세 예외 지역 |

해당지역	예 외
특별시	−
광역시	군지역
특별자치시	읍·면지역
특별자치도	읍·면지역
시	읍·면지역

이와 같은 시지역의 주거지역 내에 있는 공장용 건축물에 대하여 중과세가 적용된다. 공장용 건축물에 대해서만 중과세가 적용되므로 공장용 건축물의 부속토지는 중과세가 적용되지 아니하고 토지의 과세구분에 따라 종합합산과세, 별도합산과세, 분리과세 등이 적용된다.

"공장용 건축물"이란 제조·가공·수선이나 인쇄 등의 목적에 사용하도록 생산설비를 갖춘 것으로서 행정안전부령으로 정하는 공장용 건축물을 말한다.[761]

"행정안전부령으로 정하는 공장용 건축물"이란 별표 2에 규정된 업종[762]의 공장으로서 생산설비를 갖춘 건축물의 연면적(옥외에 기계장치 또는 저장시설이 있는 경우에는 그 시

---

758) 「지방세법」 제13조 ⑤ 제5호
759) 「지방세법 시행령」 제28조 ⑤
760) 「지방세법」 제111조 ① 제2호 나목
761) 「지방세법 시행령」 제110조
762) 공장용 건축물은 「지방세법 시행규칙」 별표 2에서 규정하고 있다. 별표 2 제29호에서는 공장의 종류에서 제외하는 업종이 열거되어 있다.

설물의 수평투영면적을 포함한다)이 500제곱미터 이상인 것을 말한다. 이 경우 건축물의 연면적에는 해당 공장의 제조시설을 지원하기 위하여 공장 경계구역 안에 설치되는 부대시설(식당, 휴게실, 목욕실, 세탁장, 의료실, 옥외 체육시설 및 기숙사 등 종업원의 후생복지증진에 제공되는 시설과 대피소, 무기고, 탄약고 및 교육시설은 제외한다)의 연면적을 포함한다.[763]

| 공장의 연면적 계산 |

포함	옥외에 기계장치 또는 저장시설이 있는 경우에는 그 시설물의 수평투영면적
	공장의 제조시설을 지원하기 위하여 공장 경계구역 안에 설치되는 부대시설
불포함	식당, 휴게실, 목욕실, 세탁장, 의료실, 옥외 체육시설 및 기숙사 등 종업원의 후생복지증진에 제공되는 시설
	대피소, 무기고, 탄약고
	교육시설

6. 과밀억제권역에서 공장의 신설·증설에 따른 건축물의 중과세

「수도권정비계획법」 제6조에 따른 과밀억제권역(「산업집적활성화 및 공장설립에 관한 법률」을 적용받는 산업단지 및 유치지역과 「국토의 계획 및 이용에 관한 법률」을 적용받는 공업지역은 제외한다)에서 행정안전부령으로 정하는 공장 신설·증설에 해당하는 경우 그 건축물에 대한 재산세의 세율은 최초의 과세기준일부터 5년간 1천분의 2.5의 세율의 100분의 500에 해당하는 세율로 한다.[764]

과밀억제권역 내 공장의 신설이나 증설에 따른 건축물에 대하여 재산세를 중과하는 입법취지는 과밀억제권역 내로의 인구집중을 억제하고 공해확산을 방지하는데에 있으며, 이때 공장의 신설 또는 증설이라 함은 공장을 새로 설치하거나 기존공장의 시설규모를 확장하는 것을 의미한다.

과밀억제권역 내 건물임차인이 임대인 소유건물을 이용하여 공장을 신설한 경우 공장화된 건물부분에 대한 재산세 중과 납세의무자는 건물 소유자인 임대인이므로, 부동산의 임차인이 공사를 한 것이 재산세 중과대상에 해당하는지 여부는 부동산의 소유자를 기준으로 공장이 새롭게 설치된 것으로 볼 수 있는지 여부에 따라 판단하여야 한다.

중과세가 적용되는 최초의 과세기준일은 공장용 건축물로 건축허가를 받아 건축하였거

---

763) 「지방세법 시행규칙」 제55조
764) 「지방세법」 제111조 ②

나 기존의 공장용 건축물을 공장용으로 사용하기 위하여 양수한 경우에는「지방세법 시행령」제20조에 따른 취득일, 그 밖의 경우에는 공장시설의 설치를 시작한 날 이후에 최초로 도래하는 재산세 과세기준일로 한다.[765]

---

765)「지방세법 시행규칙」제56조 ②

제7절 재산세 납부세액

Ⅰ 재산세 납부세액의 계산

1. 재산세의 납부세액

재산세는 과세표준에 과세대상 자산별 세율을 적용하여 계산한 금액을 그 세액으로 한다. 토지·건축물·주택에 대한 재산세의 과세표준은 시가표준액에 공정시장가액비율을 곱하여 산정한 가액으로 하고 선박 및 항공기에 대한 재산세의 과세표준은 시가표준액으로 한다.

재산세의 세율은 표준세율에 의하고, 특별한 재정수요나 재해 등의 발생으로 재산세의 세율 조정이 불가피하다고 인정되는 경우 조례로 정하는 바에 따라 표준세율의 100분의 50의 범위에서 가감할 수 있다. 다만, 가감한 세율은 해당 연도에만 적용한다.[766]

토지에 대한 재산세는 종합합산과세대상 토지, 별도합산과세대상 토지와 분리과세대상 토지로 구분하고 시·군·구별로 합산하여 세액을 산출한다. 토지 외의 재산에 대한 재산세는 건축물·주택·선박 및 항공기로 구분하여 과세대상 물건마다 세액을 계산하여 각각 한 장의 납세고지서로 발급하거나, 물건의 종류별로 한 장의 고지서로 발급할 수 있다.

2. 재산세 도시지역분

2011년부터는 재산세에 부가하는 조세로서 종전의 도시계획세를 폐지하고, 재산세 도시지역분(재산세 과세표준액×0.14%)으로 통합하여 재산세로 과세된다. 재산세 도시지역분 적용대상 지역 안에 있는 일정한 토지, 건축물 또는 주택에 대하여 재산세 도시지역분을 과세한다.

3. 재산세 세부담의 상한

재산세는 과세표준에 해당 세율을 적용하여 산출한 세액을 과세하는 것이 원칙이나, 기존에 과세대상 토지 등을 보유하고 있던 납세의무자가 과세대상 토지에 대하여 실제로 부담하는 총세액상당액이 공시지가 상승 등의 요인에 따라 전년도에 비하여 급격하게 증가하

---

766) 「지방세법」 제111조 ③

는 것을 방지하기 위하여 세부담의 상한규정을 두고 있다.

4. 재산세에 부가하는 조세

재산세에 부가되는 조세로서 지역자원시설세와 지방교육세 및 농어촌특별세가 있다.

 재산세 도시지역분

1. 재산세 도시지역분의 개요

재산세 도시지역분은 도시계획사업에 필요한 비용에 충당하기 위하여 재산세 도시지역분 적용대상 지역 안에 있는 부동산에 대하여 부과하는 세목이다. 재산세 도시지역분은 「지방세법」 분법 및 세목체계 간소화 전에 구)도시계획세가 세목간소화에 따라 "재산세과세특례"로 하여 재산세에 통합되었다. 그 후 2013년 1월 1일 「지방세법」 개정 시에 "재산세도시지역분"으로 명칭이 변경되었다. 재산세에 통합된 후에도 "도시지역분"은 과세대상·세율·감면 등 과세체계에 있어서는 재산세 본세와 독립적으로 적용하고 있다.

재산세 도시지역분은 본래의 재산세와 마찬가지로 매년 독립적으로 납세의무가 발생하고 과세기준일 현재 재산의 현황이나 이용상황에 따라 과세되는 것이므로 과세기준일 현재 해당 지역에 대하여 재산세 도시지역분 적용지역 고시 등 과세요건이 적법하게 충족된 경우에는 납세의무가 성립한다.

2. 재산세 도시지역분 재산세액

지방자치단체의 장은 재산세 도시지역분 적용대상 지역 안에 있는 대통령령으로 정하는 토지, 건축물 또는 주택에 대하여는 조례로 정하는 바에 따라 다음 ①에 따른 세액에 ②에 따른 세액을 합산하여 산출한 세액을 재산세액으로 부과할 수 있다.[767]

① 본래의 재산세 산출세액
② 재산세 도시지역분

지방자치단체의 장은 해당 연도분의 재산세 도시지역분의 세율을 조례로 정하는 바에 따라 1천분의 2.3을 초과하지 아니하는 범위에서 다르게 정할 수 있다.

---

767) 「지방세법」 제112조 ①

3. 재산세 도시지역분 적용대상 지역

재산세 도시지역분 적용대상 지역은 「국토의 계획 및 이용에 관한 법률」 제6조 제1호에 따른 도시지역 중 해당 지방의회의 의결을 거쳐 고시한 지역이다.

「국토의 계획 및 이용에 관한 법률」 제6조에서는 토지의 이용실태 및 특성, 장래의 토지 이용 방향, 지역 간 균형발전 등을 고려하여 도시지역, 관리지역, 농림지역, 자연환경보전지역으로 구분하고 있으며, 인구와 산업이 밀집되어 있거나 밀집이 예상되어 그 지역에 대하여 체계적인 개발·정비·관리·보전 등이 필요한 지역을 도시지역으로 구분하고 있다.[768]

4. 재산세 도시지역분 과세대상 토지 등

(1) 토지

재산세 도시지역분 과세대상 토지는 재산세 과세대상 토지 중 전·답·과수원·목장용지·임야를 제외한 토지와 「도시개발법」에 따라 환지 방식으로 시행하는 도시개발구역의 토지로서 환지처분의 공고가 된 모든 토지(혼용방식으로 시행하는 도시개발구역 중 환지 방식이 적용되는 토지를 포함한다)를 말한다.[769] 그러므로 재산세 도시지역분 과세대상 토지는 다음과 같이 구분할 수 있다.[770]

① 일반도시지역

「도시개발법」에 따라 환지 방식으로 시행하는 도시개발구역(혼용방식으로 시행하는 도시개발구역 중 환지 방식이 적용되는 토지를 포함한다) 외의 지역 및 환지처분의 공고가 되지 아니한 도시개발구역에서는 전·답·과수원·목장용지 및 임야를 제외한 모든 토지가 재산세 도시지역분 과세대상 토지에 해당된다.

② 환지처분의 공고가 된 도시개발구역

환지처분의 공고가 된 도시개발구역의 토지는 전·답·과수원·목장용지 및 임야를 포함한 모든 토지가 재산세 도시지역분 과세대상 토지에 해당된다. 그러므로 도시개발법에 따라 환지방식으로 시행하는 도시개발구역 내의 토지의 경우에 있어 환지처분의 공고가 이루어진 경우는 구역 내 토지 전부에 대하여, 환지처분의 공고가 이루어지지 않은 경우에는 전·답·과수원·목장용지·임야를 제외한 구역 내 토지에 대

---

768) 「국토의 계획 및 이용에 관한 법률」 제6조
769) 「지방세법 시행령」 제111조
770) 「지방세법 시행규칙」 제57조

하여 재산세 도시지역분이 과세된다.

한편, 환지예정지 지정처분은 사업시행자가 사업시행지구 내의 종전 토지 소유자로 하여금 환지예정지 지정처분의 효력발생일로부터 환지처분의 공고가 있는 날까지 당해 환지예정지를 사용수익 할 수 있게 하는 한편, 종전의 토지에 대하여는 사용수익을 할 수 없게 하는 처분이다. 환지예정지가 지정되면 종전 토지 소유자의 종전 토지에 대한 권리는 환지예정지로 이전하게 되고, 종전 토지 소유자는 종전 토지에 대한 사용수익권을 상실하게 된다. 그러므로 환지예정지로 지정된 토지의 경우에는 재산세 도시지역분이 과세되는 것이며, 종전 토지의 지목이 '전·답·과수원·목장용지·임야'이었다고 하더라도 환지예정지로 지정된 토지의 지목과 종전 토지의 지목을 동일하게 볼 수 없다.[771]

③ 개발제한구역

「국토의 계획 및 이용에 관한 법률」에 따른 개발제한구역 안의 토지 중 지상건축물, 골프장, 유원지, 그 밖의 이용시설이 있는 토지가 재산세 도시지역분 과세대상토지에 해당된다. 개발제한구역에 있는 건축물이 있는 토지는 재산세 도시지역분 과세대상에 해당하므로 근린생활시설의 부속토지는 이에 해당한다. 반면, 주택의 경우에는 고급주택의 부속토지만이 재산세 도시지역분의 과세대상이므로 일반주택의 부속토지는 이에 해당하지 아니한다.

(2) 건축물

재산세 도시지역분 과세대상 건축물은 재산세 도시지역분 적용대상 지역 안에 있는 재산세 과세대상이 되는 모든 건축물이다.

(3) 주택

재산세 도시지역분 과세대상 주택은 재산세 도시지역분 적용대상 지역 안에 있는 재산세 과세대상이 되는 모든 주택이다. 다만, 「국토의 계획 및 이용에 관한 법률」에 따른 개발제한구역에서는 취득세가 중과세되는 고급주택(과세기준일 현재의 시가표준액을 기준으로 판단한다)만 해당한다.

---

771) 인천지법 2012구합670, 2012.6.8.

구 분	과세대상
토지	재산세 과세대상 토지 중 전·답·과수원·목장용지·임야를 제외한 토지
	「도시개발법」에 따라 환지 방식으로 시행하는 도시개발구역의 토지로서 환지처분의 공고가 된 모든 토지
	개발제한구역 안의 토지 중 지상건축물 등이 있는 토지
건축물	재산세 도시지역분 적용대상 지역 안에 있는 재산세 과세대상이 되는 모든 건축물
주택	재산세 도시지역분 적용대상 지역 안에 있는 재산세 과세대상이 되는 모든 주택(다만, 개발제한구역에서는 취득세가 중과세되는 고급주택만 해당)

5. 재산세 도시지역분 적용 제외 대상

재산세 도시지역분 적용대상 지역 안에 있는 토지 중 「국토의 계획 및 이용에 관한 법률」에 따라 지형도면이 고시된 공공시설용지 또는 개발제한구역으로 지정된 토지 중 지상건축물, 골프장, 유원지, 그 밖의 이용시설이 없는 토지는 재산세 도시지역분을 과세하지 아니한다.[772]

「국토의 계획 및 이용에 관한 법률」에 따라 지형도면이 고시된 공공시설용지[773]는 당해 토지에 지상건축물 등의 이용시설이 존재하는지 여부를 불문하고 재산세 도시지역분의 과세대상에서 제외된다.[774]

「국토의 계획 및 이용에 관한 법률」제2조 제13호에서는 '공공시설이란 도로·공원·철도·수도, 그 밖에 대통령령으로 정하는 공공용 시설을 말한다.'고 규정하고, 동 법 시행령 제4조에서 다음과 같은 시설을 공공시설로 규정하고 있다.

① 항만·공항·운하·광장·녹지·공공공지·공동구·하천·유수지·방화설비·방풍설비·방수설비·사방설비·방조설비·하수도·구거
② 행정청이 설치하는 주차장·운동장·저수지·화장장·공동묘지·봉안시설
③ 「스마트도시의 조성 및 산업진흥 등에 관한 법률」제2조 제3호 다목에 따른 시설

행정청이 설치하는 주차장·운동장·저수지·화장장·공동묘지·봉안시설 등이 공공시

---

772) 「지방세법」제112조 ③
773) 「국토의 계획 및 이용에 관한 법률」에서는 도시·군관리계획 결정이 고시되면 지적(地籍)이 표시된 지형도에 도시·군관리계획에 관한 사항을 자세히 밝힌 도면을 작성·승인·고시하도록 하고 있다.
774) 조심 2016지1, 2016.9.13.

설에 해당하는 바, 「국토의 계획 및 이용에 관한 법률 시행령」 제4조 제2호에서 "행정청"의 범위에 대하여 구체적인 언급은 없으나, 이는 국가 또는 지방자치단체로 한정된 것이라 보아야 할 것이다.

Ⅲ 재산세 세부담의 상한

1. 재산세 세부담 상한제도의 의의

재산세는 과세표준에 해당 세율을 적용하여 산출한 세액을 부담하는 것이 원칙이나, 기존에 과세대상 토지 등을 보유하고 있던 납세의무자가 부담하는 총세액상당액이 공시지가 상승 등의 요인에 따라 전년도에 비하여 급격하게 증가하는 것을 방지하기 위하여 2005년부터 세부담의 상한규정을 두고 있다.[775]

2. 세부담의 상한액

해당 재산에 대한 재산세의 산출세액이 직전 연도의 해당 재산에 대한 재산세액 상당액의 100분의 150을 초과하는 경우에는 100분의 150에 해당하는 금액을 해당 연도에 징수할 세액으로 한다. 2011년 12월 31일 「지방세법」 개정 시 재산세와 도시계획세가 통합됨에 따라 재산세 부담 상한을 적용할 때 재산세분과 재산세도시지역분을 각각 구분하여 적용하도록 하였다.

| 당해연도의 재산세 부담액 |

MIN ┌ 해당 재산에 대한 재산세 산출세액
　　 └ 직전 연도의 해당 재산에 대한 재산세액 상당액의 100분의 150

다만, 주택의 과세표준 상한액 규정이 도입됨에 따라 주택의 경우에는 세부담 상한규정을 적용하지 아니한다.[776]

---

775) 재산세의 세부담의 상한제도를 규정하고 있는 것은 2005년 부동산 세제개편에 따라 재산세의 과세표준을 산정하는 방식이 종전 원가 위주의 방식에서 시가 방식으로 변경됨으로써 세부담이 급격하게 증가하는 것을 방지하기 위한 것이다.
776) 주택의 과세표준 상한액 규정은 2024년 1월 1일 이후부터 시행한다. 주택 재산세 세부담 상한제는 5년간 (2024년부터 2028년) 유예 후 폐지된다.

세부담의 상한을 적용함에 있어 주택의 건물과 부속토지의 소유자가 다를 경우에는 그 주택에 대한 산출세액을 건축물과 그 부속토지의 시가표준액 비율로 안분계산(按分計算)한 부분에 대해서는 그 소유자를 납세의무자로 본다.[777] 그러므로 세부담 상한제를 적용함에 있어서는 직전년도의 당해 재산에 대한 재산세액 상당액의 산출은 인별로 적용하는 것이 아니라 재산별로 판단하는 것이 주택의 건물과 토지를 통합하여 평가하고 과세하는 입법취지에 부합한다 할 수 있다. 주택과 부속토지의 소유자가 다른 경우에도 주택으로 봄으로 세부담 상한규정을 적용하지 아니한다.

3. 직전 연도의 해당 재산에 대한 재산세액 상당액[778]

(1) 토지에 대한 세액상당액

1) 직전 연도의 과세표준이 있는 경우

해당 연도의 과세대상 토지에 대한 직전 연도의 과세표준이 있는 경우에는 과세대상 토지별로 직전 연도의 법령과 과세표준 등을 적용하여 산출한 세액이다. 다만, 해당 연도의 과세대상별 토지에 대한 납세의무자 및 토지현황이 직전 연도와 일치하는 경우에는 직전 연도에 해당 토지에 과세된 세액으로 한다.

2) 직전 연도의 과세표준이 없는 경우

가) 토지의 지목변경·신규등록·등록전환

토지의 지목변경·신규등록·등록전환 등으로 해당 연도의 과세대상 토지에 대한 직전 연도의 과세표준이 없는 경우에는 해당 연도 과세대상 토지가 직전 연도 과세기준일 현재 존재하는 것으로 보아 과세대상 토지별로 직전 연도의 법령과 과세표준(직전 연도의 법령을 적용하여 산출한 과세표준을 말한다) 등을 적용하여 산출한 세액으로 한다.

토지의 사실상 지목이 전년도와 동일한 경우에는 토지 조성공사 등의 진척도가 높아져 경제적 가치가 높아졌다하더라도, 이는 이미 사실상 지목이 변경된 토지 현황에 그 정도를 더한 것에 불과하므로 토지의 지목변경사유가 발생하여 토지현황이 변경된 것으로 볼 수는 없다. 따라서 이에 따라 개별공시지가가 증가된 경우에는 해당 연도의 과세대상 토지에 대한 직전 연도의 과세표준이 있는 경우에 해당하므로 그에 따라 세부담의 상한액을 계산하여야 한다.

---

777) 「지방세법」 제7조 ① 제2호
778) 「지방세법 시행령」 제118조

나) 토지의 분할·합병

토지의 분할·합병으로 해당 연도의 과세대상 토지에 대한 직전 연도의 과세표준이 없는 경우에는 다음의 구분에 따른 세액으로 한다.

① 분할·합병 전의 과세대상 토지에 비하여 면적 또는 지분의 증가가 없는 경우에는 직전 연도에 분할·합병 전의 토지에 과세된 세액 중 해당 연도에 소유하고 있는 면적 또는 지분에 해당되는 세액으로 한다.

② 분할·합병 전의 과세대상 토지에 비하여 면적 또는 지분의 증가가 있는 경우에는 Ⓐ, Ⓑ와 같이 계산하여 산출한 세액의 합계액으로 한다.

Ⓐ 분할·합병 전의 과세대상 토지의 면적 또는 지분에 대하여 ①에 따라 산출한 세액

Ⓑ 분할·합병 후에 증가된 과세대상 토지의 면적 또는 지분에 대하여 해당 연도 과세대상 토지가 직전 연도 과세기준일 현재 존재하는 것으로 보아 과세대상 토지별로 직전 연도의 법령과 과세표준(직전 연도의 법령을 적용하여 산출한 과세표준을 말한다) 등을 적용하여 산출한 세액

| 면적이 증가한 경우 |

재산세액 상당액 = Ⓐ 분할·합병전 면적 상당액	+	Ⓑ 증가면적 상당액
= ①에 따라 산출한 세액	+	직전 연도 존재하는 것으로 보아 직전 연도의 법령과 과세표준 등을 적용하여 산출한 세액

3) 과세대상 구분의 변경

해당 연도 과세대상 토지에 대하여 「지방세법」 제106조 제1항에 따른 과세대상 구분의 변경이 있는 경우에는 해당 연도의 과세대상의 구분이 직전 연도 과세대상 토지에 적용되는 것으로 보아 해당 연도 과세대상 토지별로 직전 연도의 법령과 과세표준(직전 연도의 법령을 적용하여 산출한 과세표준을 말한다) 등을 적용하여 산출한 세액으로 한다.

4) 「도시 및 주거환경정비법」등에 따른 사업의 시행

해당 연도 과세대상 토지가 다음의 구분에 따른 정비사업의 시행으로 주택이 멸실되어 토지로 과세되는 경우로서 주택을 건축 중인 경우에는 다음 1) 또는 2)의 계산식에 따라

산출한 세액 상당액(해당 토지에 대하여 토지의 지목변경·신규등록·등록전환 규정에 따라 산출한 직전 연도 세액 상당액이 더 적을 때에는 나목에 따른 세액 상당액을 말한다)으로 한다.

구 분		재산세액 상당액
①	「도시 및 주거환경정비법」에 따른 정비사업 또는 「빈집 및 소규모주택 정비에 관한 특례법」에 따른 소규모주택정비사업의 경우	멸실 전 주택에 실제 과세한 세액×$(130/100)^n$ n=(과세 연도 − 멸실 전 주택에 실제 과세한 연도 − 1)
②	「빈집 및 소규모주택 정비에 관한 특례법」에 따른 빈집정비사업 또는 「농어촌정비법」에 따른 생활환경정비사업(빈집의 정비에 관한 사업만 해당한다)의 경우	멸실 전 주택에 실제 과세한 세액×$(105/100)^n$ n=(과세 연도 − 멸실 전 주택에 실제 과세한 연도 − 1)

주택 멸실 후 주택 착공 전이라도 최초로 도래하는 재산세 과세기준일부터 ①의 경우에는 3년 동안, ②의 경우에는 5년 동안 주택을 건축 중인 것으로 본다.[779] 그러므로 관련 법에 따라 멸실한 주택의 세부담 상한 적용 시 철거 직전 주택세액을 3년(5년) 동안 전년 토지세액으로 간주하여 계산한 금액으로 한다.

(2) 건축물에 대한 세액 상당액

1) 직전 연도의 과세표준이 있는 경우

해당 연도의 건축물에 대한 직전 연도의 과세표준이 있는 경우에는 직전 연도의 법령과 과세표준 등을 적용하여 과세대상별로 산출한 세액으로 한다. 다만, 직전 연도에 해당 납세의무자에 대하여 해당 건축물에 과세된 세액이 있는 경우에는 그 세액으로 한다.

2) 직전 연도의 과세표준이 없는 경우

건축물의 신축·증축 등으로 해당 연도의 과세대상 건축물에 대한 직전 연도의 과세표준이 없는 경우에는 해당 연도 과세대상 건축물이 직전 연도 과세기준일 현재 존재하는 것으로 보아 직전 연도의 법령과 과세표준(직전 연도의 법령을 적용하여 산출한 과세표준을 말한다) 등을 적용하여 과세대상별로 산출한 세액으로 한다.

---

779) 「지방세법 시행령」 제118조

3) 용도변경 등

해당 연도의 과세대상 건축물에 대하여 용도변경 등으로 「지방세법」 제111조 제1항 제2호 다목 및 같은 항 제3호 나목 외의 세율이 적용되거나 적용되지 아니한 경우에는 가목 및 나목에도 불구하고 직전 연도에도 해당 세율이 적용되거나 적용되지 아니한 것으로 보아 직전 연도의 법령과 과세표준(직전 연도의 법령을 적용하여 산출한 과세표준을 말한다) 등을 적용하여 산출한 세액으로 한다.

(3) 비과세·감면의 변경

토지에 대한 세액 상당액 및 건축물에 대한 세액 상당액을 적용할 때 해당 연도의 토지·건축물에 대하여 비과세·감면규정이 적용되지 아니하거나 적용된 경우에는 직전 연도에도 해당 규정이 적용되지 아니하거나 적용된 것으로 보아 세액 상당액을 계산한다.[780]

해당 연도에는 비과세·감면 대상이지만 직전 연도에 비과세·감면 대상이 아니었다는 이유로 직전 연도의 법령을 그대로 적용하여 산출한 재산세액을 기준으로 세부담 상한제를 적용하면 과세표준의 대폭적인 현실화로 인한 세부담의 급격한 증가를 방지하기 위하여 도입한 세부담 상한제의 취지가 퇴색할 수 있다. 반대로 해당 연도에는 비과세·감면 대상이 아님에도 직전 연도에 비과세·감면 대상이었다는 이유로 비과세·감면규정에 따른 직전 연도의 재산세액을 기준으로 세부담 상한제를 적용하면 비과세·감면 대상에서 정상적인 과세 대상으로 전환한 취지가 세부담 상한제로 인하여 왜곡될 수 있다. 「지방세법 시행령」 제118조 제3호의 입법취지는 이러한 현상을 방지함으로써 세부담 상한제와 비과세·감면규정 각각의 본래의 입법취지를 살려 과세의 형평을 도모하고 세정 운영의 혼란을 예방하고자 하는 데 있다고 할 것이다.

---

780) 「지방세법 시행령」 제118조 제3호

I 재산세 납세의무의 성립과 확정

1. 재산세 납세의무의 성립

재산세의 납세의무는 과세기준일(매년 6월 1일)에 성립한다. 그리고 재산세에 부가되는 지역자원시설세는 그 과세대상인 특정부동산의 과세기준일에 납세의무가 성립하고, 지방교육세는 그 과세표준이 되는 세목의 납세의무가 성립하는 때에 성립하므로 재산세에 부가되는 세목 또한 과세기준일이 납세의무의 성립일이 된다.

2. 재산세 납세의무의 확정

재산세는 관할 지방자치단체의 장이 세액을 산정하여 보통징수의 방법으로 부과 · 징수한다. 즉, 재산세는 부과과세제도를 채택하고 있으므로 재산세의 과세표준과 세액을 해당 지방자치단체가 결정하는 때에 납세의무가 확정된다.

3. 재산세의 부과제척기간과 소멸시효

지방세는 제척기간의 기산일로부터 부과제척기간[781]이 만료되는 날까지 부과하지 아니한 경우에는 부과할 수 없다. 재산세는 보통징수의 방법에 의하여 부과 · 고지하므로 재산세의 납세의무성립일이 재산세의 제척기간의 기산일이 된다.

"소멸시효"란 일정기간 동안 권리를 행사하지 않은 경우 그 권리를 소멸시키는 제도로서 권리의 불행사기간으로 이해할 수 있다. 지방자치단체의 징수금의 징수를 목적으로 하는 지방자치단체의 권리(지방세징수권)는 그 권리를 행사할 수 있는 때부터 소멸시효기간까지 행사하지 아니하면 시효로 인하여 소멸한다. 재산세 징수권의 소멸시효의 기산일은 납세고지에 의한 납부기한의 다음날부터 기산한다. 지방세의 소멸시효는 지방세의 금액에 따라 5천만원 이상인 경우는 10년, 5천만원 미만인 경우에는 5년이다.

---

781) 「지방세기본법」 참조

Ⅱ 재산세의 과세기준일과 납기

1. 재산세의 과세기준일

재산세는 재산의 보유사실에 대하여 부과하는 조세로서 매년 도래하는 과세기준일 현재의 현황에 따라 납세의무가 성립하는 조세이다. 재산세의 과세기준일은 매년 6월 1일이다.[782]

과세기준일은 지방세 과세에 적용되는 기준일로서 재산세 등에 적용된다. 종전에는 납세의무 성립일을 납기개시일로 함으로써 부과·징수상 불합리한 점이 발생하였다. 이러한 불합리 한 부분을 제거하고, 과세기준일부터 일정한 기간이 경과한 후에 납기 개시일을 정함으로써 부과의 시간적 여유를 갖고 부과·징수에 정확을 기하고자 과세기준일제도를 도입하였다. 이에 반해 납기개시일은 납기가 개시되는 날을 말하며, 재산세의 경우 납기개시일은 단순히 납기가 도래된 지방세의 납부가 개시되는 날로서 납세의무성립과는 무관하다.

재산세는 보유하는 재산에 담세력을 인정하여 과세하는 수익세적 성격을 지니며, 당해 재산을 보유하는 동안 매년 독립적으로 납세의무가 발생한다. 따라서 과세대상의 구분, 납세의무자, 과세표준, 적용세율, 감면여부 등도 매년 독립적으로 과세기준일 현재의 재산 현황이나 이용 상황에 따라 구분된다.

재산세 납세의무자는 과세기준일 현재 재산을 사실상 소유하고 있는 자이다. 과세대상인 재산의 소유기간에 관계없이 그 과세기준일 현재의 소유자가 1년분 재산세의 전액을 납부할 의무가 있다. 과세권자는 재산세를 부과·징수하기 위하여 많은 납세의무자를 대상으로 하여 세액결정, 납세고지서의 작성·발송이라는 일련의 징세사무를 매년 단기간에 처리하여야 한다. 그리고 그 과세대상인 재산의 소유자가 수시로 변동된다. 그러므로 조세 부과행정의 편의상 일정한 과세기준일을 정하여 그 당시의 소유자에게 1년간의 세액을 부과하기로 규정한 것이다. 이는 조세의 부과에 관한 입법자의 입법형성권의 범위 내에 속하는 것으로서 「헌법」상의 평등권, 과잉입법금지의 원칙, 행복추구권, 재산권 침해금지의 원칙 등에 위배된다고 할 수 없다.[783]

---

782) 「지방세법」제114조
783) 대법 97누6186, 1998.5.29.

2. 재산세의 납기

재산세 납기는 각 과세대상별로 구분하여 정하고 있다. 재산세의 납기는 다음과 같다.[784]

| 재산세의 납기 |

과세대상	납　기
건축물, 선박, 항공기	매년 7월 16일부터 7월 31일까지
토지	매년 9월 16일부터 9월 30일까지
주택	매년 7월 16일부터 7월 31일까지 매년 9월 16일부터 9월 30일까지

건축물・선박・항공기의 재산세 납기는 매년 7월 16일부터 7월 31일까지이며, 토지의 납기는 매년 9월 16일부터 9월 30일까지이다. 주택은 해당 연도에 부과・징수할 세액의 2분의 1은 매년 7월 16일부터 7월 31일까지, 나머지 2분의 1은 9월 16일부터 9월 30일까지 납부하여야 한다. 다만, 해당 연도에 부과할 주택에 대한 재산세액이 20만원 이하인 경우에는 조례로 정하는 바에 따라 납기를 7월 16일부터 7월 31일까지로 하여 한꺼번에 부과・징수할 수 있다.

지방자치단체의 장은 과세대상의 누락, 위법 또는 착오 등으로 인하여 이미 부과한 세액을 변경하거나 수시부과하여야 할 사유가 발생하면 수시로 부과・징수할 수 있다. 그러므로 과세기준일을 기준으로 5년의 부과제척기간 내에는 수시부과・징수할 수 있는 것이다.

 재산세의 징수방법

1. 징수방법

(1) 보통징수

재산세는 관할 지방자치단체의 장이 세액을 산정하여 보통징수의 방법으로 부과・징수한다.[785] 보통징수는 세무공무원이 납세고지서를 해당 납세자에게 발급하여 지방세를 징수하는 것을 말한다. 보통징수는 지방세의 일반적인 징수방법이다. 재산세를 징수하려면 토

---

784) 「지방세법」 제115조
785) 「지방세법」 제116조

지, 건축물, 주택, 선박 및 항공기로 구분한 납세고지서에 과세표준과 세액을 적어 늦어도 납기개시 5일 전까지 발급하여야 한다.

(2) 재산세 과세대장에의 등재

시장·군수·구청장은 재산의 소유권 변동이나 과세대상 재산의 변동 등에 대한 신고, 분리과세대상 토지 적용의 신청이나 직권으로 매년 과세기준일 현재 모든 재산을 조사하고, 과세대상 또는 비과세·감면대상으로 구분하여 재산세 과세대장에 등재해야 한다.[786]

(3) 납세고지서의 발부

시장·군수·구청장은 조사한 재산 중 토지는 종합합산과세대상 토지, 별도합산과세대상 토지와 분리과세대상 토지로 구분하고 납세의무자별로 합산하여 세액을 산출한다. 그리고 납기개시 5일 전까지 토지, 건축물 및 주택에 대한 재산세 납세의무자에게 납세고지서를 발급하여 재산세를 징수해야 한다.[787]

납세고지서를 발급하는 경우 토지에 대한 재산세는 한 장의 납세고지서로 발급하며, 토지 외의 재산에 대한 재산세는 건축물·주택·선박 및 항공기로 구분하여 과세대상 물건마다 각각 한 장의 납세고지서로 발급하거나, 물건의 종류별로 한 장의 고지서로 발급할 수 있다.

재산세의 납세고지서의 발급시기를 납기개시 5일 전으로 규정한 것은 납기가 개시하기 전에 과세표준과 세액을 알려줌으로써 납세의무자로 하여금 과세표준과 세액을 확인하고 그에 따른 납부금을 준비할 수 있는 기간을 납기에 더하여 추가로 더 확보해 주고자 함에 있다. 따라서 이 규정에 따른 기간 내에 납세고지서가 발급되지 않았다고 하여 납세의무의 성립이나 송달의 효력이 좌우된다고 볼 수는 없다. 다만, 납세고지서의 발급시기가 도과되어 그로 인하여 납부기한을 지키지 못하였다는 사정이 소명되는 경우 가산세 산정 개시일을 달리 볼 여지가 있을 뿐이다.[788]

납세고지서는 부과된 세금을 보통징수방법에 의하여 납세의무자에게 통지하는 문서로서 납세의무자의 주소, 성명, 세액, 납부기한, 구제방법 등을 기재하고 있으며, 그 내용과 통지의 절차는 과세권 성립의 필수요건이 된다. 납세고지서에는 납세의무자가 부과처분의 내용을 상세하게 알 수 있도록 과세대상 재산을 특정하고 그에 대한 과세표준액, 적용할 세율

786) 「지방세법 시행령」 제58조
787) 「지방세법」 제116조
788) 대법 2016두31074, 2016.4.15.

등의 세액의 산출기초가 되는 사항을 구체적으로 기재하여야 한다. 이러한 규정들은 강행규정으로서 이러한 법령이 요구하는 사항 중 일부를 누락시킨 하자가 있는 경우는 그 부과처분은 위법한 것이 된다.[789] 즉, 법령이 납세고지서에 세액부과 처분에 필요한 모든 사항을 명백하게 기재하도록 요구하는 것은 조세행정의 자의를 배제하고 신중하고 합리적인 처분을 행하게 함으로써 공정을 기함과 동시에 납세의무자에게 부과처분의 내용을 상세히 알려 불복여부의 결정과 불복신청의 편의를 제공하려는데 있기 때문이다.

2. 물납

조세는 원칙적으로 금전에 의하여 납부하는 것이 원칙이다. 다만, 조세채무를 금전으로 납부하기가 곤란하다고 인정되는 경우 금전으로 납부하는 대신에 금전 이외의 재산으로 납부하는 방식도 있는데 이를 물납이라고 한다. 물납제도를 둔 취지는 현금납부만을 관철할 경우 납세의무자에게 발생할 수 있는 세금납부의 어려움을 완화해 주고자하는 데 있다.

지방자치단체의 장은 재산세의 납부세액이 1천만원을 초과하는 경우에는 납세의무자의 신청을 받아 해당 지방자치단체의 관할구역에 있는 부동산에 대하여만 물납을 허가할 수 있다.[790] 이 경우 동일 시·군·구 안에서 재산세 납부세액을 합산하여 1천만원 이상이 되어야 물납신청이 가능하다. 또한, 1천만원 이상 여부를 판단함에 있어 재산세 도시지역분은 포함하며, 병기 고지되는 지역자원시설세·지방교육세 제외한다.

재산세를 물납(物納)하려는 자는 그 납부기한 10일 전까지 납세지를 관할하는 시장·군수·구청장에게 신청하여야 한다. 물납신청을 받은 시장·군수·구청장은 신청을 받은 날부터 5일 이내에 납세의무자에게 그 허가 여부를 서면으로 통지하여야 한다. 물납허가를 받은 부동산을 물납하였을 때에는 납부기한 내에 납부한 것으로 본다.[791]

3. 분할납부

지방자치단체의 장은 재산세의 납부세액이 250만원을 초과하는 경우에는 다음에 해당하는 금액을 납부기한이 지난 날부터 3개월 이내에 분할납부하게 할 수 있다.[792] 분할납부하려는 자는 재산세의 납부기한까지 신청서를 시장·군수·구청장에게 제출하여야 한다. 시장·군수·구청장은 분할납부신청을 받았을 때에는 이미 고지한 납세고지서를 납부기한

---

789) 대법원 1994.6.14. 선고 93누11944 판결
790) 「지방세법」 제117조
791) 「지방세법 시행령」 제113조
792) 「지방세법」 제118조

내에 납부하여야 할 납세고지서와 분할납부기간 내에 납부하여야 할 납세고지서로 구분하여 수정 고지하여야 한다.

① 납부할 세액이 500만원 이하인 경우 : 250만원을 초과하는 금액
② 납부할 세액이 500만원을 초과하는 경우 : 그 세액의 100분의 50 이하의 금액

재산세의 분납신청은 납세고지서상의 재산세와 재산세 부가세목의 총세액으로 판단하는 것이 아니라 재산세액만을 기준으로 분납여부를 판단한다. 다만, 본세가 분납될 경우 본세의 분납비율에 따라 부가세도 분납될 수 있다고 판단된다.

4. 납부유예

지방자치단체의 장은 다음의 요건을 모두 충족하는 납세의무자가 1세대 1주택(시가표준액이 9억원을 초과하는 주택을 포함한다[793])의 재산세액(해당 재산세를 징수하기 위하여 함께 부과하는 지방세를 포함한다)의 납부유예를 그 납부기한 만료 3일 전까지 신청하는 경우 이를 허가할 수 있다. 이 경우 납부유예를 신청한 납세의무자는 그 유예할 주택 재산세에 상당하는 담보를 제공하여야 한다.[794] 지방자치단체의 장은 납부유예 신청을 받은 경우 납부기한 만료일까지 납세의무자에게 납부유예 허가 여부를 통지하여야 한다.

① 과세기준일 현재 1세대 1주택의 소유자일 것
② 과세기준일 현재 만 60세 이상이거나 해당 주택을 5년 이상 보유하고 있을 것
③ 다음의 어느 하나에 해당하는 소득 기준을 충족할 것
　㉠ 직전 과세기간의 총급여액이 7천만원 이하일 것(직전 과세기간에 근로소득만 있거나 근로소득 및 종합소득과세표준에 합산되지 아니하는 종합소득이 있는 자로 한정한다)
　㉡ 직전 과세기간의 종합소득과세표준에 합산되는 종합소득금액이 6천만원 이하일 것(직전 과세기간의 총급여액이 7천만원을 초과하지 아니하는 자로 한정한다)
④ 해당 연도의 납부유예 대상 주택에 대한 재산세의 납부세액이 100만원을 초과할 것
⑤ 지방세, 국세 체납이 없을 것

지방자치단체의 장은 주택 재산세의 납부가 유예된 납세의무자가 다음의 어느 하나에 해

---

793) 2023년 12월 29일 「지방세법」 개정 시, 납세자 혼란을 방지하기 위해 공시가격 9억원을 초과하는 주택도 납부유예 신청 대상임을 명확히 하였다.
794) 「지방세법」 제118조의 2

당하는 경우에는 그 납부유예 허가를 취소하여야 한다.

① 해당 주택을 타인에게 양도하거나 증여하는 경우

② 사망하여 상속이 개시되는 경우

③ 1세대 1주택의 요건을 충족하지 아니하게 된 경우

④ 담보의 변경 또는 그 밖에 담보 보전에 필요한 지방자치단체의 장의 명령에 따르지 아니한 경우

⑤ 「지방세징수법」 제22조 제1항 각 호의 어느 하나에 해당되어 그 납부유예와 관계되는 세액의 전액을 징수할 수 없다고 인정되는 경우

⑥ 납부유예된 세액을 납부하려는 경우

지방자치단체의 장은 납부유예의 허가를 취소하는 경우 납세의무자(납세의무자가 사망한 경우에는 그 상속인 또는 상속재산관리인을 말한다)에게 그 사실을 즉시 통지하여야 한다.

지방자치단체의 장은 주택 재산세의 납부유예 허가를 취소한 경우에는 대통령령으로 정하는 바에 따라 해당 납세의무자에게 납부를 유예받은 세액과 이자상당가산액을 징수하여야 한다. 다만, 상속인 또는 상속재산관리인은 상속으로 받은 재산의 한도에서 납부를 유예받은 세액과 이자상당가산액을 납부할 의무를 진다.

지방자치단체의 장은 납부유예를 허가한 날부터 징수할 세액의 고지일까지의 기간 동안에는 「지방세기본법」 제55조에 따른 납부지연가산세를 부과하지 아니한다.

5. 소액 징수면제

고지서 1장당 재산세로 징수할 세액이 2천원 미만인 경우에는 해당 재산세를 징수하지 아니한다.[795] 조세채권 행사에 따른 비용이 징수할 세액보다 큰 경우 과세실익이 없는 바, 소액부징수제도는 고지서 송달비용 등 과세비용을 고려하여 행정비용 측면에서 도입된 제도이다. 이때 고지서 1매당 2,000원 미만이라 함은 재산세 고지서상에 병기 고지된 세액을 제외한 재산세만을 의미한다.

당초 재산세가 2,000원 미만으로 소액부징수 되었으나 과세표준 정정으로 세액이 2,000원 이상으로 변경된 경우, 당해 재산세 과세대상 물건에 대해 납세의무가 성립되어 산출된 정상세액이 2,000원 이상인 이상, 당초 과세표준계산의 착오로 인해 소액부징수 처리된 것은 최초의 부과처분으로 볼 수 없다. 따라서 과세권자가 행사하는 조세채권에서 원천적으

---

795) 「지방세법」 제119조

로 배제된 것으로 볼 수 없으므로 정상세액으로 산정된 전체 세액으로 과세함이 타당하다.[796]

6. 신탁재산 수탁자의 물적납세의무

2020년 12월 29일 「지방세법」 개정 시 신탁재산의 재산세 납세의무자를 종전의 수탁자에서 위탁자로 변경하고, 수탁자의 물적납세의무와 그 납부고지 및 징수 등에 관한 특례를 신설하였다.

신탁재산의 위탁자가 다음의 어느 하나에 해당하는 재산세·가산금 또는 체납처분비를 체납한 경우로서 그 위탁자의 다른 재산에 대하여 체납처분을 하여도 징수할 금액에 미치지 못할 때에는 해당 신탁재산의 수탁자는 그 신탁재산으로써 위탁자의 재산세 등을 납부할 의무가 있다.[797]

① 신탁 설정일 이후에 「지방세기본법」 제71조 제1항에 따른 법정기일이 도래하는 재산세 또는 가산금(재산세에 대한 가산금으로 한정한다)으로서 해당 신탁재산과 관련하여 발생한 것. 다만, 제113조 제1항 제1호 및 제2호에 따라 신탁재산과 다른 토지를 합산하여 과세하는 경우에는 신탁재산과 관련하여 발생한 재산세 등을 신탁재산과 다른 토지의 시가표준액 비율로 안분계산한 부분 중 신탁재산 부분에 한정한다.
② ①의 금액에 대한 체납처분 과정에서 발생한 체납처분비

수탁자로부터 납세의무자의 재산세 등을 징수하려는 지방자치단체의 장은 납부통지서를 수탁자에게 고지하여야 한다. 고지가 있은 후 납세의무자인 위탁자가 신탁의 이익을 받을 권리를 포기 또는 이전하거나 신탁재산을 양도하는 등의 경우에도 고지된 부분에 대한 납세의무에는 영향을 미치지 아니한다.

신탁재산의 수탁자가 변경되는 경우에 새로운 수탁자는 이전의 수탁자에게 고지된 납세의무를 승계한다. 신탁재산에 대하여 「지방세징수법」에 따라 체납처분을 하는 경우 수탁자는 신탁재산의 보존 및 개량을 위하여 지출한 필요비 또는 유익비의 우선변제를 받을 권리가 있다.

---

796) 지방세운영-1879, 2011.4.21.
797) 「지방세법」 제119조의 2 ①

7. 향교 및 종교단체에 대한 특례

개별 향교 또는 개별 종교단체가 소유한 토지로서 개별단체가 속하는 「향교재산법」에 따른 향교재단 또는 종교단체의 명의로 조세 포탈을 목적으로 하지 아니하고 등기한 토지의 경우에는 개별단체별로 합산한 토지의 가액을 과세표준으로 하여 토지에 대한 재산세를 과세할 수 있다. 개별단체 또는 향교재단 등이 토지에 대한 재산세를 개별단체별로 합산하여 납부하려는 경우에는 해당 토지의 소재지를 관할하는 지방자치단체의 장에게 신청하여야 한다.[798]

8. 신고의무

다음의 어느 하나에 해당하는 자는 과세기준일부터 15일 이내에 그 소재지를 관할하는 지방자치단체의 장에게 그 사실을 알 수 있는 증거자료를 갖추어 신고하여야 한다.[799]

① 재산의 소유권 변동 또는 과세대상 재산의 변동 사유가 발생하였으나 과세기준일까지 그 등기·등록이 되지 아니한 재산의 공부상 소유자
② 상속이 개시된 재산으로서 상속등기가 되지 아니한 경우에는 주된 상속자
③ 사실상 종중재산으로서 공부상에는 개인 명의로 등재되어 있는 재산의 공부상 소유자
④ 수탁자 명의로 등기·등록된 신탁재산의 수탁자
⑤ 1세대가 둘 이상의 주택을 소유하고 있음에도 불구하고 「지방세법」 제111조의 2 제1항에 따른 세율을 적용받으려는 경우에는 그 세대원
⑥ 공부상 등재현황과 사실상의 현황이 다르거나 사실상의 현황이 변경된 경우에는 해당 재산의 사실상 소유자

신고가 사실과 일치하지 아니하거나 신고가 없는 경우에는 지방자치단체의 장이 직권으로 조사하여 과세대장에 등재할 수 있다. 재산세 납세의무자에 대한 재산세 관련 신고의무를 규정하고 있지만 당해 신고의무불이행에 대한 가산세의 제재규정이 없다. 다만, 납세의무자가 신고를 하지 아니한 경우 과세권자가 그 사실을 조사하여 직권으로 과세대장에 등재하고 그 뜻을 관계인에게 통지하도록 하고 있다.

---

798) 「지방세법」 제119조의 3
799) 「지방세법」 제120조

9. 재산세 과세대장의 비치 등

지방자치단체는 재산세 과세대장을 비치하고 필요한 사항을 기재하여야 한다. 이 경우 해당 사항을 전산처리하는 경우에는 과세대장을 갖춘 것으로 본다. 재산세 과세대장은 토지, 건축물, 주택, 선박 및 항공기 과세대장으로 구분하여 작성한다.[800]

 재산세의 납세지

재산세는 다음 각각의 납세지를 관할하는 지방자치단체에서 부과한다.[801]

① 토지 : 토지의 소재지
② 건축물 : 건축물의 소재지
③ 주택 : 주택의 소재지
④ 선박 : 「선박법」에 따른 선적항의 소재지. 다만, 선적항이 없는 경우에는 정계장(定繫場) 소재지(정계장이 일정하지 아니한 경우에는 선박 소유자의 주소지)로 한다.
⑤ 항공기 : 「항공안전법」에 따른 등록원부에 기재된 정치장의 소재지(「항공안전법」에 따라 등록을 하지 아니한 경우에는 소유자의 주소지)

---

800) 「지방세법」 제121조
801) 「지방세법」 제108조

제 **4** 장

기타의 지방세

제1절 등록면허세

Ⅰ 통칙

1. 등록면허세의 의의

등록면허세는 재산권 기타 권리의 취득·이전·변경 또는 소멸에 관한 사항을 공부에 등기 또는 등록하는 경우 또는 면허를 받는 경우에 이를 담세력의 표현으로 보고 지방자치단체의 재정수입을 위하여 부과하는 조세이다.

2011년 등록세는 지방세 세목의 통·폐합을 통해 취득세와 등록면허세로 재편되었다. 즉, 종전 등록세 과세대상 중 취득을 원인으로 등기·등록되는 과세대상은 취득세로 흡수되고, 그 나머지 재산권과 그 밖의 권리의 설정·변경 또는 소멸에 관한 사항을 공부에 등기·등록하는 부분과 종전의 면허세를 등록면허세로 통·폐합하였다. 즉, 등록면허세는 등록 혹은 면허에 대하여 과세하는 조세를 말하며, 이를 각각 등록분 등록면허세와 면허분 등록면허세로 구분한다.

2. 정의[802)]

(1) 등록

"등록"이란 재산권과 그 밖의 권리의 설정·변경 또는 소멸에 관한 사항을 공부에 등기하거나 등록하는 것을 말한다. 다만, 취득세 과세대상인 취득을 원인으로 이루어지는 등기 또는 등록은 제외하되, 다음의 어느 하나에 해당하는 등기나 등록은 포함한다.

① 광업권·어업권 및 양식업권의 취득에 따른 등록
② 외국인 소유의 취득세 과세대상 물건(차량, 기계장비, 항공기 및 선박만 해당한다)의 연부 취득에 따른 등기 또는 등록
③ 취득세 부과제척기간이 경과한 물건의 등기 또는 등록

---

802) 「지방세법」 제23조

(2) 면허

"면허"란 각종 법령에 규정된 면허·허가·인가·등록·지정·검사·검열·심사 등 특정한 영업설비 또는 행위에 대한 권리의 설정, 금지의 해제 또는 신고의 수리(受理) 등 행정청의 행위(법률의 규정에 따라 의제되는 행위를 포함한다)를 말한다. 이 경우 면허의 종별은 사업의 종류 및 규모 등을 고려하여 제1종부터 제5종까지 구분하여 대통령령으로 정한다.

3. 납세의무자[803]

(1) 등록분 등록면허세의 납세의무자

등록분 등록면허세의 납세의무자는 등록을 하는 자이다. '등록을 하는 자'란 재산권 기타 권리의 설정·변경 또는 소멸에 관한 사항을 공부에 등기 또는 등록을 받는 등기·등록부 상에 기재된 명의자(등기권리자)를 말한다.[804] 예를 들어 금융기관이 대출채권을 담보할 목적으로 근저당권을 설정하는 경우에는 채권자인 금융기관이 납세의무자가 된다. 반면에 근저당권 말소의 경우에는 채무자가 납세의무자가 된다.

취득세 과세대상인 취득을 원인으로 이루어지는 등기 또는 등록은 「지방세법」 제23조에 의한 등록의 정의에서 제외하고 있으므로, 이의 등기·등록을 하는 자는 납세의무자에 해당하지 않는다. 반면에 광업권·어업권 및 양식업권의 취득에 따른 등록, 외국인 소유의 취득세 과세대상 물건(차량, 기계장비, 항공기 및 선박만 해당한다)의 연부 취득에 따른 등기 또는 등록, 취득세 부과제척기간이 경과한 물건의 등기 또는 등록은 등록의 정의에 포함되므로 이러한 경우 납세의무자에 해당한다.

차량·기계장비를 지입 또는 리스하는 경우에는 취득자와 등록자가 다르기 때문에 리스이용자·운수회사·대여회사 등 등록명의자가 등록면허세의 납세의무자가 된다.

등록면허세는 등기·등록의 실질보다는 명의자과세원칙이 적용된다. 따라서 일단 등기 또는 등록행위가 있으면 그 과세요건이 충족되는 것이며, 등기 또는 등록자체에 하자가 있어 법률상 등기 또는 등록된 효과를 인정할 수 없는 경우가 아닌 한 그 등기 또는 등록의 원인행위가 무효 또는 취소되었음을 이유로 그 등기 또는 등록의 말소를 명하는 판결이 선고되었다고 하여 등록면허세의 과세요건이 소급하여 결여되기에 이른다고 볼 수는 없

---

803) 「지방세법」 제24조
804) 「지방세법」 운영예규 24-1

다.[805]

(2) 면허분 등록면허세의 납세의무자

면허를 받는 자(변경면허를 받는 자를 포함한다)는 면허분 등록면허세의 납세의무가 된다. 이 경우 납세의무자는 그 면허의 종류마다 등록면허세를 납부하여야 한다.

당해연도 1월 1일이 지나 면허가 말소된 경우에도 당해연도의 등록면허세의 납세의무가 있으며, 당해연도 1월 1일이 지나 면허의 명의가 변경되는 경우에는 종전의 명의자는 정기분 등록면허세를, 새로운 명의자는 신규 등록분 등록면허세를 납부하여야 한다. 등록면허세는 면허의 효력이 존속하는 한 일시적인 휴업 등의 사유가 있을지라도 납세의무를 지는 것이므로 휴업 중에도 매년 1월에 정기분 등록면허세를 납부하여야 한다. 또한, 등록면허세의 납세의무는 면허증서를 교부받거나 도달된 때에 납세의무가 발생하는 것이므로 면허증서를 교부받기 전에 면허가 취소된 경우에는 등록면허세 납세의무가 발생하지 아니한다.[806]

4. 납세지[807]

(1) 등기 또는 등록에 대한 납세지

등기 또는 등록에 대한 등록면허세의 납세지는 다음과 같다.

| 등기 · 등록의 납세지 |

구 분	납세지
부동산 등기	부동산 소재지
선박 등기 또는 등록	선적항 소재지
자동차 등록	「자동차관리법」에 따른 등록지. 다만, 등록지가 사용본거지와 다른 경우에는 사용본거지를 납세지로 한다.
건설기계 등록	「건설기계관리법」에 따른 등록지
항공기 등록	정치장 소재지
법인 등기	등기에 관련되는 본점 · 지점 또는 주사무소 · 분사무소 등의 소재지

---

805) 대법원 82누509, 1983.2.22. 참조
806) 「지방세법」 운영예규 24 - 2
807) 「지방세법」 제25조

구 분	납세지
상호 등기	영업소 소재지
광업권 및 조광권 등록	광구 소재지
어업권, 양식업권 등록	어장 소재지
저작권, 출판권, 저작인접권, 컴퓨터프로그램 저작권, 데이터베이스 제작자의 권리 등록	저작권자, 출판권자, 저작인접권자, 컴퓨터프로그램 저작권자, 데이터베이스 제작권자 주소지
특허권, 실용신안권, 디자인권 등록	등록권자 주소지
상표, 서비스표 등록	주사무소 소재지
영업의 허가 등록	영업소 소재지
지식재산권담보권 등록	지식재산권자 주소지
그 밖의 등록	등록관청 소재지

같은 등록에 관계되는 재산이 둘 이상의 지방자치단체에 걸쳐 있어 등록면허세를 지방자치단체별로 부과할 수 없을 때에는 등록관청 소재지를 납세지로 한다.

같은 채권의 담보를 위하여 설정하는 둘 이상의 저당권을 등록하는 경우에는 이를 하나의 등록으로 보아 그 등록에 관계되는 재산을 처음 등록하는 등록관청 소재지를 납세지로 한다.

납세지가 분명하지 아니한 경우에는 등록관청 소재지를 납세지로 한다.

(2) 면허에 대한 등록면허세의 납세지

면허에 대한 등록면허세의 납세지는 다음과 같다.

| 면허의 납세지 |

구 분	납세지
해당 면허에 대한 영업장 또는 사무소가 있는 면허	영업장 또는 사무소 소재지
해당 면허에 대한 별도의 영업장 또는 사무소가 없는 면허	면허를 받은 자의 주소지

납세지가 분명하지 아니하거나 납세지가 국내에 없는 경우에는 면허부여기관 소재지를 납세지로 한다.

5. 등록면허세의 비과세[808]

(1) 국가 등에 대한 비과세

국가, 지방자치단체, 지방자치단체조합, 외국정부 및 주한국제기구가 자기를 위하여 받는 등록 또는 면허에 대하여는 등록면허세를 부과하지 아니한다. 다만, 대한민국 정부기관의 등록 또는 면허에 대하여 과세하는 외국정부의 등록 또는 면허의 경우에는 등록면허세를 부과한다.

(2) 기타의 등록면허세 비과세

다음의 어느 하나에 해당하는 등기·등록 또는 면허에 대하여는 등록면허세를 부과하지 아니한다.

① 「채무자 회생 및 파산에 관한 법률」 제6조 제3항, 제25조 제1항부터 제3항까지, 제26 조 제1항, 같은 조 제3항, 제27조, 제76조 제4항, 제362조 제3항, 제578조의 5 제3항, 제578조의 8 제3항 및 제578조의 9 제3항에 따른 등기 또는 등록
② 행정구역의 변경, 주민등록번호의 변경, 지적(地籍) 소관청의 지번 변경, 계량단위의 변경, 등기 또는 등록 담당 공무원의 착오 및 이와 유사한 사유로 인한 등기 또는 등록으로서 주소, 성명, 주민등록번호, 지번, 계량단위 등의 단순한 표시변경·회복 또는 경정 등기 또는 등록
③ 그 밖에 지목이 묘지인 토지 등 대통령령으로 정하는 등록
④ 면허의 단순한 표시변경 등 등록면허세의 과세가 적합하지 아니한 것으로서 대통령령으로 정하는 면허

기업의 원활한 회생 지원을 위해 파산, 회생절차상 법원 촉탁 또는 등기소 직권으로 이루어지는 등기·등록 중 법인의 자본금 납입, 증자 및 출자전환의 경우에도 등록면허세를 비과세한다.[809]

---

808) 「지방세법」 제26조
809) 2023년 12월 29일 「지방세법」 개정. 2024년 1월 1일 이후 회생절차가 개시되는 경우뿐만 아니라, 회생절차가 진행 중이거나 회생계획을 수행하는 경우에도 적용.

Ⅱ 등록에 대한 등록면허세

1. 과세표준[810]

(1) 취득무관

부동산, 선박, 항공기, 자동차 및 건설기계의 등록에 대한 등록면허세의 과세표준은 등록 당시의 가액으로 한다. 등록 당시의 가액은 등록자의 신고에 따른다. 다만, 신고가 없거나 신고가액이 시가표준액보다 적은 경우에는 시가표준액을 과세표준으로 한다. 등록면허세 신고서상의 금액과 공부상의 금액이 다를 경우에는 공부상의 금액을 과세표준으로 한다.[811]

채권금액으로 과세액을 정하는 경우에 일정한 채권금액이 없을 때에는 채권의 목적이 된 것의 가액 또는 처분 제한의 목적이 된 금액을 그 채권금액으로 본다.

(2) 취득원인

취득을 원인으로 하는 등록의 경우 다음의 구분에 따른 가액을 과세표준으로 한다. 취득 당시의 가액은 취득세 과세표준과 같다. 다만, 등록 당시에 자산재평가 또는 감가상각 등의 사유로 그 가액이 달라진 경우에는 변경된 가액을 과세표준으로 한다.

① 광업권·어업권 및 양식업권의 취득에 따른 등록, 외국인 소유의 취득세 과세대상 물건(차량, 기계장비, 항공기 및 선박만 해당한다)의 연부 취득에 따른 등기 또는 등록 및 취득세의 면세점인 취득가액이 50만원 이하인 과세물건의 취득을 원인으로 하는 등록의 경우 : 취득 당시의 가액
② 취득세 부과제척기간이 경과한 물건의 등기 또는 등록 : 등록 당시의 가액과 취득 당시의 가액 중 높은 가액

이와 같이 취득세 부과제척 기간이 경과하여 취득세를 과세할 수 없으나, 등록이 필요하여 등록면허세를 과세하는 경우, 기간 경과에 따른 재산가치 변동 등을 반영할 수 있도록 취득 당시 가액과 등록 당시 가액 중 높은 금액을 과세표준으로 적용한다.

자산재평가 또는 감가상각 등의 사유로 변경된 가액을 과세표준으로 할 경우에는 등기일 또는 등록일 현재의 법인장부 또는 결산서 등으로 증명되는 가액을 과세표준으로 한다. 또

---

810) 「지방세법」 제27조
811) 「지방세법」 운영예규 27-1

한, 주택의 토지와 건축물을 한꺼번에 평가하여 토지나 건축물에 대한 과세표준이 구분되지 아니하는 경우에는 한꺼번에 평가한 개별주택가격을 토지나 건축물의 가액 비율로 나눈 금액을 각각 토지와 건축물의 과세표준으로 한다.[812]

2. 등록에 대한 등록면허세 세율[813]

(1) 세율

등록에 대한 등록면허세의 세율은 등기·등록대상의 종류 및 등기·등록 유형에 따라 「지방세법」 제28조에서 규정하고 있다.

1) 부동산 등기의 세율

부동산 등기의 등록면허세 과세표준과 세율은 다음 표와 같다. 다만, 산출세액이 그 밖의 등기 또는 등록 세율보다 적을 때에는 그 밖의 등기 또는 등록 세율을 적용한다.

| 부동산 등기의 과세표준과 세율 |

구 분		과세표준	세율
소유권 보존 등기		부동산 가액	8/1,000
소유권 이전 등기	유상	부동산 가액	20/1,000 (주택 : 취득세 세율의 50%)
	상속	부동산 가액	8/1,000
	상속 이외의 무상	부동산 가액	15/1,000
소유권 외의 물권과 임차권의 설정 및 이전	지상권	부동산 가액	2/1,000
	저당권	채권금액	2/1,000
	지역권	요역지 가액	2/1,000
	전세권	전세금액	2/1,000
	임차권	월 임대차금액	2/1,000
경매신청·가압류 ·가처분 및 가등기	경매신청	채권금액	2/1,000
	가압류	채권금액	2/1,000
	가처분	채권금액	2/1,000
	가등기	부동산가액 또는 채권금액	2/1,000

---

812) 「지방세법 시행령」 제42조
813) 「지방세법」 제28조

구 분	과세표준	세율
그 밖의 등기	건당	6,000원

2) 선박 등기 또는 등록의 세율

선박 등기 또는 등록의 등록면허세 세율은 다음 표와 같다. 다만, 산출세액이 그 밖의 등기 또는 등록 세율보다 적을 때에는 그 밖의 등기 또는 등록 세율을 적용한다.

| 선박 등기 또는 등록의 과세표준과 세율 |

구 분	과세표준	세율
소유권의 등기 또는 등록	선박 가액	0.2/1,000
저당권 설정 등기 또는 등록, 저당권 이전 등기 또는 등록	채권금액	2/1,000
그 밖의 등기 또는 등록	건당	15,000원

3) 차량 등록의 세율

차량 등록의 등록면허세 과세표준과 세율은 다음 표와 같다. 다만, 산출세액이 그 밖의 등기 또는 등록 세율보다 적을 때에는 그 밖의 등기 또는 등록 세율을 적용한다.

| 차량 등록의 과세표준과 세율 |

구 분			과세표준	세율
소유권의 등록	비영업용 승용 자동차	일반	차량가액	50/1,000
		경자동차	차량가액	20/1,000
소유권의 등록	그 밖의 차량	비영업용	차량가액	30/1,000 (경자동차 : 20/1,000)
		영업용	차량가액	20/1,000
저당권 설정 등록, 이전 등록			채권금액	2/1,000
취득대금을 지급한 자 또는 운수업체의 등록			건당	15,000원
그 밖의 등록			건당	15,000원

4) 기계장비 등록의 세율

기계장비 등록의 과세표준과 세율은 다음 표와 같다. 다만, 산출세액이 그 밖의 등기 또는 등록 세율보다 적을 때에는 그 밖의 등기 또는 등록 세율을 적용한다.

| 기계장비 등록의 과세표준과 세율 |

구　분	과세표준	세율
소유권의 등록	기계장비 가액	10/1,000
저당권 설정 등록 또는 이전 등록	채권금액	2/1,000
취득대금을 지급한 자 또는 기계장비대여업체의 등록	건당	10,000원
그 밖의 등록	건당	10,000원

5) 공장재단 및 광업재단 등기의 세율

공장재단 및 광업재단 등기의 등록면허세 과세표준과 세율은 다음 표와 같다. 다만, 산출세액이 그 밖의 등기 또는 등록 세율보다 적을 때에는 그 밖의 등기 또는 등록 세율을 적용한다.

| 공장재단 및 광업재단의 등기·등록의 과세표준과 세율 |

구　분	과세표준	세율
저당권 설정 등기 또는 이전 등기	채권금액	1/1,000
담보권 설정 등기 또는 등록, 담보권 이전 등기 또는 등록	채권금액	1/1,000
그 밖의 등기 또는 등록	건당	9,000원

6) 법인등기의 세율

법인등기의 등록면허세 과세표준과 세율은 다음 표와 같다. 다만, 영리법인의 설립 또는 합병으로 인한 존속법인의 경우 세액이 112,500원 미만인 때에는 112,500원으로 한다.

구 분	과세표준	세율
상사회사, 그 밖의 영리법인의 설립 또는 합병으로 인한 존속법인	출자가액	4/1,000
비영리법인의 설립 또는 합병으로 인한 존속법인	출자총액	2/1,000
자산재평가적립금에 의한 자본 또는 출자금액의 증가 및 출자총액 또는 자산총액의 증가	증가한 금액	1/1,000
본점 또는 주사무소의 이전	건당	112,500원
지점 또는 분사무소의 설치	건당	40,200원
그 밖의 등	건당	40,200원

7) 상호 등 등기의 세율

상호 등 등기의 등록면허세 과세표준과 세율은 다음 표와 같다.

| 상호 등 등기의 과세표준과 세율 |

구 분	과세표준	세율
상호의 설정 또는 취득	건당	78,700원
지배인의 선임 또는 대리권의 소멸	건당	12,000원
선박관리인의 선임 또는 대리권의 소멸	건당	12,000원

8) 광업권 및 조광권 등록의 세율

광업권 등록의 등록면허세 과세표준과 세율은 다음 표와 같다.

| 광업권 등록의 과세표준과 세율 |

구 분		과세표준	세율
광업권 설정(연장 포함)		건당	135,000원
광업권의 변경	증구(增區) 또는 증감구(增減區)	건당	6,500원
	감구(減區)	건당	15,000원
광업권의 이전	상속	건당	26,200원
	그 밖의 원인	건당	9,000원
그 밖의 등록		건당	12,000원

조광권 등록의 등록면허세 과세표준과 세율은 다음 표와 같다.

| 조광권 등록의 과세표준과 세율 |

구　분		과세표준	세율
조광권 설정		건당	135,000원
조광권의 이전	상속	건당	26,200원
	상속 이외	건당	9,000원
그 밖의 등록		건당	12,000원

9) 어업권 · 양식업권 등록의 세율

어업권 · 양식업권 등록의 등록면허세 과세표준과 세율은 다음 표와 같다.

| 어업권 · 양식업권 등록의 과세표준과 세율 |

구　분		과세표준	세율
어업권 · 양식업권의 이전	상속	건당	6,000원
	상속 이외	건당	40,200원
어업권 · 양식업권 지분의 이전	상속	건당	3,000원
	상속 이외	건당	21,000원
어업권 · 양식업권 설정을 제외한 그 밖의 등록		건당	9,000원

10) 저작권 등의 세율

저작권, 배타적발행권(「저작권법」 제88조 및 제96조에 따라 준용되는 경우를 포함한다), 출판권, 저작인접권, 컴퓨터프로그램 저작권 또는 데이터베이스 제작자의 권리 등록의 과세표준과 세율은 다음 표와 같다.

| 저작권 등의 과세표준과 세율 |

구　분	과세표준	세율
저작권 등의 상속	건당	6,000원
등록 중 상속 외의 등록	건당	42,000원
프로그램, 배타적발행권, 출판권등록 중 상속 외의 등록	건당	20,000원
그 밖의 등록	건당	3,000원

11) 특허권 등의 세율

특허권·실용신안권 또는 디자인권 등록의 세율은 건당 18,000원으로 한다. 다만, 상속으로 인한 특허권 등의 이전은 건당 12,000원으로 한다.

12) 상표 또는 서비스표 등록의 세율

상표 또는 서비스표 등록의 과세표준과 세율은 다음 표와 같다.

| 상표 도는 서비스표 등록의 과세표준과 세율 |

구 분		과세표준	세율
상표 또는 서비스표의 설정 및 존속기간 갱신		건당	76,000원
상표 또는 서비스표의 이전	상속	건당	12,000원
	상속 이외	건당	18,000원

13) 항공기 등록의 세율

항공기 중 최대이륙중량 5천700킬로그램 이상의 등록의 세율은 그 가액의 1천분의 0.1로 하고, 이 이외의 등록의 세율은 그 가액의 1천분의 0.2로 한다.

14) 기타의 세율

이상의 등기 외 등기의 세율은 건당 12,000원으로 한다.

(2) 중과세 세율

다음의 어느 하나에 해당하는 등기를 할 때에는 그 세율을 해당 세율의 100분의 300으로 한다. 다만, 대도시에 설치가 불가피하다고 인정되는 대도시 중과 제외 업종에 대해서는 그러하지 아니한다.

① 대도시에서 법인을 설립(설립 후 또는 휴면법인을 인수한 후 5년 이내에 자본 또는 출자액을 증가하는 경우를 포함한다)하거나 지점이나 분사무소를 설치함에 따른 등기
② 대도시 밖에 있는 법인의 본점이나 주사무소를 대도시로 전입(전입 후 5년 이내에 자본 또는 출자액이 증가하는 경우를 포함한다)함에 따른 등기. 이 경우 전입은 법인의 설립으로 보아 세율을 적용한다.

3. 신고 및 납부[814]

등록분 등록면허세의 납세의무는 등기·등록을 하는 때에 성립한다. 등록분 등록면허세는 신고·납부하는 세목으로서 신고하는 때에 납세의무가 확정된다. 다만, 등기·등록의 신청서를 접수하는 날까지 등록분 등록면허세를 신고·납부하여야 하므로, 이 경우 납세의무가 성립하기 전에 납세의무가 확정되는 것이다.

등록을 하려는 자는 과세표준에 세율을 적용하여 산출한 세액을 등록을 하기 전까지 납세지를 관할하는 지방자치단체의 장에게 신고하고 납부하여야 한다.

등록면허세 과세물건을 등록한 후에 해당 과세물건이 중과세 세율의 적용대상이 되었을 때에는 대통령령으로 정하는 날부터 60일 이내에 중과세 세율을 적용하여 산출한 세액에서 이미 납부한 세액(가산세는 제외한다)을 공제한 금액을 세액으로 하여 납세지를 관할하는 지방자치단체의 장에게 신고하고 납부하여야 한다.

등록면허세를 비과세, 과세면제 또는 경감받은 후에 해당 과세물건이 등록면허세 부과대상 또는 추징대상이 되었을 때에는 그 사유 발생일부터 60일 이내에 해당 과세표준에 세율을 적용하여 산출한 세액[경감받은 경우에는 이미 납부한 세액(가산세는 제외한다)을 공제한 세액을 말한다]을 납세지를 관할하는 지방자치단체의 장에게 신고하고 납부하여야 한다.

신고의무를 다하지 아니한 경우에도 등록면허세 산출세액을 등록을 하기 전까지 납부하였을 때에는 신고를 하고 납부한 것으로 본다.

4. 특별징수[815]

(1) 특허권 등

특허권, 실용신안권, 디자인권 및 상표권 등록의 경우에는 특허청장이 산출한 세액을 특별징수하여 그 등록일이 속하는 달의 다음 달 말일까지 해당 납세지를 관할하는 지방자치단체의 장에게 그 내용을 통보하고 해당 등록면허세를 납부하여야 한다.

(2) 저작권

「저작권법」에 따른 등록에 대하여는 해당 등록기관의 장이 산출한 세액을 특별징수하여

---

814) 「지방세법」 제30조
815) 「지방세법」 제31조

그 등록일이 속하는 달의 다음 달 말일까지 해당 납세지를 관할하는 지방자치단체의 장에게 그 내용을 통보하고 해당 등록면허세를 납부하여야 한다.

 ## Ⅲ 면허에 대한 등록면허세

1. 세율[816)

면허에 대한 등록면허세의 세율은 다음의 구분에 따른다.

| 면허의 등록면허세 세율 |

구 분	인구 50만 이상 시	그 밖의 시	군
제1종	67,500원	45,000원	27,000원
제2종	54,000원	34,000원	18,000원
제3종	40,500원	22,500원	12,000원
제4종	27,000원	15,000원	9,000원
제5종	18,000원	7,500원	4,500원

특별자치시 및 도농복합형태의 시에 세율을 적용할 때 해당 시의 동(洞)지역은 시로 보고, 읍·면지역은 군으로 보며, "인구 50만 이상 시"란 동지역의 인구가 50만 이상인 경우를 말한다. 특별시·광역시는 인구 50만 이상 시로 보되, 광역시의 군지역은 군으로 본다.

2. 신고·납부[817)

새로 면허를 받거나 그 면허를 변경받는 자는 면허증서를 발급받거나 송달받기 전까지 납세지를 관할하는 지방자치단체의 장에게 그 등록면허세를 신고하고 납부하여야 한다. 다만, 유효기간이 정하여져 있지 아니하거나 그 기간이 1년을 초과하는 면허를 새로 받거나 그 면허를 변경받은 자는 새로 면허를 받거나 면허를 변경받은 때에 해당 면허에 대한 그 다음 연도분의 등록면허세를 한꺼번에 납부할 수 있다.

면허의 유효기간이 정하여져 있지 아니하거나 그 기간이 1년을 초과하는 면허에 대하여는 매년 1월 1일에 그 면허가 갱신된 것으로 보아 납세지를 관할하는 해당 지방자치단체의

---

816) 「지방세법」 제34조
817) 「지방세법」 제35조

조례로 정하는 납기에 보통징수의 방법으로 매년 그 등록면허세를 부과하고, 면허의 유효기간이 1년 이하인 면허에 대하여는 면허를 할 때 한 번만 등록면허세를 부과한다.

다음의 어느 하나에 해당하는 면허에 대하여는 면허를 할 때 한 번만 등록면허세를 부과한다.

① 제조·가공 또는 수입의 면허로서 각각 그 품목별로 받는 면허
② 건축허가 및 그 밖에 이와 유사한 면허로서 대통령령으로 정하는 면허

제2절 레저세

1. 레저세의 의의

레저세는 경륜, 경정, 경마 그 밖의 법률에 따라 승자투표권, 승마투표권 등을 팔고 투표적중자에게 환급금 등을 지급하는 행위에 대하여 과세하는 조세이다.

레저세는 1961년에 국세에서 지방세로 이관한 세목이다. 지방세로 이관하면서 세목을 마권세로 하여 시행하였으며, 1994년 경정·경륜 사업의 실시에 따라 이들도 과세대상에 포함시키기 위하여 세목을 경주·마권세로 변경하여 시행하였다. 그 후 2002년부터는 레저세로 세목을 변경하였으며, 전통 소싸움 경기에 대하여도 레저세 과세대상에 포함하였다.

2. 과세대상[818]

레저세의 과세대상은 다음과 같다.

① 「경륜·경정법」에 따른 경륜 및 경정
② 「한국마사회법」에 따른 경마
③ 그 밖의 법률에 따라 승자투표권, 승마투표권 등을 팔고 투표적중자에게 환급금 등을 지급하는 행위로서 대통령령으로 정하는 것. "대통령령으로 정하는 것"이란 「전통 소싸움경기에 관한 법률」에 따른 소싸움을 말한다.

3. 납세의무자[819]

레저세의 과세대상에 해당하는 사업을 하는 자는 레저세를 납부할 의무가 있다.

4. 과세표준[820]

레저세의 과세표준은 승자투표권, 승마투표권 등의 발매금총액으로 한다.

---

818) 「지방세법」 제40조
819) 「지방세법」 제41조
820) 「지방세법」 제42조

5. 세율[821]

레저세의 세율은 100분의 10으로 한다.

6. 신고 및 납부[822]

납세의무자는 승자투표권, 승마투표권 등의 발매일이 속하는 달의 다음 달 10일까지 과세표준에 세율을 곱하여 산출한 세액을 다음의 구분에 따른 지방자치단체의 장에게 신고하고 납부하여야 한다.

① 경륜장 등에서 발매

경륜장 등에서 발매하는 승자투표권, 승마투표권 등의 경우에는 해당 경륜장 등이 소재하는 지방자치단체의 장에게 신고·납부한다. 이 경우 그 경륜장 등 소재지를 관할하는 시장·군수·구청장에게 모두 신고·납부한다.

② 장외발매소에서 발매

장외발매소에서 발매하는 승자투표권, 승마투표권 등의 경우에는 해당 경륜장 등이 소재하는 지방자치단체의 장과 해당 장외발매소가 소재하는 지방자치단체의 장에게 안분 계산하여 신고·납부한다. 장외발매소에서 발매한 승자투표권·승마투표권 등에 대한 세액은 그 경륜장등 소재지와 그 장외발매소 소재지를 관할하는 시장·군수·구청장에게 각각 100분의 50을 신고·납부한다.

③ 정보통신망을 이용한 발매

정보통신망을 이용하여 발매하는 승자투표권, 승마투표권 등의 경우에는 해당 경륜장 등이 소재하는 지방자치단체의 장과 모든 지방자치단체(해당 경륜장등이 소재한 지방자치단체를 포함한다)의 장에게 안분하여 신고·납부한다. 이 경우 세액은 그 경륜장 등의 소재지를 관할하는 시장·군수·구청장에게 100분의 50을 신고·납부하고, 100분의 50은 발매일이 속하는 해의 1월 1일 현재 「주민등록법」에 따른 19세 이상의 인구통계를 기준으로 하여 안분한 세액을 각 시장·군수·구청장에게 신고·납부한다.

다만, 경륜장 등이 신설된 경우에는 신설 이후 행정안전부령으로 정하는 기간[823]까지는 장외발매소에서 발매하는 경우 및 정보통신망을 이용한 발매의 경우 경륜장 등이 소재하는

---

821) 「지방세법」 제42조
822) 「지방세법」 제43조
823) 현행 5년

지방자치단체에 80%를 신고·납부한다.

| 레저세의 납세지 |

발매지	납세지
경륜장	그 경륜장 등의 소재지 : 100%
장외발매소	그 경륜장 등의 소재지 : 50% 그 장외발매소 소재지 : 50%
정보통신망	그 경륜장 등의 소재지 : 50% 모든 지방자치단체 : 50%(1월 1일 19세 이상 인구기준 안분)

제3절 담배소비세

1. 담배소비세의 의의

담배소비세는 1989년 지방세로 창설되었으며, 담배의 제조 및 수입에 대하여 시·군의 독립세로 과세하는 지방세이다.

2. 과세대상[824]

담배소비세의 과세대상은 담배로 한다. 담배는 다음과 같이 구분한다.

① 피우는 담배. 피우는 담배는 제1종(권련), 제2종(파이프담배), 제3종(엽권련), 제4종(각련), 제5종(전자담배), 제6종(물담배) 등으로 구분된다.
② 씹는 담배
③ 냄새 맡는 담배
④ 머금는 담배

3. 납세의무자[825]

① 제조자
제조자는 제조장으로부터 반출(搬出)한 담배에 대하여 담배소비세를 납부할 의무가 있다.
② 수입판매업자
수입판매업자는 보세구역으로부터 반출한 담배에 대하여 담배소비세를 납부할 의무가 있다.
③ 입국자 등
외국으로부터 입국(「남북교류협력에 관한 법률」 제2조 제1호에 따른 출입장소를 이용하여 북한으로부터 들어오는 경우를 포함한다)하는 사람의 휴대품·탁송품(託送品)·별송품(別送品)으로 반입하는 담배 또는 외국으로부터 탁송(託送)의 방법으로 국내로 반입하는 담배에 대해서는 그 반입한 사람이 담배소비세를 납부할 의무가 있

---

824) 「지방세법」 제48조
825) 「지방세법」 제49조

다. 다만, 입국자 또는 수입판매업자가 아닌 사람이 외국으로부터 우편으로 반입하는 담배에 대해서는 그 수취인이 담배소비세를 납부할 의무가 있다.

④ 면세담배의 반출

면세담배를 반출한 후 해당 용도에 사용하지 아니하고 판매, 소비, 그 밖의 처분을 한 경우에는 그 처분을 한 자가 담배소비세를 납부할 의무가 있다.

4. 납세지[826]

담배소비세의 납세지는 담배가 판매된 소매인의 영업장 소재지로 한다. 다만, 휴대품·탁송품(託送品)·별송품(別送品)으로 반입하는 담배 또는 외국으로부터 탁송(託送)의 방법으로 국내로 반입하는 담배 및 입국자 또는 수입판매업자가 아닌 사람이 외국으로부터 우편으로 반입하는 담배의 경우 담배소비세의 납세지는 담배가 국내로 반입되는 세관 소재지로 한다.

면세담배를 반출한 후 해당 용도에 사용하지 아니하고 판매, 소비, 그 밖의 처분을 한 경우의 납세지는 다음과 같다.

① 담배를 제조한 경우 : 담배를 제조한 장소
② 담배를 국내로 반입하는 경우 : 국내로 반입하는 자의 주소지(법인의 경우에는 본점이나 주사무소 소재지)[827]

5. 과세표준[828]

담배소비세의 과세표준은 담배의 개비수, 중량 또는 니코틴 용액의 용량으로 한다.

6. 세율[829]

담배소비세의 세율은 다음과 같다. 세율은 그 세율의 100분의 30의 범위에서 대통령령으로 가감할 수 있다. 담배소비세의 세율은 대통령령으로 가감할 수 있도록 하는 조정세율제도를 채택하고 있다. 또한, 과세표준이 개비수, 중량, 용량으로 규정되어 있어 세율의 분류

---

826) 「지방세법」 제50조
827) 비정상적인 방법으로 국내로 반입되는 경우 납세지를 실질적으로 유통시킨 주소지(법인은 본점이나 주사무소 소재지)로 한다.
828) 「지방세법」 제51조
829) 「지방세법」 제52조

상 종량세·정액세 제도에 해당된다. 현행「지방세법 시행령」제52조에 의한 조정세율은 「지방세법」에 규정된 세율과 동일하다.

| 담배소비세의 세율 |

구 분		세율
피우는 담배	제1종 권련	20개비당 1,007원
	제2종 파이프담배	1그램당 36원
	제3종 엽궐련	1그램당 103원
	제4종 각련	1그램당 36원
	제5종 전자담배	– 니코틴 용액을 사용하는 경우 : 니코틴 용액 1밀리리터당 628원 – 연초 및 연초고형물을 사용하는 경우 　　가) 궐련형 : 20개비당 897원 　　나) 기타유형 : 1그램당 88원
	제6종 물담배	1그램당 715원
씹거나 머금는 담배		1그램당 364원
냄새 맡는 담배		1그램당 26원

7. 미납세 반출[830)

다음의 어느 하나에 해당하는 담배에 대하여는 담배소비세를 징수하지 아니한다.

① 담배 공급의 편의를 위하여 제조장 또는 보세구역에서 반출하는 것으로서 다음의 어느 하나에 해당하는 것
　– 과세면제 담배를 제조장에서 다른 제조장으로 반출하는 것
　– 외국물품인 담배를 보세구역에서 다른 보세구역으로 반출하는 것
② 담배를 다른 담배의 원료로 사용하기 위하여 반출하는 것
③ 그 밖에 제조장을 이전하기 위하여 담배를 반출하는 등 대통령령으로 정하는 바에 따라 반출하는 것

이에 따라 반입된 담배에 대해서는 그 반입장소를 제조장 또는 보세구역으로 보고, 반입자를 제조자 또는 수입판매업자로 보아 담배소비세의 부과 또는 면제에 관한 규정을 적용한다.

---

830)「지방세법」제53조

8. 담배소비세의 과세면제[831]

담배소비세는 비과세 규정은 없고, 대신 과세면제 제도를 두고 있다. 제조자 또는 수입판매업자가 담배를 다음의 어느 하나의 용도에 제공하는 경우에는 담배소비세를 면제한다.

① 수출(수출 상담을 위한 견본용 담배를 포함한다)
② 주한외국군의 관할 구역에서 주한외국군의 군인 및 외국 국적을 가진 민간인으로서 주한외국군대에서 근무하는 사람에 대한 판매
③ 보세구역에서의 판매
④ 외항선 또는 원양어선의 선원에 대한 판매
⑤ 국제항로에 취항하는 항공기 또는 여객선의 승객에 대한 판매
⑥ 담배의 제품개발·품질개선·품질검사·성분분석이나 이에 준하는 시험분석 또는 연구활동
⑦ 「남북교류협력에 관한 법률」 제13조에 따라 반출승인을 받은 담배로서 북한지역에서 취업 중인 근로자 및 북한지역 관광객에게 판매하는 담배
⑧ 기타 위의 담배용도와 유사한 것으로서 대통령령으로 정하는 용도

이 이외에 입국자가 반입하는 담배로서 대통령령으로 정하는 범위의 담배에 대해서는 담배소비세를 면제한다. 또한, 우리나라에서 수출된 담배가 포장 또는 품질의 불량, 판매부진, 그 밖의 부득이한 사유로 다시 수입되어 제조장 또는 수입판매업자의 담배보관장소로 반입할 목적으로 보세구역으로부터 반출된 경우에는 담배소비세를 면제한다.

9. 신고·납부[832]

(1) 제조자의 신고·납부

제조자는 매월 1일부터 말일까지 제조장에서 반출한 담배에 대한 과세표준과 산출세액을 안분기준에 따라 다음 달 20일까지 각 지방자치단체의 장에게 신고·납부하여야 한다. 안분은 지난해 해당 시·군에서 팔린 담배의 품종별 과세표준과 세율에 따라 산출한 세액을 기준으로 안분한다.

---

831) 「지방세법」 제54조
832) 「지방세법」 제60조

(2) 수입판매업자의 신고 · 납부

수입판매업자는 매월 1일부터 말일까지 보세구역에서 반출한 담배에 대한 산출세액을 다음 달 20일까지 각 지방자치단체의 장에게 신고 · 납부하여야 한다. 각 지방자치단체별 안분은 지난해 각 시 · 군에서 소매인에게 팔린 외국산담배의 품종별 과세표준과 세율에 따라 산출한 세액을 기준으로 안분한다.

(3) 세관장의 신고 · 납부

휴대품 · 탁송품(託送品) · 별송품(別送品)으로 반입하는 담배 또는 외국으로부터 탁송(託送)의 방법으로 국내로 반입하는 담배에 대해서는 그 반입한 사람이 담배소비세를 납부할 의무가 있다. 다만, 입국자 또는 수입판매업자가 아닌 사람이 외국으로부터 우편으로 반입하는 담배에 대해서는 그 수취인이 담배소비세를 납부할 의무가 있다. 이때, 해당되는 납세의무자는 세관장에게 담배소비세를 신고하고 납부하여야 한다. 세관장은 「관세법」 제39조에 따라 관세를 부과고지할 때에 담배소비세를 함께 부과고지할 수 있다. 담배소비세를 징수하는 세관장은 지방자치단체의 장의 위탁을 받아 담배소비세를 징수하는 것으로 보며, 세관장은 징수한 담배소비세를 다음 달 10일까지 세관 소재지를 관할하는 지방자치단체의 장에게 징수내역을 첨부하여 납입하여야 한다.

제4절 지방소비세

1. 지방소비세의 의의

지방소비세는 지역경제 활성화 및 지방세수의 확충을 위하여 2010년에 신설된 세목으로서 부가가치세의 일부를 지방소비세로 전환한 세목이다. 지방소비세는 국세인 부가가치세의 일정액을 각 광역지방자치단체의 세원으로 부과한다. 지방소비세의 과세대상은 부가가치세의 과세대상과 동일하다. 그러므로 재화 또는 용역의 공급과 재화의 수입이 과세대상이 된다. 지방소비세의 납세의무자는 부가가치세의 납세의무가 있는 자이다.

2. 과세대상[833]

지방소비세의 과세대상은 「부가가치세법」 제4조를 준용한다. 국세인 부가가치세의 일정부분을 각 광역지방자치단체의 세원으로 하여 지방소비세를 과세한다. 지방소비세의 과세대상은 부가가치세의 과세대상과 동일하다.

3. 납세의무자[834]

지방소비세는 재화와 용역을 소비하는 자의 주소지 또는 소재지를 관할하는 특별시·광역시·특별자치시·도 또는 특별자치도에서 「부가가치세법」 제3조에 따라 부가가치세를 납부할 의무가 있는 자에게 부과한다.

4. 납세지[835]

지방소비세의 납세지는 「부가가치세법」 제6조에 따른 납세지로 한다.

5. 특별징수의무자[836]

납세지를 관할하는 세무서장 또는 재화의 수입에 대한 부가가치세를 징수하는 세관장을 지방소비세의 특별징수의무자로 한다.

---

833) 「지방세법」 제65조
834) 「지방세법」 제66조
835) 「지방세법」 제67조
836) 「지방세법」 제68조

6. 과세표준과 세액[837]

(1) 과세표준

지방소비세의 과세표준은 「부가가치세법」에 따른 부가가치세의 납부세액에서 「부가가치세법」 및 다른 법률에 따라 부가가치세의 감면세액 및 공제세액을 빼고 가산세를 더하여 계산한 세액으로 한다.

(2) 지방소비세의 세액

지방소비세의 세액은 과세표준에 1천분의 253을 적용하여 계산한 금액으로 한다. 2021년 12월 7일 법 개정 시 재정분권에 따른 지방소비세율을 종전 21%에서 25.3%로 인상하였다. 동 개정규정은 2022년 1월 1일 이후 「부가가치세법」에 따라 납부 또는 환급하는 분부터 적용하되, 2022년 1월 1일부터 2022년 12월 31일까지 지방소비세의 세액은 과세표준에 1천분의 237을 적용하여 계산한 금액으로 한다.

지방소비세의 세율은 2013년까지는 5%, 2014년에는 8%, 2015년부터 2018년까지는 11%, 2019년 15%, 2020년 21%를 적용하였으며, 2022년 25.3%로 인상한 것이다.

7. 신고 및 납부[838]

지방소비세와 부가가치세를 신고·납부·경정 및 환급할 경우에는 지방소비세와 부가가치세가 합쳐진 금액으로 신고·납부·경정 및 환급하여야 한다. 「부가가치세법」에 따라 부가가치세를 신고·납부한 경우에는 지방소비세도 신고·납부한 것으로 본다.

8. 납입[839]

특별징수의무자는 징수한 지방소비세를 다음 달 20일까지 납입관리자에게 징수명세서와 함께 납입하여야 한다. 납입관리자는 납입된 지방소비세를 납입받은 날부터 5일 이내에 특별시장·광역시장·특별자치시장·도지사 및 특별자치도지사 등에게 안분하여 납입한다.

납입은 민간최종소비지출기준(50/253), 주택 취득세 세율인하 보전(60/253), 국가균형발전특별회계사업 보전(100/253), 전환사업 보전(43/253)의 안분기준에 의한다.

---

837) 「지방세법」 제69조
838) 「지방세법」 제70조
839) 「지방세법」 제71조

9. 부과 · 징수 등의 특례[840]

지방소비세의 부과 · 징수 및 불복절차 등에 관하여는 국세의 예를 따른다. 이 경우 특별징수의무자를 그 처분청으로 본다.

10. 「부가가치세법」의 준용[841]

지방소비세와 관련하여 「지방세법」에 규정되어 있지 아니한 사항에 관하여는 「부가가치세법」을 준용한다.

---

840) 「지방세법」 제72조
841) 「지방세법」 제73조

I 통칙

1. 주민세의 의의

2010년에 지방소득세가 신설되면서 주민세는 전면적인 변화를 겪게 되었다. 주민세 소득할은 지방소득세 소득분으로 전환되는 가운데 농업소득세할이 폐지되었으며, 사업소세가 폐지되면서 재산분이 주민세로 포함되었다. 따라서 주민세는 균등분과 재산분으로 구성되었다. 이후 2014년에는 지방소득세의 부분적인 독립세화가 이루어지는 가운데 지방소득세의 종업원분이 주민세로 포함되면서 지금과 같은 균등분, 종업원분 및 재산분으로 구성된 체계를 갖추게 되었다.

주민세는 2010년부터 2013년까지 "균등분"과 "재산분"으로 구분하여 과세되었다. 종전의 소득할 주민세는 지방소득세 소득분으로 전환되었고, 사업소세는 폐지되어 소득할 사업소세는 지방소득세 종업원분으로, 재산할 사업소세는 주민세 재산분으로 이전되었다.

그 후 2014년부터 다시 지방소득세 종업원분이 주민세 종업원분으로 전환됨에 따라 주민세는 "균등분"과 "재산분" 및 "종업원분"으로 구분되어 과세되고 있다. 따라서 주민세는 개인에게 부과하는 개인분, 사업자에게 부과하는 사업소분, 종업원에게 급여를 지급하는 사업주에게 부과하는 종업원분으로 구분하여 과세한다.

2. 정의[842)]

주민세에서 사용하는 용어의 뜻은 다음과 같다.

| 주민세 용어의 정의 |

용 어	정 의
개인분	지방자치단체에 주소를 둔 개인에 대하여 부과하는 주민세를 말한다.
사업소분	지방자치단체에 소재한 사업소 및 그 연면적을 과세표준으로 하여 부과하는 주민세를 말한다.

---

842) 「지방세법」 제74조

용 어	정 의
종업원분	지방자치단체에 소재한 사업소 종업원의 급여총액을 과세표준으로 하여 부과하는 주민세를 말한다.
사업소	인적 및 물적 설비를 갖추고 계속하여 사업 또는 사무가 이루어지는 장소를 말한다.
사업주	지방자치단체에 사업소를 둔 자를 말한다.
사업소 연면적	사업소용 건축물의 연면적을 말한다.
종업원의 급여총액	사업소의 종업원에게 지급하는 봉급, 임금, 상여금 및 이에 준하는 성질을 가지는 급여로서 대통령령으로 정하는 것을 말한다.
종업원	사업소에 근무하거나 사업소로부터 급여를 지급받는 임직원, 그 밖의 종사자로서 대통령령으로 정하는 사람을 말한다.

3. 납세의무자[843)

(1) 개인분

개인분의 납세의무자는 과세기준일 현재 지방자치단체에 주소(외국인의 경우에는 「출입국관리법」에 따른 체류지를 말한다)를 둔 개인으로 한다. 다만, 다음의 어느 하나에 해당하는 사람은 제외한다.

① 「국민기초생활 보장법」에 따른 수급자
② 「민법」에 따른 미성년자(그 미성년자가 성년자와 「주민등록법」상 같은 세대를 구성하고 있는 경우는 제외한다)
③ 「주민등록법」에 따른 세대원 및 이에 준하는 개인으로서 대통령령으로 정하는 사람
　"대통령령으로 정하는 사람"이란 다음의 어느 하나에 해당하는 사람을 말한다.
　　㉠ 납세의무자의 주소지(외국인의 경우에는 「출입국관리법」에 따른 체류지를 말한다)와 체류지가 동일한 외국인으로서 「가족관계의 등록 등에 관한 법률」 제9조에 따른 가족관계등록부 또는 「출입국관리법」 제34조 제1항에 따른 외국인등록표에 따라 가족관계를 확인할 수 있는 사람
　　㉡ 「주민등록법」상 세대주의 직계비속으로서 같은 법에 따라 단독으로 세대를 구성하고 있는 미혼인 30세 미만의 사람

---

843) 「지방세법」 제75조

④「출입국관리법」제31조에 따른 외국인등록을 한 날부터 1년이 경과되지 아니한 외국인

개인분 주민세의 판단에 있어 주소는「민법」[844]상의 개념을 준용할 것인지 또는 공법 (「주민등록법」)을 준용할 것인지에 대한 규정은 없다. 다만,「민법」상의 주소를 준용하여 과세할 경우 주소지가 2개 이상이 있을 수 있으므로 동일인에 대하여 중복과세되는 문제가 발생할 수 있다. 또한, 실무상 현행 개인분 주민세는 주민등록상 주소지에서만 과세하고 있다. 따라서 주소는「주민등록법」을 준용한다고 볼 수 있다.

(2) 사업소분

사업소분의 납세의무자는 과세기준일 현재 사업주(과세기준일 현재 1년 이상 계속하여 휴업하고 있는 자는 제외한다)로 한다. 다만, 사업소용 건축물의 소유자와 사업주가 다른 경우에는 건축물의 소유자에게 제2차 납세의무를 지울 수 있다.

사업소분 주민세는 사업소별로 과세한다. 따라서 개인이 수개의 사업소를 운영하고 있는 경우 또는 법인이 수개의 사업소를 소유하고 있는 경우에 각 사업소별로 사업소분 주민세를 과세한다. 동일 건물 내라 하더라도 수개의 사업소를 두고 있는 경우에는 각각 별개의 사업소로 보아 과세한다.

또한, 사업장 연면적에 대한 사업소분 주민세의 납세의무는 사업소 건축물의 소유 여부와는 관련이 없다.

1) 개인

지방자치단체에 대통령령으로 정하는 규모 이상의 사업소를 둔 개인은 사업소분 주민세의 납세의무자이다. "대통령령으로 정하는 규모 이상의 사업소를 둔 개인"이란 사업소를 둔 개인 중 직전 연도의「부가가치세법」에 따른 부가가치세 과세표준액(부가가치세 면세 사업자의 경우에는「소득세법」에 따른 총수입금액을 말한다)이 8천만원 이상인 개인으로서 다음의 어느 하나에 해당하지 않는 사람을 말한다. 다만, 다음의 어느 하나에 해당하는 사람으로서 다른 업종의 영업을 겸업하는 사람은 제외한다.

① 담배소매인
② 연탄·양곡소매인
③ 노점상인
④ 유치원의 경영자

---

844)「민법」제18조 "생활의 근거가 되는 곳을 주소로 한다. 주소는 동시에 두 곳 이상 있을 수 있다."

따라서 위에 열거된 업종만을 영위하는 개인사업자는 직전연도 부가가치세 과세표준 또는 총수입금액이 8,000만원을 초과하더라도 사업소분 주민세의 납세의무가 없다.

2) 법인

지방자치단체에 사업소를 둔 법인(법인세의 과세대상이 되는 법인격 없는 사단·재단 및 단체를 포함한다)은 사업소분 주민세의 납세의무자이다.

'사업소'란 인적 및 물적 설비를 갖추고 계속하여 사업 또는 사무가 이루어지는 장소를 말한다. 사업소는 영리목적 유무에 따른 예외를 규정하고 있지 않으므로 영리목적 유무와 무관하게 지방자치단체에 사업소를 둔 법인은 사업소분 주민세 납세의무자가 된다.[845]

(3) 종업원분

종업원분의 납세의무자는 종업원에게 급여를 지급하는 사업주로 한다.

4. 납세지[846]

주민세의 납세지는 다음과 같다. 사업소용 건축물이 둘 이상 시·군에 걸쳐있는 경우 주민세 재산분은 건축물의 연면적에 따라 안분한다.

① 개인분의 납세지는 과세기준일 현재 주소지로 한다.
② 사업소분의 납세지는 과세기준일 현재 각 사업소 소재지로 한다.
③ 종업원분의 납세지는 급여를 지급한 날(월 2회 이상 급여를 지급하는 경우에는 마지막으로 급여를 지급한 날을 말한다) 현재의 사업소 소재지(사업소를 폐업하는 경우에는 폐업하는 날 현재의 사업소 소재지를 말한다)로 한다.

5. 비과세[847]

다음의 어느 하나에 해당하는 자에 대하여는 주민세를 부과하지 아니한다.

① 국가, 지방자치단체 및 지방자치단체조합
② 주한외국정부기관·주한국제기구·「외국 민간원조단체에 관한 법률」에 따른 외국 민간원조단체(이하 "주한외국원조단체"라 한다) 및 주한외국정부기관·주한국제기

---

845) 조심 2021지0993, 2021.8.31. 참조
846) 「지방세법」 제76조
847) 「지방세법」 제77조

구에 근무하는 외국인. 다만, 대한민국의 정부기관·국제기구 또는 대한민국의 정부기관·국제기구에 근무하는 대한민국의 국민에게 주민세와 동일한 성격의 조세를 부과하는 국가와 그 국적을 가진 외국인 및 그 국가의 정부 또는 원조단체의 재산에 대하여는 주민세를 부과한다.

Ⅱ 개인분

1. 세율[848]

개인분의 세율은 1만원을 초과하지 아니하는 범위에서 지방자치단체의 장이 조례로 정한다. 다만, 주민의 청구가 있는 경우에는 개인분의 세율을 1만 5천원을 초과하지 아니하는 범위에서 조례로 읍·면·동별로 달리 정할 수 있다.

2. 징수방법[849]

개인분은 납세지를 관할하는 지방자치단체의 장이 보통징수의 방법으로 징수한다. 개인분의 과세기준일은 매년 7월 1일로 한다. 개인분의 납기는 매년 8월 16일부터 8월 31일까지로 한다.

Ⅲ 사업소분

1. 과세표준[850]

사업소분의 과세표준은 과세기준일 현재의 사업소 및 그 연면적으로 한다.

2. 세율[851]

사업소분의 세율은 다음의 구분에 따른다. 지방자치단체의 장은 조례로 정하는 바에 따라 기본세율 및 연면적에 대한 세율을 각각 100분의 50 범위에서 가감할 수 있다.

---

848) 「지방세법」 제78조
849) 「지방세법」 제79조
850) 「지방세법」 제80조
851) 「지방세법」 제81조

(1) 기본세율

| 주민세 사업소분 기본세율 |

구 분		세율
사업주가 개인인 사업소		5만원
사업주가 법인인 사업소	자본금액 또는 출자금액이 30억원 이하인 법인	5만원
	자본금액 또는 출자금액이 30억원 초과 50억원 이하인 법인	10만원
	자본금액 또는 출자금액이 50억원을 초과하는 법인	20만원
	그 밖의 법인	5만원

(2) 연면적에 대한 세율

1) 연면적에 대한 세율

사업소 연면적 1제곱미터당 250원으로 한다. 다만, 폐수 또는 사업장폐기물 등을 배출하는 사업소로서 오염물질 배출 사업소에 대해서는 1제곱미터당 500원으로 한다.

2) 사업소용 건축물의 연면적

연면적은 사업소용 건축물의 연면적을 말한다. 사업소용 건축물의 연면적이란 다음의 어느 하나에 해당하는 사업소용 건축물 또는 시설물의 연면적을 말한다.[852]

① 「건축법」 제2조 제1항 제2호에 따른 건축물(이와 유사한 형태의 건축물을 포함한다)의 연면적. 다만, 종업원의 보건·후생·교양 등에 직접 사용하는 「영유아보육법」에 따른 직장어린이집, 기숙사, 사택, 구내식당, 의료실, 도서실, 박물관, 과학관, 미술관, 대피시설, 체육관, 도서관, 연수관, 오락실, 휴게실 또는 실제 가동하는 오물처리시설 및 공해방지시설용 건축물, 그 밖에 행정안전부령으로 정하는 건축물의 연면적은 제외한다.

② 건축물 없이 기계장치 또는 저장시설(수조, 저유조, 저장창고 및 저장조 등을 말한다)만 있는 경우에는 그 수평투영면적

건축물 또는 시설물을 둘 이상의 사업소가 공동으로 사용하는 경우에는 그 사용면적을 사업소용 건축물의 연면적으로 하되, 사용면적의 구분이 명백하지 아니할 경우에는 전용면

---

852) 「지방세법 시행령」 제78조

적의 비율로 나눈 면적을 사업소용 건축물의 연면적으로 한다.

3) 오염물질 배출 사업소

대통령령으로 정하는 오염물질 배출 사업소란 다음의 어느 하나에 해당하는 사업소로서 납세의무 성립일 이전 최근 1년 내에 행정기관으로부터 「물환경보전법」, 「대기환경보전법」 또는 「환경오염시설의 통합관리에 관한 법률」에 따른 개선명령·조업정지명령·사용중지명령 또는 폐쇄명령을 받은 사업소(해당 법률에 따라 개선명령 등을 갈음하여 과징금이 부과된 사업소를 포함한다)를 말한다.

① 「물환경보전법」 제33조에 따른 폐수배출시설 설치의 허가 또는 신고 대상 사업소로서 같은 법에 따라 배출시설 설치의 허가를 받지 아니하였거나 신고를 하지 아니한 사업소

② 「물환경보전법」 제33조에 따른 폐수배출시설 설치의 허가를 받거나 신고를 한 사업소로서 해당 사업소에 대한 점검 결과 부적합 판정을 받은 사업소

③ 「대기환경보전법」 제23조에 따른 대기오염물질배출시설 설치의 허가 또는 신고 대상 사업소로서 같은 법에 따라 배출시설 설치의 허가를 받지 아니하였거나 신고를 하지 아니한 사업소

④ 「대기환경보전법」 제23조에 따른 대기오염물질배출시설 설치의 허가를 받거나 신고를 한 사업소로서 해당 사업소에 대한 점검 결과 부적합 판정을 받은 사업소

⑤ 「환경오염시설의 통합관리에 관한 법률」 제6조에 따른 배출시설등(같은 법 제2조 제2호 나목 및 사목의 배출시설로 한정한다. 이하 이 조에서 같다)의 설치·운영 허가 대상 사업소로서 해당 배출시설 설치·운영 허가를 받지 않은 사업소

⑥ 「환경오염시설의 통합관리에 관한 법률」 제6조에 따른 배출시설등의 설치·운영 허가를 받은 사업소로서 해당 배출시설에 대한 점검 결과 부적합 판정을 받은 사업소

3. 세액계산[853]

사업소분의 세액은 기본세율 및 연면적에 대한 세율에 따라 각각 산출한 세액을 합산한 금액으로 한다. 다만, 사업소 연면적이 330제곱미터 이하인 경우에는 연면적에 대한 세율에 따른 세액을 부과하지 아니한다. 동 규정은 사업소의 면세점에 해당하는 면적을 규정한 것으로서 차감 또는 공제개념이 아니다. 따라서 사업소의 연면적이 330제곱미터를 초과하는 경우에는 전체 면적에 대하여 세율을 적용한다.

---

853) 「지방세법」 제82조

사업소의 연면적이 330제곱미터 이하라 함은 사업소 전체면적에서 과세대상에서 제외되는 건축물면적을 차감한 면적이 330제곱미터 이하인 경우를 말한다.[854]

4. 징수방법과 납기[855]

(1) 징수방법

사업소분의 징수는 신고납부의 방법으로 한다. 사업소분의 납세의무자는 매년 납부할 세액을 8월 1일부터 8월 31일까지를 납기로 하여 납세지를 관할하는 지방자치단체의 장에게 신고하고 납부하여야 한다. 다만, 납세지 관할 지방자치단체의 장은 사업소분의 납세의무자에게 납부서를 발송할 수 있다. 납부서를 받은 납세의무자가 납부서에 기재된 세액을 납기 기한까지 납부한 경우에는 신고를 하고 납부한 것으로 본다.

(2) 과세기준일

사업소분의 과세기준일은 매년 7월 1일로 한다.

(3) 가산세

사업소분의 납세의무자가 신고 또는 납부의무를 다하지 아니하면 산출한 세액 또는 그 부족세액에 「지방세기본법」의 규정에 따라 산출한 가산세를 합한 금액을 세액으로 하여 보통징수의 방법으로 징수한다.

 Ⅳ 종업원분

1. 과세표준[856]

종업원분의 과세표준은 종업원에게 지급한 그 달의 급여 총액으로 한다. '종업원'이란 사업소에 근무하거나 사업소로부터 급여를 지급받는 임직원과 그 밖의 종사자를 말한다. 따라서 임원도 포함된다. 종업원은 급여의 지급 여부와 상관없이 사업주 또는 그 위임을 받은 자와의 계약에 따라 해당 사업에 종사하는 사람을 말한다. 다만, 국외 근무자는 제외한

---

854)「지방세법」운영예규 법82-1
855)「지방세법」제83조
856)「지방세법」제84조의 2

다.[857) 따라서 국외 근무하는 임원 또는 직원 모두 종업원분 주민세의 과세대상 판단에 있어서 제외된다.

"종업원의 급여총액"이란 사업소의 종업원에게 지급하는 봉급, 임금, 상여금 및 이에 준하는 성질을 가지는 급여를 말한다. 급여총액은 사업주가 그 종업원에게 지급하는 급여로서 「소득세법」 제20조 제1항에 따른 근로소득에 해당하는 급여의 총액을 말한다.[858) 「법인세법」에 따라 상여로 처분된 금액도 근로소득에 포함한다. 따라서 세무조사 결과에 따라 경정 결정된 법인소득금액 중 사업연도별 소득금액조정합계표상 상여로 처분된 소득금액은 종업원분 주민세의 과세표준에 포함된다.[859)

지급한 급여총액이므로 발생하였으나 미지급된 금액은 과세표준에 포함되지 아니한다.

2. 세율[860)

종업원분의 표준세율은 종업원 급여총액의 1천분의 5로 한다. 지방자치단체의 장은 조례로 정하는 바에 따라 종업원분의 세율을 표준세율의 100분의 50의 범위에서 가감할 수 있다.

3. 면세점[861)

「지방세기본법」 제34조에 따른 납세의무 성립일이 속하는 달부터 최근 1년간 해당 사업소 종업원 급여총액의 월평균금액이 대통령령으로 정하는 금액에 50을 곱한 금액 이하인 경우에는 종업원분을 부과하지 아니한다. "대통령령으로 정하는 금액"이란 300만원을 말한다.

종업원 급여총액의 월평균금액은 납세의무 성립일이 속하는 달을 포함하여 최근 12개월간(사업기간이 12개월 미만인 경우에는 납세의무성립일이 속하는 달부터 개업일이 속하는 달까지의 기간을 말한다) 해당 사업소의 종업원에게 지급한 급여총액을 해당 개월 수로 나눈 금액을 기준으로 한다. 이 경우 개업 또는 휴·폐업 등으로 영업한 날이 15일 미만인 달의 급여총액과 그 개월 수는 종업원 급여총액의 월평균금액 산정에서 제외한다.[862)

---

857) 「지방세법 시행령」 제78조의 3
858) 「지방세법 시행령」 제78조의 2
859) 대법원 2014두37313, 2014.9.5. 참조
860) 「지방세법」 제84조의 3
861) 「지방세법」 제84조의 4
862) 「지방세법 시행령」 제85조의 2

4. 중소기업 고용지원[863]

(1) 고용증대 중소기업에 대한 과세표준 공제

중소기업의 사업주가 종업원을 추가로 고용한 경우(해당 월의 종업원 수가 50명을 초과하는 경우만 해당한다)에는 다음의 계산식에 따라 산출한 금액을 종업원분의 과세표준에서 공제한다. 이 경우 직전 연도의 월평균 종업원 수가 50명 이하인 경우에는 50명으로 간주하여 산출한다.

> 공제액 = (신고한 달의 종업원 수 − 직전 연도의 월평균 종업원 수) × 월 적용급여액

(2) 신설법인 등의 과세표준 공제

다음의 어느 하나에 해당하는 중소기업에 대해서는 다음에서 정하는 달부터 1년 동안 월평균 종업원 수 50명에 해당하는 월 적용급여액을 종업원분의 과세표준에서 공제한다.

① 사업소를 신설하면서 50명을 초과하여 종업원을 고용하는 경우 : 종업원분을 최초로 신고하여야 하는 달
② 해당 월의 1년 전부터 계속하여 매월 종업원 수가 50명 이하인 사업소가 추가 고용으로 그 종업원 수가 50명을 초과하는 경우(해당 월부터 과거 5년 내에 종업원 수가 1회 이상 50명을 초과한 사실이 있는 사업소의 경우는 제외한다) : 해당 월의 종업원분을 신고하여야 하는 달

월 적용급여액은 해당 월의 종업원 급여 총액을 해당 월의 종업원 수로 나눈 금액으로 한다. 휴업 등의 사유로 직전 연도의 월평균 종업원 수를 산정할 수 없는 경우에는 사업을 재개한 후 종업원분을 최초로 신고한 달의 종업원 수를 직전 연도의 월평균 종업원 수로 본다.

---

863) 「지방세법」 제84조의 5

5. 징수방법과 납기[864]

종업원분의 징수는 신고·납부의 방법으로 한다. 종업원분의 납세의무자는 매월 납부할 세액을 다음 달 10일까지 납세지를 관할하는 지방자치단체의 장에게 신고하고 납부하여야 한다.

종업원분의 납세의무자가 신고 또는 납부의무를 다하지 아니하면 산출한 세액 또는 그 부족세액에 「지방세기본법」의 규정에 따라 산출한 가산세를 합한 금액을 세액으로 하여 보통징수의 방법으로 징수한다.

---

864) 「지방세법」 제84조의 6

Ⅰ 통칙

1. 지방소득세의 변천과정

2014년부터 부가세 방식의 지방소득세를 독립세 방식으로 전환하여 시행하고 있다. 2013년까지 시행된 지방소득세는 국세인 소득세와 법인세의 10%를 부과하는 단순한 세액계산 방식으로서 소득세나 법인세의 세율이 변동되거나 세액공제·감면이 확대되면 자동적으로 지방소득세도 증감되는 영향을 받았다. 지방소득세가 독립세로 전환되면서 2014년부터 과세표준액과 세율을 독자적으로 적용하고, 세액공제와 세액감면도 「지방세특례제한법」에 독자적으로 규정하고 있다. 즉, 과세표준액은 「소득세법」이나 「법인세법」의 것과 동일하게 함으로써 소득세나 법인세의 과세표준액과 동일하지만, 초과누진세율을 적용하여 산출된 세액에서 공제하는 세액공제·세액감면의 내용은 별도로 규정하고 있다.

2. 납세의무자

「소득세법」에 따른 소득세 또는 「법인세법」에 따른 법인세의 납세의무가 있는 자는 지방소득세를 납부할 의무가 있다. 지방소득세 납부의무의 범위는 「소득세법」과 「법인세법」에서 정하는 바에 따른다.[865] 지방소득세의 납세의무자는 「소득세법」 및 「법인세법」에 따른 소득·법인세의 납세의무가 있는 자와 소득·법인세를 원천징수하는 자로 하고 있다.

3. 지방소득의 범위 및 구분[866]

지방소득세와 지방소득은 다음과 같이 구분한다.

---

865) 「지방세법」 제86조
866) 「지방세법」 제87조

구 분		지방소득	
개인 지방소득세	거주자	종합소득(이자소득, 배당소득, 사업소득, 근로소득, 연금소득, 기타소득)	
		퇴직소득	
		금융투자소득[867]	
		양도소득	
	비거주자	국내원천소득	이자소득, 배당소득, 부동산소득, 사업소득, 인적용역소득, 근로소득, 퇴직소득, 부동산양도소득, 사용료소득, 유가증권양도소득, 기타소득
법인 지방소득세	내국법인 외국법인	각 사업연도의 소득	
		청산소득	
		토지 등 양도소득	
		미환류소득	

| 법인종류별 법인세 과세소득의 범위 |

구 분		각 사업연도의 소득		토지등 양도소득	미환류 소득	청산소득
		국내원천소득	국외원천소득			
내국법인	영리법인	○	○	○	○	○
	비영리법인	○	○	○	×	×
외국법인	영리법인	○	×	○	×	×
	비영리법인	○	×	○	×	×

*1) 비영리법인의 각 사업연도의 소득 : 수익사업에서 발생한 소득에 대해서만 납세의무를 진다.
*2) 미환류소득에 대한 법인세의 납세의무자 : 자기자본이 500억원을 초과하는 법인, 상호출자제한 기업집단에 속하는 법인에 한한다.

4. 과세기간 및 사업연도

개인지방소득세 과세기간은 「소득세법」에 따른 기간으로 한다. 법인지방소득세의 각 사업연도는 「법인세법」에 따른 기간으로 한다.[868] 즉, 개인지방소득세의 과세기간은 소득세와 같이 매년 1월 1일부터 12월 31일까지이고, 법인지방소득세의 과세기간은 각 법인의 사

---

867) 금융투자소득에 대한 과세는 2025년 1월 1일 이후 발생하는 소득분부터 적용한다.
868) 「지방세법」 제88조

업연도를 기준으로 한다.

5. 납세지[869]

(1) 개인지방소득세

개인지방소득세의 납세지는 「지방세법」상의 납세의무 성립 당시의 「소득세법」에 따른 납세지이다.

근무지를 변경하거나 둘 이상의 사용자로부터 근로소득을 받는 근로자에 대한 개인지방소득세를 연말정산하여 개인지방소득세를 환급하거나 추징해야 하는 경우 개인지방소득세의 납세지는 다음 각 호의 구분에 따른다.[870]

① 근무지를 변경한 근로자 : 연말정산 대상 과세기간의 종료일 현재 근무지
② 둘 이상의 사용자로부터 근로소득을 받는 근로자 : 연말정산 대상 과세기간의 종료일 현재 주된 근무지

(2) 법인지방소득세

법인지방소득세의 납세지는 사업연도 종료일 현재의 「법인세법」에 따른 납세지이다. 둘 이상의 지방자치단체에 법인의 사업장이 있는 경우 또는 각 연결법인의 사업장이 있는 경우에는 안분기준에 따라 법인지방소득세를 안분하여 그 소재지를 관할하는 지방자치단체의 장에게 각각 신고·납부하여야 한다.

$$\text{지방자치단체별 안분율} = \left(\frac{\text{관할 지방자치단체 안 종업원 수}}{\text{법인의 총 종업원 수}} + \frac{\text{관할 자치단체 안 건축물 연면적}}{\text{법인의 총 건축물 연면적}} \right) / 2$$

법인이 사업장을 이전한 경우 해당 법인지방소득세의 납세지는 해당 법인의 사업연도 종료일 현재 그 사업장 소재지로 한다.[871]

---

869) 「지방세법」 제89조
870) 「지방세법 시행령」 제87조 ②
871) 「지방세법 시행령」 제87조 ①

(3) 특별징수의 납세지

특별징수하는 지방소득세에 대해서도 각 소득의 원천별도 별도의 납세지를 정하고 있다. 특별징수하는 지방소득세 중 다음의 지방소득세는 다음에 따른 납세지를 관할하는 지방자치단체의 장이 부과한다.

| 특별징수하는 지방소득세의 납세지 |

구 분	납세지
① 근로소득 및 퇴직소득에 대한 지방소득세	납세의무자의 근무지
② 연금소득에 대한 지방소득세	그 소득을 지급받는 사람의 주소지
③ 국민건강보험공단이 지급하는 사업소득에 대한 지방소득세	그 소득을 지급받는 사람의 사업장 소재지
④ ①, ②, ③에 정한 소득 외의 소득에 대한 소득세 및 법인세의 원천징수사무를 본점 또는 주사무소에서 일괄처리하는 경우 그 소득에 대한 지방소득세	그 소득의 지급지

6. 비과세

「소득세법」, 「법인세법」 및 「조세특례제한법」에 따라 소득세 또는 법인세가 비과세되는 소득에 대하여는 지방소득세를 과세하지 아니한다.[872] 국세인 소득세 또는 법인세가 비과세되는 소득에 대하여는 지방소득세도 비과세하도록 규정하여 국세와 지방세 간의 과세형평성을 도모하고 있다.

Ⅱ 거주자의 종합소득 · 퇴직소득에 대한 지방소득세

1. 과세표준

(1) 거주자의 종합소득에 대한 개인지방소득세 과세표준

거주자의 종합소득에 대한 개인지방소득세 과세표준은 「소득세법」 제14조 제2항부터 제5항까지에 따라 계산한 소득세의 과세표준(「조세특례제한법」 및 다른 법률에 따라 과세표준 산정과 관련된 조세감면 또는 중과세 등의 조세특례가 적용되는 경우에는 이에 따라 계

---

872) 「지방세법」 제90조

산한 소득세의 과세표준)과 동일한 금액으로 한다.[873]

(2) 거주자의 퇴직소득에 대한 개인지방소득세 과세표준

거주자의 퇴직소득에 대한 개인지방소득세 과세표준은 「소득세법」 제14조 제6항에 따라 계산한 소득세의 과세표준(「조세특례제한법」 및 다른 법률에 따라 과세표준 산정과 관련된 조세감면 또는 중과세 등의 조세특례가 적용되는 경우에는 이에 따라 계산한 소득세의 과세표준)과 동일한 금액으로 한다.

2. 세율 및 산출세액[874]

(1) 세율

거주자의 종합소득에 대한 개인지방소득세의 표준세율은 다음 표와 같다. 지방자치단체의 장은 조례로 정하는 바에 따라 종합소득에 대한 개인지방소득세의 세율을 표준세율의 100분의 50의 범위에서 가감할 수 있다.

| 거주자의 종합소득에 대한 개인지방소득세 세율 |

과세표준	세 율
1,400만원 이하	0.6%
1,400만원 초과 5,000만원 이하	84,000 + 1,400만원 초과금액의 1.5%
5,000만원 초과 8,800만원 이하	624,000 + 5,000만원 초과금액의 2.4%
8,800만원 초과 1억 5,000만원 이하	1,536,000 + 8,800만원 초과금액의 3.5%
1억 5,000만원 초과 3억원 이하	3,706,000 + 1억 5,000만원 초과금액의 3.8%
3억원 초과 5억원 이하	9,406,000 + 3억원 초과금액의 4.0%
5억원 초과 10억원 이하	17,406,000 + 5억원 초과금액의 4.2%
10억원 초과	38,406,000 + 10억원 초과금액의 4.5%

(2) 산출세액

거주자의 종합소득에 대한 개인지방소득세 산출세액은 해당 연도의 과세표준에 세율을 적용하여 산출한 금액으로 한다.

---

873) 「지방세법」 제91조
874) 「지방세법」 제92조

거주자의 퇴직소득에 대한 개인지방소득세 산출세액은 다음의 순서에 따라 계산한 금액으로 한다.

① 해당 과세기간의 과세표준에 종합소득에 대한 개인지방소득세의 세율을 적용하여 계산한 금액
② ①의 금액을 12로 나눈 금액에 근속연수를 곱한 금액

3. 세액공제 및 세액감면[875)]

종합소득 또는 퇴직소득에 대한 개인지방소득세의 세액공제 및 세액감면에 관한 사항은 「지방세특례제한법」에서 정한다. 다만, 종합소득 또는 퇴직소득에 대한 개인지방소득세의 공제세액 또는 감면세액이 산출세액을 초과하는 경우에는 그 초과금액은 없는 것으로 한다.

4. 과세표준 및 세액의 확정신고와 납부[876)]

거주자가 「소득세법」에 따라 종합소득 또는 퇴직소득에 대한 과세표준확정신고를 하는 경우에는 해당 신고기한까지 종합소득 또는 퇴직소득에 대한 개인지방소득세 과세표준과 세액을 납세지 관할 지방자치단체의 장에게 확정신고·납부하여야 한다. 이 경우 거주자가 종합소득 또는 퇴직소득에 대한 개인지방소득세 과세표준과 세액을 납세지 관할 지방자치단체의 장 외의 지방자치단체의 장에게 신고한 경우에도 그 신고의 효력에는 영향이 없다.

납부할 세액이 100만원을 초과하는 거주자는 그 납부할 세액의 일부를 납부기한이 지난 후 2개월 이내에 분할납부할 수 있다.

납세지 관할 지방자치단체의 장은 소규모사업자 등 거주자에게 과세표준과 세액을 기재한 납부서를 발송할 수 있다. 납부서를 받은 자가 납부서에 기재된 세액을 신고기한까지 납부한 경우에는 확정신고를 하고 납부한 것으로 본다.

5. 가산세[877)]

소득세 결정세액에 가산세를 더하는 경우에는 그 더하는 금액의 100분의 10에 해당하는 금액을 개인지방소득세 결정세액에 더한다. 다만, 「소득세법」 제81조의 5에 따라 더해지는

---

875) 「지방세법」 제94조
876) 「지방세법」 제95조
877) 「지방세법」 제99조

가산세의 100분의 10에 해당하는 개인지방소득세 가산세와 「지방세기본법」 제53조 또는 제54조에 따른 가산세가 동시에 적용되는 경우에는 그 중 큰 가산세액만 적용하고, 가산세액이 같은 경우에는 「지방세기본법」 제53조 또는 제54조에 따른 가산세만 적용한다.

「소득세법」 제70조 제4항 각 호 외의 부분 후단에 따라 종합소득 과세표준확정신고를 하지 아니한 것으로 보는 경우에 해당하여 가산세 부과대상이 되는 때에는 이 법 제95조에 따른 종합소득에 대한 개인지방소득세 과세표준확정신고를 하지 아니한 것으로 본다.

 ## Ⅲ 거주자의 금융투자소득에 대한 지방소득세[878]

1. 과세표준[879]

금융투자소득에 대한 개인지방소득세 과세표준은 종합소득, 퇴직소득 및 양도소득에 대한 개인지방소득세 과세표준과 구분하여 계산한다.

금융투자소득에 대한 개인지방소득세 과세표준은 「소득세법」 제87조의 4에 따라 계산한 소득세의 과세표준(「조세특례제한법」 및 다른 법률에 따라 과세표준 산정과 관련된 조세감면 또는 중과세 등의 조세특례가 적용되는 경우에는 이에 따라 계산한 소득세의 과세표준을 말한다)과 동일한 금액으로 한다.

2. 세율[880]

금융투자소득에 대한 개인지방소득세의 표준세율은 다음 표와 같다.

과세표준	세 율
3억원 이하	2%
3억원 초과	6,000,000+(3억원을 초과하는 금액의 2.5%)

지방자치단체의 장은 조례로 정하는 바에 따라 금융투자소득에 대한 개인지방소득세의 세율을 제1항에 따른 표준세율의 100분의 50의 범위에서 가감할 수 있다.

---

878) 금융투자소득에 대한 과세는 2025년 1월 1일 이후 발생하는 소득분부터 적용한다.
879) 「지방세법」 제102조의 2
880) 「지방세법」 제102조의 3

3. 세액공제 및 세액감면[881]

금융투자소득에 대한 개인지방소득세의 세액공제 및 세액감면에 관한 사항은 「지방세특례제한법」에서 정한다. 다만, 금융투자소득에 대한 개인지방소득세의 공제세액 또는 감면세액이 산출세액을 초과하는 경우에는 그 초과금액은 없는 것으로 한다.

4. 예정신고와 납부[882]

거주자가 「소득세법」 제87조의 21에 따라 금융투자소득 예정신고를 할 때에는 같은 조 제2항에 따른 신고기한에 2개월을 더한 날까지 금융투자소득금액 또는 금융투자결손금과 금융투자소득에 대한 개인지방소득세액을 대통령령으로 정하는 바에 따라 납세지 관할 지방자치단체의 장에게 신고하여야 한다. 이 경우 거주자가 납세지 관할 지방자치단체의 장 외의 지방자치단체의 장에게 금융투자소득에 대한 개인지방소득세 예정신고를 한 경우 그 신고의 효력에는 영향이 없다.

거주자가 금융투자소득에 대한 개인지방소득세 예정신고를 한 때에는 예정신고 산출세액에서 다음의 세액을 공제한 금액을 신고기한까지 납세지 관할 지방자치단체에 납부하여야 한다.

① 공제세액 및 감면세액
② 수시부과세액

5. 확정신고와 납부[883]

거주자가 「소득세법」에 따라 금융투자소득과세표준 확정신고를 할 때에는 소득세의 신고기한에 2개월을 더한 날까지 금융투자소득에 대한 개인지방소득세 과세표준과 세액을 납세지 관할 지방자치단체의 장에게 신고하여야 한다. 이 경우 거주자가 납세지 관할 지방자치단체의 장 외의 지방자치단체의 장에게 금융투자소득에 대한 개인지방소득세 확정신고를 한 경우 그 신고의 효력에는 영향이 없다.

「소득세법」에 따라 금융투자소득과세표준 확정신고를 하지 아니한 거주자는 금융투자소득에 대한 개인지방소득세 확정신고를 하지 아니한다.

---

881) 「지방세법」 제102조의 5
882) 「지방세법」 제102조의 6
883) 「지방세법」 제102조의 7

거주자가 금융투자소득에 대한 개인지방소득세 확정신고를 한 때에는 금융투자소득에 대한 개인지방소득세 산출세액에서 다음의 세액을 공제한 금액을 신고기한까지 납세지 관할 지방자치단체에 납부하여야 한다.

① 공제세액 및 감면세액
② 예정신고 산출세액 또는 제97조 및 제102조의 8에 따라 결정·경정한 세액
③ 수시부과세액
④ 특별징수세액

Ⅳ 거주자의 양도소득에 대한 지방소득세

1. 과세표준[884]

거주자의 양도소득에 대한 개인지방소득세 과세표준은 종합소득, 퇴직소득 및 금융투자소득에 대한 개인지방소득세 과세표준과 구분하여 계산한다. 양도소득에 대한 개인지방소득세 과세표준은 소득세의 과세표준(「조세특례제한법」 및 다른 법률에 따라 과세표준 산정과 관련된 조세감면 또는 중과세 등의 조세특례가 적용되는 경우에는 이에 따라 계산한 소득세의 과세표준)과 동일한 금액으로 한다.

2. 세율[885]

거주자의 양도소득에 대한 개인지방소득세는 해당 과세기간의 양도소득과세표준에 각각의 표준세율을 적용하여 계산한 금액을 그 세액으로 한다. 이 경우 하나의 자산이 각각의 세율 중 둘 이상에 해당할 때에는 해당 세율을 적용하여 계산한 양도소득에 대한 개인지방소득세 산출세액 중 큰 것을 그 세액으로 한다. 지방자치단체의 장은 조례로 정하는 바에 따라 양도소득에 대한 개인지방소득세의 세율을 제1항에 따른 표준세율의 100분의 50의 범위에서 가감할 수 있다.

(1) 부동산 등 양도소득에 대한 지방소득세 세율

토지, 건물, 부동산에 관한 권리 및 기타자산에 해당하는 자산의 양도소득에 대한 지방소

---

884) 「지방세법」 제103조
885) 「지방세법」 제103조의 3

득세 세율은 거주자의 종합소득에 대한 개인지방소득세 세율을 적용한다. 다만, 분양권의 경우에는 양도소득에 대한 개인지방소득세 과세표준의 6%의 세율을 적용한다.

(2) 단기보유 부동산 등의 세율

토지, 건물, 부동산에 관한 권리로서 단기보유 자산에 대하여는 다음의 세율을 적용한다.

| 단기보유자산의 세율 |

보유기간	세 율
1년 미만	5%(주택, 조합원입주권 및 분양권의 경우에는 7%)
1년 이상 2년 미만	4%(주택, 조합원입주권 및 분양권의 경우에는 6%)

(3) 비사업용 토지

비사업용 토지 및 부동산과다법인의 주식등의 양도소득에 대한 세율은 종합소득에 대한 개인지방소득세 세율에 1%를 가산한 세율을 적용한다.

(4) 미등기양도자산

미등기양도자산의 세율은 양도소득에 대한 개인지방소득세 과세표준의 7%를 적용한다.

(5) 주식

주식 양도소득에 대한 지방소득세의 세율은 다음 표와 같다.

| 주식 양도소득에 대한 지방소득세 세율 |

구 분	소액주주	대주주(초과누진세율 적용)
중소기업	1%	3억원 이하 : 2% 3억원 초과 : 600만원 + 3억원 초과액의 2.5%
대기업	2%	3억원 이하 : 2% 3억원 초과 : 600만원 + 3억원 초과액의 2.5%

(6) 조정대상지역의 주택

다음의 어느 하나에 해당하는 주택을 양도하는 경우 종합소득에 대한 개인지방소득세 세율에 2%(③, ④의 경우에는 3%)를 더한 세율을 적용한다. 이 경우 해당 주택 보유기간이

2년 미만인 경우에는 종합소득에 대한 개인지방소득세 세율에 2%(③, ④의 경우에는 3%)를 더한 세율을 적용하여 계산한 양도소득에 대한 개인지방소득세 산출세액과 단기보유 부동산 등의 세율을 적용하여 계산한 양도소득에 대한 개인지방소득세 산출세액 중 큰 세액을 양도소득에 대한 개인지방소득세 산출세액으로 한다.

① 조정대상지역에 있는 주택으로서 1세대 2주택에 해당하는 주택
② 조정대상지역에 있는 주택으로서 1세대가 1주택과 조합원입주권 또는 분양권을 1개 보유한 경우의 해당 주택. 다만, 장기임대주택 등은 제외한다.
③ 조정대상지역에 있는 주택으로서 1세대 3주택 이상에 해당하는 주택
④ 조정대상지역에 있는 주택으로서 1세대가 주택과 조합원입주권 또는 분양권을 보유한 경우로서 그 수의 합이 3 이상인 경우 해당 주택. 다만, 장기임대주택 등은 제외한다.

3. 세액공제 및 세액감면[886]

양도소득에 대한 개인지방소득세의 세액공제 및 세액감면에 관한 사항은 「지방세특례제한법」에서 정한다. 다만, 양도소득에 대한 개인지방소득세의 공제세액 또는 감면세액이 산출세액을 초과하는 경우에는 그 초과금액은 없는 것으로 한다.

4. 신고와 납부

(1) 과세표준의 예정신고와 납부[887]

1) 예정신고

거주자가 「소득세법」 제105조에 따라 양도소득과세표준 예정신고를 하는 경우에는 해당 신고기한에 2개월을 더한 날("예정신고기한")까지 양도소득에 대한 개인지방소득세 과세표준과 세액을 납세지 관할 지방자치단체의 장에게 신고하여야 한다. 이 경우 거주자가 양도소득에 대한 개인지방소득세 과세표준과 세액을 납세지 관할 지방자치단체의 장 외의 지방자치단체의 장에게 신고한 경우에도 그 신고의 효력에는 영향이 없다. 예정신고는 양도차익이 없거나 양도차손이 발생한 경우에도 적용한다.

2) 예정신고 · 납부

거주자가 예정신고를 할 때에는 양도소득에 대한 개인지방소득세 예정신고 산출세액에

---

886) 「지방세법」 제103조의 4
887) 「지방세법」 제103조의 5

서 「지방세특례제한법」이나 조례에 따른 감면세액과 수시부과세액을 공제한 세액을 납세지 관할 지방자치단체의 장에게 납부하여야 한다.

3) 예정 납부서의 발송에 의한 납부

납세지 관할 지방자치단체의 장은 거주자에게 과세표준과 세액을 기재한 납부서를 발송할 수 있다. 납부서를 받은 자가 납부서에 기재된 세액을 예정신고기한까지 납부한 경우에는 예정신고를 하고 납부한 것으로 본다.

(2) 과세표준의 확정신고와 납부[888]

1) 확정신고

거주자가 양도소득과세표준확정신고를 하는 경우에는 해당 신고기한에 2개월을 더한 날("확정신고기한")까지 양도소득에 대한 개인지방소득세 과세표준과 세액을 납세지 관할 지방자치단체의 장에게 확정신고·납부하여야 한다. 이 경우 거주자가 양도소득에 대한 개인지방소득세 과세표준과 세액을 납세지 관할 지방자치단체의 장 외의 지방자치단체의 장에게 신고한 경우에도 그 신고의 효력에는 영향이 없다. 해당 과세기간의 과세표준이 없거나 결손금액이 있는 경우에도 적용한다.

예정신고를 한 자는 해당 소득에 대한 확정신고를 하지 아니할 수 있다. 다만, 해당 과세기간에 누진세율 적용대상 자산에 대한 예정신고를 2회 이상 하는 경우 등의 경우에는 확정신고를 하여야 한다.

2) 확정신고·납부

거주자는 해당 과세기간의 양도소득에 대한 개인지방소득세 산출세액에서 감면되는 세액을 공제한 금액을 확정신고기한까지 납세지 관할 지방자치단체에 납부하여야 한다. 확정신고·납부를 하는 경우 예정신고 산출세액, 결정·경정한 세액 또는 수시부과세액이 있을 때에는 이를 공제하여 납부한다.

3) 확정신고 납부서에 의한 납부

납세지 관할 지방자치단체의 장은 거주자에게 과세표준과 세액을 기재한 납부서를 발송할 수 있다. 납부서를 받은 자가 납부서에 기재된 세액을 확정신고기한까지 납부한 경우에는 확정신고를 하고 납부한 것으로 본다.

---

888) 「지방세법」 제103조의 7

Ⓥ 개인지방소득세의 특별징수

1. 특별징수의무[889]

원천징수의무자가 거주자로부터 소득세를 원천징수하는 원천징수의무자는 개인지방소득세의 특별징수의무자가 된다.

2. 특별징수세액[890]

원천징수의무자가 거주자로부터 소득세를 원천징수하는 경우에는 원천징수하는 소득세(「조세특례제한법」 및 다른 법률에 따라 조세감면 또는 중과세 등의 조세특례가 적용되는 경우에는 이를 적용한 소득세)의 100분의 10에 해당하는 금액을 소득세 원천징수와 동시에 개인지방소득세로 특별징수하여야 한다.

3. 특별징수세액의 납부[891]

특별징수의무자가 개인지방소득세를 특별징수하였을 경우에는 그 징수일이 속하는 달의 다음 달 10일까지 납세지를 관할하는 지방자치단체에 납부하여야 한다. 다만, 다음의 어느 하나에 해당하는 경우에는 다음에서 정하는 바에 따라 납부한다.

① 원천징수한 소득세를 반기(半期)별로 납부하는 경우에는 반기의 마지막 달의 다음 달 10일까지 반기의 마지막 달 말일 현재의 납세지를 관할하는 지방자치단체에 납부한다.
② 금융투자소득에 대한 개인지방소득세의 경우 해당 과세기간의 반기 중에 계좌가 해지된 경우에는 그 반기 종료일이 속하는 달의 다음 달 10일까지 반기의 마지막 달 말일 현재의 납세지를 관할하는 지방자치단체에 납부한다.

4. 특별징수 의무불이행 가산세[892]

특별징수의무자가 특별징수하였거나 특별징수하여야 할 세액을 납부기한까지 납부하지 아니하거나 부족하게 납부한 경우에는 그 납부하지 아니한 세액 또는 부족한 세액에 「지방

---

889) 「지방세법」 제103조의 13
890) 「지방세법」 제103조의 13
891) 「지방세법」 제103조의 13
892) 「지방세법」 제103조의 14

세기본법」제56조에 따라 산출한 금액을 가산세로 부과하며, 특별징수의무자가 특별징수를 하지 아니한 경우로서 다음의 어느 하나에 해당하는 경우에는 특별징수의무자에게 그 가산세액만을 부과한다. 다만, 국가 또는 지방자치단체와 그 밖에 대통령령으로 정하는 자가 특별징수의무자인 경우에는 의무불이행을 이유로 하는 가산세는 부과하지 아니한다.

① 납세의무자가 신고·납부한 과세표준금액에 특별징수하지 아니한 특별징수대상 개인지방소득금액이 이미 산입된 경우
② 특별징수하지 아니한 특별징수대상 개인지방소득금액에 대하여 납세의무자의 관할 지방자치단체의 장이 그 납세의무자에게 직접 개인지방소득세를 부과·징수하는 경우

5. 특별징수에 대한 연말정산[893]

특별징수의무자가 「소득세법」에 따라 연말정산을 하는 경우에는 그 결정세액의 100분의 10을 개인지방소득세로 하여 해당 과세기간에 이미 특별징수하여 납부한 지방소득세를 차감하고 그 차액을 특별징수하거나 그 소득자에게 환급하여야 한다.

Ⅵ 내국법인의 각 사업연도의 소득에 대한 지방소득세

1. 과세표준[894]

내국법인의 각 사업연도의 소득분에 대한 법인지방소득세의 과세표준은 「법인세법」상 계산된 과세표준과 같다. 즉, 내국법인의 각 사업연도의 소득에 대한 법인지방소득세의 과세표준은 법인세의 과세표준(「조세특례제한법」 및 다른 법률에 따라 과세표준 산정과 관련된 조세감면 또는 중과세 등의 조세특례가 적용되는 경우에는 이에 따라 계산한 법인세의 과세표준)과 동일한 금액으로 한다.

내국법인의 각 사업연도의 소득에 대한 법인세 과세표준에 국외원천소득이 포함되어 있는 경우로서 「법인세법」 제57조에 따라 외국납부세액공제를 하는 경우에는 외국법인세액을 차감한 금액을 법인지방소득세 과세표준으로 한다. 이 경우 해당 사업연도의 과세표준에 「법인세법」 제57조 제2항 단서에 따라 손금에 산입한 외국법인세액이 있는 경우에는 그 금액을 가산한 이후에 외국법인세액을 차감한 금액을 법인지방소득세 과세표준으로 한다.

---

893) 「지방세법」 제103조의 15
894) 「지방세법」 제103조의 19

2. 세율[895]

내국법인의 각 사업연도의 소득에 대한 법인지방소득세의 표준세율은 다음 표와 같다.

| 법인지방소득세의 세율 |

과세표준	세 율
2억원 이하	0.9%
2억원 초과 200억원 이하	1,800,000 + 2억원 초과금액의 1.9%
200억원 초과 3,000억원 이하	378,000,000 + 200억원 초과금액의 2.1%
3,000억원 초과	6,258,000,000 + 3,000억원 초과금액의 2.4%

지방자치단체의 장은 조례로 정하는 바에 따라 각 사업연도의 소득에 대한 법인지방소득세의 세율을 표준세율의 100분의 50의 범위에서 가감할 수 있다.

3. 세액계산[896]

(1) 산출세액

내국법인의 각 사업연도의 소득에 대한 법인지방소득세는 지방소득세의 과세표준에 세율을 적용하여 계산한 금액을 그 세액으로 한다. 법인지방소득세 산출세액에는 토지등 양도소득에 대한 법인지방소득세 세액 및 투자·상생협력 촉진을 위한 과세특례를 적용하여 계산한 법인지방소득세 세액이 있으면 이를 합한 금액으로 한다.

(2) 사업연도가 1년 미만인 내국법인의 산출세액 계산

사업연도가 1년 미만인 내국법인의 각 사업연도의 소득에 대한 법인지방소득세는 그 사업연도의 법인세의 과세표준(「조세특례제한법」 및 다른 법률에 따라 과세표준 산정과 관련된 조세감면 또는 중과세 등의 조세특례가 적용되는 경우에는 이에 따라 계산한 법인세의 과세표준)과 동일한 금액을 그 사업연도의 월수로 나눈 금액에 12를 곱하여 산출한 금액을 과세표준으로 하여 계산한 세액에 그 사업연도의 월수를 12로 나눈 수를 곱하여 산출한 세액을 그 세액으로 한다. 이 경우 월수의 계산은 역(曆)에 따라 계산하되, 1월 미만의 일수는 1월로 한다.

---

895) 「지방세법」 제103조의 20
896) 「지방세법」 제103조의 21

4. 세액공제 및 세액감면[897]

내국법인의 각 사업연도의 소득에 대한 법인지방소득세의 세액공제 및 세액감면에 관한 사항은 「지방세특례제한법」에서 정한다. 이 경우 공제 및 감면되는 세액은 법인지방소득세 산출세액(토지등 양도소득, 미환류소득에 대한 법인지방소득세 세액을 제외한 법인지방소득세 산출세액을 말한다)에서 공제한다.

각 사업연도의 소득에 대한 법인지방소득세의 공제세액 또는 감면세액이 법인지방소득세 산출세액을 초과하는 경우에는 그 초과금액은 없는 것으로 한다.

다만, 재해손실에 대해서는 「지방세법」 제103조의 65(재해손실에 대한 세액계산 특례) 규정에 따라 세액공제한다. 내국법인이 「법인세법」 제58조에 따라 재해손실에 대한 세액공제를 받은 경우에는 다음의 법인지방소득세액에 자산 상실 비율을 곱하여 계산한 금액을 법인지방소득세액에서 차감한다.[898]

① 재해 발생일을 기준으로 부과되지 아니한 법인지방소득세액과 부과된 법인지방소득 세액으로서 미납된 법인지방소득세액
② 재해 발생일이 속하는 사업연도의 소득에 대한 법인지방소득세액

5. 과세표준 및 세액의 확정신고와 납부[899]

(1) 확정신고 기간 및 제출 서류

「법인세법」 제60조에 따른 신고의무가 있는 내국법인은 각 사업연도의 종료일이 속하는 달의 말일부터 4개월 이내에 그 사업연도의 소득에 대한 법인지방소득세의 과세표준과 세액을 납세지 관할 지방자치단체의 장에게 신고하여야 한다. 내국법인으로서 각 사업연도의 소득금액이 없거나 결손금이 있는 법인의 경우에도 적용한다.

신고를 할 때에는 그 신고서에 다음의 서류를 첨부하여야 한다. ①, ②, ③의 서류를 첨부하지 아니하면 신고로 보지 아니한다. 다만, 수익사업을 하지 아니하는 비영리내국법인은 그러하지 아니하다.

① 기업회계기준을 준용하여 작성한 개별 내국법인의 재무상태표·포괄손익계산서 및 이익잉여금처분계산서(또는 결손금처리계산서)

---

897) 「지방세법」 제103조의 22
898) 「지방세법」 제103조의 65
899) 「지방세법」 제103조의 23

② 세무조정계산서

③ 법인지방소득세 안분명세서. 다만, 하나의 특별자치시·특별자치도·시·군 또는 자치구에만 사업장이 있는 법인의 경우는 제외한다.

④ 그 밖에 대통령령으로 정하는 서류

둘 이상의 지방자치단체에 법인의 사업장이 있는 경우에는 본점 소재지를 관할하는 지방자치단체의 장에게 첨부서류를 제출하면 법인의 각 사업장 소재지 관할 지방자치단체의 장에게도 이를 제출한 것으로 본다.

(2) 확정신고 시 납부할 세액의 계산

내국법인은 각 사업연도의 소득에 대한 법인지방소득세 산출세액에서 다음의 법인지방소득세 세액(가산세는 제외한다)을 공제한 금액을 각 사업연도에 대한 법인지방소득세로서 신고기한까지 납세지 관할 지방자치단체에 납부하여야 한다. 다만, 「조세특례제한법」 제104조의 10 제1항 제1호에 따라 과세표준 계산의 특례를 적용받은 경우에는 ③에 해당하는 세액을 공제하지 아니한다.

① 공제·감면세액

② 수시부과세액

③ 특별징수세액

④ 예정신고납부세액

(3) 분할납부

납부할 세액이 100만원을 초과하는 내국법인은 그 납부할 세액의 일부를 납부기한이 지난 후 1개월(중소기업의 경우에는 2개월) 이내에 분할납부할 수 있다. 내국법인이 법인지방소득세액을 분할납부하는 경우 분할납부할 수 있는 세액은 다음의 구분에 따른다.[900]

① 납부할 세액이 100만원 초과 200만원 이하인 경우 : 100만원을 초과하는 금액

② 납부할 세액이 200만원을 초과하는 경우 : 해당 세액의 100분의 50 이하의 금액

---

900) 「지방세법 시행령」 제100조의 13 ③

6. 수정신고 등[901]

신고를 한 내국법인이 「국세기본법」에 따라 「법인세법」에 따른 신고내용을 수정신고할 때에는 납세지를 관할하는 지방자치단체의 장에게도 해당 내용을 신고하여야 한다. 또한, 신고한 내국법인이 신고납부한 법인지방소득세의 납세지 또는 지방자치단체별 안분세액에 오류가 있음을 발견하였을 때에는 지방자치단체의 장이 보통징수의 방법으로 부과고지를 하기 전까지 관할 지방자치단체의 장에게 수정신고, 경정 등의 청구 또는 기한 후 신고를 할 수 있다.

수정신고 또는 기한 후 신고를 통하여 추가납부세액이 발생하는 경우에는 이를 납부하여야 한다. 이 경우 안분세액의 오류로 인한 수정신고 등에 대하여는 「지방세기본법」 제53조부터 제55조까지에 따른 가산세를 부과하지 아니한다. 또한, 경정 등의 청구를 통하여 환급세액이 발생하는 경우에는 「지방세기본법」 제62조에 따른 지방세환급가산금을 지급하지 아니한다.

둘 이상의 지방자치단체에 사업장이 있는 법인이 사업장 소재지를 관할하는 지방자치단체의 장에게 각각 신고·납부하지 아니하고 하나의 지방자치단체의 장에게 일괄하여 과세표준 및 세액을 확정신고(수정신고를 포함한다)한 경우 그 법인에 대해서는 가산세를 적용한다. 이 경우 무신고 가산세를 부과하는 경우 해당 가산세의 금액은 무신고납부세액의 100분의 10에 상당하는 금액으로 한다.[902]

| 일괄신고 시 예시 |

지방차치단체	정당한 세액	신고한 세액	수정신고
A시	500	1,000	500 환급 (환급가산금 없음)
B시	300	–	330 납부 (가산세 10%)
C시	200	–	220 납부 (가산세 10%)

---

901) 「지방세법」 제103조의 24
902) 「지방세기본법」 제53조 ① 무신고가산세는 20%

7. 특별징수[903]

(1) 특별징수의무자

「법인세법」에 따른 원천징수의무자가 내국법인으로부터 법인세를 원천징수하는 자는 법인지방소득세를 특별징수하여야 한다. 이에 따라 특별징수를 하여야 하는 자를 "특별징수의무자"라 한다.

(2) 특별징수 세액

특별징수의무자는 내국법인으로부터 법인세를 원천징수하는 경우에는 원천징수하는 법인세(「조세특례제한법」 및 다른 법률에 따라 조세감면 또는 중과세 등의 조세특례가 적용되는 경우에는 이를 적용한 법인세)의 100분의 10에 해당하는 금액을 법인지방소득세로 특별징수하여야 한다.

(3) 납부

특별징수의무자는 특별징수한 지방소득세를 그 징수일이 속하는 달의 다음 달 10일까지 관할 지방자치단체에 납부하여야 한다.

(4) 특별징수 의무불이행가산세

특별징수의무자가 징수하였거나 징수하여야 할 세액을 납부기한까지 납부하지 아니하거나 과소납부한 경우에는 「지방세기본법」 제56조에 따라 산출한 금액을 가산세로 부과하며, 특별징수의무자가 징수하지 아니한 경우로서 납세의무자가 그 법인지방소득세액을 이미 납부한 경우에는 특별징수의무자에게 그 가산세액만을 부과한다. 다만, 국가 또는 지방자치단체와 그 밖에 대통령령으로 정하는 자가 특별징수의무자인 경우에는 특별징수 의무불이행을 이유로 하는 가산세는 부과하지 아니한다.

8. 법인세 가산세에 대한 법인지방소득세 가산세[904]

납세지 관할 지방자치단체의 장은 납세지 관할 세무서장이 「법인세법」의 규정에 따라 법인세 가산세를 징수하는 경우에는 그 징수하는 금액의 100분의 10에 해당하는 금액을 법인지방소득세 가산세로 징수한다. 다만, 「법인세법」 제75조의 3에 따라 징수하는 가산세의

---

903) 「지방세법」 제103조의 29
904) 「지방세법」 제103조의 30

100분의 10에 해당하는 법인지방소득세 가산세와 「지방세기본법」 제53조 또는 제54조에 따른 가산세가 동시에 적용되는 경우에는 그 중 큰 가산세액만 적용하고, 가산세액이 같은 경우에는 「지방세기본법」 제53조 또는 제54조에 따른 가산세만 적용한다.

법인의 사업장 소재지가 둘 이상의 지방자치단체에 있어 각 사업장 소재지 관할 지방자치단체의 장이 안분하여 부과·징수하는 경우에는 법인지방소득세 가산세도 안분하여 징수한다.

I 자동차 소유에 대한 자동차세

1. 자동차의 정의[905]

자동차란 「자동차관리법」에 따라 등록되거나 신고된 차량과 「건설기계관리법」에 따라 등록된 건설기계 중 차량과 유사한 것으로서 대통령령으로 정하는 것을 말한다. "대통령령으로 정하는 것"이란 「건설기계관리법」에 따라 등록된 덤프트럭 및 콘크리트믹서트럭을 말한다.

자동차세의 과세대상인 자동차의 범위는 취득세의 과세대상인 차량의 범위보다 좁다. 취득세에 있어서 차량의 개념은 자동차를 포함한 궤도·삭도 등을 이용한 운반구 등이 포함되나 자동차세의 과세대상이 되는 자동차에는 「자동차관리법」, 「건설기계관리법」에 의한 등록 또는 신고가 되지 않은 것은 과세대상이 되지 아니한다.

2. 납세의무자[906]

자동차 소유에 대한 자동차세는 지방자치단체 관할구역에 등록되어 있거나 신고되어 있는 자동차를 소유하는 자에게 부과한다. 자동차의 소유 여부는 자동차등록원부상의 등록 여부로 결정되는 것이므로 과세기준일(6월 1일과 12월 1일)에 그 등록원부상 소유자로 등재된 자가 해당 기분(期分)의 납세의무자가 된다. 한편, 자동차를 신규등록하거나 말소등록한 경우에는 그 취득한 날 또는 사용을 폐지한 날이 속하는 기분의 자동차세액을 일할계산한 금액을 각각 징수한다.[907] 이 경우 사용기간을 적용하여 일할계산한 금액을 징수한다.[908]

자동차세는 자동차를 소유하는 사실에 대하여 과세하는 것이므로, 설령 자동차를 전혀 운행하지 않았다 하더라도 납세의무가 있다. 국가 및 지방자치단체 등으로부터 운행정지처분을 받은 경우라도 납세의무가 있는 것이다.

자동차의 소유 여부는 자동차등록원부상의 등록 여부로 결정되는 것이므로 과세기준일

---

905) 「지방세법」 제124조
906) 「지방세법」 제125조
907) 「지방세법」 제129조
908) 「지방세법」 제130조

에 그 등록원부상 소유자로 등재된 자가 납세의무자가 되며, 자동차의 소유자가 이를 도난당하거나 폐차업소에 입고함에 따라 그 운행이익을 향유하지 못하고 있다고 하더라도 자동차세의 납세의무가 있다. 다만, 도난당한 후 말소등록을 하거나 시장·군수·구청장이 사실조사를 통하여 폐차업소에 입고하여 사실상 회수하거나 사용할 수 없는 것으로 인정하는 경우에는 도난신고 접수일 또는 폐차업소 입고일 이후의 자동차세를 부과하지 않는다.[909]

과세기준일 현재 상속이 개시된 자동차로서 사실상의 소유자 명의로 이전등록을 하지 아니한 경우에는 다음의 순위에 따라 자동차세를 납부할 의무를 진다.

① 「민법」상 상속지분이 가장 높은 자
② 연장자

과세기준일 현재 공매되어 매수대금이 납부되었으나 매수인 명의로 소유권 이전등록을 하지 아니한 자동차에 대하여는 매수인이 자동차세를 납부할 의무를 진다.

3. 비과세[910]

다음의 어느 하나에 해당하는 자동차를 소유하는 자에 대하여는 자동차세를 부과하지 아니한다.

① 국가 또는 지방자치단체가 국방·경호·경비·교통순찰 또는 소방을 위하여 제공하는 자동차
② 국가 또는 지방자치단체가 환자수송·청소·오물제거 또는 도로공사를 위하여 제공하는 자동차
③ 그 밖에 주한외교기관이 사용하는 자동차 등 대통령령으로 정하는 자동차

"주한외교기관이 사용하는 자동차 등 대통령령으로 정하는 자동차"란 다음의 어느 하나에 해당하는 것을 말한다.

① 정부가 우편·전파관리에만 사용할 목적으로 특수한 구조로 제작한 것으로서 그 용도의 표지를 한 자동차
② 주한외교기관과 국제연합기관 및 주한외국원조기관(민간원조기관을 포함한다)이 사용하는 자동차

---

909) 「지방세법」 운영예규 법125-1
910) 「지방세법」 제126조

③ 「관세법」에 따라 세관장에게 수출신고를 하고 수출된 자동차

④ 천재지변·화재·교통사고 등으로 소멸·멸실 또는 파손되어 해당 자동차를 회수하거나 사용할 수 없는 것으로 시장·군수·구청장이 인정하는 자동차

⑤ 「자동차관리법」에 따른 자동차해체재활용업자에게 폐차되었음이 증명되는 자동차

⑥ 공매 등 강제집행절차가 진행 중인 자동차로서 집행기관 인도일 이후부터 경락대금 납부일 전까지의 자동차

⑦ 「자동차등록령」 제31조 제2항에 해당하는 자동차로서 같은 조 제5항 제7호에 해당하는 자동차

취득세나 등록면허세와는 달리 자동차세의 경우에는 국가 등이 소유하는 자동차에 대하여는 비과세하는 규정이 없고, 단지 위에서 열거된 특정의 목적에 사용되는 경우에 비과세한다.

4. 과세표준과 세율[911]

자동차 소유에 대한 자동차는 배기량 등을 과세표준으로 하고 있다. 그러므로 종량세(從量稅)에 해당한다. 자동차 소유에 대한 자동차세의 세율은 비율이 아닌 금액으로 표시되므로 정액세(定額稅)로 분류된다. 또한 자동차세 세율은 표준세율에 해당한다.

(1) 승용자동차

승용자동차는 다음 표의 구분에 따라 배기량에 CC당 세액을 곱하여 산정한 세액을 자동차 1대당 연세액(年稅額)으로 한다. 승용자동차는 10인 이하를 운송하기에 적합하게 제작된 자동차를 말한다.[912]

| 승용자동차의 세액 |

영업용		비영업용	
배기량	CC당 세액	배기량	CC당 세액
1,600CC 이하	18원	1,000CC 이하	80원
2,500CC 이하	19원	1,600CC 이하	140원
2,500CC 초과	24원	1,600CC 초과	200원

---

911) 「지방세법」 제127조
912) 「자동차관리법」 제3조

영업용이란 「여객자동차 운수사업법」 또는 「화물자동차 운수사업법」에 따라 면허(등록을 포함한다)를 받거나 「건설기계관리법」에 따라 건설기계대여업의 등록을 하고 일반의 수요에 제공하는 것을 말하고, "비영업용"이란 개인 또는 법인이 영업용 외의 용도에 제공하거나 국가 또는 지방공공단체가 공용으로 제공하는 것을 말한다.[913]

비영업용 승용자동차 중 차령이 3년 이상인 자동차에 대하여는 다음의 계산식에 따라 산출한 해당 자동차에 대한 제1기분(1월부터 6월까지) 및 제2기분(7월부터 12월까지) 자동차세액을 합산한 금액을 해당 연도의 그 자동차의 연세액으로 한다. 이 경우 차령이 12년을 초과하는 자동차에 대하여는 그 차령을 12년으로 본다.

$$\text{자동차 1대의 각 기분세액} = A/2 - (A/2 \times 5/100)(n-2)$$

- A : 제1호에 따른 연세액
- n : 차령 $(2 \leq n \leq 12)$

(2) 그 밖의 승용자동차

그 밖의 승용자동차는 영업용은 1대당 2만원, 비영업용은 1대당 10만원을 연세액으로 한다. 그 밖의 승용자동차는 「자동차관리법」 제3조에 따른 승용자동차 중 전기·태양열 및 알코올을 이용하는 자동차를 말한다.

(3) 승합자동차

다음의 세액을 자동차 1대당 연세액으로 한다.

| 승합자동차의 세액 | | (단위 : 원) |

구 분	영업용	비영업용
고속버스	100,000	–
대형전세버스	70,000	–
소형전세버스	50,000	–
대형일반버스	42,000	115,000
소형일반버스	25,000	65,000

---

913) 「지방세법 시행령」 제122조

(4) 화물자동차

다음의 세액을 자동차 1대당 연세액으로 한다. 다만, 적재정량 1만킬로그램 초과 자동차에 대하여는 적재정량 1만킬로그램 이하의 세액에 1만킬로그램을 초과할 때마다 영업용은 1만원, 비영업용은 3만원을 가산한 금액을 1대당 연세액으로 한다.

| 화물자동차의 세액 | (단위 : 원)

구 분	영업용	비영업용
1,000킬로그램 이하	6,600	28,500
2,000킬로그램 이하	9,600	34,500
3,000킬로그램 이하	13,500	48,000
4,000킬로그램 이하	18,000	63,000
5,000킬로그램 이하	22,500	79,500
8,000킬로그램 이하	36,000	130,500
10,000킬로그램 이하	45,000	157,500

(5) 특수자동차

| 특수자동차의 세액 | (단위 : 원)

구 분	영업용	비영업용
대형특수자동차	36,000	157,500
소형특수자동차	13,500	58,500

(6) 3륜 이하 소형자동차

3륜 이하 소형자동차는 영업용은 3,300원, 비영업용은 18,000원을 자동차 1대당 연세액으로 한다.

(7) 조례에 따른 세율의 조정

지방자치단체의 장은 조례로 정하는 바에 따라 자동차세의 세율을 배기량 등을 고려하여 표준세율의 100분의 50까지 초과하여 정할 수 있다.

5. 납기와 징수방법[914]

(1) 징수방법

자동차세는 보통징수의 방법에 의하여 징수한다. 지방자치단체의 장은 납기마다 늦어도 납기개시 5일 전에 그 기분의 납세고지서를 발급하여야 한다. 납세의무자는 자동차세 과세기준일 현재의 자동차 소유자로서 보통징수방법에 의하여 과세하는 것이다. 이 경우 자동차세는 1대당 연세액을 2분의 1의 금액으로 분할한 세액을 각 기간 내에 그 납기가 있는 달의 1일 현재의 자동차 소유자로부터 자동차 소재지를 관할하는 지방자치단체에서 징수한다.

다만, 다음 각 호의 어느 하나에 해당하는 경우에는 수시로 부과할 수 있다.

① 자동차를 신규등록 또는 말소등록하는 경우
② 과세대상 자동차가 비과세 또는 감면대상이 되거나, 비과세 또는 감면대상 자동차가 과세대상이 되는 경우
③ 영업용 자동차가 비영업용이 되거나, 비영업용 자동차가 영업용이 되는 경우
④ 자동차를 승계취득함으로써 일할계산(日割計算)하여 부과·징수하는 경우

(2) 납기

자동차세는 1대당 연세액을 2분의 1의 금액으로 분할한 세액(비영업용 승용자동차의 경우에는 제127조 제1항 제2호에 따라 산출한 각 기분세액)을 다음 각 기간 내에 그 납기가 있는 달의 1일 현재의 자동차 소유자로부터 자동차 소재지를 관할하는 지방자치단체에서 징수한다.

| 자동차세의 납기 |

기분	기간	납기
제1기분	1월부터 6월까지	6월 16일부터 6월 30일까지
제2기분	7월부터 12월까지	12월 16일부터 12월 31일까지

다만, 납세의무자가 연세액을 4분의 1의 금액(비영업용 승용자동차의 경우에는 각 기분세액의 2분의 1의 금액)으로 분할하여 납부하려고 신청하는 경우에는 제1기분 세액의 2분

---

914) 「지방세법」 제128조

의 1은 3월 16일부터 3월 31일까지, 제2기분 세액의 2분의 1은 9월 16일부터 9월 30일까지 각각 분할하여 징수할 수 있다. 이 경우 지방자치단체에서 납기 중에 징수할 세액은 이미 분할하여 징수한 세액을 공제한 금액으로 한다.

(3) 연세액의 일시납부

납세의무자가 연세액을 한꺼번에 납부하려는 경우에는 다음의 기간 중에 연세액(한꺼번에 납부하는 납부기한 이후의 기간에 해당하는 세액을 말한다)의 100분의 10의 범위에서 다음의 계산식에 따라 산출한 금액을 공제한 금액을 연세액으로 신고·납부할 수 있다.

| 일시납부 시의 공제금액|　　　　　　　　　　　　　　　　　　　　　　　　　　　(단위 : 원)

연세액 신고·납부기간	계 산 식
1월 16일부터 1월 31일까지	연세액 × 연세액 납부기한의 다음 날부터 12월 31일까지의 기간에 해당하는 일수/365(윤년의 경우에는 366) × 대통령령이 정하는 이자율
3월 16일부터 3월 31일까지	
6월 16일부터 6월 30일까지	
9월 16일부터 9월 30일까지	2분기 세액 × 연세액 납부기한의 다음 날부터 12월 31일까지의 기간에 해당하는 일수/365(윤년의 경우에는 366) × 대통령령이 정하는 이자율[915]

(4) 연세액의 일괄고지

연세액이 10만원 이하인 자동차세는 제1기분을 부과할 때 전액을 부과·징수할 수 있다. 이 경우 제2기분 세액의 100분의 10의 범위에서 다음의 계산식에 따라 산출한 금액을 공제한 금액을 연세액으로 한다.

> 공제금액 = 연세액 × 연세액 납부기한의 다음 날부터 12월 31일까지의 기간에 해당하는 일수
> /365(윤년의 경우에는 366) × 금융회사 등의 예금이자율 등을 고려하여 대통령령으로 정하는 이자율

(5) 말소 또는 이전

자동차를 이전등록하거나 말소등록하는 경우 그 양도인 또는 말소등록인은 해당 기분

---

915) 2023년(7%), 2024년(5%), 2025년(3%)

(期分)의 세액을 이전등록일 또는 말소등록일을 기준으로 일할 계산하여 그 등록일에 신고·납부할 수 있다.

6. 승계취득 시의 납세의무[916]

과세기간 중에 매매·증여 등으로 인하여 자동차를 승계취득한 자가 자동차 소유권 이전등록을 하는 경우에는 그 소유기간에 따라 자동차세를 일할계산하여 양도인과 양수인에게 각각 부과·징수한다.

7. 수시부과 시의 세액계산[917]

다음의 경우에는 해당하는 날이 속하는 기분의 자동차세액을 일할계산한 금액을 각각 징수하여야 한다.

① 자동차를 신규등록하거나 말소등록한 경우
② 과세대상 자동차가 비과세 또는 감면대상으로 되거나, 비과세 또는 감면대상 자동차가 과세대상이 되는 경우
③ 영업용 자동차가 비영업용이 되거나, 비영업용 자동차가 영업용이 되는 경우
④ 승계취득(매매·증여 등)의 경우

일할계산 금액은 해당 자동차의 연세액에 과세대상기간의 일수를 곱한 금액을 해당 연도의 총일수로 나누어 산출한 금액으로 한다. 다만, 사용연수가 3년 이상인 비영업용 승용자동차의 경우에는 소유권이전등록일이 속하는 해당 기분(期分)의 세액에 과세대상기간의 일수를 곱한 금액을 해당 기분의 총일수로 나누어 산출한 금액으로 한다. 신규등록 또는 말소등록의 경우 신규등록일 또는 말소등록일 당일을 포함하여 계산한다. 승계취득의 경우에는 소유권이전등록일 기준으로 판단하며, 이전등록일 당일은 양수인 일할계산 기간에 포함한다. 용도변경의 경우에는 변경등록일 기준으로 판단하며, 등록일 당일은 용도변경 후 일할계산 기간에 포함한다.

---

916) 「지방세법」 제129조
917) 「지방세법」 제130조

8. 체납처분

자동차에 관한 지방자치단체의 징수금을 납부하지 아니하거나 납부한 금액이 부족할 때에는 해당 자동차에 대하여 독촉(督促)절차 없이 즉시 체납처분을 할 수 있다.[918] 여기서 '즉시 체납처분'이라 함은 독촉절차를 거치지 않고 납부기간 종료 즉시 압류 등 징세조치를 하는 것을 말한다.[919]

일반적으로 세금징수절차는 납부고지, 납부독촉, 체납처분의 순서로 되어 있다. 따라서 독촉 등 체납처분 시 필요한 절차를 밟아야만 체납처분이 가능하다. 반면, 자동차세는 「지방세법」 제133조의 규정에 따라 독촉장 발급 없이도 납기가 경과되면 그 즉시 체납처분을 할 수 있다는 특징이 있다.

Ⅱ 자동차 주행에 대한 자동차세

1. 주행분 자동차세의 의의

주행분 자동차세는 2010년 12월 31일까지 부과되었던 주행세[920]가 2011년 1월 1일부터 자동차세에 통합되면서 신설된 것이다. 주행세는 2011년도 지방세 세목간소화에 따라 실질적인 내용의 변동 없이 자동차세의 하위세원인 "자동차 주행에 대한 자동차세"로 통합되었다. 주행분 자동차세는 자동차세제 개편으로 인한 지방자치단체의 세수감소 보전과 유류세제 개편에 따른 운수업계 보조금을 지원하는 재원을 확보하기 위하여 과세한다.

자동차세 세목에 편재되어 있다고는 하나 자동차 주행을 과세요건으로 하는 것은 아니다. 즉, 유류의 사용용도와 납세의무 발생과는 별개이다.

주행분 자동차세의 납세의무자는 교통·에너지·환경세의 납세의무가 있는 자이다. 교통·에너지·환경세의 납세의무자는 과세물품(휘발유, 경유 및 이와 유사한 대체유류)의 정유업자 및 유류수입업자이다.

---

918) 「지방세법」 제133조
919) 「지방세법」 운영예규 법133-1
920) 주행세는 한미자동차협상으로 자동차세제를 개편하면서 그에 따라 감소되는 지방세수를 보전하기 위해 1999년도에 단일 세목으로 신설되었다.

2. 납세의무자[921]

자동차 주행에 대한 자동차세는 비영업용 승용자동차에 대한 자동차세의 납세지를 관할하는 지방자치단체에서 휘발유, 경유 및 이와 유사한 대체유류에 대한 교통·에너지·환경세의 납세의무가 있는 자에게 부과한다. 교통·에너지·환경세의 납세의무자는 과세물품 (휘발유, 경유 및 이와 유사한 대체유류)의 정유업자 및 유류수입업자이다.「교통·에너지·환경세법」에 의한 교통·에너지·환경세 납세의무자에 해당된다면 자동차의 운행용이 아닌 경유에 대해서도 납세의무가 있다.[922]

3. 과세표준과 세율[923]

주행분 자동차세의 과세표준은 교통·에너지·환경세액이다. 교통·에너지·환경세에 대한 가산세는 주행분 자동차세의 과세표준에 포함된다.

자동차세의 세율은 과세물품에 대한 교통·에너지·환경세액의 1천분의 360으로 한다. 이 세율은 교통·에너지·환경세율의 변동 등으로 조정이 필요하면 그 세율의 100분의 30의 범위에서 대통령령으로 정하는 바에 따라 가감하여 조정할 수 있다. 현행 조정세율은 교통·에너지·환경세액의 1천분의 260이다.

4. 신고·납부[924]

자동차세의 납세의무자는「교통·에너지·환경세법」제8조에 따른 과세물품에 대한 교통·에너지·환경세 납부기한까지 교통·에너지·환경세의 납세지를 관할하는 지방자치단체의 장에게 자동차세의 과세표준과 세액을 신고하고 납부하여야 한다. 이 경우 교통·에너지·환경세의 납세지를 관할하는 지방자치단체의 장을 각 지방자치단체가 부과할 자동차세의 특별징수의무자로 한다.

납세의무자가 신고 또는 납부의무를 다하지 아니하면 해당 특별징수의무자가 산출한 세액 또는 그 부족세액에「지방세기본법」제53조부터 제55조까지의 규정에 따라 산출한 가산세를 합한 금액을 세액으로 하여 보통징수의 방법으로 징수한다. 다만, 자동차세로 징수할 세액이 고지서 1장당 2천원 미만인 경우에는 그 자동차세를 징수하지 아니한다.

---

921)「지방세법」제135조
922) 세정과-245, 2005.1.14.
923)「지방세법」제136조
924)「지방세법」제137조

특별징수의무자가 징수하였거나 징수할 세액을 기한까지 납부하지 아니하거나 부족하게 납부하더라도 특별징수의무자에게 「지방세기본법」 제56조에 따른 가산세는 부과하지 아니한다.

자동차세를 징수한 특별징수의무자는 자동차세를 징수한 날이 속하는 달의 다음 달 10일까지 징수세액(사무처리비 등을 공제한 징수세액을 말한다)을 울산광역시장("주된 특별징수의무자"라 한다)에게 송금함과 동시에 그 송금내역과 서류의 사본을 보내야 한다. 주된 특별징수의무자는 특별징수의무자로부터 송금받은 자동차세액과 자체 징수한 전월분 자동차세액을 합한 세액을 시·군별로 안분하고, 그 안분한 자동차세를 다음 달 25일까지 납부통보서에 따라 각 시·군 금고에 납부하고, 그 안분명세서를 각 시·군에 통보하여야 한다.[925]

이 경우 특별징수의무자는 징수·납부에 따른 사무처리비 등을 행정안전부령으로 정하는 바에 따라 해당 지방자치단체에 납부하여야 할 세액에서 공제할 수 있다.

주행분 자동차세의 특별시·광역시·특별자치시·특별자치도·시 및 군별 안분은 다음 금액의 합계액으로 한다.

구 분	안분기준
$\dfrac{9{,}830억원}{12}$	$\dfrac{9{,}830억원}{12} \times \dfrac{해당\ 시·군의\ 자동차세액\ 징수액}{자동차세액의\ 징수액}$
해당 월의 징수총액 $-\dfrac{9{,}830억원}{12}$	국토교통부장관이 행정안전부장관과 협의하여 정한 해당 월분의 시·군별 유류세 보조금

해당 시·군의 자동차세액 징수액은 비영업용 승용자동차의 자동차세 징수세액을 말한다. 이 경우 1월부터 6월까지는 전전연도 결산세액으로 하고, 7월부터 12월까지는 직전 연도 결산세액으로 한다.

---

925) 「지방세법 시행령」 제134조

제8절 | 지역자원시설세

I 통칙

1. 목적[926]

지역자원시설세는 지역의 부존자원 보호·보전, 환경보호·개선, 안전·생활편의시설 설치 등 주민생활환경 개선사업 및 지역개발사업에 필요한 재원을 확보하고 소방사무에 소요되는 제반비용에 충당하기 위하여 부과한다. 지역자원시설세는 목적세로 분류된다.

2. 과세대상과 납세의무자

(1) 지역자원시설세의 구분

지역자원시설세는 주민생활환경 개선사업 및 지역개발사업에 필요한 재원을 확보하기 위하여 부과하는 특정자원분 지역자원시설세 및 특정시설분 지역자원시설세와 소방사무에 소요되는 제반비용에 충당하기 위하여 부과하는 소방분 지역자원시설세로 구분한다.

(2) 과세대상과 납세의무자[927], [928]

지역자원시설세의 과세대상과 납세의무자는 다음과 같다. 소방분의 과세대상 건축물에는 주택의 건축물부분을 포함하며, 납세지를 관할하는 지방자치단체에 소방선이 없는 경우에는 선박을 제외한다.

| 지역자원시설세의 과세대상 및 납세의무자 |

구 분	과세대상	납세의무자
특정자원분	발전용수	흐르는 물을 이용하여 직접 수력발전(양수발전은 제외한다)을 하는 자
	지하수	지하수를 이용하기 위하여 채수(採水)하는 자
	지하자원	지하자원을 채광(採鑛)하는 자

---

926) 「지방세법」 제141조
927) 「지방세법」 제142조
928) 「지방세법」 제143조

구 분	과세대상	납세의무자
특정시설분	컨테이너	컨테이너를 취급하는 부두를 이용하여 컨테이너를 입항·출항시키는 자
	원자력발전	원자력을 이용하여 발전을 하는 자
	화력발전	연료를 연소하여 발전을 하는 자
소방분	건축물, 선박	건축물 또는 선박에 대한 재산세 납세의무자[929]

「**지방세법 시행령**」 제136 【**과세대상**】

① 법 제142조 제2항 제1호에 따른 특정자원분 지역자원시설세의 과세대상은 다음 각 호와 같다.

1. 발전용수 : 직접 수력발전에 이용되는 흐르는 물. 다만, 발전시설용량이 시간당 1만킬로와트 미만인 소규모 발전사업을 하는 사업자가 직접 수력발전에 이용하는 흐르는 물로서 해당 발전소의 시간당 발전가능 총발전량 중 3천킬로와트 이하의 전기를 생산하는 데에 드는 흐르는 물은 제외한다.

2. 지하수

    가. 먹는 물 : 먹는 물로 판매하기 위하여 퍼 올린 지하수(먹는 물로 판매하기 위한 과정에서 사용되는 지하수를 포함한다)

    나. 목욕용수 : 목욕용수로 이용하기 위하여 퍼 올린 온천수

    다. 그 밖의 용수 : 가목 및 나목 외의 퍼 올린 지하수. 다만, 다음의 지하수는 제외한다.

        1) 「농어촌정비법」 제2조 제3호에 따른 농어촌용수 중 행정안전부령으로 정하는 생활용수 및 공업용수 외의 지하수

        2) 「지하수법」 제7조 제1항 단서 및 제8조 제1항 제1호부터 제5호까지의 규정(같은 항 제5호의 경우 안쪽지름이 32밀리미터 이하인 토출관을 사용하면서 1일 양수능력이 30톤 미만인 가정용 우물로 한정한다)에 따른 지하수

3. 지하자원 : 채광된 광물. 다만, 석탄과 「광업법 시행령」 제58조에 따른 광산 중 납세의무 성립일이 속하는 달부터 최근 1년간 매출액(사업이 시작한 달부터 납세의무 성립일이 속하는 달까지의 기간이 12개월 미만인 경우에는 해당 기간 동안의 매출액)이 10억원 이하인 광산에서 채광된 광물은 제외한다.

② 법 제142조 제2항 제2호에 따른 특정시설분 지역자원시설세의 과세대상은 다음 각 호와 같다.

1. 컨테이너 : 컨테이너를 취급하는 부두를 이용하여 입항·출항하는 컨테이너. 다만, 환적 컨테이너, 연안수송 컨테이너 및 화물을 싣지 아니한 컨테이너는 제외한다.

2. 원자력발전 : 원자력발전소에서 생산된 전력

3. 화력발전 : 발전시설용량이 시간당 1만킬로와트 이상인 화력발전소에서 생산된 전력. 다만, 다음 각 목의 어느 하나에 해당하는 전력은 제외한다.

    가. 다음 중 어느 하나에 해당하는 것으로서 「전기사업법」 제2조 제10호에 따른 전기판매사업자에게 판매되지 않은 전력

---

929) 재산세 납세의무자 규정을 준용하여 소방분 지역자원시설세와 재산세 납세의무자가 일치함을 명확히 함.

3. 납세지[930]

| 지역자원시설세의 납세지 |

구 분	과세대상	납 세 지
특정자원분	발전용수	발전소의 소재지
	지하수	채수공(採水孔)의 소재지
	지하자원	광업권이 등록된 토지의 소재지. 다만, 광업권이 등록된 토지가 둘 이상의 지방자치단체에 걸쳐 있는 경우에는 광업권이 등록된 토지의 면적에 따라 안분한다.
특정시설분	컨테이너	컨테이너를 취급하는 부두의 소재지
	원자력발전	발전소의 소재지
	화력발전	발전소의 소재지
소방분	건축물	건축물의 소재지
	선박	「선박법」에 따른 선적항의 소재지. 다만, 선적항이 없는 경우에는 정계장 소재지(정계장이 일정하지 아니한 경우에는 선박 소유자의 주소지)

4. 비과세[931]

다음의 어느 하나에 해당하는 경우에는 특정자원분 지역자원시설세 및 특정시설분 지역자원시설세를 부과하지 아니한다.

① 국가, 지방자치단체 및 지방자치단체조합이 직접 개발하여 이용하는 경우

② 국가, 지방자치단체 및 지방자치단체조합에 무료로 제공하는 경우

---

930) 「지방세법」 제144조
931) 「지방세법」 제145조

재산세가 비과세되는 건축물과 선박에 대해서는 소방분 지역자원시설세를 부과하지 아니한다.

Ⅱ 과세표준과 세율[932)]

1. 특정자원분과 특정시설분 과세표준과 표준세율

| 지역자원시설세의 과세표준과 세율 |

구 분	과세대상	표 준 세 율
특정자원분	발전용수	발전에 이용된 물 10세제곱미터당 2원
	지하수	가. 먹는 물로 판매하기 위하여 채수된 물 : 세제곱미터당 200원 나. 목욕용수로 이용하기 위하여 채수된 온천수 : 세제곱미터당 100원 다. 이 이외의 용도로 이용하거나 목욕용수로 이용하기 위하여 채수된 온천수 외의 물 : 세제곱미터당 20원
	지하자원	채광된 광물가액의 1천분의 5
특정시설분	컨테이너	컨테이너 티이유(TEU)당 1만5천원
	원자력발전	발전량 킬로와트시(kWh)당 1원
	화력발전	발전량 킬로와트시(kWh)당 0.6원

2. 소방분 과세표준과 표준세율

(1) 과세표준

건축물 또는 선박의 과세표준은 재산세 과세표준에 해당하는 가액 또는 시가표준액으로 한다. 다만, 주택의 건축물 부분에 대한 과세표준은 시가표준액에 공정시장가액비율을 곱하여 산정한 가액으로 한다. 즉, 건축물은 시가표준액에 공정시장가액비율을 곱한 금액이 과세표준이 되며, 선박은 시가표준액이 소방분 지역자원시설세의 과세표준이 된다.

---

932) 「지방세법」 제146조

(2) 세율

1) 표준세율

건축물 또는 선박의 가액 또는 시가표준액을 과세표준으로 하여 다음 표의 표준세율을 적용하여 산출한 금액을 세액으로 한다.

| 소방분 과세표준과 세율 |

과세표준	세 율
600만원 이하	10,000분의 4
600만원 초과 1,300만원 이하	2,400원 + 600만원 초과금액의 10,000분의 5
1,300만원 초과 2,600만원 이하	5,900원 + 1,300만원 초과금액의 10,000분의 6
2,600만원 초과 3,900만원 이하	13,700원 + 2,600만원 초과금액의 10,000분의 8
3,900만원 초과 6,400만원 이하	24,100원 + 3,900만원 초과금액의 10,000분의 10
6,400만원 초과	49,100원 + 6,400만원 초과금액의 10,000분의 12

2) 중과세율

저유장, 주유소, 정유소, 유흥장, 극장 및 4층 이상 10층 이하의 건축물 등에 대해서는 표에 따라 산출한 금액의 100분의 200을 세액으로 한다. 또한, 대형마트, 복합상영관, 백화점, 호텔, 11층 이상의 건축물 등 대형 화재위험 건축물에 대해서는 표에 따라 산출한 금액의 100분의 300을 세액으로 한다.

지방자치단체의 장은 조례로 정하는 바에 따라 지역자원시설세의 세율을 표준세율의 100분의 50의 범위에서 가감할 수 있다. 소방분의 중과세가 적용되는 경우에는 세율을 가감할 수 없다.

> 「지방세법 시행령」 제138조 【화재위험 건축물 등】
> ① 법 제146조 제3항 제2호에서 "저유장, 주유소, 정유소, 유흥장, 극장 및 4층 이상 10층 이하의 건축물 등 대통령령으로 정하는 화재위험 건축물"이란 다음 각 호의 어느 하나에 해당하는 건축물을 말한다. 다만, 제2항 각 호의 어느 하나에 해당하는 건축물은 제외한다.
> 1. 주거용이 아닌 4층 이상 10층 이하의 건축물. 이 경우 지하층과 옥탑은 층수로 보지 아니한다.
> 2. 「소방시설 설치 및 관리에 관한 법률 시행령」 별표 2에 따른 특정소방대상물 중 다음 각 목의 어느 하나에 해당하는 것
>   가. 근린생활시설 중 학원, 비디오물감상실, 비디오물소극장 및 노래연습장. 다만, 바닥면적의

합계가 200제곱미터 미만인 것은 제외한다.

나. 위락시설. 다만, 바닥면적의 합계가 무도장 또는 무도학원은 200제곱미터 미만, 유흥주점은 33제곱미터 미만, 단란주점은 150제곱미터 미만인 것은 제외한다.

다. 문화 및 집회시설 중 극장, 영화상영관, 비디오물감상실, 비디오물소극장 및 예식장

라. 판매시설 중 도매시장·소매시장·상점, 운수시설 중 여객자동차터미널

마. 숙박시설. 다만, 객실로 사용되는 부분의 바닥면적 합계가 60제곱미터 미만인 경우는 제외한다.

바. 장례식장(의료시설의 부수시설인 장례식장을 포함한다)

사. 공장 중 행정안전부령으로 정하는 것(이하 이 조에서 "공장"이라 한다)

아. 창고시설 중 창고(영업용 창고만 해당한다), 물류터미널, 하역장 및 집배송시설

자. 항공기 및 자동차 관련 시설 중 주차용 건축물

차. 위험물 저장 및 처리 시설

카. 의료시설 중 「의료법」 제3조 제2항 제3호에 따른 병원급 의료기관, 「감염병의 예방 및 관리에 관한 법률」 제36조에 따른 감염병관리기관, 「정신건강증진 및 정신질환자 복지서비스 지원에 관한 법률」 제3조 제5호에 따른 정신의료기관, 「장애인복지법」 제58조 제1항 제4호에 따른 장애인 의료재활시설

타. 교육연구시설 중 학원

② 법 제146조 제3항 제2호의 2에서 "대형마트, 복합상영관(제2호에 따른 극장은 제외한다), 백화점, 호텔, 11층 이상의 건축물 등 대통령령으로 정하는 대형 화재위험 건축물"이란 다음 각 호의 어느 하나에 해당하는 건축물을 말한다.

1. 주거용이 아닌 11층 이상의 고층 건축물

2. 「소방시설 설치 및 관리에 관한 법률 시행령」 별표 2에 따른 특정소방대상물 중 다음 각 목의 어느 하나에 해당하는 것

가. 위락시설 중 바닥면적의 합계가 500제곱미터 이상인 유흥주점. 다만, 지하 또는 지상 5층 이상의 층에 유흥주점이 설치된 경우에는 그 바닥면적의 합계가 330제곱미터 이상

나. 문화 및 집회시설 중 다음 어느 하나에 해당하는 영화상영관

1) 상영관 10개 이상인 영화상영관

2) 관람석 500석 이상의 영화상영관

3) 지하층에 설치된 영화상영관

다. 연면적 1만제곱미터 이상인 다음 어느 하나에 해당하는 판매시설

1) 도매시장

2) 소매시장

3) 상점

라. 숙박시설 중 5층 이상으로 객실이 50실 이상(동일한 건물 내에 「다중이용업소의 안전관리에 관한 특별법」 제2조 제1항에 따른 다중이용업소가 있는 경우는 객실 30실 이상을 말한다)인 숙박시설

마. 공장 및 창고시설 중 1구 또는 1동의 건축물로서 연면적 1만5천제곱미터 이상의 공장 및 창고[창고시설의 경우 건축물의 벽이 샌드위치 패널(「건축법」 제52조의 4 제1항에 따른

복합자재를 말한다)로 된 물류창고 또는 냉동·냉장창고에 한정한다]
　바. 위험물 저장 및 처리 시설 중 「위험물안전관리법 시행령」 제3조 및 별표 1에서 규정한 지
　　정수량의 3천배 이상의 위험물을 저장·취급하는 위험물 저장 및 처리 시설
　사. 연면적 3만제곱미터 이상의 복합건축물. 이 경우 주상복합 건축물(하나의 건축물이 근린생
　　활시설, 판매시설, 업무시설, 숙박시설 또는 위락시설의 용도와 주택의 용도로 함께 사용되
　　는 것을 말한다)에 대해서는 주택부분의 면적을 제외하고, 주택부분과 그 외의 용도로 사
　　용되는 부분이 계단을 함께 사용하는 경우에는 계단부분의 면적은 주택부분의 면적으로
　　보아 연면적을 산정한다.
　아. 「정신건강증진 및 정신질환자 복지서비스 지원에 관한 법률」 제3조 제5호에 따른 정신의
　　료기관으로서 병상이 100개 이상인 의료기관 및 「의료법」 제3조 제2항 제3호에 따른 병원
　　급 의료기관 중 5층 이상의 종합병원·한방병원·요양병원으로서 병상이 100개 이상인 의
　　료기관
　③ 1구 또는 1동의 건축물이 제1항 제2호 및 제2항 제2호에 따른 용도와 그 밖의 용도에 겸용되
거나 구분사용되는 경우의 과세표준과 세액 산정방법 등에 대해서는 행정안전부령으로 정한다.

 ## Ⅲ 부과·징수

1. 부과·징수[933]

(1) 특정자원분 지역자원시설세 및 특정시설분 지역자원시설세의 납기와 징수방법

특정자원분 지역자원시설세 및 특정시설분 지역자원시설세는 신고·납부의 방법으로 징
수한다. 다만, 지하수에 대한 지역자원시설세의 경우 보통징수의 방법으로 징수할 수 있다.

지역자원시설세를 신고·납부하는 경우 납세의무자는 산출한 세액을 납세지를 관할하
는 지방자치단체의 장에게 조례로 정하는 바에 따라 신고하고 납부하여야 한다.

납세의무자가 신고 또는 납부의무를 다하지 아니하면 산출세액 또는 그 부족세액에 「지
방세기본법」 제53조부터 제55조까지의 규정에 따라 산출한 가산세를 합한 금액을 세액으
로 하여 보통징수의 방법으로 징수한다.

(2) 소방분 지역자원시설세의 납기와 징수방법

소방분 지역자원시설세는 관할 지방자치단체의 장이 세액을 산정하여 보통징수의 방법
으로 부과·징수한다. 소방분 지역자원시설세는 재산세의 규정을 준용한다. 소방분 지역자

---

933) 「지방세법」 제147조

원시설세를 징수하려면 건축물 또는 선박으로 구분한 납세고지서에 과세표준과 세액을 적어 늦어도 납기개시 5일 전까지 발급하여야 한다.

2. 소액 징수면제[934]

지역자원시설세로 징수할 세액이 고지서 1장당 2천원 미만인 경우에는 그 지역자원시설세를 징수하지 아니한다.

---

934) 「지방세법」 제148조

제9절 지방교육세

1. 지방교육세의 의의

지방교육세는 목적세로서 지방교육 재원을 위해 지방세 세목 중 일부 세목의 세액에 부가하여 징수하는 부가세로서 목적세이다. 지방교육세는 취득세, 등록에 대한 등록면허세, 레저세, 담배소비세, 주민세 균등분, 재산세, 자동차세 등 7개의 지방세에 부가하여 징수한다.

지방교육세는 2011년 취득세와 등록세가 통합되기 이전에 취득세에는 과세하지 아니하고 등록세에만 부가하여 과세하였다. 그러므로 통합 이후에는 취득세 중 종전 등록세 부분에 대하여만 과세하고, 등록면허세 중 등록분 등록면허세에 대해서만 과세한다.

2. 목적[935]

지방교육세는 지방교육의 질적 향상에 필요한 지방교육재정의 확충에 드는 재원을 확보하기 위하여 부과한다.

3. 납세의무자[936]

지방교육세의 납세의무자는 다음과 같다.

① 부동산, 기계장비(덤프트럭과 콘크리트믹서트럭은 제외한다), 항공기 및 선박의 취득에 대한 취득세의 납세의무자

② 등록에 대한 등록면허세(자동차세 과세대상 자동차에 대한 등록면허세는 제외한다)의 납세의무자

③ 레저세의 납세의무자

④ 담배소비세의 납세의무자

⑤ 주민세 개인분 및 사업소분의 납세의무자

⑥ 재산세(도시지역분 재산세액은 제외한다)의 납세의무자

⑦ 비영업용 승용자동차에 대한 자동차세(국가, 지방자치단체 및 「초·중등교육법」에

---

935) 「지방세법」 제149조
936) 「지방세법」 제150조

따라 학교를 경영하는 학교법인이 목적사업에 직접 사용하는 자동차를 제외한다)의 납세의무자

기계장비 중 자동차세가 부과되는 덤프트럭과 콘크리트믹서트럭의 취득에 대한 취득세의 납세의무자는 지방교육세 과세대상에서 제외된다.

지방교육세는 과거 등록세에 대하여 과세하였기 때문에 취득세 납세의무 중 종전 등록세가 과세되지 않았던 「지방세법」 제15조 제2항(중과기준세율이 적용되는 과점주주의 취득 등)이 적용되는 취득세 납세의무에 대하여는 부과하지 아니한다.

「지방세법」 제124조에 해당하는 자동차에 대한 등록면허세는 지방교육세의 납세의무에서 제외된다. 그러므로 「자동차관리법」에 따라 등록되거나 신고된 차량과 자동차세가 과세되는 「건설기계관리법」에 따라 등록된 덤프트럭 및 콘크리트믹서트럭의 등록 시 부과되는 등록면허세는 지방교육세의 납세의무가 없다.

제112조 제1항 제2호 및 같은 조 제2항에 따른 재산세액은 제외하도록 하고 있으므로 재산세 도시지역분은 지방교육세의 과세대상에서 제외된다.

자동차세의 경우 비영업용 승용자동차분에 대해서만 지방교육세가 과세된다. 그러므로 자동차 주행에 대한 자동차세만 지방교육세의 과세대상이 되며, 자동차 소유에 대한 자동차세는 지방교육세의 과세대상에 해당하지 아니한다. 또한, 승용자동차가 아닌 경우 또는 승용자동차 중 영업용에 대한 자동차세의 경우 지방교육세의 과세대상에 해당하지 아니한다. 여기서 영업용과 비영업용의 구분은 자동차세의 세율구분과 동일하다.[937]

4. 과세표준과 세율[938]

(1) 표준세율

지방교육세는 다음 표에 따라 산출한 금액을 그 세액으로 한다.

---

937) "영업용"이란 「여객자동차 운수사업법」 또는 「화물자동차 운수사업법」에 따라 면허(등록을 포함한다)를 받거나 「건설기계관리법」에 따라 건설기계대여업의 등록을 하고 일반의 수요에 제공하는 것을 말하고, "비영업용"이란 개인 또는 법인이 영업용 외의 용도에 제공하거나 국가 또는 지방공공단체가 공용으로 제공하는 것을 말한다.(「지방세법 시행령」 제122조)
938) 「지방세법」 제151조

| 지방교육세의 산출세액 |

본세	세 액
취득세	취득세 과세표준에 표준세율에서 2%를 뺀 세율을 적용하여 산출한 금액의 20%
등록면허세	등록에 대한 등록면허세액의 100분의 20
레저세	레저세액의 100분의 40
담배소비세	담배소비세액의 1만분의 4,399
주민세	주민세 개인분 세액 및 사업소분 세액의 각 100분의 10. 다만, 인구 50만 이상 시의 경우에는 100분의 25로 한다.
재산세	재산세액의 100분의 20
자동차세	자동차세액의 100분의 30

지방교육세의 과세표준은 지방세 본세액이다. 지방교육세를 납부하여야 할 자가 지방교육세의 과세표준이 되는 지방세를 납부하지 아니하거나 부족하게 납부함으로써 해당 세액에 가산세가 가산되었을 때에는 그 가산세액은 지방교육세의 과세표준에 산입하지 아니한다.[939)]

도농복합형태의 시에 대하여 세율을 적용할 때 "인구 50만 이상 시"란 동지역의 인구가 50만 이상인 경우를 말하며, 해당 시의 읍·면지역에 대하여는 그 세율을 100분의 10으로 한다.[940)]

(2) 탄력세율

지방자치단체의 장은 지방교육투자재원의 조달을 위하여 필요한 경우에는 해당 지방자치단체의 조례로 정하는 바에 따라 지방교육세의 세율을 표준세율의 100분의 50의 범위에서 가감할 수 있다.

(3) 취득세에 대한 지방교육세의 과세표준과 세율

지방교육세는 2011년 취득세와 등록세가 통합되기 이전에 취득세에는 과세하지 아니하고 등록세에만 부가하여 과세하였다. 그러므로 통합 이후에는 취득세 중 종전 등록세 부분에 대하여만 과세한다. 따라서 취득세에 부가하는 지방교육세의 과세표준은 취득세의 과세

---

939) 「지방세법 시행령」 제140조
940) 「지방세법」 제151조 ③

표준에 취득세 표준세율에서 2%의 세율을 차감한 세율을 적용하여 계산한 세액으로 한다.

취득물건(제15조 제2항에 해당하는 경우는 제외한다)에 대한 지방교육세는 다음 구분에 의한 과세표준에 100분의 20의 세율을 적용한다.

| 취득세에 부가하는 지방교육세의 과세표준 |

구 분	과세표준
일반 취득세	취득세 표준세율에서 2%를 뺀 세율을 적용하여 산출한 금액
주택 유상취득에 대한 취득세	주택 유상취득 시의 표준세율에 50%를 곱한 세율을 적용하여 산출한 금액
취득세 중과세	일반 취득세와 같이 산출한 세액에 3배를 적용하여 산출한 금액
취득세 감면	일반 취득세와 같이 산출한 세액에 그 감면율을 곱하여 산출한 금액에서 남은 금액

5. 신고 및 납부와 부과 · 징수[941]

(1) 신고 및 납부

지방교육세 납세의무자가 취득세, 등록에 대한 등록면허세, 레저세, 담배소비세 및 주민세 사업소분을 신고하고 납부하는 때에는 그에 대한 지방교육세를 함께 신고하고 납부하여야 한다. 이 경우 담배소비세 납세의무자(제조자 또는 수입판매업자에 한정한다)의 주사무소 소재지를 관할하는 지방자치단체의 장이 담보 제공을 요구하는 경우에는 담배소비세분 지방교육세에 대한 담보 제공도 함께 요구할 수 있다.

(2) 부과 · 징수

지방자치단체의 장이 납세의무자에게 주민세 개인분 · 재산세 및 자동차세를 부과 · 징수하거나 세관장이 담배소비세를 부과 · 징수 · 납입하는 때에는 그에 대한 지방교육세를 함께 부과 · 징수 · 납입한다.

(3) 담배소비세에 부가하는 지방교육세의 특별징수

특별징수의무자가 담배소비세를 특별징수하는 경우에는 그에 대한 지방교육세를 함께 부과 · 징수 · 납입한다. 이 경우 지방교육세의 부과 · 징수 · 납입에 대하여 불복하려는 경

---

941) 「지방세법」 제152조

우에는 특별징수의무자를 그 처분청으로 본다.

6. 부족세액의 추징 및 가산세[942]

지방교육세를 신고하고 납부하여야 하는 자가 신고의무를 다하지 아니한 경우에도 무신고 가산세 또는 과소신고가산세를 부과하지 아니한다.

지방교육세를 신고하고 납부하여야 하는 자가 납부의무를 다하지 아니한 경우에는 산출세액 또는 그 부족세액에 「지방세기본법」 제55조에 따라 산출한 납부지연 가산세를 합한 금액을 세액으로 하여 보통징수(제152조 제3항에 따라 징수하는 경우에는 특별징수)의 방법으로 징수한다.

※ 취득세와 이에 부가하여 과세하는 조세의 계산 예시

산업단지에서 75%가 감면되는 산업용 건축물을 신축 취득(과세표준 : 1백억원)한 경우 취득세 산출세액 및 취득세에 부가하는 조세의 세액을 계산하면 다음 표와 같다.

| 취득세와 부가하는 조세 |

세 목	산출세액	감면세액(75%)	납부세액	비 고
취득세	280,000,000	210,000,000	70,000,000	과세표준×2.8%
지방교육세	16,000,000	12,000,000	4,000,000	과세표준×(2.8%−2%)×20%
농특세	20,000,000	15,000,000	5,000,000	과세표준×2%×10%
농특세(감면)			42,000,000	취득세 감면세액×20%
합계	316,000,000	237,000,000	121,000,000	

※ 재산세와 이에 부가하여 과세하는 조세의 계산 예시

재산세 과세표준이 10억원인 지역자원시설세가 2배 중과세되는 건축물의 재산세 등과 이에 부가하여 과세되는 조세의 세액을 계산하면 다음 표와 같다.

---

942) 「지방세법」 제153조

| 재산세 등과 부가되는 조세 |

세 목		산출세액	비 고
재산세	재산세(건축물)	2,500,000	과세표준×0.25%
	도시지역분	1,400,000	과세표준×0.14%
지역자원시설세	소방분	2,344,600	과세표준×누진세율×2배
지방교육세		500,000	재산세(건축물)×20%
합계		6,744,600	

제 **5** 장

지방세특례제한법

제1절 │ 총칙

Ⅰ 「지방세특례제한법」의 의의

1. 「지방세특례제한법」의 연혁

「지방세특례제한법」은 2011년 과거 「지방세법」을 「지방세기본법」, 「지방세법」, 「지방세특례제한법」 3법체계로 분법하면서 종전 「지방세법」상 비과세규정과 지방세 감면조례를 모아 「지방세특례제한법」으로 이관한 것이다.

2. 「지방세특례제한법」의 목적 및 구성

이 법은 지방세 감면 및 특례에 관한 사항과 이의 제한에 관한 사항을 규정하여 지방세 정책을 효율적으로 수행함으로써 건전한 지방재정 운영 및 공평과세 실현에 이바지함을 목적으로 한다.[943]

「지방세특례제한법」은 제1장(총칙), 제2장(감면), 제3장(지방소득세특례), 제4장(보칙)으로 구성되어 있다.

3. 지방세특례의 정의

"지방세특례"란 세율의 경감, 세액감면, 세액공제, 과세표준 공제 등을 말한다. 지방세 특례에는 중과세 배제, 재산세 과세대상 구분전환을 포함한다.[944]

지방세 감면은 「지방세법」에서 과세대상으로 규정한 것을 국가정책 또는 납세의무자의 개별적 사정을 고려하여 일정기간 세액의 일부를 경감하거나 전부를 면제하는 것으로 그 감면 근거는 「지방세특례제한법」, 「지방자치단체 감면조례」, 「조세특례제한법」에 규정된 것으로 한정하는 것이다.

반면 지방세의 탄력세율이라 함은 지방자치단체가 법률로 정한 표준세율을 탄력적으로 변경하여 운영하는 세율로서, 국내외 경제여건이 수시로 변하고 이것이 지역경제에 미치는 영향이 빠르고 크게 작용하기 때문에 신축성 있게 지방자치단체 조례로서 표준세율을 정책

---

943) 「지방세특례제한법」 제1조
944) 「지방세특례제한법」 제1조 ① 제6호

목적에 따라 임시로 적용하는 세율이라 할 수 있다.

따라서, 「지방세특례제한법」에서 세율의 경감이라 함은 「지방세특례제한법」 또는 「지방세 감면조례」 등을 통해 세율을 경감하는 것이므로, 지방자치단체가 표준세율을 「지방세법」에서 정한 범위 내에서 탄력세율을 적용하는 것은 세율 경감의 범위에 포함되지는 아니한다.[945]

 용어의 정의

1. 고유업무

"고유업무"란 법령에서 개별적으로 규정한 업무와 법인등기부에 목적사업으로 정하여진 업무를 말한다.[946] 따라서 「지방세특례제한법」 개별조항에서 별도로 그 목적사업의 범위를 정하고 있지 아니하는 한 '법령에서 개별적으로 규정한 업무와 법인등기부에 목적사업으로 정하여진 업무'를 고유업무로 보아야 한다.

2. 수익사업

"수익사업"이란 「법인세법」 제4조 제3항에 따른 수익사업을 말한다.[947] 어느 사업이 수익사업에 해당하는지의 여부는 그 사업이 수익성을 가진 것이거나 수익을 목적으로 하면서 그 규모, 횟수, 태양 등에 비추어 사업 활동으로 볼 수 있는 정도의 계속성과 반복성이 있는지의 여부 등을 고려하여 사회통념에 따라 합리적으로 판단하여야 한다.[948]

비영리사업자가 부동산을 그 사업에 직접 사용하는 것인지 아니면 수익사업에 사용하는 것인지의 여부는 당해 비영리사업자의 사업목적과 취득목적 등을 고려하여 그 실제의 사용관계를 기준으로 객관적으로 판단하여야 한다.[949]

3. 직접 사용

"직접 사용"이란 부동산·차량·건설기계·선박·항공기 등의 소유자(「신탁법」 제2조

---

945) 지방세특례제도과-2469, 2016.9.9.
946) 「지방세특례제한법」 제1조 ① 제1호
947) 「지방세특례제한법」 제1조 ① 제2호
948) 대법원 1997.2.28. 선고, 96누14845 판결 등 참조
949) 대법원 1996.1.26. 선고, 95누13104 판결 ; 대법원 2002.4.26. 선고, 2000두3238 판결 ; 대법원 2017.9.21.자 2017두47502 판결 및 그 하급심 판결 등 참조

에 따른 수탁자를 포함하며, 신탁등기를 하는 경우만 해당한다)가 해당 부동산·차량·건설기계·선박·항공기 등을 사업 또는 업무의 목적이나 용도에 맞게 사용(「지방세특례제한법」에서 임대를 목적 사업 또는 업무로 규정한 경우 외에는 임대하여 사용하는 경우는 제외한다)하는 것을 말한다.[950]

2014년 1월 1일 「지방세특례제한법」 개정 시 '직접 사용'의 용어 정의를 신설하여 직접 사용의 주체를 해당 부동산의 소유자 중심으로 명확히 하였다. 2021년 12월 28일 「지방세특례제한법」 개정 시 「신탁법」에 따른 수탁자가 부동산 등을 사업 또는 업무의 목적이나 용도에 맞게 사용하는 경우에도 '직접 사용'에 해당하도록 범위를 확대하였다.

고유 업무에 "직접 사용"한다 함은 부동산을 취득·등기한 자가 시설의 사용자로서 그 부동산을 직접 사용하는 경우만을 의미하고 임차인 또는 제3자가 해당 용도에 사용하는 경우에는 '직접 사용'에 포함되지 않는다.[951]

4. 매각·증여

"매각·증여"란 「지방세특례제한법」에 따라 지방세를 감면받은 자가 해당 부동산, 차량, 선박 등을 매매, 교환, 증여 등 유상이나 무상으로 소유권을 이전하는 것을 말한다. 다만, 대통령령으로 정하는 소유권 이전은 제외한다.[952]

매각·증여에 해당하지 아니하는 "대통령령이 정하는 소유권 이전"이란 다음의 어느 하나에 해당하는 소유권 이전을 말한다.[953]

① 상속으로 인한 소유권 이전
② 「공익사업을 위한 토지 등의 취득 및 보상에 관한 법률」 등 다른 법률에 따른 부동산의 수용으로 인한 소유권 이전. 다만, 같은 법 제22조에 따른 사업인정의 고시(다른 법률에 따라 해당 사업인정의 고시가 준용되거나 간주되는 경우를 포함한다) 또는 다른 법률에 따라 해당 사업인정의 고시에 준하는 행정기관의 고시 등이 있은 이후에 부동산을 취득하여 수용되는 경우는 제외한다.
③ 신탁으로 인한 신탁재산의 취득으로서 취득세가 부과되지 않는 신탁재산의 소유권 이전

---

950) 「지방세특례제한법」 제1조 ① 제8호
951) 조심 2022지0049, 2023.1.31.
952) 「지방세특례제한법」 제1조 ① 제8호의 2, 2021년 12월 28일 법 개정 시 추징 요건인 '매각·증여'의 용어 정의규정을 신설하였다.
953) 「지방세특례제한법 시행령」 제1조의 2

이상과 같이 외부의 불가항력적인 사유에 따른 소유권 이전 또는 감면목적 달성에 지장이 없는 이전 등을 매각·증여의 예외로 규정하였다.

5. 지방세 특례

"지방세 특례"란 세율의 경감, 세액감면, 세액공제, 과세표준 공제 등을 말한다. 지방세 특례에는 중과세 배제, 재산세 과세대상 구분전환을 포함한다.

이러한 지방세의 특례는 납세의무가 성립 또는 확정이 된 것을 납세의무자의 신청 또는 직권에 의하여 과세행정청이 감면 등을 결정하는 점에서 특별한 절차없이 납세의무 자체가 성립되지 않는 비과세와 구별된다.

6. 이월과세

"이월과세(移越課稅)"란 개인이 해당 사업에 사용되는 사업용고정자산 등을 현물출자(現物出資) 등을 통하여 법인에 양도하는 경우 이를 양도하는 개인에 대해서는 양도소득분 개인지방소득세를 과세하지 아니하고, 그 대신 이를 양수한 법인이 그 사업용고정자산 등을 양도하는 경우 개인이 종전 사업용고정자산 등을 그 법인에 양도한 날이 속하는 과세기간에 다른 양도자산이 없다고 보아 계산한 양도소득분 개인지방소득 산출세액 상당액을 법인지방소득세로 납부하는 것을 말한다.[954]

7. 용어의 준용

「지방세특례제한법」에서 사용하는 용어의 뜻은 특별한 규정이 없으면 「지방세기본법」, 「지방세징수법」 및 「지방세법」에서 정하는 바에 따른다. 다만, "제3장 지방소득세 특례"에서 사용하는 용어의 뜻은 「지방세기본법」, 「지방세징수법」 및 「지방세법」에서 정하는 경우를 제외하고 「조세특례제한법」 제2조에서 정하는 바에 따른다.[955]

8. 유료로 사용

부동산 등이 유료로 사용되는 경우라 함은 해당 부동산의 사용에 대하여 사용자가 그 대가를 지급하는 경우를 말하는 것으로서, 그 사용이 대가적 의미를 갖는다면 사용기간의 장

---

954) 「지방세특례제한법」 제2조 ① 제14호
955) 「지방세특례제한법」 제1조 ⑭, ②

단이나 대가의 지급방법 및 그 대가의 다과 등은 이를 묻지 아니한다.[956)

 지방세 특례의 원칙

 행정안전부장관 및 지방자치단체는 지방세 특례를 정하려는 경우에는 다음의 사항 등을 종합적으로 고려하여야 한다.[957)

① 지방세 특례 목적의 공익성 및 지방자치단체 사무와의 연계성
② 국가의 경제·사회정책에 따른 지역발전효과 및 지역균형발전에의 기여도
③ 조세의 형평성
④ 지방세 특례 적용 대상자의 조세부담능력
⑤ 지방세 특례 대상·적용 대상자 및 세목의 구체성·명확성
⑥ 지방자치단체의 재정여건
⑦ 국가 및 지방자치단체의 보조금 등 예산 지원과 지방세 특례의 중복 최소화
⑧ 지역자원시설세 등 특정 목적을 위하여 부과하는 지방세에 대한 지방세 특례 설정 최소화

 지방세특례의 제한

 「지방세특례제한법」, 「지방세기본법」, 「지방세징수법」, 「지방세법」, 「조세특례제한법」 및 조약에 따르지 아니하고는 「지방세법」에서 정한 일반과세에 대한 지방세 특례를 정할 수 없다. 관계 행정기관의 장은 「지방세특례제한법」에 따라 지방세 특례를 받고 있는 법인 등에 대한 특례 범위를 변경하려고 법률을 개정하려면 미리 행정안전부장관과 협의하여야 한다.[958)

---

956) 대법원 1997.2.28. 선고, 96누14845 판결 ; 대법원 1998.1.23. 선고, 97누8731 판결 등 참조
957) 「지방세특례제한법」 제2조의 2
958) 「지방세특례제한법」 제3조

Ⓥ 조례에 따른 지방세 감면

1. 조례에 따른 지방세 감면 내용

지방자치단체는 주민의 복리 증진 등 효율적인 정책 추진을 위하여 필요하다고 인정될 경우 3년의 기간 이내에서 지방세의 세율경감, 세액감면 및 세액공제를 할 수 있다.[959]

2. 조례에 의한 감면 제한

지방자치단체는 다음의 어느 하나에 해당하는 지방세 감면을 할 수 없다. 다만, 국가 및 지방자치단체의 경제적 상황, 긴급한 재난관리 필요성, 세목의 종류 및 조세의 형평성 등을 고려하여 대통령령으로 정하는 경우에는 ①에 해당하는 지방세 감면을 할 수 있다.[960]

① 이 법에서 정하고 있는 지방세 감면을 확대(지방세 감면율·감면액을 확대하거나 지방세 감면 적용 대상자·세목·기간을 확대하는 것을 말한다)하는 지방세 감면
② 중과세의 배제를 통한 지방세 감면
③ 토지에 대한 재산세 과세대상의 구분 전환을 통한 지방세 감면
④ 감면 제외대상에 대한 지방세 감면. 다만, 다음의 어느 하나에 해당하는 경우에는 지방세 감면을 할 수 있다.
　가. 「감염병의 예방 및 관리에 관한 법률」 제49조 제1항 제2호에 따른 집합 제한 또는 금지로 인하여 영업이 금지되는 경우
　나. 「재난 및 안전관리 기본법」 제60조에 따른 특별재난지역으로 선포된 경우로서 해당 재난으로 입은 중대한 재산상 피해로 영업이 현저히 곤란하다고 인정되는 경우
⑤ 과세의 형평을 현저하게 침해하거나 국가의 경제시책에 비추어 합당하지 아니한 지방세 감면으로서 대통령령으로 정하는 사항

3. 지방세심의위원회의 심의

지방자치단체는 지방세 감면(이 법 또는 「조세특례제한법」의 위임에 따른 감면은 제외한다)을 하려면 지방세심의위원회의 심의를 거쳐 조례로 정하여야 한다. 이 경우 대통령령으로 정하는 일정 규모 이상의 지방세 감면을 신설 또는 연장하거나 변경하려는 경우에는

---

959) 「지방세특례제한법」 제4조 ①
960) 「지방세특례제한법」 제4조 ②

대통령령으로 정하는 조세 관련 전문기관이나 법인 또는 단체에 의뢰하여 감면의 필요성, 성과 및 효율성 등을 분석·평가하여 심의자료로 활용하여야 한다.[961]

Ⅵ 감면

「지방세특례제한법」은 다음과 같은 지방세 감면대상을 규정하고 있다. 지방소득세를 제외한 지방세 세목의 감면에 관한 사항은 제2장(감면)에 규정되어 있다.

① 농업을 위한 지원
② 사회복지를 위한 지원
③ 교육 및 과학기술 등에 대한 지원
④ 문화 및 관광 등에 대한 지원
⑤ 기업구조 및 재무조정 등에 대한 지원
⑥ 수송 및 교통에 대한 지원
⑦ 국토 및 지역개발에 대한 지원
⑧ 공공행정 등에 대한 지원

Ⅶ 지방소득세 특례

「지방세특례제한법」은 제3장(지방소득세 특례)에 다음과 같은 지방소득세의 특례를 규정하고 있다.

① 종합소득세 세액공제와 세액감면
② 중소기업에 대한 특례
③ 연구 및 인력개발에 대한 특례
④ 국제자본거래에 대한 특례
⑤ 투자촉진을 위한 특례
⑥ 고용지원을 위한 특례
⑦ 기업구조조정을 위한 특례

---

961) 「지방세특례제한법」 제4조 ③

⑧ 지역간의 균형발전을 위한 특례

⑨ 공익사업지원을 위한 특례

⑩ 국민생활의 안정을 위한 특례

⑪ 그 밖의 지방소득세 특례

본 지방세실무에서는 감면에 대한 내용을 간략히 소개하고, 지방소득세 특례에 대한 서술은 생략한다.

제2절 감면

I 농어업을 위한 지원

농어업을 위한 「지방세특례제한법」상의 지원내용을 요약하면 다음과 같다.

규정	내 용	감면내용
제6조	자경농민의 농지 등에 대한 감면	취득세 50%를 경감
제7조	농기계류 등에 대한 감면	취득세 및 재산세 면제
제8조	농지확대개발을 위한 면제 등	취득세 면제 등
제9조	자영어민 등에 대한 감면	취득세 50% 등을 경감 지역자원시설세 면제
제10조	농어업인 등에 대한 융자관련 감면 등	등록면허세 50% 경감 주민세 면제
제11조	농업법인에 대한 감면	취득세 75% 등 경감 재산세 50% 경감 등록면허세 면제
제12조	어업법인에 대한 감면	취득세 50%, 재산세 50% 경감
제13조	한국농어촌공사의 농업 관련 사업에 대한 감면	등록면허세 면제 등 취득세 감면 재산세 감면 또는 면제
제14조	농업협동조합 등의 농어업 관련 사업 등에 대한 감면	취득세 감면 등 재산세 감면 등 주민세 경감
제14조의 2	농협경제지주회사 등의 구매·판매 사업 등에 대한 감면	취득세 25% 경감 재산세 25% 경감
제14조의 3	농협경제지주회사의 구매·판매 사업 등에 대한 감면	취득세 25% 경감 재산세 25% 경감
제15조	한국농수산식품유통공사 등의 농어업 관련 사업 등에 대한 감면	취득세 50% 등 경감 재산세 50% 등 경감
제16조	농어촌 주택개량에 대한 감면	취득세 면제 등

Ⅱ 사회복지를 위한 지원

사회복지를 위한 「지방세특례제한법」상의 지원내용을 요약하면 다음과 같다.

규정	내 용	감면내용
제17조	장애인용 자동차에 대한 감면	취득세 면제 자동차세 면제
제17조의 2	한센인 및 한센인정착농원 지원을 위한 감면	취득세 면제 재산세 면제 소방분 지역자원시설세 면제
제18조	한국장애인고용공단에 대한 감면	취득세 25% 경감 재산세 25% 경감
제19조	어린이집 및 유치원에 대한 감면	취득세 면제 등 재산세 면제
제19조의 2	아동복지시설에 대한 감면	취득세 면제 재산세 면제
제20조	노인복지시설에 대한 감면	취득세 면제 등 재산세 면제 등 소방분 지역자원시설세 면제
제21조	청소년단체 등에 대한 감면	취득세 면제 등 재산세 면제 등
제22조	사회복지법인 등에 대한 감면	취득세 감면 재산세의 감면 등 등록면허세 면제 주민세 사업소분 면제 지역자원시설세 면제
제22조의 2	출산 및 양육 지원을 위한 감면	취득세 면제 등
제22조의 3	휴면예금관리재단에 대한 면제	등록면허세 면제
제22조의 4	사회적기업에 대한 감면	취득세 50% 경감 재산세 25% 경감
제23조	권익 증진 등을 위한 감면	취득세 25% 경감 재산세 25% 경감
제24조	연금공단 등에 대한 감면	취득세 면제 등 재산세 면제 등

규정	내 용	감면내용
제25조	근로자 복지를 위한 감면	취득세 50% 경감 등록면허세 면제
제26조	노동조합에 대한 감면	취득세 면제 재산세 면제
제27조	근로복지공단 지원을 위한 감면	취득세 25% 경감 등 재산세 50% 경감 등
제28조	산업인력 등 지원을 위한 감면	취득세 경감 재산세 경감
제29조	국가유공자 등에 대한 감면	취득세 면제 등록면허세 면제 재산세 면제 소방분 지역자원시설세 면제 주민세 사업소분, 종업원분 면제
제30조	한국보훈복지의료공단 등에 대한 감면	취득세 경감 재산세 경감 주민세 사업소분 면제
제31조	임대주택 등에 대한 감면	취득세 면제 등 재산세 면제 등
제31조의 2	준공 후 미분양 주택에 대한 감면	취득세 25% 경감
제31조의 3	장기일반민간임대주택 등에 대한 감면	재산세 면제 등
제31조의 4	주택임대사업에 투자하는 부동산투자회사에 대한 감면	재산세 면제 등
제31조의 5	공공주택사업자의 임대 목적으로 주택을 매도하기로 약정을 체결한 자에 대한 감면	취득세 10% 경감
제32조	한국토지주택공사의 소규모 공동주택 취득에 대한 감면 등	취득세 25% 경감 재산세 25% 경감
제32조의 2	한국토지주택공사의 방치건축물 사업재개에 대한 감면	취득세 35% 경감 재산세 25% 경감
제33조	주택 공급 확대를 위한 감면	취득세 면제
제34조	주택도시보증공사의 주택분양보증 등에 대한 감면	취득세 경감 등 재산세 경감
제35조	주택담보노후연금보증 대상 주택에 대한 감면	등록면허세 감면 재산세 감면

규정	내 용	감면내용
제35조의 2	농업인의 노후생활안정자금대상 농지에 대한 감면	재산세 면제 등
제35조의 3	임차인의 전세자금 마련 지원을 위한 주택 담보대출 주택에 대한 재산세액 공제	재산세 공제
제36조	무주택자 주택공급사업 지원을 위한 감면	취득세 면제 재산세 면제
제36조의 2	생애최초 주택 구입 신혼부부에 대한 취득세 경감	취득세 50% 경감
제36조의 3	생애최초 주택 구입에 대한 취득세 감면	취득세 공제
제36조의 4	전세사기피해자 지원을 위한 감면	취득세 공제 등록면허세 면제
제36조의 5	출산·양육을 위한 주택 취득에 대한 취득세 감면	취득세 500만원 공제
제37조	국립대병원 등에 대한 감면	취득세 50% 경감 재산세 50% 경감
제38조	의료법인 등에 대한 과세특례	취득세 경감 재산세 경감
제38조의 2	지방의료원에 대한 감면	취득세 75% 경감 재산세 75% 경감
제39조	국민건강보험사업 지원을 위한 감면	취득세 면제 등 재산세 50% 경감 등
제40조	국민건강 증진사업자에 대한 감면	취득세 50% 경감 재산세 50% 경감
제40조의 2	주택거래에 대한 취득세의 감면	취득세의 감면
제40조의 3	대한적십자사에 대한 감면	취득세 50% 경감 재산세 50% 경감

교육 및 과학기술 등에 대한 지원

교육 및 과학기술 등에 대한 「지방세특례제한법」상의 지원내용을 요약하면 다음과 같다.

규정	내 용	감면내용
제41조	학교 및 외국교육기관에 대한 면제	취득세 면제 재산세 면제 등 소방분 지역자원시설세 면제 등록면허세 면제 주민세 사업소분 면제 지역자원시설세 면제
제42조	기숙사 등에 대한 감면	취득세 면제 재산세 면제 주민세 사업소분, 종업원분 면제
제43조	평생교육단체 등에 대한 면제	취득세 면제 등 재산세 면제 등
제44조	평생교육시설 등에 대한 감면	취득세 면제 등 재산세 면제 등 주민세 사업소분, 종업원분 면제
제44조의 2	박물관 등에 대한 감면	취득세 면제 재산세 면제
제45조	학술단체 및 장학법인에 대한 감면	취득세 면제 등 재산세 면제 등
제45조의 2	기초과학연구 지원을 위한 연구기관 등에 대한 면제	취득세 면제 재산세 면제
제46조	연구개발 지원을 위한 감면	취득세 경감 재산세 경감
제47조	한국환경공단에 대한 감면	취득세 25% 경감 재산세 25% 경감
제47조의 2	녹색건축 인증 건축물에 대한 감면	취득세 경감 재산세 경감
제47조의 3	신재생에너지 인증 건축물에 대한 감면	취득세 경감
제47조의 4	내진성능 확보 건축물에 대한 감면	취득세 면제 등 재산세의 면제 등
제47조의 5	환경친화적 자동차 충전시설에 대한 감면	취득세 25% 경감

규정	내 용	감면내용
제48조	국립공원관리사업에 대한 감면	취득세 25% 경감 재산세 25% 경감
제49조	해양오염방제 등에 대한 감면	취득세 25% 경감 재산세 25% 경감
제49조의 2	5세대 이동통신 무선국에 대한 감면	등록면허세 50% 경감

Ⅳ 문화 및 관광 등에 대한 지원

문화 및 관광 등에 대한 「지방세특례제한법」상의 지원내용을 요약하면 다음과 같다.

규정	내 용	감면내용
제50조	종교단체 또는 향교에 대한 면제	취득세 면제 재산세 면제 지역자원시설세 면제 등록면허세 면제 주민세 사업소분 면제
제51조	신문·통신사업 등에 대한 감면	주민세 사업소분, 종업원분 50% 경감
제52조	문화·예술 지원을 위한 과세특례	취득세 면제 재산세 면제
제52조의 2	체육진흥기관 등에 대한 감면	취득세 50% 경감 재산세 50% 경감
제53조	사회단체 등에 대한 감면	취득세 면제 재산세 면제
제54조	관광단지 등에 대한 과세특례	취득세 25% 경감 등 재산세 50% 경감 등
제55조	문화유산 등에 대한 감면	재산세 면제 등

기업구조 및 재무조정 등에 대한 지원

기업구조 및 재무조정 등에 대한 「지방세특례제한법」상의 지원내용을 요약하면 다음과 같다.

규정	내 용	감면내용
제56조	기업의 신용보증 지원을 위한 감면	취득세 50% 경감 재산세 50% 경감
제57조	삭제	
제57조의 2	기업합병·분할 등에 대한 감면	취득세 경감 등 등록면허세 경감 등
제57조의 3	기업 재무구조 개선 등에 대한 감면	취득세 면제 등 재산세의 경감
제57조의 4	주거안정 지원에 대한 감면	취득세 50% 경감 재산세 50% 경감
제58조	벤처기업 등에 대한 과세특례	취득세 경감 등 재산세 경감 등 등록면허세 중과세 배제 등
제58조의 2	지식산업센터 등에 대한 감면	취득세 35% 경감 재산세 35% 경감
제58조의 3	창업중소기업 등에 대한 감면	취득세 75% 경감 재산세 면제 등 등록면허세 면제
제59조	중소벤처기업진흥공단 등에 대한 감면	취득세 경감 재산세 경감
제60조	중소기업협동조합 등에 대한 과세특례	취득세 경감 재산세 경감 중과세 적용의 배제
제61조	도시가스사업 등에 대한 감면	취득세 50% 경감 재산세 50% 경감
제62조	광업 지원을 위한 감면	면허분 등록면허세 면제 입목의 취득세 면제 재산세 25% 경감
제62조의 2	석유판매업 중 주유소에 대한 감면	재산세 50% 경감

Ⅵ 수송 및 교통에 대한 지원

수송 및 교통에 대한 「지방세특례제한법」상의 지원내용을 요약하면 다음과 같다.

규정	내 용	감면내용
제63조	철도시설 등에 대한 감면	취득세 면제 등 재산세 면제 등 등록면허세 면제
제64조	해운항만 등 지원을 위한 과세특례	취득세 경감 재산세 경감
제64조의 2	지능형 해상교통정보서비스 무선국에 대한 감면	등록면허세 면제
제65조	항공운송사업 등에 대한 과세특례	취득세 세율 1.2% 차감 재산세 50% 경감
제66조	교환자동차 등에 대한 감면	취득세 50% 경감 등
제66조의 2	노후경유자동차 교체에 대한 취득세 감면	취득세 50% 경감 등
제67조	경형자동차 등에 대한 과세특례	취득세 공제 등
제68조	매매용 및 수출용 중고자동차 등에 대한 감면	취득세 면제 등 자동차세 면제
제69조	교통안전 등을 위한 감면	취득세 25% 경감
제70조	운송사업 지원을 위한 감면	취득세 면제 등
제71조	물류단지 등에 대한 감면	취득세 경감 재산세 경감
제71조의 2	도시첨단물류단지에 대한 감면	취득세 15%, 40% 등 경감
제72조	별정우체국에 대한 과세특례	취득세 경감 등 재산세 면제 등 주민세 면제

국토 및 지역개발에 대한 지원

국토 및 지역개발에 대한 「지방세특례제한법」상의 지원내용을 요약하면 다음과 같다.

규정	내용	감면내용
제73조	토지수용 등으로 인한 대체취득에 대한 감면	취득세 면제
제73조의 2	기부채납용 부동산 등에 대한 감면	취득세 면제 등
제74조	도시개발사업 등에 대한 감면	취득세 75% 경감
제74조의 2	도심 공공주택 복합사업 등에 대한 감면	취득세 면제 등
제75조	지역개발사업에 대한 감면	취득세 면제 재산세 50% 경감
제75조의 2	기업도시개발구역 및 지역개발사업구역 내 창업기업 등에 대한 감면	취득세 50% 경감 재산세 50% 경감
제75조의 3	위기지역 내 중소기업 등에 대한 감면	취득세 50% 경감 재산세 50% 경감
제75조의 4	반환공여구역 등에 대한 감면	취득세 면제
제75조의 5	인구감소지역에 대한 감면	취득세 면제 재산세 면제 등
제76조	택지개발용 토지 등에 대한 감면	취득세 20% 경감 재산세 면제
제77조	수자원공사의 단지조성용 토지에 대한 감면	취득세 30% 경감 재산세 면제
제78조	산업단지 등에 대한 감면	취득세 35% 경감 재산세 35% 등 경감
제78조의 2	한국산업단지공단에 대한 감면	취득세 35% 경감 재산세 50% 경감
제78조의 3	외국인투자에 대한 감면	취득세 감면 재산세 감면
제79조	법인의 지방 이전에 대한 감면	취득세 면제 재산세 50% 경감
제79조의 2	해외진출기업의 국내복귀에 대한 감면	취득세 50% 경감 재산세 75% 경감

규정	내 용	감면내용
제80조	공장의 지방 이전에 따른 감면	취득세 면제 재산세 50% 경감
제80조의 2	기회발전특구로의 이전 등에 대한 감면	취득세 50% 경감 재산세 50% 경감
제81조	이전공공기관 등 지방이전에 대한 감면	취득세 50% 경감 등 재산세 50% 경감
제81조의 2	주한미군 한국인 근로자 평택이주에 대한 감면	취득세 면제
제82조	개발제한구역에 있는 주택의 개량에 대한 감면	재산세 면제
제83조	시장정비사업에 대한 감면	취득세 면제 재산세 50% 경감
제84조	사권 제한토지 등에 대한 감면	재산세 50% 경감

Ⅷ 공공행정 등에 대한 지원

공공행정 등에 대한 「지방세특례제한법」상의 지원내용을 요약하면 다음과 같다.

규정	내 용	감면내용
제85조	한국법무보호복지공단 등에 대한 감면	취득세 25% 경감 재산세 25% 경감
제85조의 2	지방공기업 등에 대한 감면	취득세 50% 경감 등 재산세 50% 경감 등
제86조	주한미군 임대용 주택 등에 대한 감면	취득세 면제 재산세 50% 경감
제87조	새마을금고 등에 대한 감면	취득세 면제 등 재산세 면제 등
제88조	새마을운동조직 등에 대한 감면	취득세 면제 재산세 면제
제89조	정당에 대한 면제	취득세 면제 재산세 면제 지역자원시설세 면제

규정	내 용	감면내용
		등록면허세 면제 주민세 사업소분, 종업원분 면제
제90조	마을회 등에 대한 감면	취득세 면제 재산세 면제 지역자원시설세 면제 주민세 사업소분, 종업원분 면제
제91조	재외 외교관 자녀 기숙사용 부동산에 대한 과세특례	취득세 20% 경감 등록면허세 면제
제92조	천재지변 등으로 인한 대체취득에 대한 감면	취득세 면제 등록면허세 면제
제92조의 2	자동이체 등 납부에 대한 세액공제	세액공제

I 감면 제외대상

「지방세특례제한법」의 감면을 적용할 때 다음의 어느 하나에 해당하는 부동산 등은 감면 대상에서 제외한다.[962)]

① 골프장 : 「체육시설의 설치·이용에 관한 법률」에 따른 회원제 골프장용 부동산 중 구분등록의 대상이 되는 토지와 건축물 및 그 토지 상(上)의 입목. 이 경우 등록을 하지 아니하고 사실상 골프장으로 사용하는 부동산을 포함한다.

② 고급주택 : 주거용 건축물 또는 그 부속토지의 면적과 가액이 「지방세법 시행령」 제 28조 제4항에 따른 기준을 초과하거나 해당 건축물에 67제곱미터 이상의 수영장 등 「지방세법 시행령」 제28조 제4항에 따른 부대시설을 설치한 주거용 건축물과 그 부 속토지

③ 고급오락장 : 도박장, 유흥주점영업장, 특수목욕장, 그 밖에 이와 유사한 용도에 사용 되는 건축물 중 「지방세법 시행령」 제28조 제5항에 따른 건축물과 그 부속토지

④ 고급선박 : 비업무용 자가용 선박으로서 「지방세법 시행령」 제28조 제6항에 따른 기 준을 초과하는 선박

회원제 골프장의 경우 체육시설업의 등록 여부와 상관없이 모두 「지방세특례제한법」 감 면 제외대상에 포함된다고 보아야 하므로, 골프장을 승계취득하여 취득세 중과대상에 해당 하지 않는 경우라도 「지방세특례제한법」에 따른 감면 제외대상에는 해당한다고 보는 것이 타당하다.[963)]

---

962) 「지방세특례제한법」 제177조
963) 법제처 18-428, 506, 507병합, 2018.9.14.

Ⅱ 지방세 감면 특례의 제한

1. 감면특례 제한의 의의

취득세 및 재산세는 개별 조항에서 전액 면제하더라도 면제 세액의 15%는 최소한 납부하도록 함으로써, 전액 면제를 원천적으로 차단하고, 감면 필요성이 있더라도 지방공공재 사용에 따른 최소한의 비용을 지불토록 규정하고 있다. 다만, 농어민, 취약계층, 대체취득, 형식적 취득에 대한 감면대상과 취득세와 재산세가 각각 200만원, 50만원 이하인 경우 최소 납부제도 적용을 제외한다.

2014년 12월 31일 「지방세특례제한법」 개정 시 조세부담의 형평성을 증진하고자 일부 예외를 제외하고 「지방세특례제한법」에 따른 취득세 또는 재산세 면제 규정에도 불구하고 100분의 85에 해당하는 감면율을 적용함으로써 수익자가 최소한의 세액을 납부토록 하였으며, 동 개정규정은 지방세특례의 종류에 따라 2016년 1월 1일부터 점차적으로 적용한다.[964]

2. 감면특례의 제한

「지방세특례제한법」에 따라 취득세 또는 재산세가 면제(지방세 특례 중에서 세액감면율이 100분의 100인 경우와 세율경감률이 「지방세법」에 따른 해당 과세대상에 대한 세율 전부를 감면하는 것을 말한다)되는 경우에는 이 법에 따른 취득세 또는 재산세의 면제규정에도 불구하고 100분의 85에 해당하는 감면율(「지방세법」 제13조 제1항부터 제4항까지의 세율은 적용하지 아니한 감면율을 말한다)을 적용한다. 다만, 다음의 어느 하나에 해당하는 경우에는 그러하지 아니하다.[965]

① 「지방세법」에 따라 산출한 취득세의 세액(연부로 부동산을 취득하는 경우 매회 세액을 합산한 것을 말하며, 1년 이내에 동일한 소유자로부터 부동산을 취득하는 경우 또는 1년 이내에 연접한 부동산을 취득하는 경우에는 각각의 부동산에 대하여 산출한 취득세의 세액을 합산한 것을 말한다) 및 재산세의 세액이 각각 200만원 이하, 50만원 이하인 경우

② 「지방세특례제한법」 제7조부터 제9조까지, 제13조 제3항, 제16조, 제17조, 제17조의

---

964) 「지방세특례제한법」 부칙 (2014.12.31. 법률 제12955호) 제12조
965) 「지방세특례제한법」 제177조의 2

2, 제20조 제1호, 제29조, 제30조 제3항, 제33조 제2항, 제35조의 2, 제36조, 제41조 제1
항부터 제6항까지, 제44조 제2항, 제50조, 제55조, 제57조의 2 제2항(2020년 12월 31일
까지로 한정한다), 제62조, 제63조 제2항·제4항, 제66조, 제73조, 제74조의 2 제1항,
제76조 제2항, 제77조 제2항, 제82조, 제85조의 2 제1항 제4호 및 제92조에 따른 감면

지방자치단체 감면조례로 취득세 또는 재산세를 면제하는 경우에도 적용한다. 다만,「조
세특례제한법」의 위임에 따른 감면에 대하여는 적용하지 아니한다.

Ⅲ 감면된 취득세의 추징

부동산에 대한 감면을 적용할 때「지방세특례제한법」에서 특별히 규정한 경우를 제외하
고는 다음의 어느 하나에 해당하는 경우 그 해당 부분에 대해서는 감면된 취득세를 추징한
다.[966]

① 정당한 사유 없이 그 취득일부터 1년이 경과할 때까지 해당 용도로 직접 사용하지
아니하는 경우
② 해당 용도로 직접 사용한 기간이 2년 미만인 상태에서 매각·증여하거나 다른 용도로
사용하는 경우

부동산에 대한 취득세 감면을 받은 자가 추징 사유에 해당하여 그 해당 부분에 대해서
감면된 세액을 납부하여야 하는 경우에는 이자상당액을 가산하여 납부하여야 하며, 해당
세액은「지방세법」제20조에 따라 납부하여야 할 세액으로 본다. 다만, 파산 등 대통령령으
로 정하는 부득이한 사유가 있는 경우에는 이자상당액을 가산하지 아니한다.

여기서 "가산하여 납부해야 하는 이자상당액"은 감면된 세액에 ①의 기간과 ②의 율을
곱하여 계산한 금액으로 한다.[967]

① 당초 감면받은 부동산에 대한 취득세 납부기한의 다음 날부터 추징사유가 발생한 날
까지의 기간. 다만,「지방세기본법」제60조에 따라 환급·충당한 후 추징사유가 발생
한 경우에는 같은 법 시행령 제43조 제1항 각 호에 따른 날부터 추징사유가 발생한
날까지의 기간으로 한다.
②「지방세기본법 시행령」제34조 제1항에 따른 이자율(현행 : 1일 10만분의 22)

---

966)「지방세특례제한법」제178조 ①
967)「지방세특례제한법 시행령」제123조의 2 ①

"파산 등 대통령령으로 정하는 부득이한 사유"란 다음의 어느 하나에 해당하는 사유를 말한다.[968]

① 파산선고를 받은 경우
② 천재지변이나 그 밖에 이에 준하는 불가피한 사유로 해당 부동산을 매각·증여하거나 다른 용도로 사용한 경우

Ⅳ 토지에 대한 재산세의 경감률 적용

「지방세특례제한법」 또는 다른 법령에서 토지에 대한 재산세의 경감규정을 둔 경우에는 경감대상 토지의 과세표준액에 해당 경감비율을 곱한 금액을 경감한다.[969]

Ⅴ 중복 감면의 배제

동일한 과세대상의 동일한 세목에 대하여 둘 이상의 지방세 특례 규정이 적용되는 경우에는 그 중 감면되는 세액이 큰 것 하나만을 적용한다.[970] 다만, 다음의 감면과 다른 지방세 특례 규정이 함께 적용되는 경우에는 해당 특례 규정을 모두 적용하되, 제73조, 제74조의 2 제1항 및 제92조 간에 중복되는 경우에는 그 중 감면되는 세액이 큰 것 하나만을 적용한다.[971]

① 제73조 : 토지수용 등으로 인한 대체취득에 대한 감면
② 제74조의 2 제1항 : 도심 공공주택 복합사업 등에 대한 감면(현물보상)
③ 제92조 : 천재지변 등으로 인한 대체취득에 대한 감면
④ 제92조의 2 : 자동이체 등 납부에 대한 세액공제

---

968) 「지방세특례제한법 시행령」 제123조의 2 ②
969) 「지방세특례제한법」 제179조
970) 「지방세특례제한법」 제180조
971) 「지방세특례제한법」 제180조

Ⅵ 지방세 중과세율 적용 배제 특례

1. 취득세 중과세 적용의 배제 특례

다음의 어느 하나에 해당하는 부동산의 취득에 대해서는 「지방세법」에 따른 취득세를 과세할 때 2024년 12월 31일까지 같은 법 제13조 제2항 본문 및 같은 조 제3항의 세율을 적용하지 아니한다.[972]

① 「부동산투자회사법」 제2조 제1호에 따른 부동산투자회사가 취득하는 부동산

② 「자본시장과 금융투자업에 관한 법률」 제229조 제2호에 따른 부동산집합투자기구의 집합투자재산으로 취득하는 부동산

③ 「조세특례제한법」 제104조의 31 제1항에 해당하는 회사가 취득하는 부동산

"지방세 특례란 세율의 경감, 세액감면, 세액공제, 과세표준 공제(중과세 배제, 재산세 과세대상 구분전환을 포함한다) 등을 말한다."고 규정하고 있으므로, 동 규정에 의한 취득세 중과세 적용의 배제 특례와 다른 감면 규정이 동시에 적용되는 경우에는 중복적용이 불가능하고, 그 중 특례가 가장 큰 것 하나만을 선택하여 적용하여야 한다.[973]

2. 등록면허세 중과세 적용의 배제 특례

다음의 어느 하나에 해당하는 설립등기(설립 후 5년 이내에 자본 또는 출자액을 증가하는 경우를 포함한다)에 대해서는 「지방세법」에 따른 등록면허세를 과세할 때 2024년 12월 31일까지 같은 법 제28조 제2항·제3항의 세율을 적용하지 아니한다.[974]

① 「자본시장과 금융투자업에 관한 법률」 제9조 제18항 제2호, 같은 조 제19항 제1호 및 제249조의 13에 따른 투자회사, 기관전용 사모집합투자기구 및 투자목적회사

② 「기업구조조정투자회사법」 제2조 제3호에 따른 기업구조조정투자회사

③ 「부동산투자회사법」 제2조 제1호에 따른 부동산투자회사(같은 호 가목에 따른 자기관리 부동산투자회사는 제외한다)

④ 대통령령으로 정하는 특수 목적 법인

---

972) 「지방세특례제한법」 제180조의 2 ①
973) 조심 2020지1267, 2021.3.29. 참조
974) 「지방세특례제한법」 제180조의 2 ②

⑤ 「조세특례제한법」 제104조의 31 제1항에 해당하는 회사

⑥ 「문화산업진흥 기본법」 제2조 제21호에 따른 문화산업전문회사

⑦ 「선박투자회사법」 제3조에 따른 선박투자회사

Ⅶ 지방자치단체의 감면율 자율 조정

지방자치단체는 이 법에 따른 지방세 감면 중 지방세 감면 기한이 연장되는 경우에는 지방자치단체의 재정여건, 감면대상자의 조세부담능력 등을 고려하여 해당 조에 따른 지방세 감면율을 100분의 50의 범위에서 조례로 인하하여 조정할 수 있다. 이 경우 면제는 감면율 100분의 100에 해당하는 것으로 본다. 다만, 사회적 취약계층 보호, 공익 목적, 그 밖에 전국적으로 동일한 지방세 감면이 필요한 경우 등으로서 대통령령으로 정하는 사항에 대해서는 지방세 감면율을 인하하여 조정할 수 없다.[975]

"대통령령으로 정하는 사항"이란 법 제6조(자경농민의 농지등에 대한 감면), 제17조(장애인용 자동차에 대한 감면) 및 제29조(국가유공자 등에 대한 감면)에 규정된 사항을 말한다.

Ⅷ 감면신청 등

지방세의 감면을 받으려는 자는 지방세 감면신청을 하여야 한다. 다만, 지방자치단체의 장이 감면대상을 알 수 있을 때에는 직권으로 감면할 수 있다. 지방세 감면신청을 받은 지방자치단체의 장은 지방세의 감면을 신청한 자(위임을 받은 자를 포함한다)에게 행정안전부령으로 정하는 바에 따라 지방세 감면 관련 사항을 안내하여야 한다.[976]

지방세의 감면을 신청하려는 자는 다음 각각의 구분에 따른 시기에 감면신청서에 감면받을 사유를 증명하는 서류를 첨부하여 납세지를 관할하는 지방자치단체의 장에게 제출해야 한다.

① 신고납부하는 지방세

해당 지방세의 과세표준과 세액을 신고하는 때. 다만, 지방세의 결정 또는 경정을 청구하는 경우에는 그 결정 또는 경정을 청구하는 때로 한다.

---

975) 「지방세특례제한법」 제182조
976) 「지방세특례제한법」 제183조

② 기타의 지방세

주민세 개인분, 재산세 및 소방분 지역자원시설세는 과세기준일이 속하는 달의 말일까지 감면신청을 하여야 한다. 또한, 등록면허세(「지방세법」 제35조 제2항에 따라 보통징수의 방법으로 징수하는 경우로 한정한다), 같은 법 제125조 제1항에 따른 자동차세 및 특정자원분 지역자원시설세(같은 법 제147조 제1항 제1호 단서에 따라 보통징수의 방법으로 징수하는 경우로 한정한다)의 경우에는 납기가 있는 달의 10일까지 감면신청을 하여야 한다.

자동차에 대한 취득세 및 등록면허세를 감면하려는 경우에는 해당 자동차의 사용본거지를 관할하지 않는 시장·군수·구청장도 감면 업무를 처리할 수 있다. 이 경우 그 업무는 사용본거지를 관할하는 시장·군수·구청장이 처리한 것으로 본다. 해당 자동차의 사용본거지를 관할하지 아니하는 시장·군수·구청장이 감면 업무를 처리하였을 때에는 관련 서류 전부를 해당 자동차의 사용본거지를 관할하는 시장·군수·구청장에게 즉시 이송하여야 한다.

■ 박 성 욱

▌ 저자 약력

- 서울대학교 인문대학 국어국문학과(학사)
- 서울대학교 대학원 경영학과 회계학전공(석사)
- 서울대학교 대학원 경영학과 회계학전공(박사)

- SSCI, SCI급 논문을 포함한 95편의 학술논문 게재
- 한국세무학회 우수논문상 수상
- 한국세무학회 최우수학위논문상 수상
- 한국경영학회 융합학술대회 우수논문상 수상
- 한국조세연구포럼 우수논문상 수상
- 국세청장 표창 수상
- 금융위원장 표창 수상
- 국가고시 출제위원

(현)
- 경희대학교 경영대학 회계·세무학과 교수
- 경희대학교 경영대학원 세무관리학과 학과장
- 한국세무관리학회 회장
- LH 기술심사 평가위원
- 한국수력원자력 특수계약 심의위원회 위원
- 경기도 물류단지 실수요검증위원회 위원
- 조달청 평가위원
- 한국철도공사 기술평가위원
- 하남도시공사 기술자문위원
- 김포도시관리공사 계약심의위원회 위원
- 사단법인 한국회계정보학회 부회장
- 사단법인 한국조세연구포럼 부회장
- 사단법인 한국회계학회 이사

(전)
- 경희대학교 경영대학원 부원장
- 중부지방국세청 국세심사위원회 위원
- 국민체육진흥공단 자산위험관리위원회 위원
- 서울특별시 투자·출연기관 경영평가 위원
- 한국세무학회〈세무학연구〉편집위원장
- 한국세무학회〈세무와회계저널〉편집위원장
- 경희대 등록금심의위원회 위원장

■ 최 용 원

▌ 저자 약력

- 공인회계사·세무사
- 경희대학교 경영학과(학사)
- 경희대학교 경영대학원 경영학과 세무관리전공(석사)
- 경희대학교 대학원 회계·세무학과 세무학전공(박사)

(현)
- 위드회계법인 공인회계사(전무이사)
- 경희대학교 경영대학원 세무관리학과 겸임교수
- 한국세무관리학회 부회장
- 한국세무학회 정회원
- 한국조세정책학회 정회원

(전)
- 세동회계법인 근무
- 청운회계법인 근무
- 최용원세무회계사무소 대표
- 경기도교육연구원 감사
- 정진기언론문화재단 감사
- ABC협회 인증위원
- 한국과학기술기획평가원 감사
- 서울교통공사 혁신전문가 TF 위원
- 서울에너지공사 투자심사위원회 위원
- 서울메트로 청렴시책추진위원회 위원

(저서 및 논문)
- 취득세실무(매경출판)
- 지방세개론(삼일인포마인)
- 취득세과세체계의 문제점과 개선방안(세무학연구, 2019)
- 주택취득세의 차등세율구조가 주택거래에 미치는 영향에 관한 연구(세무와 회계저널, 2022)
- 세율변경과 주택증여(세무와 회계저널, 2023)
- 취득세 세율구조의 문제점과 개선방안에 대한 연구 (세무와 회계연구, 2023)

2024년 최신판 **지방세실무**

2024년 2월 19일 초판 인쇄
2024년 2월 23일 초판 발행

저 자 박 성 욱
최 용 원
발 행 인 이 희 태
발 행 처 **삼일인포마인**

저자협의
인지생략

서울특별시 용산구 한강대로 273 용산빌딩 4층
등록번호 : 1995. 6. 26 제3-633호
전　　화 : (02) 3489-3100
F A X : (02) 3489-3141
I S B N : 979-11-6784-220-6 93320

♣ 파본은 교환하여 드립니다.

정가 35,000원

아이북스 오서 요약북

Widget, 이미지, 도형, 표, 차트 관련

위젯 추가하기
[Widget] 버튼을 클릭해서 [갤러리], [미디어], [복습], [Keynote], [대화식 이미지], [3D], [HTML] 위젯 추가

사진 자르기
사진 선택 〉 [마스크 편집] 버튼 클릭 〉 게이지 막대 드래그해서 사진 확대 및 축소 〉 사진 드래그해서 위치 조절

이미지 바탕을 투명처리하기
[포맷] 〉 [이미지] 〉 [인스턴트 알파] 메뉴를 클릭한 다음 투명하게 처리할 부분을 클릭

도형으로 사진 마스크하기
사진 선택 〉 [포맷] 〉 [이미지] 〉 [도형으로 마스크] 메뉴에서 마스크할 도형 선택

사진 밝기, 대비 등의 속성 설정하기
사진 선택 〉 포맷 막대에서 █ 버튼을 누르면 나타나는 창에서 밝기, 대비, 채도, 온도, 색조, 선명도, 노출을 조절합니다.

도형 추가하기
[도형] 버튼 클릭해서 추가할 도형 선택

도형의 편집점 표시하기
• 도형 선택 〉 [포맷] 〉 [도형] 메뉴에서 [편집할 수 있게 만들기] 항목 선택
• 빨간색으로 바뀐 조절점을 드래그해서 도형 편집

도형 내에 텍스트 추가하기
도형을 더블 클릭 〉 텍스트 입력

새로운 표 생성하기
• [표] 버튼을 클릭해서 표 추가
• 표는 4행 4열의 기본형의 표가 삽입됨

새로운 차트 삽입하기
[차트] 버튼을 클릭 〉 차트 종류 선택

책 미리보기, 발행하기 및 프린트하기

아이패드에서 미리보기
아이패드를 PC와 연결 〉 도구 막대에서 [미리보기] 버튼을 클릭

장 미리보기
아이패드를 PC와 연결 〉 [파일] 메뉴에서 [현재 섹션만 미리보기]를 클릭

책 발행하기
도구 막대에서 [발행] 버튼을 클릭

다양한 포맷으로 보내기
[공유] 〉 [보내기] 메뉴 클릭 〉 [iBooks] 탭을 선택해서 iBooks 포맷으로 저장, [PDF] 탭을 선택해서 PDF 문서로 저장, [텍스트] 탭을 선택해서 텍스트 문서로 저장

이메일로 책 보내기
[공유] 〉 [이메일로 보내기] 메뉴 클릭

책 프린트하기
[파일] 〉 [프린트] 메뉴를 클릭

아이북스 오서 도움말

[도움말]〉[iBooks Author 도움말] 메뉴를 클릭하면 아이북스 오서에 대한 정보를 볼 수 있습니다. 왼쪽 목록에서 보고 싶은 정보에 해당하는 분류를 선택하거나 상단의 [도움말검색]에 검색어를 입력해서 정보를 찾을 수 있습니다. 특히 [키보드단축키 및 동작]-[키보드단축키] 항목을 선택하면 아이북스 오서에서 지원하는 모든 기능의 단축키를 볼 수 있습니다.

주요 단축키 모음

편집 관련

현재 또는 이전 단어의 처음으로 이동　Option – 왼쪽 화살표
현재 또는 다음 단어의 끝으로 이동　Option – 오른쪽 화살표
현재 줄의 처음으로 이동　Command – 왼쪽 화살표
현재 줄의 끝으로 이동　Command – 오른쪽 화살표
현재 단락의 처음으로 이동　Option – 위쪽 화살표
현재 단락의 끝으로 이동　Option – 아래쪽 화살표
책에서 선택된 항목 찾기　Command-E
책에서 선택 항목으로 이동　Command-J
도큐멘트의 처음으로 이동　Command – 위쪽 화살표
도큐멘트의 끝으로 스크롤　End
도큐멘트의 끝으로 이동　Command – 아래쪽 화살표

텍스트 선택

단어 선택　단어를 더블 클릭
단락 선택　단락을 3번 클릭
인라인 대상체와 텍스트 모두 선택　Command-A
모든 인라인 대상체와 텍스트 선택 해제　Command-Shift-A

텍스트 편집 관련

서체 윈도우 보기　Command-T
스타일 상자 보기　Command-Shift-T
선택 부분에서 용어 생성　Command-Option-E
선택된 텍스트에 볼드체 적용　Command-B
선택된 텍스트에 이탤릭체 적용　Command-I
선택된 텍스트에 밑줄체 적용　Command-U
서체 크게 만들기　Command – Shift – 더하기 기호(+)
서체 작게 만들기　Command – Shift – 빼기 기호(-)
텍스트를 위 첨자로 만들기　Command – Shift – Control – 기호(+)
텍스트를 아래 첨자로 만들기　Command – Shift – Control – 기호(-)
선택 부분 오려두기　Command-X
선택 부분 복사　Command-C
단락 스타일 복사　Command-Option-C
문자 스타일 복사　Command-Shift-Option-C
선택 부분 붙이기　Command-V
문자나 단락 스타일 붙이기　Command-Option-V

대상체 조작

추가 대상체를 선택 또는 선택 해제　Shift-클릭
선택된 대상체를 한 포인트 이동　화살표 키 누르기
선택된 대상체를 10포인트 이동　Shift-화살표 키 누르기
그래픽 스타일 복사　Command-Option-C
그래픽 스타일 붙이기　Command-Option-V
대상체를 맨 뒤로 보내기　Command-Shift-B
대상체를 한 레이어 뒤로 보내기　Command-Shift-Option-B
대상체를 맨 앞으로 가져오기　Command-Shift-F
대상체를 한 레이어 앞으로 가져오기　Command-Shift-Option-F

선택된 대상체 그룹 짓기　Command-Option-G
선택된 대상체 그룹 해제　Command-Shift-Option-G
선택된 대상체 잠금　Command-L
선택된 대상체 잠금 해제　Command-Option-L
대상체 복제　Command-D 또는 Option-드래그

표 관련

선택된 셀 위에 행 추가　Option – 위쪽 화살표
선택된 셀 아래에 행 추가　Option – 아래쪽 화살표
선택된 셀의 오른편에 열 추가　Option – 오른쪽 화살표
선택된 셀의 왼편에 열 추가　Option – 왼쪽 화살표
셀 편집을 중단하고 셀 선택　Command-Return
셀 편집을 중단하고 표 선택　Command-Return 두 번
줄바꿈 삽입　Option-Return
탭 삽입　Option-Tab

일반 사항

새 책 열기　Command-N
템플릿 선택 화면에서 새 책 열기　Command-Shift-N
기존 책 열기　Command-O
책 발행　Command-Shift-P
책 저장　Command-S
책 프린트　Command-P
찾기　Command-F
다음 찾기　Command-G
이전 찾기　Command-Shift-G
윈도우 닫기　Command-W
윈도우 축소　Command-M
전체 화면 보기 전환　Command-Control-F
확대　Command – 오른쪽 꺾인 괄호(〉)
축소　Command – 왼쪽 꺾인 괄호(〈)
환경 설정 윈도우 보기　Command-쉼표(,)
속성 윈도우 보기　Command-Option-I
도큐멘트 눈금자 보기　Command-R
레이아웃 경계 보기 또는 가리기　Command-Shift-L
책 방향 변경(가로 또는 세로 방향)　Command-Option-R
포맷 지정 문자(보이지 않는 항목) 보기　Command-Shift-I
색상 윈도우 보기　Command-Shift-C
도구 막대 가리기 또는 보기　Command-Option-T
포맷 막대 가리기 또는 보기　Command-Shift-R
용어집 도구 막대 가리기 또는 보기　Command-Shift-E
iBooks Author 가리기　Command-H
다른 윈도우 가리기　Command-Option-H
마지막 동작 실행 취소　Command-Z
마지막 동작 실행 복귀　Command-Shift-Z
iBooks Author 종료하기　Command-Q